Recht – Schnell erfasst

Weitere Bände siehe
http://www.springer.com/series/3296

Stefan Lorenzmeier

Völkerrecht – Schnell erfasst

3. Auflage

Reihenherausgeber
Detlef Kröger
Buch, Deutschland

Claas Hanken
Achim, Deutschland

Autor
Stefan Lorenzmeier
Augsburg, Deutschland

ISSN 1431-7559
Recht – Schnell erfasst
ISBN 978-3-662-50473-4   ISBN 978-3-662-50474-1 (eBook)
DOI 10.1007/978-3-662-50474-1

Die Deutsche Nationalbibliothek verzeichnet diese Publikation in der Deutschen Nationalbibliografie; detaillierte bibliografische Daten sind im Internet über http://dnb.d-nb.de abrufbar.

© Springer-Verlag Berlin Heidelberg 2003, 2012, 2016
Das Werk einschließlich aller seiner Teile ist urheberrechtlich geschützt. Jede Verwertung, die nicht ausdrücklich vom Urheberrechtsgesetz zugelassen ist, bedarf der vorherigen Zustimmung des Verlags. Das gilt insbesondere für Vervielfältigungen, Bearbeitungen, Übersetzungen, Mikroverfilmungen und die Einspeicherung und Verarbeitung in elektronischen Systemen.
Die Wiedergabe von Gebrauchsnamen, Handelsnamen, Warenbezeichnungen usw. in diesem Werk berechtigt auch ohne besondere Kennzeichnung nicht zu der Annahme, dass solche Namen im Sinne der Warenzeichen- und Markenschutz-Gesetzgebung als frei zu betrachten wären und daher von jedermann benutzt werden dürften.
Der Verlag, die Autoren und die Herausgeber gehen davon aus, dass die Angaben und Informationen in diesem Werk zum Zeitpunkt der Veröffentlichung vollständig und korrekt sind. Weder der Verlag noch die Autoren oder die Herausgeber übernehmen, ausdrücklich oder implizit, Gewähr für den Inhalt des Werkes, etwaige Fehler oder Äußerungen.

Springer ist Teil von Springer Nature
Die eingetragene Gesellschaft ist Springer-Verlag GmbH Berlin Heidelberg

Vorwort

Die weiter rasant voranschreitende rechtliche und tatsächliche Entwicklung des Völkerrechts macht eine Neuauflage des Werks erforderlich.

Seit der Vorauflage hat zum Beispiel der Internationale Gerichtshof in der wegweisenden Rechtssache Deutschland gegen Italien das Recht der Staatenimmunität konkretisiert, das Bundesverfassungsgericht seine Sichtweise zum Verhältnis deutsches Recht – Völkerrecht und der Internationale Strafgerichtshof seine Arbeit verstärkt in Angriff genommen. Auf der tatsächlichen Ebene hat der Konflikt zwischen der Russischen Föderation und der Ukraine Fragen des Selbstbestimmungsrechts der Völker und der Intervention wieder aktuell werden lassen, genauso wie die Problemstellung, ob der Islamische Staat ein Staat im Sinne des Völkerrechts ist.

Die Neuauflage passt das Werk an die Rechtsentwicklung an und gibt Entscheidungshilfen an die Hand, um dem Nutzer einen schnellen Zugriff auf die Materie zu ermöglichen.

Zu ganz besonderem Dank für die Unterstützung, ohne die die Neuauflage nicht möglich gewesen wäre, bin ich Frau stud. iur. Sandra Gruber verpflichtet.

Dr. Stefan Lorenzmeier LL. M.
Augsburg, im April 2016

Abkürzungsverzeichnis

a.a.O.	am angegebenen Ort
ADÜ	Antidumping-Übereinkommen
a.E.	am Ende
AJIL	American Journal of International Law
Art.	Artikel
Aufl.	Auflage
AWG	Außenwirtschaftsgesetz
BGBl.	Bundesgesetzblatt (seit 1951: Teil I und II)
BGHZ	Entscheidungssammlung des Bundesgerichtshofs in Zivilsachen
BRD	Bundesrepublik Deutschland
Bsp.	Beispiel
BVerfGE	Entscheidungssammlung des Bundeverfassungsgerichts
CA	Chicagoer Abkommen
DÜ-SRÜ	Übereinkommen zur Durchführung des Teiles XI des Seerechts-Übereinkommens der VN
DSU	Dispute Settlement Understanding (Streitschlichtungsverfahren der WTO)
DVBl.	Deutsches Verwaltungsblatt
ECE	Economic Commission for Europe (Wirtschaftskommission für Europa)
ed.	edition (Auflage)
EG	Europäische Gemeinschaft
EGV	Vertrag zur Gründung der Europäischen Gemeinschaft
EMRK	Europäische Menschenrechtskonvention (eigentlich: Konvention zum Schutze der Menschenrechte und Grundfreiheiten)
EPIL	Encyclopedia of Public International Law
EPZ	Europäische Politische Zusammenarbeit
EU	Europäische Union
EuAlÜbk	Europäisches Auslieferungsübereinkommen
EuGH	Gerichtshof der Europäischen Gemeinschaften
EuGVÜ	Europäisches Gerichtsstands- und Vollstreckungsübereinkommen
EV	Einigungsvertrag
f.	Folgende
ff.	Fortfolgende
FRJ	Föderale Republik Jugoslawien
FP	Fakultativprotokoll
GA	Genfer Abkommen
GATS	General Agreement on Trade in Services (Allgemeines Übereinkommen über den Handel mit Dienstleistungen)
GATT	General Agreement on Tariffs and Trade (Allgemeines Zoll- und Handelsabkommen)
GBP	Great Britain Pounds
GVG	Gerichtsverfassungsgesetz
HLKO	Haager Landkriegsordnung (Anlage zu dem [IV. Haager] Abkommen, betreffend die Gesetze und Gebräuche des Landkriegs)
Hrsg.	Herausgeber

Abkürzungsverzeichnis

ICAO	International Civil Aviation Organization (Internationale Zivilluftfahrt-Organisation)
ICC	International Criminal Court
ICJ	International Court of Justice (s. IGH)
ICJ Rep.	ICJ, Reports of Judgements, Advisory Opinions and Orders
ICSID	International Centre for Settlement of Investment Disputes (Internationales Zentrum zur Beilegung von Investitionsstreitigkeiten)
ICTR	International Criminal Tribunal for Rwanda (Ruanda-Tribunal)
ICTY	International Criminal Tribunal for the former Yougoslavia (Jugoslawien-Tribunal)
IGH	Internationaler Gerichtshof
IGH-St	Statut des Internationalen Gerichtshofs
IKRK	Internationales Komitee vom Roten Kreuz
ILC	International Law Commission (Völkerrechtskommission)
ILM	International Legal Materials
ILR	International Law Reports
IPbürgR	Internationaler Pakt über bürgerliche und politische Rechte
IPwirtR	Internationaler Pakt über wirtschaftliche, soziale und kulturelle Rechte
IPR	Internationales Privatrecht
ISGH	Internationaler Seegerichtshof
ISGH-St	Statut des internationalen Seegerichtshofs
ITO	International Trade Organization (Internationale Handelsorganisation)
KSZE	Konferenz über Sicherheit und Zusammenarbeit in Europa
LNTS	League of Nations Treaty Series
MIGA	Multilateral Investment Guarantee Agency (Multilaterale Investitions-Garantie-Agentur)
NAFTA	North American Free Trade Agreement (Nordamerikanisches Freihandelsabkommen)
OECD	Organization for Economic Co-operation and Development (Organisation für Wirtschaftliche Zusammenarbeit und Entwicklung)
OSZE	Organisation für Sicherheit und Zusammenarbeit in Europa
para.	Paragraph (Unterteilung von Urteilen des IGH)
PCIJ	Permanent Court of International Justice (Ständiger Internationaler Gerichtshof)
PLO	Palestine Liberation Organization (Palästinensische Befreiungsorganisation)
Rdnr.	Randnummer
RIAA	Reports of International Arbitral Awards
RSA	Recueil des sentences arbitrales
S.	Seite
s. a.	siehe auch
s. o. S.	siehe oben, Seite
s. u. S.	siehe unten, Seite
SFRJ	Sozialistische Föderative Republik Jugoslawien
Slg.	Sammlung (der Rechtsprechung des EuGH)
sm	sea miles
SRJ	Sozialistische Republik Jugoslawien
SRÜ	Seerechtsübereinkommen der Vereinten Nationen
SVN	Charta der Vereinten Nationen
TRIPS	Agreement on Trade-Related Aspects of Intellectual Property Rights (Übereinkommen über handelsbezogene Aspekte der Rechte des geistigen Eigentums)

u.a.	und andere
UCK	Befreiungsorganisation der albanischen Minderheit im ehemaligen Jugoslawien
UNAT	United Nations Administration Tribunal
UNCLOS	UN Conference on the Law of the Sea (Seerechtskonferenz der VN)
UNCTAD	UN Conference on Trade and Development (Konferenz der VN für Handel und Entwicklung)
UNEP	UN Environment Programme (Umweltprogramm der VN)
UNTS	United Nations Treaty Series
VDL	Vereinbarung über den Durchflug im internationalen Luftverkehr
VGR	Völkergewohnheitsrecht
VN	Vereinte Nationen
WeltbankV	Abkommen über die internationale Bank für Wiederaufbau und Entwicklung (Weltbank)
WHaftÜ	Weltraumhaftungs-Übereinkommen
WIPO	World Intellectual Property Organization (Weltorganisation für geistiges Eigentum)
WKK	Wiener Übereinkommen über konsularische Beziehungen
WTO	World Trade Organization (Welthandelsorganisation)
WÜD	Wiener Übereinkommen über diplomatische Beziehungen
WV	Weltraumvertrag
WVK	Wiener Übereinkommen über das Recht der Verträge
WVKIO	Wiener Übereinkommen über Verträge zwischen Staaten und Internationalen Organisationen oder zwischen Internationalen Organisationen
ZP I	Zusatzprotokoll zu den Genfer Abkommen über den Schutz der Opfer internationaler bewaffneter Konflikte

Inhaltsverzeichnis

1	**Einführung**	1
1.1	Völkerrecht	2
1.2	Ist Völkerrecht Recht?	3
1.3	Universelles, partikulares und regionales Völkerrecht	6
1.4	Völkerrecht und Politik	7
1.5	Literatur zum Völkerrecht	8
1.6	Das Erstellen einer völkerrechtlichen Arbeit	9
1.6.1	Besonderheiten in der völkerrechtlichen Fallbearbeitung	9
1.6.2	Sprachenproblematik	10
1.6.3	Zu beachtende Grundsätze bei der Normenkollision	10
1.7	Übungsfall „LaGrand"	12
1.8	Wiederholungsfragen	19
2	**Allgemeines Völkerrecht**	21
2.1	**Völkerrechtliche Grundstrukturen**	22
2.2	**Rechtserzeugung im Völkerrecht: Systematik der Rechtsquellen**	23
2.2.1	Völkervertragsrecht	25
2.2.2	Vertieft: das Vertragsrecht	29
2.2.3	Völkergewohnheitsrecht	41
2.2.4	Allgemeine Rechtsgrundsätze	43
2.2.5	Andere Völkerrechtsquellen – und Begriffe, die als Quellen erscheinen, aber keine sind	44
2.2.6	Rechtserkenntnisquellen	49
2.3	**Die Völkerrechtssubjekte**	50
2.3.1	Hauptakteure: Staaten	51
2.3.2	Anerkennung und Kontinuität von Staaten	54
2.3.3	Andere Völkerrechtssubjekte oder Strukturen, die keine Völkerrechtssubjekte sind	57
2.3.4	Vertieft: Entstehung, Untergang und Sukzession von Staaten	59
2.3.5	Grundrechte und Grundpflichten der Staaten	62
2.4	**Selbstbestimmungsrecht der Völker**	68
2.4.1	Recht auf Selbstbestimmung?	68
2.4.2	Träger des Selbstbestimmungsrechts	69
2.4.3	Inhalt des Selbstbestimmungsrechts	71
2.4.4	Ausübung des Selbstbestimmungsrechts	73
2.5	**Internationale Organisationen**	75
2.6	**Die Vereinten Nationen**	77
2.6.1	Ziele und Grundsätze	78
2.6.2	Mitgliedschaft in den Vereinten Nationen	80
2.6.3	Organisation der Vereinten Nationen	81
2.6.4	Friedenssicherung durch die Vereinten Nationen	87
2.6.5	Friedenserhaltende und friedenschaffende Maßnahmen	100
2.7	**Wiederholungsfragen**	101

3	**Besondere Gebiete des Völkerrechts.**	103
3.1	Seerecht	105
3.1.1	Hohe See	107
3.1.2	Ausschließliche Wirtschaftszone und Festlandsockel	111
3.1.3	Tiefseebergbau und Umweltschutz	114
3.1.4	Streitbeilegung	115
3.2	**Umweltvölkerrecht**	116
3.2.1	Völkergewohnheitsrecht	116
3.2.2	Vertragsrecht	118
3.2.3	Fallbeispiel	119
3.3	**Luft-/Weltraumrecht**	121
3.3.1	Luftrecht	121
3.3.2	Weltraumrecht	125
3.4	**Handelsrecht**	127
3.4.1	Grundlagen	127
3.4.2	WTO/GATT	128
3.4.3	GATS und TRIPS	139
3.4.4	Innerstaatliche Anwendbarkeit von GATT, GATS und TRIPS	140
3.4.5	Streitbeilegung	141
3.4.6	WTO und Umweltschutz	144
3.4.7	Importverbot, Embargo, Blockade und Boykott	145
3.4.8	Privates Handelsrecht	146
3.4.9	Lex Mercatoria	153
3.5	**Diplomaten- und Konsularrecht**	154
3.5.1	Diplomatenrecht	154
3.5.2	Konsularische Beziehungen	158
3.5.3	Streitbeilegung	159
3.5.4	Fall: Diplomatische Immunität	160
3.6	**Völkerrechtlicher Individualschutz**	162
3.6.1	Fremdenrecht	163
3.6.2	Menschenrechte	164
3.6.3	Flüchtlinge und Asylrecht	174
3.6.4	Gewohnheitsrechtlich gewährleistete Menschenrechte	175
3.6.5	Gewährleistung der Menschenrechte in der Bundesrepublik	175
3.7	**Kriegsrecht oder Recht internationaler Konflikte**	176
3.7.1	Recht zum Krieg	177
3.7.2	Recht im Krieg	177
3.7.3	Recht des nicht internationalen Konflikts	190
3.7.4	Sicherung der gewährten Rechte	191
3.7.5	Verhältnis Menschenrechte – Humanitäres Völkerrecht	192
3.8	**Wiederholungsfragen**	192
4	**Streitbeilegung und Durchsetzungsmechanismen im Völkerrecht**	195
4.1	Diplomatische Mittel	196
4.2	Internationale Schiedsverfahren	197
4.3	Internationale Gerichte	199
4.3.1	Der Internationale Gerichtshof	200

Inhaltsverzeichnis

4.3.2	Internationaler Seegerichtshof	208
4.3.3	Internationaler Strafgerichtshof	209
4.3.4	Verantwortlichkeit ehemaliger Staatsoberhäupter vor nationalen Gerichten	215
4.3.5	Allgemeines zur Auslieferung	217
4.4	**Durchsetzungsmechanismen des Völkerrechts**	**218**
4.4.1	Retorsion	218
4.4.2	Repressalie	219
4.4.3	Gewaltanwendung	220
4.4.4	Humanitäre Intervention	221
4.5	**Verantwortlichkeit für völkerrechtswidriges Handeln**	**222**
4.6	**Fall: Beeinträchtigung von grenzüberschreitenden Ressourcen**	**226**
4.7	**Wiederholungsfragen**	**229**
5	**Verhältnis Völkerrecht – nationales Recht**	**231**
5.1	**Monismus**	**232**
5.2	**Dualismus**	**232**
5.3	**Gemäßigter Monismus/Dualismus**	**233**
5.4	**Unmittelbar anwendbare Vorschriften (self executing norms)**	**233**
5.5	**Völkerrecht und innerstaatliches Recht**	**234**
5.5.1	Transformation	235
5.5.2	Adoption	235
5.6	**Innerstaatliche Umsetzung des Völkerrechts in der Bundesrepublik**	**235**
5.6.1	Internationales Vertragsrecht	236
5.6.2	Gewohnheitsrecht und allgemeine Rechtsgrundsätze	239
5.6.3	Der Beitritt zu Internationalen Organisationen	241
5.6.4	Verbot des Angriffskrieges	245
5.6.5	Auslandseinsätze der Bundeswehr im Rahmen von kollektiven Sicherheitssystemen	247
5.6.6	Kompetenzfragen	248
5.7	**Wiederholungsfragen**	**251**
6	**Klausurfälle**	**253**
6.1	**Tipps für Klausuren und Hausarbeiten**	**254**
6.1.1	Die Situation in der Klausur	254
6.1.2	Die Hausarbeit	257
6.2	**Fall: „Präsident Pinochet"**	**258**
	Serviceteil	**263**
	Internetadressen	264
	Glossar	265

Einführung

1.1 Völkerrecht – 2

1.2 Ist Völkerrecht Recht? – 3

1.3 Universelles, partikulares und regionales Völkerrecht – 6

1.4 Völkerrecht und Politik – 7

1.5 Literatur zum Völkerrecht – 8

1.6 Das Erstellen einer völkerrechtlichen Arbeit – 9
1.6.1 Besonderheiten in der völkerrechtlichen Fallbearbeitung – 9
1.6.2 Sprachenproblematik – 10
1.6.3 Zu beachtende Grundsätze bei der Normenkollision – 10

1.7 Übungsfall „LaGrand" – 12

1.8 Wiederholungsfragen – 19

S. Lorenzmeier, *Völkerrecht – Schnell erfasst*, Recht – Schnell erfasst,
DOI 10.1007/978-3-662-50474-1_1, © Springer-Verlag Berlin Heidelberg 2016

1.1 Völkerrecht

Jeden Tag liest oder hört man von internationalen Abmachungen, Völkerrechtsverletzungen, humanitären Interventionen, Handelsbeschränkungen, Umweltpakten usw. Fast jeder spricht über völkerrechtliche Problemstellungen, wie die Mitgliedschaft Deutschlands im Sicherheitsrat der Vereinten Nationen, benutzt völkerrechtliche Begriffe, weiß allerdings häufig nicht genau, was sie in der konkreten Anwendung bedeuten.

Die Aufgabe dieses Buches ist es, einen Überblick über die reichhaltigen Verästelungen des Völkerrechtes zu schaffen. Dabei sollen hier nur Grundlagen und Grundprobleme in möglichst verständlicher Weise erörtert werden, für tiefer gehende Ausführungen sei auf die weiter unten genannten umfassenderen Lehrbücher verwiesen.

Begriff des Völkerrechts

Völkerrecht – was ist das eigentlich? Eine Bestimmung des Begriffes fällt nicht leicht, eine allgemeingültige, universell anerkannte Definition existiert nicht. Zuerst ist zu bemerken, dass der Begriff zweigeteilt ist, „Völker" und „Recht". Schon der Terminus des „Volkes" ist nicht eindeutig bestimmbar (▶ Abschn. 2.4, „Selbstbestimmungsrecht der Völker"). Er rührt historisch gesehen von dem römischen Begriff „ius gentium" her, der sowohl das allen Völkern gemeinsam geltende Recht als auch das zwischenstaatliche Recht meinte. Der in den meisten Rechtskreisen gebräuchliche Ausdruck des „Public International Law, droit international public, diritto internazionale" ist neueren Datums und präziser. Denn eigentlich sind die „Völker" nicht die Hauptakteure des Völkerrechts, sondern die „Staaten", es geht also dem Wesen nach um *zwischenstaatliches öffentliches Recht*.

Früher wurde angenommen, dass Völkerrecht ausschließlich das zwischen den Staaten geltende Recht ist. Es regelt dann, was fast schon eine Tautologie darstellt, die zwischenstaatlichen Beziehungen. Der interessierte Leser wird jedoch einwenden, dass es auch internationale Organisationen, wie z. B. die WTO oder die EU gibt, die mit eigener Rechtspersönlichkeit (jurist.: juristische Personen) auf der internationalen Bühne agieren. Oder es werden Menschen (jurist.: natürliche Personen) vor einem internationalem Gericht in Den Haag für ihre Kriegsverbrechen strafrechtlich angeklagt und verurteilt. Gilt das Völkerrecht dann für sie nicht? Doch, es gilt, und aufgrund dieser Schwäche der Definition ist man heute von der früheren, zu engen Sichtweise abgerückt.

Völkerrecht: zwischen Völkerrechtssubjekten geltendes Recht

Nach dem modernen Begriffsverständnis ist Völkerrecht das zwischen den Völkerrechtssubjekten geltende Recht. Das klingt einleuchtend und fast schon banal. Dennoch war es ein langer Weg bis zu dieser weiten Definition, da sie voraussetzt, dass auch andere Subjekte als „Staaten" Berechtigte oder Verpflichtete des Völkerrechts sein können. Wie z. B. die oben schon erwähnten Internationalen Organisationen oder sogar Individuen. Eine genaue Aufstellung der Völkerrechtssubjekte findet sich weiter unten (▶ Abschn. 2.3).

Nicht zum Völkerrecht gehört – trotz seines fehlleitenden Namens – das Internationale Privatrecht (IPR). Die Vorschriften des IPR sind nationale Normen, die auf internationale privatrechtliche Sachverhalte Anwendung finden. Sie regeln, welches Gericht für die Entscheidungsfindung zuständig ist, welches nationale Recht angewendet wird usw. IPR ist somit nationales Recht für internationale Sachverhalte. Allerdings werden in diesem Bereich inzwischen vermehrt Übereinkommen geschlossen, die eine internationale Rechtsvereinheitlichung hervorrufen sollen, wie beispielsweise das 1968 abgeschlossene EuGVÜ (Europäisches Gerichtsstand- und Vollstreckungsübereinkommen; BGBl. 1972 II, 774; seit dem 1.3.2002 gilt das EuGVÜ nur noch im Verhältnis der restlichen EU-Mitgliedstaaten zu Dänemark, für die anderen Mitgliedstaaten gilt die Verordnung 1215/2012 v. 12.12.2012 über die gerichtliche Zuständigkeit und die Anerkennung und Vollstreckung von Entscheidungen in Zivil- und Handelssachen, ABl. EU 2012 L 351/1).

IPR

Demgegenüber ist das Recht der Europäischen Union Bestandteil des Völkerrechts. Die Gründungsverträge EUV/AEUV unterfallen jeweils dem Völkerrecht, jedoch haben sich die beiden Rechtsbereiche inzwischen so sehr verselbständigt, dass sie einem eigenen Rechtsregime unterliegen, das hier nicht weiter erörtert werden kann. Trotz aller Besonderheiten ist immer zu beachten: Dem Grunde nach ist das dort gesetzte Recht partikulares Völkerrecht. Näheres kann man bei *Lorenzmeier*, Europarecht, 5. Aufl. 2016, erfahren.

EU

1.2 Ist Völkerrecht Recht?

Die Rechtsqualität des Völkerrechts wird immer wieder in Zweifel gezogen. Problematisch ist insbesondere der eher unvollkommen ausgestaltete Durchsetzungsmechanismus des Völkerrechts, der Rechtsbrecher immer wieder „davonkommen lässt".

Dem Völkerrecht ist eine zentrale Strafinstanz oder oberste Gerichtsbarkeit, wie sie aus nationalen Rechtsordnungen bekannt ist, unbekannt. Es beruht auf Koordination und Konsens. Die verschiedenen Rechtsunterworfenen, die Subjekte, setzen das Recht selber und sollen es dann befolgen. Dies ähnelt der Rechtsetzung in einer Demokratie. In Demokratien

Koordinationsrecht, Konsensprinzip

ist es auch so, dass die Bürger, also die Rechtsunterworfenen, aus ihrer Mitte die Parlamentarier wählen, die dann in einem Parlament, wie z. B. dem Bundestag, die Gesetze schaffen, an die auch sie gebunden sind. Auch nationales Recht ist insoweit Koordinationsrecht.

Allerdings fehlt dem Völkerrecht die staatliche Zwangsgewalt, nach der ein Staat Gerichte schaffen darf, die ihre Urteile auch gegen den Willen des im Prozess Unterliegenden auf dessen Kosten durchsetzen können. Ein Urteil des IGH (Internationalen Gerichtshofes) beispielsweise kann nicht ohne weiteres zwangsweise durchgesetzt werden, dazu bedarf es eines Beschlusses des Sicherheitsrates der Vereinten Nationen, Art. 94 II SVN. Die unterliegende Partei ist bei Fehlen eines solchen Beschlusses nur nach Art. 94 I SVN verpflichtet, das Urteil zu befolgen, eine Zwangsvollstreckung des Urteils ist anders als bei den Urteilen nationaler Richter nicht möglich. Hier liegt eine große Besonderheit des Völkerrechts. Dennoch bleibt die Frage: ist eine Regel, die nicht durchgesetzt werden kann, ein Recht? Wo liegt der Geltungsgrund für ein solches Recht? Warum sollte man es befolgen?

Selbstdurchsetzung des Völkerrechts

Diese Frage beschäftigt die Gelehrten des Völkerrechts wohl seit der Entstehung des Rechtsgebietes. Die Philosophen fragten dann gleich darauf: Ist Rechtsbefolgung eine Eigenschaft von Recht? Und, wenn ja, warum? Einige Wissenschaftler suchten wegen der Rechtsdurchsetzungsproblematik nach einem „höheren Geltungsgrund" des Völkerrechts, konnten einen solchen jedoch nicht einwendungslos begründen. Diese Suche scheint inzwischen ergebnislos aufgegeben worden zu sein. Bei einer genaueren Analyse des Völkerrechts lässt sich feststellen, dass die Völkerrechtssubjekte, also hauptsächlich die Staaten, immer wieder Verträge mit anderen Subjekten geschlossen haben und sich bei einem Bruch der vertraglichen Verpflichtung auf (Völker-)Recht berufen haben, wie beispielsweise den Grundsatz des *pacta sunt servanda* (Verträge sind bindend). Überdies wurden Rechtsbrecher immer, wenn auch auf unterschiedliche Arten, zur Verantwortung gezogen, wie z. B. durch Reparationszahlungen nach einem verlorenen Krieg. Dieses System kann man als „Selbstdurchsetzung des Rechts" beschreiben. Zusätzlich haben sich auch „Rechtsbrecher" immer wieder auf das Völkerrecht berufen, um ihr Handeln zu rechtfertigen. Beispielhaft sei hier nur an die Rechtfertigung des Irak nach dem Überfall auf Kuwait im Jahre 1990 erinnert. Folglich respektieren auch „Rechtsbrecher" das Völkerrecht als Ordnungsfaktor, weil es ihnen ansonsten auf das Bestehen eines Rechtfertigungsgrundes nicht ankäme.

Kollektivdurchsetzung

Neben der Selbstdurchsetzung besteht noch eine Kollektivdurchsetzung, d. h. mehrere Staaten setzen gemeinsam Recht durch. Ein solches Verhalten geschah beispielsweise im zweiten Golfkrieg 1991, als die Alliierten nach einem Mandat des Sicherheitsrates der Vereinten Nationen (VN) die Annexion Kuwaits durch den Irak wieder rückgängig machten.

Darüber hinaus lösen viele Staaten ihre Probleme auf (schieds-)gerichtlichem Wege, wobei die Aussprüche des (Schieds-) Gerichtes in aller Regel respektiert werden, da man sich dessen Jurisdiktion freiwillig unterstellt hat.

Zusammenfassend ist festzustellen, dass die Rechtsdurchsetzung auf völkerrechtlicher Ebene aufgrund seiner Eigenschaft als Konsensrecht schwächer ausgestaltet ist als im innerstaatlichen Recht, es dessen ungeachtet – entgegen der oben aufgestellten These – jedoch eine, wenn auch dezentrale, Rechtsdurchsetzung gibt. Demnach ist Völkerrecht nach der hier vertretenen pragmatischen Auffassung Recht (für weitergehende Nachweise siehe: *Doehring*, Völkerrecht, § 1; *Vitzthum*, Völkerrecht, 1. Abschnitt I 2).

Das Völkerrecht befindet sich im stetigen Wandel. Nach modernem Verständnis befindet sich das klassische Koordinationsvölkerrecht, wonach die Völkerrechtssubjekte ihr internationales Tätigwerden nur zur Durchsetzung von Eigeninteressen koordinieren im Umbruch zum Kooperationsvölkerrecht, im dem von ihnen auch gemeinsame Zielsetzungen verfolgt werden. Dem Kooperationsvölkerrecht wohnt eine größere Zustimmung der Völkerrechtssubjekte zu einer Übertragung von Hoheitsrechten an eine Internationale Organisation inne. Das hervorstechende Beispiel ist die Europäische Union, in deren Regelungsbereich die Mitglieder verpflichtende Rechtsakte zum großen Teil ohne deren Zustimmung getroffen werden können (zur EU siehe *Lorenzmeier*, Europarecht, 5. Aufl. 2016). Damit ist eine deutliche Souveränitätsbeschränkung der einzelnen Mitgliedstaaten verbunden, die dem klassischen Völkerrecht fremd ist.

Kooperationsvölkerrecht

Ein weiterer, darauf aufbauender aktueller Trend ist die Konstitutionalisierung des Völkerrechts. Das Kooperationsvölkerrecht weist Grundelemente einer völkerrechtlichen Gesamtverfassung auf, da es die übereinstimmenden Interessen einer (vielfach noch im Aufbau befindlichen) internationalen Gemeinschaft einer gemeinsamen Lösung zuführen soll, welche sich wiederum an gemeinsamen Werten orientiert.

Konstitutionalisierung

Dem Völkerrecht fehlt nach allen Entwicklungslinien ein Gesamtgesetzgeber wie das nationale Parlament. Die Vereinten Nationen können diese Rolle (noch) nicht erfüllen. Somit wird für die zu regelnden Sachgebiete häufig eine separate Lösung in Form eines Vertrages gefunden, der andere damit zusammenhängende Regelungsgebiete nicht beachtet, d. h. umweltrechtliche Übereinkommen haben häufig wirtschaftsrechtliche Auswirkungen, die jedoch nicht mitgeregelt wer-

Fragmentierung des Völkerrechts

den. Entsprechend kennt eine handelsrechtliche Übereinkunft häufig keine Regelungen für den Umweltschutz. Die sog. Fragmentierung des Völkerrechts ist ein bedeutendes rechtliches und praktisches Problem, da in den jeweiligen Übereinkünften häufig eigene Streitschlichtungsmechanismen vorgesehen sind, die über das jeweils andere Rechtsregime keine Aussage treffen können (▶ Kap. 4). Dadurch können Entscheidungen gefällt werden, die der Rechtswirklichkeit nicht entsprechen, da sie jeweils nur nach einem Rechtsregime eine ausschließliche Streitentscheidung herbeiführen.

1.3 Universelles, partikulares und regionales Völkerrecht

3 Rechtsquellen

Das Völkerrecht ergibt sich aus drei Rechtsquellen (Art. 38 I lit. a–c IGH-Statut; vertieft s. u. S. 23):
- Vertrag
- Völkergewohnheitsrecht
- Allgemeine Rechtsgrundsätze.

Diese Rechtsquellen gelten häufig nicht weltweit (universell), sondern nur partikular oder regional.

universelles Völkerrecht
erga omnes Regeln

Universelles Völkerrecht ist das auf der ganzen Welt zwischen allen Völkerrechtssubjekten geltende Völkerrecht. Hierzu zählt unter anderem der bereits erwähnte Grundsatz „pacta sunt servanda". Entwickelt hat es sich aus dem ehemals in Europa geltenden Recht, dem „ius europaeicum". Besonderer Erwähnung bedürfen noch die „erga omnes" (= allen gegenüber) Regeln. Dies sind Verpflichtungen, die der ganzen Staatengemeinschaft gegenüber bestehen, sie können also von jedem Staat gefordert werden und – bei Nichtbeachtung – auch von jedem Staat vollstreckt werden (str.).

ius cogens

Der IGH hat sie in dem „Barcelona-Traction"-Fall (ICJ-Rep. 1970, 3/32) zum ersten Mal erwähnt. Die „erga omnes" bestehenden Rechtspflichten sind jedoch sehr restriktiv zu sehen, sie umfassen z. B. das Aggressions- und das Genozidverbot (z. B. IGH, *Genozid*, ICJ-Rep. 1996, 595/616). Häufig stellen sie auch „ius cogens" (= zwingendes Recht) dar. „Ius cogens" bedeutet, dass der Rechtssatz nicht zur Disposition der Rechtsunterworfenen steht, diese sind also zwangsweise an ihn gebunden, siehe Art. 53 S. 2 WVK, dieser Rechtssatz besteht auch gewohnheitsrechtlich.

partikulares Völkerrecht

Partikulares Völkerrecht ist das nur zwischen einzelnen Rechtssubjekten geltende Völkerrecht. Zweiseitige Verträge schaffen partikulares Völkerrecht. Es gibt allerdings auch partikulares Völkergewohnheitsrecht.

Regionales Völkerrecht ist das nur in einem territorial abgegrenzten Bereich geltende Völkerrecht. Für Europa ist auf die im Rahmen des Europarats, einer Internationalen Organisation, geschlossenen Konventionen hinzuweisen (mehr zum Europarat bei: *Lorenzmeier*, Europarecht, 5. Aufl. 2016, S. 43 ff.). Regionales Völkerrecht kann die Vorschriften des universellen Völkerrechtes, soweit diese nicht zwingenden Charakter haben (= dem *ius cogens* angehören), aufheben und/oder modifizieren. Beispielsweise ist der Menschenrechtsschutz innerhalb Europas aufgrund der Konventionen des Europarates viel weiter ausgebildet als in anderen Regionen der Erde.

Eigentlich ist der Terminus „regionales Völkerrecht" nur ein Unterfall des partikularen Völkerrechts, letzteres bezieht sich jedoch auf die Anzahl der Rechtsunterworfenen, während des Ausdruck „regionales Völkerrecht" sich auf einen territorial begrenzten Bereich bezieht.

regionales Völkerrecht

1.4 Völkerrecht und Politik

Wie ist das Verhältnis von Völkerrecht und Politik? Die Beziehungen zwischen den Staaten sind größtenteils von politischen Erwägungen beeinflusst. Warum wurde die Situation im Kosovo im Jahre 1999 auf militärische Weise einer Lösung zugeführt, während eine auf den ersten Blick vergleichbare Situation in Tschetschenien nicht zu einem Eingreifen der NATO-Staaten führte? Eine Antwort auf diese Frage kann das Recht kaum geben. Politisch ist zu beachten, dass Russland eine Atommacht ist, die sich jegliche Einmischung in ihre inneren Angelegenheiten verbittet. Letzteres traf auf das damalige „Rest-Jugoslawien" auch zu, jedoch stellt es keine Atommacht dar, sondern einen eher schwachen Balkanstaat. Das politische Risiko eines militärischen Eingreifens ist dort folglich viel geringer.

Wie man sieht, gibt es gute politische Gründe, in der einen Situation militärisch einzugreifen, und in der anderen nicht, wobei die Rechtmäßigkeit des militärischen Eingreifens, der sogenannten Intervention, an späterer Stelle erörtert werden soll (▶ Abschn. 2.4). Rechtlich erfordern vergleichbare Situationen natürlich auch vergleichbare Reaktionen, politisch ist das nicht zwangsläufig der Fall.

Wichtig: Recht und Politik sind zwei unterschiedliche Disziplinen, die nur mittelbar dergestalt in Beziehung stehen, dass das Recht als Rechtfertigung für politisches Handeln herangezogen wird. Ein staatliches Handeln ist entweder rechtmäßig oder rechtswidrig, jedoch kann auch ein rechtswidriges Handeln politisch kurzfristig sinnvoll sein.

1.5 Literatur zum Völkerrecht

Die Literatur zum Völkerrecht ist wegen der Natur als weltweit geltendes Rechtsgebiet nahezu uferlos. In jeder halbwegs gängigen Sprache existieren Abhandlungen zu völkerrechtlichen Rechtsproblemen und Grundsätzen. Die Literaturauswahl beschränkt sich auf den deutsch- und englischsprachigen Raum. Wie jede Literaturauswahl ist auch diese subjektiv und unvollständig. Sie soll nur einen kleinen Anhaltspunkt bieten und sich auf aktuellere Literatur beschränken, da die Völkerrechtsentwicklung in den letzten 20 Jahren geradezu rasant von statten ging. Die Werke sind:

- Dahm/Delbrück/Wolfrum, Völkerrecht, Bd. I/1–3, 2. Aufl. 1989–2002
- Doehring, Völkerrecht, 2. Aufl. 2004
- Ipsen, Völkerrecht, 6. Aufl. 2014
- Kempen/Hillgruber, Völkerrecht, 2. Aufl. 2012
- Ruffert/Walter, Institutionalisiertes Völkerrecht, 2. Aufl. 2015
- Verdross/Simma, Universelles Völkerrecht, 3. Aufl. 1984
- Vitzthum/Proelß, Völkerrecht, 6. Aufl. 2013
- Herdegen, Völkerrecht, 15. Aufl. 2013
- Stein/von Buttlar, Völkerrecht, 13. Aufl. 2012
- Hobe, Einführung in das Völkerrecht, 10. Aufl. 2014
- v. Arnauld, Völkerrecht, 2. Aufl. 2014.

Mit Bezügen zum deutschen Recht:
- Geiger, Grundgesetz und Völkerrecht, 6. Aufl. 2013
- Dederer/Schweitzer, Staatsrecht III, 11. Aufl. 2016.

Als Fallbücher:
- v. Arnauld, Klausurenkurs in Völkerrecht, 2. Aufl. 2012
- Dörr, Kompendium völkerrechtlicher Rechtsprechung, 2004
- Kempen/Hillgruber, Fälle zum Völkerrecht, 2. Aufl. 2012
- Menzel/Pierlings/Hoffmann, Völkerrechtsprechung, 2005.

Internationale Lehrbücher

Auf internationaler Ebene sei nur kurz auf die Werke von
- Shaw, International Law, 7th ed. 2014 und
- Crawford, Brownlie's Principles of Public International Law, 8th ed. 2012

hingewiesen.

Nachschlagewerke

Für Recherchearbeiten sehr wichtig sind die von
- *Wolfrum* herausgegebene „Max Planck Encyclopedia of Public International Law" (► www.mpepil.com),

1.6 Das Erstellen einer völkerrechtlichen Arbeit

- der UN-Kommentar von *Simma* (Hrsg., 3rd ed. 2011) und
- das Handbuch Vereinte Nationen von *Wolfrum* (Hrsg.; englische Version „United Nations Law and Practice", 1995).

Das Erstellen einer völkerrechtlichen Arbeit unterscheidet sich auf den ersten Blick durch nichts von einer sonstigen juristischen Arbeit. Für die Gutachtenerstellung im Völkerrecht ist die übliche Gutachtentechnik (auch: Subsumtionstechnik) anzuwenden. Nach einem Obersatz, der die Problemstellung aufzeigen soll, kommt eine abstrakte Definition, unter die dann der konkrete, gegebene Sachverhalt gefasst – auf lateinisch: subsumiert (deshalb Subsumtionstechnik) – wird. Schlussendlich wird das gefundene Ergebnis in einem Ergebnissatz festgestellt. Diese Technik dürfte der Mehrzahl der Leser bereits bekannt sein.

Subsumtionstechnik

Es ergeben sich folgende Schritte:

> **1. Schritt: Sachverhalt**
> Was sind die Fakten, was will man prüfen?
> **2. Schritt: Normensuche**
> Gibt es eine Norm (Gesetz, Vertrag, Verordnung etc.), die auf die Fakten anwendbar sein könnte?
> **3. Schritt: Prüfung**
> Passen die Tatbestandsmerkmale der Norm, also ihre Tatsachenteile auf die Fakten?
> **4. Schritt: Alternativen**
> Wenn nein: Gibt es eine andere Norm, die passen könnte? Falls nein, gibt es für den Sachverhalt auch keine Rechtsfolge.
> **5. Schritt: Ergebnis**
> Wenn ja: Welche Rechtsfolge bestimmt die gefundene Norm?

1.6.1 Besonderheiten in der völkerrechtlichen Fallbearbeitung

Bei der Lösung eines völkerrechtlichen Sachverhaltes sind vom Bearbeiter häufig die Punkte „Zulässigkeit" und „Begründetheit" zu untersuchen. Die einzelnen Zulässigkeitsvoraussetzungen variieren stark von Gericht zu Gericht oder Streitschlichtungsstelle, die wichtigsten Voraussetzungen werden im Kapitel „Streitbeilegung" (▶ Kap. 4) näher erläutert. Die Begründetheit ist im Vergleich zu anderen Rechtsgebieten oftmals übersichtlich, da in aller Regel nur die Rechtmäßigkeit völkerrechtlichen Handelns zu untersuchen ist. Generelle Aussagen lassen sich deswegen nur schwer treffen. Die wichtigsten in der Begründetheit zu untersuchenden Gesichtspunkte sind anhand von Prüfungsschemata in den jeweiligen Abschnitten näher dargestellt.

Allerdings sollten bei einer völkerrechtlichen Fallbearbeitung noch einige Besonderheiten beachtet werden.

1.6.2 Sprachenproblematik

Sprachkenntnisse

Als internationales Rechtsgebiet ist es unerlässlich, bei der Falllösung auch fremdsprachliche Quellen zu beachten und zu zitieren. Hierfür sollten gewisse Kenntnisse des Englischen und/oder Französischen vorhanden sein, da ein Großteil der völkerrechtlich relevanten Literatur und Rechtsprechung in diesen Sprachen publiziert wird. Beispielsweise werden die Urteile des IGH offiziell nur auf Englisch und Französisch veröffentlicht. Deswegen wird die Rechtsprechungssammlung „ICJ-Rep." („International Court of Justice – Reports") abgekürzt.

authentischer Vertragstext

Ferner ist der deutsche Text eines internationalen Vertrages häufig nicht verbindlich, er gehört in der Rechtsterminologie dann nicht zu den authentischen Sprachen. Aus diesem Grund ist eine Rechtsanwendung, die nur auf dem deutschen Text basiert, ebenfalls rechtlich nicht verbindlich und ungenau. Dieses Studienbuch wendet dennoch aus Vereinfachungsgründen den jeweiligen deutschen Text eines Abkommens an, bei einem deutlichen Auseinanderfallen der verschiedenen Textversionen wird auf den Wortlaut der authentischen Version hingewiesen.

1.6.3 Zu beachtende Grundsätze bei der Normenkollision

keine Normenhierarchie

Im Gegensatz zu anderen Rechtsordnungen gibt es im Völkerrecht keine Normenhierarchie. Die verschiedenen Rechtsquellen völkerrechtlicher Vertrag, Völkergewohnheitsrecht und allgemeine Rechtsgrundsätze (s. Art. 38 I lit. a) bis c) IGH-Statut) stehen prinzipiell gleichberechtigt nebeneinander. Nur die allgemeinen Rechtsgrundsätze stellen eine Auffangkategorie dar, die lückenfüllend und -ergänzend zur Anwendung gelangt. Statt einer Normenhierarchie bestehen im Völkerrecht kollisionsrechtliche Grundsätze, die im Falle einer Anwendung verschiedener Normen auf einen Sachverhalt anwendbar sind.

Zum einen ist hier das oben bereits erwähnte *ius cogens* (= zwingende Norm des allgemeinen Völkerrechts) zu nennen. Gemäß Art. 53 S. 2 Wiener Vertragsrechtskonvention (WVK) sind dies solche Rechtssätze, die von der internationalen Staatengemeinschaft in ihrer Gesamtheit angenommen und als Normen anerkannt sind, von denen nicht abgewichen werden darf und die nur durch eine spätere Norm des allgemeinen Völkerrechts derselben Rechtsnatur geändert werden dürfen. Der zweite Halbsatz der Definition enthält folglich seinerseits eine Kollisionsregel, da er bestimmt, dass Vorschriften des zwingenden Völkerrechts nur durch Vorschriften derselben Rechtsnatur, also von *ius cogens*, geändert werden können. Andere Rechtssätze sind nicht gültig, wenn sie gegen ius cogens verstoßen.

> ius cogens als Kollisionsregel

Zweitens gelten im Völkerrecht als allgemeine Kollisionsgrundsätze die auch aus dem deutschen Recht bekannten Maximen des „lex specialis derogat leges generali" und des „lex posterior derogat legi priori". Nach der erstgenannten Maxime verdrängt das Spezialgesetz die allgemeinere Vorschrift, nach der zweitgenannten das spätere Gesetz das frühere. Bei den Spezialgesetzen ist zu beachten, dass das regionale Völkerrecht häufig das universelle Völkerrecht verdrängen wird, es sei denn das universelle ist später entstanden als das regionale und die Partner des regionalen Völkerrechtssatzes sind auch Partner des universellen Rechtssatzes geworden. Der aufmerksame Leser wird zu Recht bemerken, dass dieses Beispiel einen Anwendungsfall der lex posterior-Regel darstellt. Wie man sieht, können beide Prinzipien auch in Beziehungen zueinander stehen. Allerdings gelten sie nur, solange die Rechtssätze ihrerseits nicht gegen *ius cogens* verstoßen.

> Spezialgesetz verdrängt das allgemeine;
> späteres Gesetz verdrängt das frühere.

Zu beachten ist, dass die Kollisionsregeln rechtsquellenübergreifend gelten, eine spätere gewohnheitsrechtliche Norm kann folglich eine frühere, entgegenstehende Vertragsvorschrift verdrängen. Der Regelfall dürfte der umgekehrte Fall sein, da der völkerrechtliche Vertrag die spätere und häufig auch die speziellere Vorschriften enthalten dürfte. Dieses ist jedoch jeweils im Einzelfall festzustellen.

> rechtsquellenübergreifende Anwendung

1.7 Übungsfall „LaGrand"

Das zweimalige Lesen des nun folgenden Sachverhaltes wird empfohlen. Ansonsten könnten einige Details wieder in Vergessenheit geraten.

Unterrichtungspflicht

Zur Übung sollen die oben abstrakt dargestellten Grundsätze anhand eines Falles verdeutlicht werden. Der Sachverhalt ist eine verkürzte und vereinfachte Fassung des am 27.06.2001 vom IGH gefällten Urteils in der Rechtssache „LaGrand".

1982 werden die deutschen Staatsbürger Karl und Walter LaGrand von den Behörden des Staates Arizona unter Mordverdacht festgenommen. In Arizona besteht die Todesstrafe, zu der die beiden nach ordnungsgemäßer Durchführung eines Strafverfahrens auf Staatsebene auch verurteilt wurden. Vor der Durchführung des Strafverfahrens wurden sie jedoch von den Behörden des Staates Arizona nicht auf Art. 36 I lit. b) Wiener Konsularrechtskonvention (WKK) hingewiesen. Art. 36 I lit. b) WKK besagt, dass „die zuständigen Behörden des Empfangsstaats [...] die konsularische Vertretung des Entsendestaats auf Verlangen des Betroffenen unverzüglich zu unterrichten [haben], wenn in deren Konsularbezirk ein Angehöriger dieses Staates festgenommen, in Straf- oder Untersuchungshaft genommen oder ihm anderweitig die Freiheit entzogen ist. Jede von dem Betroffenen an die konsularische Vertretung gerichtete Mitteilung haben die genannten Behörden ebenfalls unverzüglich weiterzuleiten. Diese Behörden haben den Betroffenen unverzüglich über seine Rechte auf Grund dieser Bestimmung zu unterrichten."

Im Gegensatz zu den Behörden des Staates Arizona hatte die Bundesrepublik Deutschland keine Kenntnis von der Inhaftierung ihrer Staatsbürger. Durch die Nichtinformation seitens des Staates Arizona konnten sich die Brüder LaGrand nicht um konsularischen Beistand seitens der Bundesrepublik bemühen. 1992, nach 10 Jahren, erfuhr die Bundesrepublik von dem Umstand der Inhaftierung und Verurteilung ihrer Staatsbürger, woraufhin sie ihnen umgehend diplomatischen Schutz und damit konsularische Hilfe gewährte. Im anhängigen Revisionsverfahren vor dem Bundesgericht „Federal Court of First Instance" brachten die Brüder daraufhin auf Anregung der Bundesrepublik erstmals die Verletzung von Art. 36 I lit. b) WKK in den vorhergehenden Verfahren (1. Instanz und Berufung) vor. Das Gericht lehnte jedoch den Einwand der Völkerrechtsverletzung aus strafprozessualen Gründen ab. Die Betroffenen hätten sich in den früheren Verfahren vor den Gerichten des Staates Arizona auf Völkerrecht berufen müssen, die Überprüfung neuer Fakten sei nun nicht mehr möglich (Prinzip des „procedural default"). Diese Entscheidung wurde vom dann angerufenen „Federal Appellate Court" aufrechterhalten.

Aufgrund dieser Sachlage wendet sich die Bundesrepublik an den Internationalen Gerichtshof (IGH) in Den Haag und trägt vor, dass

1.7 · Übungsfall „LaGrand"

die Vereinigten Staaten durch das oben geschilderte Verhalten ihre völkerrechtlichen Pflichten verletzt hätten, was Deutschland wiederum zu Reparationen berechtige. Sowohl die USA als auch sie seien Vertragsstaaten der WKK und damit an das Übereinkommen gebunden. Die Gerichtsbarkeit des IGH ergebe sich aus dem Fakultativprotokoll über die obligatorische Beilegung von Streitigkeiten, welches beide Staaten ratifiziert hätten.

Ferner macht die Bundesrepublik geltend, dass die USA völkerrechtlich verpflichtet seien, den Rechtsgrundsatz des „procedural default" nicht anzuwenden, da ansonsten das Recht aus Art. 36 WKK nicht effektiv ausgeübt werden könnte. Darüber hinaus sei die gegen Karl und Walter LaGrand verhängte Strafe wegen Völkerrechtsverstoßes nichtig, so dass die USA verpflichtet sind, ein neues, ordnungsgemäßes Strafverfahren gegen die Brüder durchzuführen. Nach Ansicht der Bundesrepublik hat die fehlende konsularische Unterstützung den Verlauf des Strafprozesses zum Nachteil der Angeklagten beeinflusst.

Die USA tragen vor, die einzelnen Staaten der USA seien in ihrem Verhalten nicht von der amerikanischen Bundesregierung beeinflussbar. Die Regierung hätte alles versucht, könne den gewünschten Erfolg jedoch nach amerikanischem Verfassungsrecht nicht herbeiführen. Die Regeln des WKK würden überdies nicht die strafprozessualen Bestimmungen verdrängen. Ferner würden sie sich auch nicht der Gerichtsbarkeit des IGH unterwerfen.

Nehmen Sie gutachterlich zu allen aufgeworfenen Rechtsfragen Stellung!

A. Erfolgsaussichten der Klage
Die Klage der Bundesrepublik ist erfolgreich, wenn sie zulässig und begründet ist.

> Die Fragestellung ist so gefasst, dass sowohl die Zulässigkeit als auch die Begründetheit der Klage von den Bearbeitern untersucht werden sollen.

I. Zulässigkeit
Dann müsste die Klage der BRD vor dem IGH zulässig sein.

> Obersatz bilden

1. Zuständigkeit des IGH
Fraglich ist, ob der IGH für die Entscheidung über die Klage zuständig ist.

> Es besteht keine allgemeine völkerrechtliche Verpflichtung, dass die Staaten ihre Streitigkeiten (schieds-)gerichtlich beilegen müssen. Deswegen ist der Prüfungspunkt „Zuständigkeit" bei Streitigkeiten vor einem internationalen Gericht immer zu erörtern.

a. Von den Parteien unterbreitete Rechtssachen, Art. 36 I
1. Fall IGH-St
Die Zuständigkeit könnte sich aus Art. 36 I 1. Fall IGH-Statut (IGH-St) ergeben. Nach Art. 36 I IGH-St erstreckt sich die Zuständigkeit des IGH auf alle ihm von den Parteien unterbreiteten Rechtssachen. „Von den Parteien unterbreitet" ist der Rechtsstreit, wenn beide Streitparteien die Sache dem IGH zur Entscheidung vorbringen. Rechtsstreit ist jeder Streit über Rechtsnormen. Hier streiten die Parteien über die Normen

> Immer hart am Sachverhalt arbeiten. Dieses Problem sollte wegen der vielen Hinweise darauf offensichtlich erörtert werden.

der WKK; jedoch wurde dem IGH der Rechtsstreit nur von der Deutschland unterbreitet, die USA lehnen eine Unterwerfung unter die Jurisdiktion des Gerichts ausdrücklich ab. Der Rechtsstreit wurde dem IGH also nicht von den Parteien unterbreitet, da nur eine Streitpartei ihn vor dem IGH entschieden haben möchte. Also ergibt sich die Zuständigkeit des IGH nicht aus Art. 36 I 1. Fall IGH-St.

b. In geltenden Übereinkommen besonders vorgesehene Angelegenheiten, Art. 36 I 3. Fall IGH-St

Fakultativprotokoll

Zu prüfen ist, ob sie sich aus Art. 36 I 3. Fall IGH-St ergibt. Danach erstreckt sich die Zuständigkeit des Gerichtshofs auch auf alle in geltenden Übereinkommen besonders vorgesehene Angelegenheiten. Gemäß Art. I Fakultativprotokoll über die obligatorische Beilegung von Streitigkeiten (FP) [BGBl. 1969 II, 1689], welches die USA und die Deutschland ratifiziert haben, unterliegen Streitigkeiten über die Auslegung der WKK der obligatorischen Gerichtsbarkeit des IGH und können ihm durch Klage einer Streitpartei unterbreitet werden, die Vertragspartei des FP ist. Dies ist vorliegend geschehen. Deutschland als Vertragspartei der WKK hat ihre Streitigkeit vor den IGH gebracht, das FP ist ein „Übereinkommen" im Sinne des Art. 36 I 3. Fall IGH-St. Folglich ist die Zuständigkeit des IGH laut Art. 36 I 3. Fall IGH-St, I FP gegeben.

Ferner sind dem Sachverhalt auch keine Anhaltspunkte für die Anwendung der Art. II (Schiedsverfahren) oder III (Vergleichsverfahren) FP zu entnehmen, die Ausnahmen von der obligatorischen Streitbeilegung zulassen.

Der IGH ist also für die Streitentscheidung zuständig.

2. Parteifähigkeit, Art. 34 IGH-St

Ferner ist zu prüfen, ob Deutschland und die USA vor dem IGH parteifähig sind. Dies richtet sich nach Art. 34 I IGH-St, der bestimmt, dass vor dem IGH nur Staaten als Parteien auftreten können. Die Staatseigenschaft Deutschlands und der USA ist problemlos zu bejahen (zum Staatsbegriff s. u. S. 51). Beide sind auch Mitglieder der VN, so dass die Voraussetzung der Art. 93 SVN, 35 I IGH-St erfüllt ist, nach der nur Mitglieder der Vereinten Nationen vor dem IGH Klagen können. Somit sind Deutschland und die USA parteifähig.

Bei unproblematischen Prüfungspunkten sollte nicht sklavisch an dem Subsumtionsschema festgehalten werden. Dann reicht eine Feststellung aus.

3. Streitgegenstand, Art. 36 II IGH-St

Der IGH müsste weiterhin über den Streitgegenstand urteilen dürfen. Nach der Vorschrift des Art. 36 II lit. b) IGH-St kann er über jede Frage des Völkerrechts befinden. Die Anwendbarkeit der WKK ist eine Frage des Völkerrechts und stellt demzufolge einen zulässigen Streitgegenstand dar.

4. Form, Art. 40 IGH-St
Die Bundesrepublik müsste bei ihrer Klageerhebung noch die Formvorschrift des Art. 40 I IGH-St eingehalten haben. Art. 40 I schreibt vor, dass die Klage schriftlich beim Kanzler des Gerichtes einzureichen ist. In der Klageschrift sind der Streitgegenstand und die Parteien anzugeben. Mangels anderer Angaben im Sachverhalt ist davon auszugehen, dass diese Voraussetzungen eingehalten wurden.

5. Ergebnis
Die Klage der Bundesrepublik vor dem IGH ist zulässig.

II. Begründetheit
Die Klage der Bundesrepublik müsste begründet sein. Das ist der Fall, wenn durch das Verhalten der USA die Vorschriften der WKK verletzt worden sind.

1. Verstoß gegen Art. 36 I lit. b) WKK
Die Nichtinformation des Konsuls der BRD seitens der zuständigen Behörden des Staates Arizona könnte gegen Art. 36 I lit. b) WKK verstoßen.

a. Anwendbarkeit der WKK
Die WKK ist auf den vorliegenden Sachverhalt anwendbar, da sowohl die BRD als auch die USA Vertragsstaaten des Übereinkommens sind und ein Recht aus der Konvention den Streitgegenstand darstellt.

b. Nichtinformation der konsularischen Vertretung
Fraglich ist, ob die Bestimmungen der Vorschrift des Art. 36 I lit. b) WKK eingehalten wurden. Nach dem Satz 1 der Norm haben die zuständigen Behörden des Empfangsstaates die konsularische Vertretung des Entsendestaats auf Verlangen des Betroffenen unverzüglich zu unterrichten, wenn in deren Konsularbezirk ein Angehöriger dieses Staates festgenommen, in Straf- oder Untersuchungshaft genommen oder ihm anderweitig die Freiheit entzogen ist. Die Brüder LaGrand wurden in Strafhaft genommen.

Die Begriffe „konsularische Vertretung" und „Konsularbezirk" sind in Art. 1 WKK definiert und hier erfüllt.

Begriffsbestimmungen sind häufig am Anfang eines Übereinkommens zu finden.

Allerdings ist in Satz 1 keine Verpflichtung der Behörden des Empfangsstaats, also der USA, enthalten, die Brüder über ihre Rechte aufzuklären.

Dieses Problem wurde gesehen und in Satz 3 geregelt. Danach haben die Behörden des Gaststaates den Betroffenen unverzüglich über seine Rechte auf Grund dieser Bestimmung zu unterrichten.

Aufklärung über Rechte

Fraglich ist, was unter „diese Bestimmung" zu verstehen ist. Die Auslegung eines völkerrechtlichen Vertrages richtet sich bei Eröffnung des Anwendungsbereiches der WVK nach Art. 31 WVK, ansonsten nach der identischen völkergewohnheitsrechtlichen Vorschrift. Nach Art. 31 WVK ist der Wortlaut, die Systematik und der Telos einer Vorschrift zu beachten. Aus der systematischen Stellung von Satz 3 ergibt sich, dass „diese Bestimmung" der Art. 36 lit. b) WKK ist. Satz 1 der genannten Vorschrift schreibt eine Verpflichtung zur Unterrichtung des entsendestaatlichen Konsulats vor, wenn der Betroffene dies verlangt. Ein Verlangen ist jedoch nur bei Kenntnis der Vorschrift möglich. Die Brüder LaGrand wurden von den Behörden nicht informiert, so dass die USA gegen die Vorschrift des Art. 36 I lit b) S. 3 WKK verstoßen haben.

2. Zurechenbarkeit des Verhaltens Arizonas an die USA

Zurechnung

Ferner müsste das Verhalten des Staates Arizona auch den Vereinigten Staaten zurechenbar sein. Problematisch ist hier, dass der Staat Arizona innerstaatlich, d. h. nach dem Recht der Vereinigten Staaten, allein zuständig für die Regelung des Sachverhaltes ist, und nicht der „Mutterstaat" USA. Allerdings handelt nach außen nur der Mutterstaat, völkerrechtlich sind also nur die USA für das Verhalten ihrer Gliedstaaten verantwortlich. Arizona kommt insoweit keine völkerrechtliche Staatsqualität zu.

Etwas anderes würde nur dann gelten, wenn dem Gliedstaat nach der Verfassung der USA die völkerrechtliche Zuständigkeit in diesem Bereich übertragen worden wäre, wie dies z. B. für einige Bereiche des Vertragsschlusses im deutschen Recht gem. Art. 32 III GG (▶ Abschn. 5.6.6) geschehen ist. Ferner müssen die USA aus völkerrechtlichen Grundsätzen heraus die territoriale Anwendung der WKK auf ihrem gesamten Staatsgebiet sicherstellen. Ein Vorbehalt seitens der Vereinigten Staaten, der diese Regel ausschließen würde, ist laut Sachverhalt nicht gegeben. Völkerrechtlich ist hier also nur die USA interessant, nicht der Gliedstaat Arizona, so dass das Verhalten des Staates Arizona den USA zugerechnet wird.

3. Gesetze des Gaststaats als Grenze, Art. 36 II WKK

Nach Art. 36 II WKK sind die in Art. 36 I WKK genannten Rechte nach Maßgabe der Gesetze und sonstigen Rechtsvorschriften des Gaststaates auszuüben. Diese könnten hier zum einen eine Einschränkung der Informationspflicht vorsehen.

Grenze der Einschränkung

Allerdings ist eine Einschränkung nur möglich, wenn die einschränkenden nationalen Gesetze es ermöglichen, dass der Zweck der in der Vorschrift genannten Rechte vollständig erreicht wird. Der Zweck der Rechte des Art. 36 I WKK besteht in der Möglichkeit der Kenntnisnahme einer Verhaftung von Staatsbürgern seitens deren Heimatstaats und somit für eine bessere Gewährleistung der Rechtsverteidigung der beschuldigten bzw. angeklagten Staatsangehörigen zu sorgen. Falls die Gesetze des Staates Arizona eine Nichtinformation des jeweiligen Konsulats vorsehen, würden sie nicht mehr gewährleisten, dass der Zweck der in Art. 36 I WKK genannten Rechte vollständig erreicht würde. Aus diesem Grund können sie keine zulässige Grenze darstellen.

Zum anderen könnte der Rechtsgrundsatz des „procedural default" eine zulässig Grenze darstellen. Danach ist es im Berufungsverfahren nicht mehr möglich, sich auf bestimmte Situationen zu berufen, wenn man dieses in der ersten Instanz nicht bereits getan hat. Die Brüder LaGrand haben sich im Ausgangsverfahren nicht auf ihre (auch) deutsche Staatsangehörigkeit berufen, was dann auch im Berufungsverfahren nicht möglich ist. Jedoch scheidet hier eine Anwendung des Rechtsgrundsatzes des „procedural default" aus, da durch das Nichtberufenkönnen auf die deutsche Staatsangehörigkeit eine Zweckerreichung der oben dargelegten Grundsätze des Art. 36 I WKK unmöglich gemacht würde.

4. Zwischenergebnis
Folglich sind die Voraussetzungen des Art. 36 I b) WKK gegeben, und die Behörden des Staates Arizona hätten die konsularische Vertretung der Bundesrepublik frühzeitig informieren müssen. Da dies nicht geschehen ist, haben sie völkerrechtswidrig gehandelt.

wichtig: Ergebnisse formulieren

5. Zurechnung der Rechtsverletzung an die Bundesrepublik
Ferner müsste die gegenüber den Brüdern LaGrand vorgenommene Rechtsverletzung noch der Bundesrepublik Deutschland zugerechnet werden können. Dies ist nach den Grundsätzen des völkerrechtlichen Fremdenrechtes zu bejahen. Danach werden Rechtsverletzungen, die ein Staat gegenüber fremden Staatsangehörigen vornimmt, als eine Verletzung der Rechte des Staates, dem der Fremde angehört, betrachtet.

6. Ergebnis
Die Klage der Bundesrepublik Deutschland gegen die USA vor dem Internationalen Gerichtshof wäre zulässig und begründet.

B. Durchsetzbarkeit des Urteils
Fraglich ist, welche Rechtsfolgen an eine Völkerrechtsverletzung geknüpft werden können. Der IGH kann – wie andere

Dies wird weiter unten in diesem Lehrbuch (▶ Abschn. 4.4) noch eingehender behandelt. Interessant ist an dieser Stelle jedoch das rechtliche Problem der Durchsetzung von internationalen Gerichtsentscheidungen.

internationale (Schieds-)Gerichte – nur Urteile erlassen, die nicht vollstreckt werden können. Vollstreckung ist die Durchsetzung eines Urteils mit Zwangsmitteln, beispielsweise im deutschen Zivilrecht nach §§ 704 ff. ZPO. In einem Fall wie dem obigen wird der IGH die Feststellung treffen, dass die USA eine Rechtsverletzung begangen haben und wie dies wiedergutgemacht werden kann.

Durch Abschluss der WKK haben die USA die vertragliche Verpflichtung übernommen, die dort niedergelegten Rechtsgrundsätze zu achten und durch Abschluss des FP die Verpflichtung, das Urteil des IGH in einem Streit zu befolgen. Was geschieht im Fall der Nichtbefolgung?

Das Argument „a maiore ad minus" ist auch im Völkerrecht zulässig.

Der Bundesrepublik stünden dann verschiedene Möglichkeiten offen. Erstens könnte sie die USA erneut vor dem IGH wegen der Nichtbefolgung des Urteils verklagen. Die Nichtbefolgung stellt einen neuen Streitgegenstand dar, so dass eine solche Klage zulässig und begründet wäre, jedoch würde sie an dem gleichen Rechtsdurchsetzungsproblem wie die erste Klage leiden. Zweitens könnte die Bundesrepublik die USA so behandeln, wie jeden anderen Staat, der die Regeln des Völkerrechts nicht einhält. Also können gegen sie Repressalien und – als minus – auch Retorsionen (▶ Abschn. 4.4) erlassen werden.

Dies steht bezüglich der Repressalie nicht im Gegensatz zur Rechtsprechung des IGH, der sowohl das Diplomatenübereinkommen als auch die WKK als ein „self-contained regime" bezeichnet hat (IGH, Teheran II, ICJ-Rep. 1980, 3/38 ff.). In einem solchen Regime kann man auf Rechtsverletzungen nur mit den im Regime enthaltenen Maßnahmen antworten. Dieser Gesichtspunkt trägt hier nicht, da die Nichtbefolgung des Urteils des IGH einen neuen Streitgegenstand darstellt, der gerade nicht die Verletzung der Übereinkommen beinhaltet.

C. Nichtigkeit des nationalen Strafprozesses

Zu untersuchen ist, ob der IGH auch die Nichtigkeit des nationalen Strafprozesses völkerrechtlich hervorrufen kann. Berechtigte von Art. 36 WKK sind auch die einzelnen Menschen und nicht nur die Staaten (IGH, LaGrand, para. 79 ff.). Dennoch gehört das interne Recht der Vereinigten Staaten zu ihrem ureigenen Bereich, in den völkerrechtlich nicht eingegriffen werden darf. Völkerrechtlich sind die USA nur verpflichtet, ihr nationales Strafverfahren so auszugestalten, dass in Zukunft keine Verstöße mehr gegen die WKK möglich sind. Das Rechtsinstitut des „procedural default" wäre dann insoweit umzugestalten, dass das nachträgliche Vorbringen von Tatsachen weiterhin möglich wäre. Wie diese Ausgestaltung des nationalen Rechts auszusehen hat, bleibt den USA vorbehalten. Diese sind nur an den Effektivitätsgrundsatz gebunden, wonach ein Staat innerstaatlich zur Herstellung der Effektivität des verbindlichen Völkerrechts verpflichtet ist.

1.8 Wiederholungsfragen

1. Warum heißt Völkerrecht nicht in allen Sprachen Völkerrecht? Lösung ▶ Abschn. 1.1
2. Gehört das IPR zum Völkerrecht? Lösung ▶ Abschn. 1.1
3. Ist der EUV Völkerrecht? Lösung ▶ Abschn. 1.1
4. Was ist unter Selbstdurchsetzung zu verstehen? Lösung ▶ Abschn. 1.2
5. Gibt es einen Unterschied zwischen universellem, partikularem und regionalem Völkerrecht? Wenn ja, welchen? Lösung ▶ Abschn. 1.3
6. „Erga omnes" bedeutet … ? Lösung ▶ Abschn. 1.3
7. Ist Völkerrecht Recht oder „nur" Politik? Lösung ▶ Abschn. 1.4
8. Was versteht man unter Subsumtionstechnik? Lösung ▶ Abschn. 1.6
9. Was versteht man unter einen „authentischen Sprache"? Lösung ▶ Abschn. 1.6.2
10. Welche Grundsätze gelten für die völkerrechtliche Normenkollision? Lösung ▶ Abschn. 1.6.3
11. Muss die „Zuständigkeit" immer untersucht werden? ▶ Abschn. 1.7
12. Kann das Verhalten eines Gliedstaates dem „Mutterstaat" zugerechnet werden? Lösung ▶ Abschn. 1.7
13. Wie kann ein Urteil des IGH durchgesetzt werden? Lösung ▶ Abschn. 1.7 und 4.4
14. Greift das Völkerrecht auf den nationalen Strafprozess durch? Lösung ▶ Abschn. 1.7

Allgemeines Völkerrecht

2.1	Völkerrechtliche Grundstrukturen	– 22
2.2	Rechtserzeugung im Völkerrecht: Systematik der Rechtsquellen	– 23
2.2.1	Völkervertragsrecht – 25	
2.2.2	Vertieft: das Vertragsrecht – 29	
2.2.3	Völkergewohnheitsrecht – 41	
2.2.4	Allgemeine Rechtsgrundsätze – 43	
2.2.5	Andere Völkerrechtsquellen – und Begriffe, die als Quellen erscheinen, aber keine sind – 44	
2.2.6	Rechtserkenntnisquellen – 49	
2.3	**Die Völkerrechtssubjekte – 50**	
2.3.1	Hauptakteure: Staaten – 51	
2.3.2	Anerkennung und Kontinuität von Staaten – 54	
2.3.3	Andere Völkerrechtssubjekte oder Strukturen, die keine Völkerrechtssubjekte sind – 57	
2.3.4	Vertieft: Entstehung, Untergang und Sukzession von Staaten – 59	
2.3.5	Grundrechte und Grundpflichten der Staaten – 62	
2.4	**Selbstbestimmungsrecht der Völker – 68**	
2.4.1	Recht auf Selbstbestimmung? – 68	
2.4.2	Träger des Selbstbestimmungsrechts – 69	
2.4.3	Inhalt des Selbstbestimmungsrechts – 71	
2.4.4	Ausübung des Selbstbestimmungsrechts – 73	
2.5	**Internationale Organisationen – 75**	
2.6	**Die Vereinten Nationen – 77**	
2.6.1	Ziele und Grundsätze – 78	
2.6.2	Mitgliedschaft in den Vereinten Nationen – 80	
2.6.3	Organisation der Vereinten Nationen – 81	
2.6.4	Friedenssicherung durch die Vereinten Nationen – 87	
2.6.5	Friedenserhaltende und friedenschaffende Maßnahmen – 100	
2.7	**Wiederholungsfragen – 101**	

S. Lorenzmeier, *Völkerrecht – Schnell erfasst*, Recht – Schnell erfasst,
DOI 10.1007/978-3-662-50474-1_2, © Springer-Verlag Berlin Heidelberg 2016

2.1 Völkerrechtliche Grundstrukturen

Das Völkerrecht ist gegenüber dem nationalen Recht strukturell verschieden. Der Bestand staatlichen Rechts ist vergleichbar einfach festzustellen, Verfassung, Gesetze und Verordnungen werden auf formellem Wege durch die zuständigen Organe, insbesondere Parlamente, verabschiedet. Der Umgang mit dem Recht wird Juristen dadurch erleichtert, dass die Normen idealerweise einigermaßen spezifisch und in Gesetzblättern und Loseblattsammlungen abgedruckt sind.

Struktur der Völkerrechtsquellen

Das Völkerrecht wird nicht nur in anderen Gestaltungsformen angewendet und hat eine etwas andere Funktion und Wirkung, es wird schon auf andere Weise als nationales Recht geschaffen.

Gewiss, es gibt eine ganze Reihe von Elementen der Rechtserzeugung, die vergleichbar sind. Recht bleibt gewissermaßen Recht, und die rechtsetzenden Akteure im Völkerrecht streben auch danach, den Prozess der Erzeugung angemessen zu formalisieren. Gleichwohl ist die Nomenklatur der völkerrechtlichen Rechtsquellen von der Dominanz der Staateninteressen in der internationalen Politik geprägt, und deshalb anders strukturiert. Die völkerrechtliche Rechtserzeugung ist hauptsächlich auf die Staaten konzentriert.

Rechtsquellen: Ursprünge von rechtlich verbindlichen Normen

Rechtsquellen sind Ursprünge allgemein rechtlich verbindlicher Normen. Ein Welt-Parlament, das völkerrechtliche Normen verabschiedet, existiert nicht. Die einzigen internationalen Organe, deren Zusammensetzung und Kompetenzen gewisse Parallelen zu parlamentarischen Organen aufzeigen, sind die Generalversammlung und der Sicherheitsrat der Vereinten Nationen, einer universellen internationalen Organisation, die immerhin zur Zeit 193 Staaten, also fast alle Staaten der Erde, zu ihren Mitgliedern zählt.

Um es dem Kapitel über die Vereinten Nationen vorwegzunehmen, die Generalversammlung vereint zwar alle 193 Mitglieder unter Anwendung des *one state – one vote*-Prinzips, hat aber nur ganz vereinzelte, interne Rechtsetzungskompetenzen. Sonstige Abstimmungsergebnisse sind nicht rechtsverbindlich, sie stellen nur *soft law* dar (▶ Abschn. 2.2.5). Der Sicherheitsrat hat zwar im Falle günstiger Abstimmungsergebnisse eine Reihe von Kompetenzen, aber nur im Bereich der internationalen Sicherheit. Und bei seiner Zusammensetzung aus den fünf ständigen und zehn rotierenden Mitgliedstaaten kann von einer weltumspannenden demokratischen Struktur nicht die Rede sein.

kaum Rechtsetzungskompetenzen für die Generalversammlung

Die Vereinten Nationen beruhen auf einem universell geltenden völkerrechtlichen Vertrag, der Charta der Vereinten

Nationen. Ein völkerrechtlicher Vertrag ist eine Grundlage für völkerrechtliche Rechte und Pflichten.

Die Charta der Vereinten Nationen trägt als universellster völkerrechtlicher Vertrag nur Grundzüge einer Verfassung – sie ist also keine Weltverfassung –, so ist dort nicht geregelt, welche völkerrechtlichen Rechtsquellen bestehen.

Dies geschah in Art. 38 Statut des Internationalen Gerichtshofes (IGH-St), die nach Art. 92 SVN ein Bestandteil der Charta ist.

keine Weltverfassung

Der IGH ist der Gerichtshof der Vereinten Nationen, mit Sitz in Den Haag, Niederlande.

2.2 Rechtserzeugung im Völkerrecht: Systematik der Rechtsquellen

In Art. 38 IGH-St sind die völkerrechtlichen Rechtsquellen des IGH aufgezählt. Obwohl die Norm bei genauer Betrachtung nicht allgemeinverbindlich Rechtsquellen definiert, sondern nur eine Arbeitsgrundlage für den IGH festschreibt, hat sich diese Aufzählung als Anlehnungsgrundlage für die Rechtsquellen in Praxis und Lehre durchgesetzt. Daneben sind noch andere Quellen möglich; Art. 38 IGH-St begrenzt die Anzahl der Völkerrechtsquellen nicht. Nun zu den gesicherten Quellen des Art. 38:

> **Artikel 38 IGH-St**
> 1. Der Gerichtshof, dessen Aufgabe es ist, die ihm unterbreiteten Streitigkeiten nach dem Völkerrecht zu entscheiden, wendet an
> (a) internationale Übereinkünfte allgemeiner oder besonderer Natur, in denen von den streitenden Staaten ausdrücklich anerkannte Regeln festgelegt sind;
> (b) das internationale Gewohnheitsrecht als Ausdruck einer allgemeinen, als Recht anerkannten Übung;
> (c) die von den Kulturvölkern anerkannten allgemeinen Rechtsgrundsätze;
> (d) vorbehaltlich des Artikels 59 richterliche Entscheidungen und die Lehrmeinung der fähigsten Völkerrechtler der verschiedenen Nationen als Hilfsmittel zur Feststellung von Rechtsnormen.
> 2. Diese Bestimmung lässt die Befugnis des Gerichtshofs unberührt, mit Zustimmung der Parteien ex aequo et bono zu entscheiden.

Die genannten Begriffe sind nicht immer eindeutig. Die Koordinaten in Kürze:
- Die Buchstaben (a) bis (c) sprechen drei in Praxis und Theorie anerkannte Rechtsquellen an (int. Übereinkünfte, int. Gewohnheitsrecht, allgemeine Rechtsgrundsätze), man spricht deswegen auch von einer Rechtsquellentrias,
- Buchstabe (d) nennt lediglich Instrumente, die bei der Erkennung der Gestalt der Rechtsquellen hilfreich sind, sog. Erkenntnisquellen. Artikel 59 IGH-St legt, ähnlich wie bei zivilrechtlichen Streitigkeiten im deutschen Recht, fest, dass die Urteile des IGH nur zwischen den streitenden Staaten Bindungswirkung entfalten, also *inter partes* gelten,
- Artikel 38 Absatz 2 nennt einen speziellen Entscheidungsmodus des IGH, der teleologisch Absatz 1 lit. (c) zuzuordnen ist, bei dessen Anwendung das Gericht einen Fall nach den Grundsätzen der Gleichheit und Billigkeit entscheidet. Obwohl das Gericht verschiedentlich diese Grundsätze implizit angewandt hat, ist nicht ganz klar, wie sie genau zu umreißen sind. Direkt auf Art. 38 Absatz 2 IGH-St hat der IGH noch nie Bezug genommen.

keine Hierarchie

Bevor die Rechtsquellen im Einzelnen erläutert werden, eine Bemerkung zur Systematik der Rechtsquellen des Art. 38. Aus der Norm lässt sich keine Hierarchie der Rechtsquellen ableiten, eine solche besteht im Völkerrecht mit Ausnahme der Regel des *ius cogens* auch nicht.

Obwohl so keine der Quellen einer anderen gegenüber subsidiär ist, gibt es die kollisionsrechtlichen Prinzipien des *lex specialis* und des *lex posterior*, die für einzelne Fälle einen kollisionsrechtlichen Vorrang der einen Norm über eine andere Vorschrift herstellen können (▶ Abschn. 1.6.3); so etwa wenn ein Streit zwischen zwei Staaten über eine Verpflichtung aus einem Vertrag besteht und gleichzeitig Normen des Gewohnheitsrechts anwendbar sein könnten. In einem solchen Fall würde wohl dem Vertrag als der spezielleren Regelung die entscheidende Rolle bei der Lösung zukommen.

nicht abschließend

Die Rechtsquellen des Art. 38 Absatz 1 lit. (a) bis (c) IGH-St sind überdies nicht abschließend, daneben bestehen noch weitere, wie z. B. einseitige Rechtsakte und das Sekundärrecht internationaler Organisationen, welche sich aber auf den Gründungsvertrag zurückführen lassen.

2.2.1 Völkervertragsrecht

Verträge machen den Großteil der völkerrechtlichen Regelungen aus und können somit als die Hauptrechtsquelle des Völkerrechts bezeichnet werden. Überdies sind sie hauptsächlich für die neueren völkerrechtlichen Entwicklungen verantwortlich. Das Gewohnheitsrecht ist häufig – aber nicht zwangsläufig – ein wenig statischer als das Vertragsrecht und kann nur durch Rechtsbruch fortentwickelt werden.

Verträge sind die Hauptrechtsquelle.

Die Regelungsmaterien von Verträgen sind nahezu unbegrenzt. Möglich sind:
- Gründung einer internationalen Organisation (Vereinte Nationen, OECD, EU, WTO, NAFTA etc.) über
- Handelsbeziehungen
- zu Menschenrechten,
- Friedensschlüssen,
- Rüstungsbeschränkungen,
- Grenzregelungen,
- Standards für Arbeitnehmer,
- Umweltfragen,
- gegenseitige Anerkennung von Gerichtsentscheidungen,
- Seerecht,
- Weltraumrecht,
- Zivilluftfahrt,
- Diplomatenrecht und
- Regeln über das Zustandekommen, die Auslegung, Beendigung und Anwendung völkerrechtlicher Verträge.

Man könnte diese Liste endlos weiter führen. Verträge sind das wichtigste rechtliche Instrument zur Verfestigung internationaler Politik. Um den Begriff der Verträge theoretisch näher aufzuschlüsseln, eine Definition, die das Verständnis erleichtert:

Ein völkerrechtlicher Vertrag ist
- jede multilaterale oder bilaterale Vereinbarung
- zwischen Staaten oder anderen Völkerrechtssubjekten (etwa Internationales Rotes Kreuz, Vereinte Nationen, Europäische Union etc.)
- die vom Völkerrecht bestimmt ist bzw. ihm unterliegt.

Definition „Vertrag"

Diese Definition hört sich ein wenig nach Zirkelschluss an, aber man kommt der Sache noch näher. Eine Vereinbarung ist generell, und damit wie in anderen Rechtsgebieten, eine
- verbindliche,
- offen getätigte (muss nicht schriftlich oder ausdrücklich sein)
- und mit Bindungswillen zustande gekommene

Definition „Vereinbarung"

- Willenseinigung zwischen zwei oder mehr Teilnehmern,
- etwas zu tun, zu lassen, oder als anerkannt festzulegen.

bilateral, multilateral, plurilateral

Bilateral ist eine Übereinkunft zwischen zwei Vertragsparteien, *multilateral* ist sie, wenn sie zwischen drei und mehr Parteien vereinbart wurde. Dann wird der Vertrag häufig „Übereinkommen" genannt. Daneben existieren noch *plurilaterale* Übereinkommen, worunter Verträge zwischen mehreren, aber nicht allen Vertragsparteien eines multilateralen Abkommens verstanden werden (Beispiel: Abkommen über das öffentliche Beschaffungswesen im Rahmen der WTO ▶ Abschn. 3.4.3).

acta iure gestionis, acta iure imperii

Ausschließlich Völkerrechtssubjekte, wie zum Beispiel Staaten oder Internationale Organisationen, können völkerrechtliche Verträge abschließen, nicht etwa Privatpersonen. Bei in anderen Staaten investierenden Unternehmen wird von diesem Grundsatz eine inhaltlich beschränkte Ausnahme gemacht, sie schließen so genannte „internationalisierte Verträge" (häufig auch „quasi-völkerrechtliche Verträge" genannt ▶ Abschn. 3.4.8.4). Nicht jeder von einem Völkerrechtssubjekt abgeschlossene Vertrag muss aber völkerrechtlicher Natur sein. So wird zum Beispiel die Botschaft der Bundesrepublik in der Schweiz (Vertragspartner 1) von einem dortigen Bürobedarf (Vertragspartner 2) Schreibtische auf der Grundlage eines privatrechtlichen Vertrages erwerben, dessen rechtliche Behandlung sich allein nach dem schweizerischen Zivilrecht richtet. Diese privatrechtlichen Akte nennt man *acta iure gestionis*, Hoheitsakte demgegenüber *acta iure imperii*. Die Bestimmung der Zuordnung erfolgt nach nationalem Recht und der objektiven Natur der staatlichen Handlung.

Ob eine Übereinkunft dem Völkerrecht oder dem innerstaatlichen Recht unterliegt, richtet sich nach dem Charakter des Regelungsinhalts der Übereinkunft und/oder dem ausdrücklichen Willen der Parteien. Unterliegt sie dem Völkerrecht, so sind auf Zustandekommen, Auslegung, Beendigung, Verletzung etc. der Übereinkunft völkerrechtliche Regeln anzuwenden, und nicht innerstaatliche. Bei innerstaatlichen Verträgen gelten dann umgekehrt zwangsläufig die jeweiligen nationalen Regeln.

WVK verlangt Schriftform.

Die Vertragsdefinition der Wiener Vertragsrechtskonvention (WVK, selbst eine völkerrechtliche Vereinbarung) für völkerrechtliche Verträge ist etwas enger, sie setzt gemäß Art. 2 lit. a) WVK Schriftform voraus. Das bedeutet aber nur, dass diese Konvention sich ausschließlich auf schriftliche Vereinbarungen bezieht, nicht etwa, dass mündliche oder sonstige Vereinbarungen nicht wirksam oder unverbindlich wären. Es gilt das Prinzip der Formfreiheit, siehe Art. 3 lit. a) WVK (zur WVK ▶ Abschn. 2.2.2).

Im Völkerrecht scheinen der Bezeichnung einer Vereinbarung kaum Grenzen gesetzt zu sein. Vertrag, Vereinbarung, Übereinkunft, Protokoll, Konvention, Abkommen, Pakt, alles sind wirksame Vereinbarungen, wenn die Voraussetzungen dafür erfüllt sind. Entscheidend für das Vorliegen eines Vertrages ist allein der Rechtsbindungswillen der Parteien, wie sie die Vereinbarung letztendlich genannt haben, ist irrelevant (siehe IGH, *Qatar/Bahrain*, ICJ-Rep. 1994, 112/122).

Und wie sieht so eine Vereinbarung auf dem Papier überhaupt aus? Ein Original eines schriftlichen Vertragsdokuments mit Unterschriften und Siegeln in Leder mit Goldschnitt wird man selten zu sehen bekommen, aber es gibt eine Reihe von Sammlungen völkerrechtlicher Verträge, wie zum Beispiel die United Nations Treaty Series (UNTS), die alle völkerrechtlichen Verträge der Vereinten Nationen und viele ihrer Mitgliedstaaten publiziert. Die wichtigste Fundstelle für völkerrechtliche Verträge sind aber die Gesetzblätter der Staaten, die ihre Vereinbarungen, genau wie nationale Gesetze und Verordnungen, ihren Staatsbürgern bekanntgeben. Die völkerrechtlichen Verträge der Bundesrepublik werden im „Bundesgesetzblatt, Teil II" bekanntgegeben. Das Bundesgesetzblatt II hat einen jährlich aktualisierten Index, den sog. „Fundstellennachweis B", in dem man unter Stichworten Verträge suchen und leicht finden kann. Auch Änderungen von Verträgen durch Ergänzungen sind vermerkt.

Zum Abschluss des Kapitels über die Verträge hier eine Übersicht und vertiefende Darstellung über den beispielhaften Aufbau eines völkerrechtlichen Vertrages:

- Offizielle Überschrift
- Präambel: Völkerrechtliche Verträge beginnen mit einer Präambel (deutsch: Einführung). Die Präambel gehört nicht zum Regelungsinhalt des Vertrages, deshalb ist sie kein „Recht" im eigentlichen Sinne. Jedoch sind in ihr in überaus formell formulierten Sätzen die Regelungsziele des Vertrages enthalten, so dass sie zur Interpretation des Vertragstextes herangezogen werden kann, wie sich auch aus Art. 31 II WVK ergibt. Der Telos (deutsch: Sinn und Zweck) des Vertrages ist demzufolge in der Präambel enthalten.
- Allgemeine Bestimmungen, wie Vertragsgegenstand, Begriffsdefinitionen, zeitlicher Geltungsbereich (ab …, bis …), sachlicher Geltungsbereich, möglicherweise z. B. mit Einschränkungen in Bezug auf andere Verträge. Nach deutschrechtlichem Verständnis ist dies der „allgemeine Teil", der für alle folgenden „besonderen Teile" gilt. Es sei denn, der besondere Teil trifft eine Sonderregelung, die die allgemeine verdrängen soll.

- Hauptregelungsteil: enthält die Rechte und Pflichten der Vertragsparteien, eventuell auch Feststellungen der gemeinsamen Rechtsauffassungen der Parteien. Daran schließt sich der Hauptteil an, der die materiellen Regelungen enthält. Falls durch den Vertrag eine Internationale Organisation geschaffen werden soll, enthält dieser Abschnitt auch die Bestimmungen über den Aufbau der Organisation, d. h., welche Organe geschaffen und welche Kompetenzen ihnen übertragen werden sollen usw.; anschließend finden sich häufig
- Streitschlichtungsregelungen: dabei ist oft geregelt, welches Gericht oder Schiedsgericht zuständig sein soll und nach welchem Verfahren eine Streitschlichtung vor sich gehen soll; dann folgen meist
- Schlussbestimmungen des Vertrages: ein Sammelsurium von Einzelheiten, die aber für den Vertrag sehr wichtig sind, zum Beispiel:
    - Eine Bestimmung über die Unterzeichnung und/oder Ratifikation des Vertrages (Unterzeichnung ist die Zustimmung zum Vertragstext durch Unterschrift eines Staatenvertreters unter den Vertrag, mit Bindungswillen verbunden; Ratifikation ist die verbindliche Annahme eines Vertrages durch seine dafür zuständigen Organe in dem dafür vorgesehenen Verfahren)
    - Eine Beitrittsklausel für weitere Vertragsparteien (Beitritt: Zustimmung eines Staates, durch einen Vertrag gebunden zu sein, entweder mittels einer dementsprechenden Erklärung oder durch entsprechende Ratifikation)
    - Eine Bestimmung über ein auslösendes Ereignis (etwa Datum, oder Eingang von mindestens 40 Ratifikationsurkunden) für das Inkrafttreten des Vertrages, den Zeitpunkt seiner Wirksamkeit
    - Eine Klausel über Vorbehalte zum Vertrag, also die Möglichkeit der Vertragspartner, wirksam zu erklären, an einzelne Bestimmungen des Vertrages nicht gebunden zu sein
    - Eine Vertragsänderungs-, Ergänzungs- und/oder Revisionsklausel
    - Eine Vertragskündigungsregelung
    - Eine Regelung der Vertragssprachen und der authentischen Texte
    - Eine Regelung der Aufgaben des Depositarstaates, das ist der die Vertragsurkunden aufbewahrende Staat
    - Schlussformel, z. B.: „Zu Urkund dessen haben die Unterzeichneten, von ihren Regierungen hierzu

gehörig Bevollmächtigten dieses Übereinkommen unterschrieben, Geschehen zu ... am ... in ..."
- Annexe: Der Phantasie sind hier kaum Grenzen gesetzt, gängig sind etwa bei Abrüstungsverträgen Listen von Waffenarten, bei Umweltschutzverträgen Listen von Tierarten etc. Der Anhang ist häufig in einem gegenüber dem zur Änderung des eigentlichen Vertragstextes vorgesehenen Verfahren leichter abänderbar.

Die obige Aufreihung stellt nur einen beispielhaften Aufbau eines Vertrages dar, es besteht in der Praxis ein großer Variationsspielraum.

Wer die Systematik und den Aufbau von völkerrechtlichen Verträgen verinnerlicht hat, wird in der Prüfungssituation auch von unbekannten Verträgen nicht „kalt erwischt" und ist in der Hektik der Prüfungssituation vor Panik gefeit. Verträge sind die bei weitem am häufigsten vorkommende Rechtsquelle. Deswegen wird auch in Prüfungen die genaue Kenntnis einiger Verträge, wie der Satzung der Vereinten Nationen (SVN), der Wiener Vertragsrechtskonvention (WVK) etc. erwartet.

2.2.2 Vertieft: das Vertragsrecht

Vertrag (Reinald Fenke)

Kapitel 2 · Allgemeines Völkerrecht

grundsätzliche Kodifikationen

Das Recht der Verträge ist hauptsächlich in drei großen Kodifikationen verankert:
- der Wiener Vertragsrechtskonvention (WVK) [BGBl. 1985 II, 926],
- dem Wiener Übereinkommen über Verträge zwischen Staaten und Internationalen Organisationen oder zwischen Internationalen Organisationen (WVKIO) [BGBl. 1990 II, 1414] und
- dem Wiener Übereinkommen über die Staatennachfolge in Verträge [ILM 1978, 1488].

Das letztgenannte Übereinkommen wird bei der Staatensukzession (► Abschn. 2.3.4) kurz erläutert. Von den erwähnten Abkommen ist bisher nur die WVKIO nicht in Kraft getreten, deswegen soll sich die weitere Darstellung auf die WVK beschränken. Hauptsächlich stellt sie wie die WVKIO eine Kodifikation von Gewohnheitsrecht dar, so dass die in ihr enthaltenen Rechtsprinzipien allgemeine Geltung beanspruchen. Eine Kündigung seitens eines Vertragsstaats würde deshalb bedeuten, dass dieser Staat weiterhin an die gewohnheitsrechtlich geltenden Regeln gebunden wäre.

2.2.2.1 Definition und Arten

Definition „Vertrag" nach WVK

Nach Art. 2 lit. a) WVK ist ein Vertrag eine in Schriftform geschlossene und vom Völkerrecht bestimmte internationale Übereinkunft zwischen Staaten, gleichwohl ob sie in einer oder mehreren zusammengehörigen Urkunden enthalten ist und welche besondere Bezeichnung sie hat. Gewohnheitsrechtlich ist die Schriftform nicht Voraussetzung für das Vorliegen eines Vertrages, Art. 3 lit. a) WVK, auch können völkerrechtliche Verträge mit anderen Völkerrechtssubjekten als Staaten geschlossen werden.

Verträge sind auch das „pactum de contrahendo" und das „pactum de negotiando". „Pactum de contrahendo" ist die vertragliche Verpflichtung einen Vertrag abzuschließen. Unter „pactum de negotiando" versteht man die Verpflichtung, Vertragsverhandlungen durchzuführen.

Rechtsbindungswille ist entscheidend.
gentleman's agreement, soft law

Nach Art. 2 lit. a) WVK a. E. ist die Bezeichnung nicht entscheidend für die Vertragseigenschaft einer Übereinkunft. Entscheidend ist jedoch der Rechtsbindungswille der Parteien. Nur wenn dieser vorliegt, ist ein Vertrag gegeben, ansonsten ist die getroffene Vereinbarung nur politisch, nicht aber rechtlich bedeutsam. Solche politischen Vereinbarungen, wie das „gentleman's agreement", können dann nur als „soft law" zur Interpretation völkerrechtlicher Regeln herangezogen werden. Hierzu gehören auch rein politische Absichtserklärungen oder Verhaltensabsprachen.

2.2 · Rechtserzeugung im Völkerrecht: Systematik der Rechtsquellen

Es existieren mehrere Haupttypen völkerrechtlicher Verträge. Zum einen ist zwischen Staatsverträgen und Verwaltungsabkommen zu unterscheiden. Staatsverträge müssen in einem mehrphasigen Vertragsabschlussverfahren von den Staaten ratifiziert werden. Demgegenüber müssen Verwaltungsabkommen nicht ratifiziert werden, sie unterliegen einem einphasigen Abschlussverfahren.

Staatsverträge, Verwaltungsabkommen

Zum anderen ist zwischen „law-making-treaties" und „contract-treaties" zu trennen. Durch die erstgenannten werden materielle Normen vereinbart, so dass sie weitergehende Rechtsprinzipien festlegen. Die zweite Vertragsart vereinbart konkrete Leistungen zwischen den Vertragsparteien. Letztlich kann noch anhand der Vertragsparteien zwischen bilateralen (zwei) und multilateralen (mehr als zwei) Vertragsparteien unterschieden werden.

law-making-treaties, contract-treaties

2.2.2.2 Vertragsabschluss

Wie oben bereits gesagt, bestehen zwei völkerrechtliche Vertragsabschlussmodalitäten, das einphasige und das mehrphasige System. Das einphasige Verfahren ist gegeben, wenn dasselbe Staatsorgan den Vertragstext festlegt und dessen Verbindlichkeit herbeiführt (Beispiel: Verwaltungsabkommen), ansonsten wird das mehrphasige Verfahren angewandt.

Ein gutes Beispiel hierfür ist das zwischen der Bundesregierung und der UN geschlossene „stand-by-agreement".

Die Sachkompetenz zum Abschluss völkerrechtlicher Verträge kommt allen Staaten zu, Art. 6 WVK. Sie fehlt jedoch bei Protektoraten, da für diese andere Staaten handeln.

Sachkompetenz

Die Organkompetenz zum Vertragsabschluss ist in Art. 7 WVK geregelt. Sie ergibt sich zum einen kraft Amtes (Art. 7 II WVK; Beispiel: Staatsoberhäupter, Regierungschefs, Außenminister) und zum anderen aufgrund einer besonders übertragenen Kompetenz (Art. 7 I lit. a) WVK), welche sich auch aus den Umständen implizit ergeben kann (Art. 7 I lit. b) WVK).

Organkompetenz

Beim mehrphasigen Abschlussverfahren, welches bei Staatenverträgen Anwendung findet, sind an der Festlegung des Textes und an der Herbeiführung seiner Verbindlichkeit unterschiedliche Organe beteiligt. Im Einzelnen stellen sich die Schritte so dar:

mehrphasiges Abschlussverfahren

- Verhandlungen zur Festlegung des Vertragstextes, z. B. auf einer internationalen Konferenz.
- Paraphierung/Annahme: Dies ist die Annahme des Vertragstextes als verbindlich durch die Verhandlungspartner, was durch Unterzeichnung mit dem Namenskürzel geschieht. In späteren Verhandlungen kann der Text wieder geändert werden. Annahme kann durch Abstimmung (Art. 9 WVK) oder durch *consensus* herbeiführt

werden, siehe zum Beispiel Art. IX WTO-Übereinkommen. *Consensus* bedeutet, dass kein Staat ausdrücklich gegen die Annahme gestimmt hat, es müssen also nicht alle dafür gestimmt haben. Die OSZE wendet das „Konsens minus 1"-Verfahren an, wonach eine Gegenstimme unschädlich ist.

- Authentisierung/Unterzeichnung: endgültige Festlegung des Vertragstextes; sie verpflichtet den Staat nicht, den Vertrag anzunehmen, aus Gründen von Treu und Glauben darf der Staat aber nicht mehr gegen Ziel und Zweck des Vertrages handeln, Art. 18 (WVK).
- Innerstaatliches Zustimmungsverfahren, in Deutschland gem. Art. 59 II 1 GG Zustimmung des Parlamentes (häufig fälschlicherweise „Ratifikation" genannt).
- [Innerstaatliche] Ratifikation: Abgabe der Erklärung des zuständigen Organs (in Deutschland: Bundespräsident, Art. 59 I GG), dass der Vertrag völkerrechtlich bindend ist.
- Vertragsbindung [völkerrechtliche Ratifikation]: tritt im Zeitpunkt der Abgabe einer diesbezüglichen Willenserklärung ein, z. B. durch Austausch oder Hinterlegung der Ratifikationsurkunden (Art. 16 WVK); eine teilweise Bindung erfolgt nach dem opting-out des Art. 17 WVK oder nach Einlegung eines Vorbehaltes (Art. 19 ff. WVK).

> Die Bundesregierung gibt alljährlich den Fundstellennachweis B zum Bundesgesetzblatt heraus, in dem die Verträge der Bundesrepublik aufgeführt sind.

Alle Verträge, die ein Mitglied der Vereinten Nationen schließt, sind gemäß Art. 102 SVN beim Sekretariat zu registrieren. Geheimverträge sind danach ausgeschlossen. Die registrierten Verträge werden in der United Nations Treaty Series (UNTS) veröffentlicht. Für den Völkerbund in der League of Nations Treaty Series (LNTS).

2.2.2.3 Opting-out und Vorbehalt

> Opting-out-Klauseln

Die Bindung eines Vertrages kann durch die Rechtsinstitute des *opting-out* (Art. 17 WVK) und des Vorbehalts (Art. 19 ff. WVK) beschränkt werden. *Opting-out*-Klauseln berechtigen die Vertragsparteien, die Anwendung einzelner Vertragsvorschriften für sich auszuschließen. Diese Klauseln befinden sich folglich im eigentlichen Vertragstext, so z. B. Art. 28 UN-Folterkonvention.

> Vorbehalt, Rechtsverwahrung, Interpretationserklärung

Nicht im Vertragstext finden sich die Vorbehalte, die ein Staat zu einem Vertrag hinzufügen kann. Der Begriff des Vorbehalts ist in Art. 2 lit. d) WVK definiert. Er ist eine einseitige Willenserklärung, in der ein Staat Rechtswirkungen des Vertrages für sich ändert oder ausschließt. Demgegenüber ist eine Rechtsverwahrung eine Erklärung, die verhindern soll, dass von anderen Staaten aus der Tatsache des Vertragsschlusses in

2.2 · Rechtserzeugung im Völkerrecht: Systematik der Rechtsquellen

dem jeweiligen Vertrag selbst nicht vorgesehene Rechtsfolgen hergeleitet werden. Davon zu unterscheiden ist die Interpretationserklärung, die der Klarstellung – und nicht der Aufhebung – einzelner Vertragsbestimmungen dient. Die Übergänge zwischen den einzelnen Rechtsinstituten sind fließend, zur Abgrenzung ist immer auf den Willen des erklärenden Staates abzustellen. Um Interpretationserklärungen kann es sich begrifflich nicht mehr handeln, wenn durch sie die Grenze zulässiger Auslegung überschritten wird.

Vorbehalte sind grundsätzlich zulässig. Ausnahmen bestehen nur, wenn der Vertrag selbst sie verbietet oder der Vorbehalt mit dem Ziel und Zweck des Vertrages unvereinbar ist, siehe Art. 19 WVK. (Beispiel: Nach Art. 26 Kyoto-Protokoll [BGBl. 2002 II, 967] sind Vorbehalte zum Protokoll unzulässig.)

Vorbehalte sind grundsätzlich zulässig.

Die Rechtswirkung des zulässigen Vorbehaltes ist eine Vertragsänderung. Zwischen dem den Vorbehalt anbringenden Staat und den ihn ausdrücklich oder stillschweigend annehmenden Staaten wird der Vertragsinhalt modifiziert (Art. 21 I WVK), und zwar auf gegenseitiger Basis. Das bedeutet, dass die annehmenden Vertragsstaaten den Vorbehalt auch für sich in Anspruch nehmen können. Den Vorbehalt ablehnende Staaten sind durch die vom Vorbehalt „belasteten" Vertragsbestimmungen im Verhältnis zum Vorbehalt anbringenden Staat nicht gebunden. Insoweit besteht dann eine Vertragslücke, die durch allgemeine Regeln, insbesondere Völkergewohnheitsrecht, zu schließen ist. Das Vertragsverhältnis der anderen Vertragsparteien untereinander wird von dem Vorbehalt in keiner Weise berührt, Art. 21 II WVK. Die WVK behandelt das Problem ungültiger Vorbehalte nicht. Sie haben gewohnheitsrechtlich zur Folge, dass der den Vorbehalt erklärende Staat Vertragspartner wird, jedoch tritt eine Bindung hinsichtlich der vom Vorbehalt betroffenen Vertragsklauseln nicht ein (der den Vorbehalt erklärende Staat möchte dies gerade nicht), außer die anderen Staaten akzeptieren den Vorbehalt (ähnlich IGH, *Genozid-Konvention*, ICJ-Rep. 1951, 15/21 ff.; der IGH betont, dass es in der Hoheitsmacht der Vertragsparteien läge, welche Rechtswirkungen einem solchen Vorbehalt zukommen sollen.).

Ansonsten kann ein Vertrag gemäß Art. 39 ff. WVK jederzeit durch Übereinkunft zwischen den Vertragsparteien geändert werden. Die Änderung ist die einvernehmliche Änderung einzelner Vertragsbestimmungen („amendment"), die Revision ist die Änderung des gesamten Vertrages. Die WVK unterscheidet zwischen diesen beiden Begriffen nicht, sie bezeichnet beide Fälle als „Änderung". Die Änderung selber unterliegt keinen Formvorschriften, insoweit findet die Lehre vom „actus contrarius", wonach ein aufhebender Rechtsakt den

Vertragsänderung, inter-se Abkommen

gleichen Formvorschriften unterliegt wie der bestehende, im Völkerrecht keine Anwendung. Daneben besteht noch die Modifikation, Art. 41 WVK. Modifikation ist die Änderung einzelner Vertragsbestimmungen eines multilateralen Vertrages durch einige Mitglieder im Verhältnis zueinander. Dies wird durch sog. „inter-se-Abkommen" erreicht. Falls ein solches Abkommen gegen die Voraussetzungen des Art. 41 WVK verstößt, bleibt es trotzdem zwischen den Vertragsparteien gültig, es sei denn, es verstieße auch gegen *ius cogens*. Die Parteien des *inter-se*-Abkommens sind dann jedoch verpflichtet, gegenüber den anderen Parteien des multilateralen Vertrages eine völkerrechtskonforme Lage herzustellen.

2.2.2.4 Mängel eines Vertrages

Ein Vertrag kann unter verschiedenen Mängeln leiden, die möglicherweise seine Rechtsverbindlichkeit aufheben. Bei Vorliegen eines Mangels kann der Vertrag wirksam angefochten werden (Art. 42 I WVK). Dabei ist zu beachten, dass eine geltungserhaltende Reduktion der übrigen Vertragsbestimmungen möglich ist, wenn der Vertrag trennbar ist, Art. 44 WVK. Bei Trennbarkeit des Vertrages bleibt der nicht mangelbehaftete Teil weiter gültig. Dies gilt aber nur, wenn der Vertragsabschluss nicht durch (militärischen) Zwang oder Verstoß gegen ius cogens zustande gekommen ist, Art. 52 f. WVK.

Verstoß gegen innerstaatliche Vorschriften

Umstritten ist die völkerrechtliche Wirkung der Verletzung innerstaatlicher verfassungsrechtlicher Vorschriften hinsichtlich der Gültigkeit des völkerrechtlichen Vertragsschlusses. Seit jeher wurden hier zwei Theorien vertreten: Nach der Irrelevanztheorie bleiben innerstaatliche Vorschriften unbeachtet, soweit sie den Vertragsschluss betreffen. Ob die für einen Staat handelnde Person überhaupt für diesen handeln darf, ist hiernach irrelevant. Die entgegenstehende Ansicht wird von der Relevanztheorie ausgedrückt, wonach die innerstaatlichen Vorschriften für den Vertragsschluss auch völkerrechtlich verbindlich sind. Einen Mittelweg beschreitet die WVK. Art. 46 schreibt vor, dass …

> **Art. 46 WVK**
> …ein Staat sich nicht darauf berufen [kann], daß seine Zustimmung, durch einen Vertrag gebunden zu sein, unter Verletzung einer Bestimmung seines innerstaatlichen Rechts über die Zuständigkeit zum Abschluß von Verträgen ausgedrückt wurde und daher ungültig sei, sofern nicht die Verletzung offenkundig war und eine innerstaatliche Rechtsvorschrift von grundlegender Bedeutung betraf.

Dies bringt die eingeschränkte Relevanztheorie (auch: Evidenztheorie) zum Ausdruck, die heute der herrschenden Meinung entspricht. Das Merkmal „offenkundig" ist in Absatz 2 der Vorschrift näher ausgeführt. Danach ist eine Verletzung offenkundig, wenn sie für jeden Staat, der sich hierbei im Einklang mit der allgemeinen Übung und nach Treu und Glauben verhält, objektiv erkennbar ist.

Die innerstaatliche Rechtsvorschrift von grundlegender Bedeutung kann sowohl die Zuständigkeit des agierenden Organs als auch den Prozess der parlamentarischen Willensbildung betreffen. Minister sind daher zur Vertretung befugt, deren Assistenten nicht.

Die Art. 48 ff. WVK unterscheiden zwischen Anfechtungs- und Nichtigkeitsgründen. Zur Anfechtung berechtigen der Irrtum, der Betrug und die Bestechung, siehe Art. 48 ff. WVK. Bei Drohung oder Zwang gegen den Staatenvertreter bzw. gegen den Staat oder bei Verstoß gegen *ius cogens* liegt ein Nichtigkeitsgrund vor, Art. 51 ff. WVK.

Die Verfahrensvorschriften der Geltendmachung von Willensmängeln ist für Anfechtungs- und Nichtigkeitsgründe gemäß den Art. 65 ff. WVK identisch. Wichtig ist, dass aufgrund des in Art. 26 WVK enthaltenen Grundsatzes „pacta sunt servanda" (Verträge sind bindend) die oben beschriebenen Ungültigkeitsgründe eng ausgelegt werden müssen. Der Unterschied zwischen Anfechtungs- und Nichtigkeitsgründen liegt darin, dass eine anfechtbare Willensklärung bis zur Anfechtung gültig ist, eine nichtige von Anfang an ungültig. Art. 45 WVK schließt widersprüchliches Verhalten aus, da ein Staat sich danach auf die Anfechtung nicht mehr berufen kann, wenn er dem Vertrag ausdrücklich oder implizit zugestimmt hat.

Die Rechtsfolgen der Ungültigkeit eines Vertrages sind in den Art. 69 ff. WVK näher beschrieben. Hierbei ist zwischen bi- und multilateralen Verträgen zu unterscheiden. Bilaterale Verträge sind bei Anfechtung oder Nichtigkeit rechtlich unverbindlich, weil eine den Vertrag begründende Willenserklärung dadurch weggefallen ist, Art. 69 I WVK. Multilaterale Verträge sind nur dann rechtlich unverbindlich, wenn die Willenserklärungen aller Parteien außer einer nichtig sind. Ansonsten bleibt der Vertrag für die anderen wirksam, nur der Staat, bei dem ein Willensmangel vorliegt, ist daran rechtlich nicht gebunden, Art. 69 IV WVK.

Neben der Ungültigkeit ist auch die Beendigung und Suspendierung von Verträgen möglich, Art. 54 ff. WVK. Neben speziellen, im jeweiligen Vertrag genannten Beendigungsgründen ist nach dem Konsensprinzip jederzeit eine einvernehmliche Aufhebung der Vertragsbeziehungen möglich. Beispiel für eine Kündigungsklausel ist Art. 50 EUV.

Suspendierung

Neben der Beendigung des Vertrages ist auch die Suspendierung (Aufhebung) einzelner Vertragsbestimmungen möglich, Art. 57 f. WVK. Beispiele hierfür sind Art. 5 SVN und Art. 7 EUV.

Allgemeine Beendigungs- und Suspendierungsgründe sind in den Art. 59 ff. WVK genannt. Gemäß Art. 59 WVK ist ein Vertrag beendet, wenn die Vertragsparteien später einen sich auf denselben Gegenstand beziehenden Vertrag schließen und aus ihm hervorgeht, dass der frühere Vertrag beendet sein soll. Art. 59 bezieht sich auf Vertragsverletzungen, welche zu einer Beendigung oder Suspendierung führen können. Erforderlich ist das Vorliegen einer erheblichen Verletzung wie es in Art. 60 III WVK definiert wird. Nachträgliche Unmöglichkeit der Vertragserfüllung stellt ebenfalls einen Beendigungsgrund dar, Art. 61 WVK, die Berufung ist nicht möglich, wenn der Unmöglichkeitsgrund seitens der sich darauf berufenden Partei selbst herbeigeführt wurde.

clausula rebus sic stantibus

Der durch eine grundlegende Änderung der beim Vertragsabschluss gegebenen Umstände hervorgerufene Wegfall der Geschäftsgrundlage *(clausula rebus sic stantibus)* und die sich daraus ergebende Beendigungsmöglichkeit wurde in Art. 62 WVK näher spezifiziert. Die Berufung hierauf ist möglich, wenn sich die grundlegende Änderung auf Umstände bezieht, die eine wesentliche Grundlage für die Zustimmung zum Vertrag darstellten, und eine tiefgreifende Umgestaltung der anderen noch zu erfüllenden Vertragsverpflichtungen dadurch hervorgerufen wurde.

2.2.2.5 Geltung von Verträgen, insbesondere gegenüber Dritten

keine Rückwirkung von Verträgen

Völkerrechtliche Verträge gelten nach Art. 29 WVK auf dem Territorium der Vertragspartner und für hoheitsfreie Räume wie die Hohe See oder den Weltraum. Zeitlich ist zu beachten, dass laut Art. 28 WVK eine Rückwirkung von Verträgen auf einen Zeitpunkt vor deren Inkrafttreten nicht möglich ist, außer die Vertragsparteien nehmen in die Übereinkunft eine entsprechende Bestimmung auf. Für den Zeitraum zwischen der Unterzeichnung des Vertrages und dem Inkrafttreten gilt jedoch die Vorschrift des Art. 18 WVK, wonach ein Staat in diesem Zeitraum nicht mehr dem Ziel und Zweck des Vertrages widersprechende Regeln setzen darf.

Beispiele für Kodifikationen von Völkergewohnheitsrecht sind die Wiener Vertragsrechtskonvention (WVK) und das Wiener Diplomatenübereinkommen (WÜD).

Wichtig für den Prüfungsaufbau ist, dass vor der Prüfung des eigentlichen Vertragstextes die rechtliche Verbindlichkeit des Vertrages für die Streitparteien zu untersuchen ist. Relevant ist in diesem Zusammenhang, dass eine Vertragsbestimmung auch für Nichtvertragsparteien bindend sein kann, wenn diese Bestimmung nur eine Kodifikation von bereits geltendem

Völkergewohnheitsrecht ist. Dies gilt nicht, wenn die Nichtvertragspartei der Geltung der völkergewohnheitsrechtlichen Norm immer wieder widersprochen hat, sie also als „persistent objector" des Rechtssatzes anzusehen ist (▶ Abschn. 2.2.3).

Dritte, nicht an dem Vertrag beteiligte Staaten, können generell aus dem Vertrag weder berechtigt noch verpflichtet werden (lat.: „pacta tertiis-Regel"), Art. 34 WVK. Verträge zu Lasten Dritter, Verträge, die einen dritten Staat verpflichten, sind ohne dessen ausdrückliche schriftliche Zustimmung rechtlich unverbindlich, wie Art. 35 WVK in sehr klausulierter Form mitteilt. Problematisch sind die Verträge zugunsten Dritter, also Übereinkommen, wo der Dritte ein Recht erhält. Hier wird die Zustimmung des Drittstaates zu dem Vertrag nach Art. 36 I WVK vermutet, dieser Staat muss ausdrücklich die Bindungswirkung für sich ablehnen.

keine Verträge zu Lasten Dritter

2.2.2.6 Auslegung von Verträgen

Die Auslegung völkerrechtlicher Verträge gehört zu den wichtigsten Bereichen des Vertragsrechtes und ist sehr häufig Gegenstand von Disputen.

Die Parteien eines völkerrechtlichen Vertrages haben das Recht zur Vertragsauslegung, da sie die Subjekte der zwischen ihnen durch den Vertrag geschaffenen Rechtsordnung sind. Dieses Recht können sie auf ein (Schieds-)Gericht übertragen. Eine allgemeine Auslegungsregel findet sich in Art. 31 I WVK. Die Vorschrift stellt kodifiziertes Völkergewohnheitsrecht dar (IGH, *Kasikili/Sedudu*, ICJ-Rep. 1999, para. 18) und ist auf alle Verträge anzuwenden.

> **Art. 31 WVK – Allgemeine Auslegungsregel**
> (1) Ein Vertrag ist nach Treu und Glauben in Übereinstimmung mit der gewöhnlichen, seinen Bestimmungen in ihrem Zusammenhang zukommenden Bedeutung und im Lichte seines Zieles und Zweckes auszulegen.
> (2) …

Nach Art. 31 I WVK ist für die Interpretation zunächst der Wortsinn in seiner gewöhnlichen Bedeutung maßgeblich (sog. objektiver Ansatz; engl.: „plain meaning rule"). „Gewöhnliche Bedeutung" kann auch die Fachbedeutung eines Begriffes sein. Entscheidend ist der zur Zeit des Vertragsschlusses geltende Sprachgebrauch, Verständnisänderungen sind grundsätzlich unbeachtlich (IGH, *Rights of Nationals*, ICJ-Rep. 1952, 176/189). Etwas anderes gilt nur im Falle der „dynamischen Interpretation" (grundlegend: IGH, Namibia-Gutachten, ICJ-

Wortsinn

Rep. 1971, 16/31 f., auch: temporale Interpretation). Danach sind Vertragsbestimmungen, die nach Auffassung der Parteien und allgemeiner Auffassung für Begriffswandlungen offen sind, in Übereinstimmung mit dem zur Zeit der Interpretation geltenden Völkerrecht zu bestimmen. Für diese Auslegung spricht ihre Flexibilität und Offenheit gegenüber neuen, im Zeitpunkt des Vertragsschlusses noch nicht vorhergesehenen Sachlagen. Dem Wesen nach gehört die dynamische Interpretation zur teleologischen Auslegung.

Systematik

Allerdings kann der Wortlaut häufig erst im systematischen Zusammenhang des Vertrages als „klar" gefunden werden. Unter „Zusammenhang" im Sinne des Art. 31 WVK ist der Vertrag als Ganzes zu verstehen, nicht nur die betreffende Vorschrift oder der Abschnitt des Vertrages, in dem sich die fragliche Norm befindet. Dazu gehören dann auch die Präambel und die Anlagen eines Vertrages, Art. 31 II WVK. Zu berücksichtigen im Rahmen der Systematik sind nach Absatz 3 der Vorschrift jede spätere Übereinkunft zwischen den Vertragsparteien über die Auslegung des Vertrages. „Später" bedeutet „nach Vertragsschluss" und jede spätere Übung.

Telos (Sinn und Zweck)

Drittens findet auch die teleologische Auslegung Anwendung, wonach der Sinn und Zweck einer Norm zu erforschen ist, welcher sich aus dem materiellen Vertragstext ergibt. Hierzu gehört auch, dass ein Vertrag im Sinne seiner größtmöglichen Effektivität ausgelegt wird.

Treu und Glauben ist kein Auslegungsgrundsatz, sondern ein materieller völkerrechtlicher Rechtssatz. Er bedeutet in Art. 31 I WVK, dass die den Vertrag auslegenden Parteien bei der Auslegung keine besonderen Spitzfindigkeiten u. ä. anwenden dürfen.

zwischen den Vertragsparteien anwendbarer Völkerrechtssatz

Gemäß Art. 31 III lit. c) WVK ist als Ergebnis des Konsensprinzips neben dem Zusammenhang noch in gleicher Weise jeder in den Beziehungen zwischen den Vertragsparteien anwendbare einschlägige Völkerrechtssatz heranzuziehen. „Völkerrechtssatz" ist jede völkerrechtliche Norm, „einschlägig" ist jeder zur Entscheidung heranziehbare Rechtssatz und „zwischen den Vertragsparteien anwendbar" ist jeder zwischen allen Parteien eines Vertrages geltender Rechtssatz. Ob die Vorschrift zur De-Fragmentierung des Völkerrechts beiträgt ist umstritten, aber wohl zu bejahen, da auch andere Völkerrechtssätze zur Auslegung eines Vertrages herangezogen werden können.

vorbereitende Arbeiten

Gemäß Art. 32 WVK sind die vorbereitenden Vertragsarbeiten (franz.: „travaux préparatoires") und die Umstände des Vertragsschlusses als „ergänzende Auslegungsmittel" anzusehen. Die Auslegungsmittel des Art. 31 WVK ergeben sich aus dem Vertrag selbst, während Art. 32 auf außerhalb des eigentlichen Vertragstextes befindliche Quellen zurückgreift.

2.2 · Rechtserzeugung im Völkerrecht: Systematik der Rechtsquellen

Für die Interpretation mehrsprachiger Verträge gilt die Sonderregel des Art. 33 WVK. Mehrsprachige Verträge haben mehr als eine authentische Sprache, z. B. Art. 111 SVN, wobei alle Sprachfassungen gleich verbindlich sind. Daraus folgt die Vermutung, dass die Begriffe des Vertrages in jeder Sprache dieselbe Bedeutung haben. Ferner gilt das *Prinzip der harmonischen Auslegung*, wonach ein auftretender Bedeutungsunterschied unter Beachtung der allgemeinen Auslegungsregeln auszuräumen ist.

Alle Sprachfassungen sind gleich verbindlich.

Neben diesen in der WVK niedergelegten Auslegungsmaximen existieren gewohnheitsrechtlich auch noch andere Interpretationsmethoden wie der Umkehrschluss *(argumentum e contrario)*, und dass man vom größeren auf das kleinere schließen kann *(argumentum a maiore ad minus)*. Beide Auslegungsmethoden können als Bestandteil der teleologischen Auslegung angesehen werden.

Umkehrschluss und argumentum a maiore ad minus

Nicht zur Auslegung gehört die Analogie. Sie erfasst einen vom Vertrag nicht geregelten Sachverhalt. Sehr umstritten ist, ob das Rechtsinstitut im Völkerrecht zulässig ist, da es mit den Grundsätzen der Staatensouveränität und von Treu und Glauben kaum zu vereinbaren ist. Jedoch spricht die Rechtsquelle des Art. 38 I lit. c) IGH-St von einer Anwendung der innerstaatlichen allgemeinen Rechtsgrundsätze im Völkerrecht, was dogmatisch einer analogen Anwendung dieser Rechtsgrundsätze gleichkommt. Ferner ist die analoge Anwendung von Vertragsrecht auf einseitige Willenserklärungen möglich (IGH, *Nicaragua I*, ICJ-Rep. 1984, 392/420) und das Füllen von Vertragslücken durch Analogie, wenn dies dem Willen der Vertragsparteien entspricht. Aus dem Vorstehenden ergibt sich, dass man mit der Analogie im Völkerrecht sicherlich vorsichtig sein sollte, ein vollständiger Ausschluss des Rechtsinstitutes besteht allerdings nur hinsichtlich der Rechtsquelle Völkergewohnheitsrecht.

Analogie ist keine Auslegung.

Prüfungsschema völkerrechtlicher Vertrag nach WVK
I. Anwendbarkeit der WVK, Art. 1 ff.
1. Art. 1 ff. WVK
2. Besondere Vorschriften in einem völkerrechtlichen Vertrag: lex specialis
3. WVK nicht anwendbar: Völkergewohnheitsrecht gilt

II. Ordnungsgemäßer Vertragsschluss, Art. 6 ff. WVK
III. Inkrafttreten des Vertrages, Art. 24 f. WVK
IV. Gültigkeit des Vertrages, Art. 42, 46 ff. WVK
1. Ungültigkeitsgründe, Art. 42, 46 ff. WVK
2. Verfahren, Art. 65 ff. WVK
3. Rechtsfolgen, Art. 69, 71 WVK

> **V. Suspendierung des Vertrages, Art. 42 II, 57 ff. WVK**
> 1. Suspendierungsgründe, Art. 57 ff. WVK
> 2. Verfahren, Art. 65 WVK
> 3. Rechtsfolgen, Art. 72 WVK
>
> **VI. Beendigung des Vertrages, Art. 42 II, 54 ff. WVK**
> 1. Beendigungsgründe, Art. 54 ff. WVK
> 2. Verfahren, Art. 65 WVK
> 3. Rechtsfolgen, Art. 70 WVK

2.2.2.7 Vertragsverfahren in Deutschland

mehr zum Vertragsverfahren
▶ Abschn. 5.6

Nach Art. 59 I GG vertritt der Bundespräsident den Bund völkerrechtlich. Die Organkompetenz liegt somit beim Präsidenten, und zwar in einem umfassenden Sinne. Die Aufzählung in Art. 59 I GG ist nur beispielhaft. Allerdings kann der Bundespräsident seine Vertretungsbefugnis übertragen, was in der Praxis durch eine Übertragung auf die Bundesregierung geschehen ist.

In der Praxis der Bundesrepublik wird zwischen drei Arten von Abkommen unterschieden:

1. Staatsvertrag: nach dem Wortlaut des Vertrages ist vertragschließende Partei die Bundesrepublik als Staat oder der Präsident als Staatsoberhaupt. Die Unterzeichnung geschieht mit Vollmacht des Präsidenten, der Vertrag bedarf dessen Ratifikation.
2. Regierungsabkommen: Vertragspartner sind die Regierungen. Die Vollmacht zur Unterzeichnung wird vom Außenminister erteilt Die Abschlussbefugnis ist vom Präsidenten auf den Außenminister delegiert.
3. Ressortabkommen: Abkommen betrifft die Zuständigkeit eines Fachministers und regelt weder die politischen Beziehungen des Bundes noch bezieht sie sich auf Gegenstände der Bundesgesetzgebung. (Beispiel: „stand-by-agreement" geschlossen zwischen dem Bundesverteidigungsminister und dem Generalsekretär der VN bezüglich Bundeswehr und UN-Einsätzen ▶ Abschn. 5.6.5).

Die beiden letzteren Abkommensarten werden auch unter dem Begriff „Verwaltungsabkommen" zusammengefasst.

Beispielhaft das Muster einer Ratifikationserklärung:

„Ratifikationserklärung
Nachdem der in (…) am (…) von dem Bevollmächtigten der Bundesrepublik Deutschland und dem Bevollmächtigten der Republik

Polen unterzeichnete Vertrag über (...), dessen Wortlaut in der Anlage beigefügt ist, in gehöriger Gesetzesform die verfassungsmäßige Zustimmung erfahren hat, erkläre ich hiermit, dass ich den Vertrag bestätige.
Berlin, den (...)
(großes Bundessiegel)
Der Bundespräsident (...)
Der Bundesminister des Auswärtigen (...)"

2.2.3 Völkergewohnheitsrecht

Das Völkergewohnheitsrecht (VGR) ist eine Rechtsquelle, die theoretisch voller Herausforderungen steckt und für die in der Praxis vielfältige Sachverhalte relevant sind. So können sich Anzeichen für eine Rechtsauffassung bzw. -überzeugung eines Staates aus mannigfaltigen Erscheinungen ergeben: Presseerklärungen, öffentliche Stellungnahmen von Regierungsmitgliedern oder eines Staatsoberhauptes, diplomatische Korrespondenz und andere offizielle Stellungnahmen von hohen Beamten oder Militärs zu völkerrechtlichen Fragen, bestimmte Wiederholungen von Vertragsregelungen, Entscheidungen nationaler Gerichte, dem Abstimmungsverhalten eines Staates in einer internationalen Organisation, usw.

Quellen des VGR

VGR setzt sich nach Art. 38 I lit. b) IGH-St aus zwei Elementen zusammen (dazu interessant das Nicaragua II-Urteil des IGH, ICJ-Rep. 1986, 14/108 f.):

- gleichförmige und verbreitete Staatenpraxis in Bezug auf die rechtliche Beurteilung oder Behandlung gleichartiger völkerrechtlicher Sachverhalte: In der Praxis wird bei dieser Voraussetzung sehr viel argumentiert. Die Einheitlichkeit, Gleichförmigkeit, und vor allem ausreichende Dauer einer Staatenpraxis lassen sich sehr unterschiedlich beurteilen, jede Streitpartei versucht dann immer ihre Sicht der Dinge als alleinverbindlich festzuschreiben. Eine bestimmte Dauer ist nicht Voraussetzung, eine Staatenpraxis aus dem „Schnellkochtopf" dürfte allerdings nicht vollends überzeugend sein. Sich spontan („instant") bildendes Gewohnheitsrecht ist möglich, aber selten (Beispiel: Anerkennung der 200 Seemeilenzone auf der UNCLOS III-Konferenz 1982). Auch die Verbreitung einer Staatenpraxis lässt sich differenziert beurteilen. Universell muss die Praxis nicht sein, aber zu viele Abweichungen lassen eine Staatenpraxis nicht als verbreitet, und damit nicht als bestehend erscheinen (siehe IGH, Continental Shelf, ICJ-Rep. 1969, 3/4 „very widespread and representative participation" ist erforderlich). Eine

Staatenpraxis
Am „instant" VGR kann sich schon aufgrund der Wortbedeutung Zweifel ergeben. Kann es eine „spontane Gewohnheit" geben?

örtlich begrenzte Praxis kann zur Entstehung regionalen oder sogar bilateralen VGRs beitragen (dazu das Asylum-Urteil des IGH, ICJ-Rep. 1950, 265/276 ff.). Die Staatenpraxis folgt aus den Handlungen der Staatsorgane, die völkerrechtliche Sachverhalte betreffen.

- *Rechtsüberzeugung* — Anerkennung der Praxis als mit dem Völkerrecht konform (die sogenannte *opinio iuris sive necessitatis*): Dies ist das subjektive Element des VGR. Es reicht nicht, wenn einer Praxis zufällig oder aus Gefälligkeit gefolgt wird, es muss in der Überzeugung geschehen, dass das Handeln dem Völkerrecht entspricht, und davon nicht abgewichen werden darf (dazu instruktiv: IGH, *Continental Shelf*, ICJ- Rep. 1969, 3/ 41 ff.). Obwohl dies früher bestritten war, kann man bis zu einem gewissen Grade Schlüsse von der Praxis eines Staates auf seine Rechtsüberzeugung ziehen (StIGH, *Lotus*, PCIJ-Rep. 1927, Serie A, Nr. 10, 3/28). Die Erkennung einer Äußerung eines Staates als Rechtsüberzeugung folgt objektiven Kriterien, d. h. wie eine Äußerung verständigerweise zu beurteilen ist.

Die Praxis einflussreicher Staaten kann gewichtiger für die Beurteilung des Bestehens von VGR als die von kleineren Staaten sein, z. B. kann man berechtigterweise davon ausgehen, dass die völkerrechtliche Praxis Russlands generell relevanter ist, als die der Malediven, vielleicht mit Ausnahme der seerechtlichen Praxis.

persistent objector, subsequent objector — Eine wichtige anerkannte Ausnahme der Bindung eines Staates an bestehendes VGR, oder sogar ein Hinweis darauf, dass kein VGR besteht, ist die Rechtsfigur des sog. persistent objector. So bezeichnet man einen Staat, der wiederholt seine Auffassung kundtut, dass er eine bestimmte entstandene oder in der Entstehung befindliche Regel als für sich nicht verbindlich ansieht (IGH, *Fisheries*, ICJ-Rep. 1951, 116/131). Der Staat kann dadurch die Regel des VGR nicht verhindern, aber seine Bindung daran. Das Abweichen eines Staates von einer zunächst bestehenden Übereinstimmung mit VGR als *subsequent objector* erscheint unproblematisch nur zu dem Zeitpunkt möglich, wo eine Modifikation der Regel des VGR geschieht.

Trotz dieser teilweise doch etwas vage anmutenden Voraussetzungen gibt es eine große Anzahl von völkergewohnheitsrechtlichen Regelungen, die nicht mehr umstritten, und der von einer ausreichenden Zahl der Staaten in der Überzeugung, rechtmäßig zu handeln, gefolgt wird. VGR sind zum Beispiel Teile des:

- Diplomaten- und Konsularrechts,
- Kriegsrechts, d. h. unter welchen Umständen Gewalt zwischen Staaten angewendet werden darf *(ius ad bellum)*,

des Rechts, das für Kriegshandlungen gilt *(ius in bello)*, und des humanitären Völkerrechts, das heißt das Recht, welches zum Schutz von Kombattanten und Nichtkombattanten gilt,
- Seerechts,
- Völkervertragsrechts,
- Rechts der Haftung von Staaten für zurechenbares Verhalten *(state liability)* und des
- Rechts der Schiedsgerichtsbarkeit.

Ein Teil der genannten Gebiete wurde inzwischen durch multilaterale völkerrechtliche Verträge geregelt. Häufig lassen diese Verträge aber einige Fragen ungeregelt, wozu dann lückenfüllend auf VGR zurückgegriffen werden kann, und im Übrigen als speziellere Regelung der Vertrag.

Im Verhältnis sich überschneidender vertraglicher und völkergewohnheitsrechtlicher Regelungen kann man grundsätzlich davon ausgehen, dass das Vertragsrecht als ausdrücklichere Regelung bei der Festlegung von Rechten und Pflichten von Vertragsparteien als vorrangig aufgrund der lex specialis-Regel heranzuziehen ist. Allerdings kann VGR aus demselben Grund dann gegenüber Verträgen vorrangig sein, wenn sich nach dem Abschluss eines Vertrages eine Staatenpraxis ergibt, die Rechtsfragen anders behandelt, als der Vertrag, und dabei von der Rechtsüberzeugung der Staaten getragen ist. Dies bezeichnet man als den derogierenden Effekt des VGR. Auch älteres VGR kann so von neuerem VGR überlagert werden. Diese derogierende Wirkung des VGR wird als desuetudo bezeichnet.

Kollision VGR-Vertrag

Durch Dekolonisation oder Sezession, also Abtrennung eines Teiles eines Staates, oder Dismembration, also der Auflösung eines Staates in einzelne Teile, haben sich in der Vergangenheit neu entstandene Staaten stets einem vorgefundenen Korpus von VGR gegenüber gesehen, ohne die Gelegenheit gehabt zu haben, sich gegen einzelne Regeln dieses Korpus zu verwahren. Es bleibt umstritten, ob eine sofortige rechtliche Verbindlichkeit für diese Staaten besteht, oder ob sich erst im Laufe der Zeit eine Rechtsbindung ergibt. Die Rechtsbindung entfällt wohl nur, wenn der neu entstandene Staat ab Entstehen als *persistent objector* des fraglichen VGR anzusehen ist. Eine Bindung an ius cogens besteht jedoch auch dann.

Neue Staaten sind an bestehendes VGR gebunden.

2.2.4 Allgemeine Rechtsgrundsätze

Allgemeine Rechtsgrundsätze gibt es in fast jeder nationalen Rechtsordnung. Im Recht der Europäischen Union spielen allgemeine Rechtsgrundsätze des Unionsrechts eine wichtige Rolle, denn bis jetzt beruhen etwa die Grundrechte des Unionsrechts zum Teil darauf, Art. 6 III EUV. Allerdings sind methodische Gewinnung und Bedeutung allgemeiner Rechtsgrundsätze in den unterschiedlichen Rechtssystemen nicht identisch.

Die allgemeinen Rechtsgrundsätze des Völkerrechts sind in Art. 38 IGH-St in überholter Weise in den Zusammenhang mit Kulturvölkern gesetzt, wobei die Definition des Begriffs unklar bleibt. Mithin wird korrekter von Rechtsgrundsätzen gesprochen, die den wichtigen nationalen Rechtssystemen der Nationen gemeinsam oder von ihnen anerkannt sind.

lückenfüllende Funktion der allgemeinen Rechtsgrundsätze

Im modernen Völkerrecht kommen allgemeine Rechtsgrundsätze immer seltener zum Zuge, meistens weil spezielles Vertrags- oder Gewohnheitsrecht besteht, oder auch weil manche die Rechtsgrundsätze als subsidiär zu den anderen Rechtsquellen ansehen. Eine Reihe von allgemeinen Rechtsgrundsätzen ist mit der Zeit auch zu Gewohnheitsrecht geworden, so etwa die Regeln über die Staatenverantwortlichkeit für von Ausländern erlittene Schäden (▶ Abschn. 4.5). Viele ehemals bestehende Lücken im Völkerrecht wurden im Laufe der völkerrechtlichen Entwicklung geschlossen und es besteht heutzutage kein Anlass mehr, sie mit aus den innerstaatlichen Rechtsordnungen abgeleiteten Rechtsgrundsätzen zu füllen.

Beispiele für allgemeine Rechtsgrundsätze sind:
- die Verjährung von Ansprüchen,
- der Grundsatz des *estoppel*, eine Art Einrede gegen einen Anspruch, auf der Grundlage, dass ein Staat sein vorheriges rechtsrelevantes Verhalten nicht bestreiten kann, sondern sich daran in gewisser Weise selbst bindet, lateinisch *venire contra factum proprium*,
- das Verbot der Bereicherung ohne Rechtfertigung,
- das Verhältnismäßigkeitsprinzip und
- die Regel der Unabhängigkeit der internationalen Justiz (Internationaler Gerichtshof IGH, Verwaltungsgericht der Vereinten Nationen UNAT, Jugoslawien-/Ruanda Tribunale ICTY/ICTR etc.).

2.2.5 Andere Völkerrechtsquellen – und Begriffe, die als Quellen erscheinen, aber keine sind

Art. 38 IGH-St ist nicht abschließend und in Praxis und Wissenschaft werden auf seiner Grundlage eine Reihe anderer Völkerrechtsquellen teilweise sehr überzeugend argumentiert.

Einige Beispiele:

- *Einseitige Rechtsakte von Staaten im Völkervertragsrecht:* Können aus sich allein heraus unmittelbar rechtliche Wirkungen für den erklärenden Staat und andere Völkerrechtssubjekte haben, wenn das Völkerrecht ihnen eine solche Wirkung beimisst. Beispiel: Ein Staat hat mit mehreren Staaten einen völkerrechtlichen Vertrag abgeschlossen. Laut Vertrag ist es erlaubt, Vorbehalte zum Vertrag zu erklären. Der Staat setzt seine Vertragspartner von einer völkerrechtlichen Erklärung formell in Kenntnis, nämlich von einem Vorbehalt zu dem Vertrag. Dies ist eine einseitige Erklärung, die gewisse Rechte des erklärenden Staates wahrt, und – normalerweise – die Geltendmachung dieser Rechte durch Vertragspartner ausschließt. Weitere Beispiele für einseitige Erklärungen sind die innerstaatliche Ratifikation eines Vertrages und die Anfechtung eines solchen.
- *Einseitige Rechtsakte von Staaten im Völkergewohnheitsrecht:* Derartige Rechtsakte geben eine Rechtsauffassung kund, an die der erklärende Staat bewusst gebunden sein will, z. B. die Anerkennung von anderen Staaten, das völkerrechtliche Versprechen (rechtsbegründend), der Verzicht auf ein Recht (rechtsvernichtend, *desuetudo*), oder der Protest, die sog. „persistent objection", d. h. der wiederholt mitgeteilte, beharrliche Einwand eines Staates gegen die Entwicklung z. B. eines Rechtssatzes des Gewohnheitsrechts (rechtshemmend). Die Anerkennung von Staaten, ein häufig vorkommender Akt (Beispiel: Zerfall Jugoslawiens und die Anerkennung der neu entstandenen Staaten), bedeutet, dass die rechtliche Veränderung verbindlich akzeptiert wird.
- *Allgemein zu einseitigen staatlichen Akten:* Die Bindungswirkung einseitiger Akte kann auf unterschiedlichen Grundlagen beruhen, allgemein auf dem Treu und Glauben-Grundsatz des Völkerrechts (IGH, *Nuclear Test Cases*, ICJ-Rep. 1974, 253/268, 457/473), z. T. aber auch schon auf speziellerem Gewohnheitsrecht (Beispiel: Anerkennung). Einseitige Akte sind nicht formgebunden (IGH, *Nuclear Test Cases*, a. a. O.), es sei denn in einem Vertrag ist etwas anderes vorgesehen. Meistens werden einseitige Akte aber trotzdem in der offiziellen Form einer Notifikation vorgenommen, um keine Zweifel über die Vornahme aufkommen zu lassen. Zu den einseitigen Akten gehören
    - die *amtliche Mitteilung (Notifikation)* und die *Erklärung (Deklaration):* Hiermit wird eine völkerrechtserhebliche Tatsache amtlich verbindlich verkündet.

- der *Protest:* Der Protest ist der formelle Einspruch eines Völkerrechtssubjektes gegen eine völkerrechtswidrige Handlung mit rechtsverwahrender Wirkung.
- der *Verzicht:* Der Verzicht ist eine Erklärung, bestimmte, einem Subjekt zustehende Rechte, nicht mehr wahrnehmen zu wollen.
- das *Versprechen:* Dies ist die ausdrückliche Verpflichtung zu einem bestimmten, völkerrechtskonformen Verhalten.
- die *Anerkennung:* Die Anerkennung ist die Erklärung eines Staates zur Staatsqualität eines Gebietes und seiner Bevölkerung.

- **R*ealakte:*** Auch reales, einseitiges Verhalten kann Rechtswirkungen erzeugen. Zu den Realakten gehören die Okkupation, die Annexion und die Dereliktion.
- **I*nterne Akte internationaler Organisationen:*** sind vor allem organisationsinterne Rechtsakte, wie etwa die Schaffung von Unterorganen (z. B. Art. 22 SVN), die Wahl rotierender Mitglieder eines Organs (z. B. Art. 23 SVN), Regelungen des Rechts der Bediensteten (z. B. Art. 101 SVN und entsprechende Spezialregelungen), Resolutionen von Hauptorganen gerichtet an Neben- oder Unterorgane, Resolutionen für alle Organe einer Organisation (etwa Allgemeine Erklärung der Menschenrechte der Generalversammlung, A/RES/217 (III)), Akte im Rahmen der Geschäftsordnungen von Organen. Sie sind in aller Regel für die Mitglieder der Organisation rechtsverbindlich.
- **E*xterne Akte internationaler Organisationen:*** Externe Akte tragen auf unterschiedlichste Weise zur Rechtserzeugung bei, oder sind sogar eigenständige Rechtsakte. Internationale Organisationen können wie Staaten völkerrechtliche Verträge abschließen, also rechtliche Erklärungen abgeben. Ein Beispiel sind die Verträge der Vereinten Nationen und ihrer Spezialorganisationen mit den sog. Sitzstaaten, d. h. den Staaten, in denen die betreffende Organisation residiert. Wichtiger, und nicht ganz so leicht zu erkennen sind aber die Rechtsakte, die zur Entstehung und Entwicklung des Völkerrechts beitragen, wie etwa Resolutionen der VN-Generalversammlung, Erklärungen der NATO, Resolutionen des Europarates, etc. Solche Rechtsakte können maßgeblich zur Gewohnheitsrechtsbildung (als Ausdruck einer bestehenden opinio iuris) beitragen, oder die Entstehung – zwischenstaatlicher – allgemeiner Rechtsgrundsätze fördern. Ein Beispiel für einen derartigen Akt einer Organisation ist die „*Friendly-Relations-Deklaration*" der Generalver-

2.2 · Rechtserzeugung im Völkerrecht: Systematik der Rechtsquellen

sammlung der Vereinten Nationen, A/RES/2625 (XXV), 24. Oktober 1970. Diese Resolution bezieht, wiewohl sie keine direkte Bindungswirkung auf Staaten hat, zu einer Reihe wichtiger völkerrechtlicher Prinzipien, den sog. Grundrechten und Grundpflichten der Staaten, Stellung. Sie hat deren rechtliche Entwicklung maßgeblich beeinflusst, u. a. das Gewaltverbot, das Interventionsverbot, Treu und Glauben bei der Vertragserfüllung etc.

Mehrere Institute im Völkerrecht ähneln den Rechtsquellen, ohne welche zu sein. Es handelt sich vielmehr um quellenübergreifende Strukturen, die sich in der gestaltungsfreundlichen Sphäre internationaler Beziehungen entwickelt haben:

- *Politische Erklärungen:* sind von einseitigen Erklärungen abzugrenzen, denn es ist damit nicht die Erzeugung einer Rechtswirkung beabsichtigt. Was in der Praxis nicht bedeutet, dass politische Erklärungen nicht tatsächlich zur Rechtsentstehung beitragen können, etwa durch die Reflexion einer Rechtsauffassung in der Erklärung. Ein Beispiel für eine politische Erklärung ist etwa die Anerkennung einer durch einen Putsch entstandenen Regierung in einem Staat durch die Staatsorgane eines anderen Staates.
- *Soft law:* hat sich als Bezeichnung für ein politisch-rechtliches Phänomen durchgesetzt, welches den Entstehungsprozess von parallelen staatlichen Verhaltensmustern auf internationaler Ebene beschreibt. Unter dieses Phänomen subsumiert man etwa Bestimmungen in nicht ratifizierten völkerrechtlichen Verträgen, Entschließungen internationaler Staatenkonferenzen ohne Rechtswirkung etc. Soft law ist kein bindendes Recht im eigentlichen Sinne, daher ist auch die Bezeichnung etwas irreführend. Es ist eher die Saat, die irgendwann zu Rechtsnormen führt. Trotzdem ist die Entstehungsphase von Recht im Sinne von soft law schon mit einer gewissen Indizwirkung für rechtliche Regelungen versehen. Aus diesem Grund kann man es zur näheren inhaltlichen Bestimmung bereits bestehender völkerrechtlicher Regelungen heranziehen, z. B. ist der Rechtsbegriff „schwere Menschenrechtsverletzungen" in Europa wegen „soft laws" der OSZE anders zu verstehen als in anderen Gebieten der Erde. Weil die Bindung von Staaten an „harte" rechtliche Regelungen nicht leicht zu erreichen ist, erscheint das soft law schließlich als ein vertrauensbildender, kontinuierlicher Weg zur Rechtsetzung.
- *Resolutionen der Generalversammlung der Vereinten Nationen:* sind oben schon bei den externen Akten

> Soft law ist kein bindendes Recht.

internationaler Organisationen erwähnt worden. Diese Resolutionen, manchmal auch „Deklaration" genannt, haben qua Charta der Vereinten Nationen (Kapitel IV, insbesondere Art. 10 SVN „Die Generalversammlung kann alle Fragen und Angelegenheiten erörtern …") keine Bindungswirkung für außerhalb der Organisation stehende Rechtssubjekte wie etwa Staaten. Gleichwohl können sie auf verschiedene rechtliche oder politische Weise zur Entstehung und Entwicklung von Völkerrecht beitragen, oder als Nachweis einer Rechtsauffassung gelten. Resolutionen an sich haben keine Bindungswirkung, allerdings kann unter Umständen auf bestehendes oder in Entstehung befindliches Völkergewohnheitsrecht geschlossen werden, wenn eine Resolution einstimmig, oder zumindest von den allermeisten Staaten und ohne Gegenstimme angenommen wird (siehe IGH, Nukleare Abschreckung, ICJ-Rep. 1996, 226/254 f.). Wichtig: Zu beachten ist immer, dass ein Staat vielleicht anders abgestimmt hätte, wenn ihm bewusst gewesen wäre, dass mit der Resolution Gewohnheitsrecht erzeugt oder wiedergegeben werden soll.

- Konsens: ist ein vorwiegend in der Völkerrechtswissenschaft diskutiertes Rechtsinstitut, das mitunter als eigenständige Rechtsquelle dargestellt wird. Die Konsenstheorie stellt vor allem auf die Übereinstimmung zweier oder mehrerer Staaten in einer Rechtsauffassung ab, der Form der Übereinstimmung wird weniger oder keine Bedeutung beigemessen. Dieser interessante Ansatz neutralisiert dem Wesen nach die Beschränkungen der starren Rechtsquellennomenklatur, die neben den politischen Zwängen weitere Hindernisse auf dem Weg der Entstehung einer Rechtsnorm sind. Der Konsens darf nicht mit der Abstimmungsmodalität des consensus (▶ Abschn. 2.6.3.1) verwechselt werden.

- Ius cogens: ist das Völkerrecht, welches nicht derogierbar ist; es ist als zum ordre public der Weltgemeinschaft gehörend unabänderlich, und keine eigenständige Rechtsquelle, sondern nur eine besondere Erscheinungsform eines aus einer echten Rechtsquelle entspringenden Rechts, als Recht, welches nicht nachträglich abänderbar ist (siehe auch ▶ Abschn. 1.6.3). Die Rechtsquelle ist meistens Vertragsrecht oder Gewohnheitsrecht. Der Begriff ist anerkannt und auch in Art. 53 WVK definiert, wenngleich in der völkerrechtlichen Theorienvielfalt strittig geblieben ist, welche Normen zum ius cogens gehören und wie der Begriff im Detail zu definieren ist. Ein gutes Beispiel für ius cogens ist das Gewaltverbot des Art. 2 Ziff. 4 SVN, also eine vertragliche Norm. Zwar gibt es in der Charta Ausnahmen von diesem Verbot, wie etwa das Selbstverteidigungsrecht des Art. 51 SVN, jedoch wären anderweitige völkerrechtliche Verträge, die die Anwendung von Gewalt erlauben, von Anfang an nichtig und würden, zumindest was diese Norm angeht, keine Wirkung entfalten.

- *Intertemporales Völkerrecht:* ist wiederum keine Rechtsquelle, sondern es regelt die Begrenzung des Zeitraumes, während dessen eine Norm Anwendung findet. Der Anwendungsbereich muss nicht deckungsgleich mit dem Geltungsbereich der Norm sein. Sehr abstrakt, aber wichtig; der Geltungsbereich ist die Existenzdauer einer Norm bis zu ihrer Aufhebung oder anderweitigem Außerkrafttreten, während der Anwendungsbereich der Zeitraum ist, während dessen sie auf bestimmte Sachverhalte angewandt wird. Da unterschiedliche Regelungen aufeinander folgen können, ist es notwendig, dass das intertemporale Recht regelt, welche Normen zu welchen Zeitabschnitten angewandt werden. In der Praxis spielt dies vor allem bei der Überlagerung von Verträgen durch nachfolgendes Recht und bei der Geltendmachung von Ansprüchen auf Territorium eine Rolle. Grundsätzlich ist die Berechtigung von Ansprüchen, etwa auf einen Gebietsabschnitt, nach dem Recht zu beurteilen, welches zum Zeitpunkt der behaupteten Anspruchsentstehung galt (Beispiel: *Isle of Palmas*-Schiedsspruch, RIAA II, 829/845).
- *Analogie und Lückenfüllung (non liquet):* können völkerrechtliche Verträge ergänzen, sind aber bei den anderen Rechtsquellen des Art. 38 I IGH-St nicht anwendbar. Die Voraussetzungen der Analogie sind: Es muss es eine planwidrige Regelungslücke vorliegen und eine vergleichbare Interessenlage des geregelten mit dem ungeregelten Fall gegeben sein.

2.2.6 Rechtserkenntnisquellen

Die Erkenntnisquellen sind in Art. 38 I lit. d) IGH-St genannt und stellen keine eigene Völkerrechtsquelle dar. Die Nennung von richterlichen Entscheidungen (vor allem IGH-Entscheidungen, Entscheidungen internationaler Schiedsgerichte; der Erkenntniswert nationaler Gerichtsentscheidungen bleibt demgegenüber zurück) und den Lehrmeinungen der fähigsten Wissenschaftler als Erkenntnisquellen ist nicht abschließend, andere Hilfsmittel sind möglich. Die Lehrmeinung kann als Nachweis für eine allgemeine Rechtsüberzeugung herangezo-

> Rechtserkenntnisquellen sind keine Völkerrechtsquelle.

gen werden und zur Fortentwicklung des Völkerrechts entscheidend beitragen, wie es beispielsweise durch die Arbeit der International Law Commission geschieht.

2.3 Die Völkerrechtssubjekte

Völkerrechtssubjekte (Reinald Fenke)

Die Völkerrechtssubjekte sind die Träger von völkerrechtlichen Pflichten und/oder Rechten.

Man bezeichnet die Fähigkeit, Rechtsträger, bzw. -verpflichteter zu sein, auch als **Völkerrechtsfähigkeit**, die von der **völkerrechtlichen Handlungsfähigkeit** abzugrenzen ist. So können Völkerrechtssubjekte weiter bestehen, auch wenn sie keine handlungsfähigen Organe mehr haben. Ein Beispiel war das Deutsche Reich nach dem Ende des Zweiten Weltkriegs. Dazu das Urteil des Bundesverfassungsgerichts zum Grundlagenvertrag zwischen der Bundesrepublik und der DDR von 1973, BVerfGE 36, 1/15 f.: „Das Grundgesetz [...] geht davon aus, daß das Deutsche Reich den Zusammenbruch 1945 überdauert hat und weder mit der Kapitulation noch durch die Ausübung fremder Staatsgewalt in Deutschland, noch durch die alliierten Okkupationsmächte später untergegangen ist; das ergibt sich aus der Präambel, aus Art. 16, Art. 23 [a. F.], Art. 116 und Art. 146 GG."

partielle und partikulare Völkerrechtssubjektivität

Die Völkerrechtssubjektivität muss nicht unbegrenzt (universell) und damit auf alle Rechte und Pflichten bezogen sein wie etwa bei einem Staat, sie kann sich auch aus bestimmten, wenigen Rechten und/oder Pflichten ergeben und so partiell sein. Davon abzugrenzen ist die partikulare Völkerrechtssubjektivität. Diese ist gegeben, wenn ein Subjekt diese Eigenschaft nur im Verhältnis zu einem anderen Subjekt oder einer begrenzten Subjektgruppe hat (Beispiel: eine Internationale Organisation und ihre Mitgliedstaaten).

2.3.1 Hauptakteure: Staaten

Die Hauptsubjekte des Völkerrechts sind die Staaten der Erde. Diese sind sog. geborene (ursprüngliche) Völkerrechtssubjekte, im Gegensatz zu sog. gekorenen, nichtstaatlichen Subjekten, die erst durch rechtliche Akte geschaffen werden.

196 anerkannte Staaten

Die Staatsqualität einer Entität wird anhand der Drei-Elemente-Lehre bestimmt, einer Theorie, die Anfang des letzten Jahrhunderts formuliert wurde, und die auch in Art. 1 der südamerikanischen Montevideo-Konvention von 1933 über die Rechte und Pflichten der Staaten, enthalten ist. Danach ist ein politisch-rechtlicher Territorial- und Personenverband dann ein Staat, wenn er auf drei Elementen beruht.

Drei-Elemente-Lehre

Diese sind das

- *Staatsgebiet:* ein annähernd definiertes und von anderen Staaten abgrenzbares geographisches Territorium (illustrativ: IGH, *Preah Vihear*, ICJ-Rep. 1962, 6), auf dem der Verband mit einer einheitlichen Rechtsordnung existiert. Das Staatsgebiet umfasst den Luftraum über dem Territorium, das technisch beherrschbare Erdreich darunter und bei Küstenstaaten das Küstenmeer bis zu einer Breite von 12 sm (▶ Abschn. 3.1.1.1), das darüber hinausreichende Gebiet von höchstens 188 sm (200 sm minus 12 sm) ist nur eine ausschließliche Wirtschaftszone, in der nur begrenzt Hoheitsrechte des Küstenstaates ausgeübt werden können. Es muss nicht zusammenhängen (Beispiel: Russland und das Kaliningrader Gebiet). Der Umfang des Staatsgebietes wird durch „Grenzen" bestimmt, die häufig in Verträgen niedergelegt sind. Die Anerkennung einer Grenze kann jedoch auch durch widerspruchsloses Dulden über einen längeren Zeitraum hinaus geschehen. Bei Grenzflüssen wird häufig die Mittellinie als Grenze festgelegt, Grenzseen werden geteilt (z. B. Bodensee). Falls die Grenzen nicht festgelegt sind, verlaufen sie nach dem Prinzip des *uti possidetis* gemäß dem gesicherten historischen Besitzstand (s. IGH, *Nicaragua/Honduras*, 2007). Ein wichtiger praktischer Fall zum Staatsgebiet ist die Entscheidung des Verwaltungsgericht Köln zum „Fürstentum Sealand" (DVBl. 1978, 810 ff.). Die Entscheidung des Gerichts über die Feststellung der Staatsangehörigkeit des Klägers beruht unter anderem auf der Feststellung, dass nur natürlich entstandene Landflächen

Staatsgebiet

(z. B. Palm Jumeirah in den VAE), nicht aber eine außer Dienst befindliche künstliche Insel auf Stelzen weit draußen im Meer Grundlage für Staatsgebiet sein können.

Ein Staat beruht weiter auf einem

> **Staatsvolk**
>
> Das Staatsangehörigkeitsband wird von den Staaten nach dem Prinzip des *ius sanguinis* oder des *ius soli* vergeben. Beim ersteren erhält man die Staatsangehörigkeit durch Blutverwandtschaft (Beispiel: Deutschland), beim zweiten durch Geburt auf dem Territorium des betreffenden Staates (Beispiel: USA)

- *Staatsvolk*: ein auf eine gewisse Dauer angelegter Verbund von Personen unter einer gemeinsamen Hoheitsgewalt und Rechtsordnung in Generationenfolge. Es muss ein „genuine link", eine effektive Verbindung, zwischen dem Staat und seinem Volk bestehen. Rasse, Religion, Sprache oder andere Gruppenmerkmale sind nicht relevant für ein einheitliches Staatsvolk. Beim Vatikan ist das Vorliegen eines Staatsvolkes mangels Generationenfolge fraglich, aber inzwischen anerkannt. Bei Doppel- oder Mehrstaatlern richtet sich die Staatsangehörigkeit im Zweifel nach dem Effektivitätsprinzip, d. h. der Staat ist zur Ausübung des diplomatischen Schutzes o. ä. berufen, zu dem sich die betreffende Person in einem näheren Verhältnis befindet. Dies ist anhand von Hilfskriterien wie gewöhnlicher Aufenthalt, Zahlung von Abgaben usw. zu beurteilen. Staatenlosigkeit eines Menschen ist unerwünscht und zu vermeiden. Deswegen sieht das „Übereinkommen zur Verminderung der Staatenlosigkeit" vom 30.8.1962 (BGBl. 1977 II, 597 ff.) vor, dass Staatenlose die Staatsangehörigkeit des Aufenthaltsstaats qua Einbürgerung oder durch Geburt erwerben sollen, was in Deutschland durch § 21 des „Gesetz über die Rechtsstellung heimatloser Ausländer im Bundesgebiet" (BGBl. 1951 I, 269 mit zahlreichen späteren Änderungen) umgesetzt wurde. Eine Einbürgerung durch Geburt ist wegen des *ius sanguinis*-Prinzips nicht möglich.
- Das Selbstbestimmungsrecht der Völker (▶ Abschn. 2.4) wird vielfach mit diesem Element der Staatsdefinition in Verbindung gebracht und auch als Rechtfertigung für Sezessionen kleinerer Personenverbände herangezogen (etwa Guinea Bissau, 1973). Es erscheint jedoch nicht vertretbar, das Selbstbestimmungsrecht sozusagen als für die Bewertung der Existenz eines Staatsvolkes unterstützend anzusehen, weil ansonsten ein Rechtsprinzip quasi aus sich heraus tatsächlich messbare Faktoren verstärken würde. Vom Staatsvolk zu unterscheiden ist auch die nationale Minderheit, siehe Art. 27 IPbürgR.

> Die EU ist noch kein Staat.

Fraglich ist, ob nicht die Europäische Union bereits ein eigenes Staatsvolk habe, und deshalb auf dem Weg zur Staatwerdung sei. Jedoch leben die Bürger der Union, auch wenn es eine sog. „Unionsbürgerschaft" gibt, weder unter einer völlig

2.3 · Die Völkerrechtssubjekte

einheitlichen Rechtsordnung, noch ist die Unionsbürgerschaft eine Rechtsposition, die über den Rahmen des Unionsrechts, etwa in das nationale Recht der Mitgliedstaaten hinausginge. Die Unionsbürgerschaft ist momentan als abgeleitete Bürgerschaft von der der Mitgliedstaaten konzipiert, Art. 20 I 2 AEUV.

Das dritte Element ist die Existenz einer effektiven *Staatsgewalt*: eine Gewalt, die sowohl die Personal- wie auch die Gebietshoheit über das Staatsgebiet ausübt, und so die beiden anderen Elemente zum Staat verklammert. Die Personalhoheit ist die Kompetenz einer Staatsgewalt Regelungen bezüglich seiner Staatsbürger, die sich größtenteils, aber nicht notwendigerweise, auf seinem Gebiet befinden, zu treffen. Die *Gebietshoheit* ist dagegen die ausschließliche Gewalt auf dem Staatsgebiet, und über alle Staatsbürger, Nicht-Staatsbürger und Sachen, die sich darauf befinden. Ein Erkennungsmerkmal der Staatsgewalt ist, dass sie die innere und äußere Souveränität ausübt; die *innere Souverän*ität ist die Unabhängigkeit, sich eine Verfassung zu geben, die *äußere Souveränität*, die Möglichkeit selbständig und unabhängig völkerrechtlich zu handeln. Die Bedeutung dieser Prinzipien für das Völkerrecht kann gar nicht hoch genug eingeschätzt werden.

Staatsgewalt

Die Völkerrechtspraxis bietet vielfältiges Material zur Frage der Staatsgewalt. Das wohl meistbeschriebene aktuelle Beispiel, neben dem Kosovo, ist Palästina, ein Gebiet, welches auf dem Weg zur möglichen Staatwerdung einen weitgehenden Selbstverwaltungsstatus hat, aber weiterhin rechtlich unter der Autorität des Staates Israel steht.

Ein weiteres interessantes Beispiel, diesmal aus dem Bereich der Dekolonisation, ist eine Stellungnahme des US Department of State aus dem Jahre 1973 zu den unabhängigkeitsrelevanten Entwicklungen in Guinea-Bissau, einer damals portugiesischen Kolonie.
Im Spätsommer 1974 wurde Guinea-Bissau unabhängig und am 17. September 1974 als Mitglied in die VN aufgenommen.
„The United States Government has traditionally looked to the establishment of certain facts before it has extended recognition to a new State. These facts include the effective control over a clearly defined territory and population; an organized governmental administration of that territory; and a capacity to act effectively to conduct foreign relations and to fulfil international obligations. […] The situation in the territory concerned is not clear enough for us to conduct an initial factual appraisal."

Gliedstaaten

Die Gliedstaaten eines Bundesstaates, also z. B. die Länder in Deutschland, haben nur insoweit eine eigene Völkerrechtssubjektivität, als die Verfassung des Bundesstaates ihnen eine solche zukommen lässt. Ihre Völkerrechtssubjektivität ist folglich nur partiell und abgeleitet, die des Staates ist demgegenüber universell und ursprünglich.

2.3.2 Anerkennung und Kontinuität von Staaten

Wichtige Begriffe im Zusammenhang mit der Drei-Elemente-Lehre sind die Anerkennung und die Kontinuität von Staaten.

- *Anerkennung/Nichtanerkennung eines Staates:* ist rechtlich eine einseitige Erklärung eines anderen Staates zur Staatsqualität eines Gebietes und seiner Bevölkerung. Die Anerkennung, die ausdrücklich oder stillschweigend erklärt werden kann, ist nicht Bedingung für die Staatwerdung, sondern hat nur deklaratorische Wirkung (deklaratorische Theorie). Die entgegenstehende konstitutive Theorie (Anerkennung ist erforderlich für die Staatseigenschaft) konnte sich nicht durchsetzen. Die Anerkennung ist bedingungsfeindlich. Eine völkerrechtliche Pflicht zur Anerkennung gibt es bei objektivem Vorliegen der Elemente nicht, jedoch wird dies unter Verweis auf den *bona fide* (Treu und Glauben) -Grundsatz bestritten. Bei Internationalen Organisationen hat die Anerkennung durch Nichtmitgliedstaaten im Gegensatz zu Staaten konstitutive Wirkung.
- *Anerkennung von Regierungen:* ist nicht relevant bei verfassungsmäßig ins Amt gelangten Regierungen, sondern nur bei außerverfassungsmäßigem Machtwechsel. In diesem Fall aber ist die Anerkennung durch fremde Staaten ein wichtiger Erkenntnisfaktor für die Feststellung, ob eine Regierung die innere und äußere Souveränität ausübt (siehe Tinoco Claims Schiedsspruch, United Nations Reports on International Arbitral Awards [RIAA] Band 1, S. 369/388). Die Anerkennung einer effektiven Regierung, eines Staatsorgans, ist von der Anerkennung eines Staates zu unterscheiden. Die Anerkennung neuer Regierungen spielt in die Frage der Anerkennung revolutionärer Gruppen, die ein gewisses Territorium kontrollieren, herüber. Die Anerkennung trifft keine Aussage über die Legitimität der neuen Regierung. Die Voraussetzungen für eine Anerkennung von Regierungen sind nach VGR:
    - die neue Regierung übt die tatsächliche Herrschaft aus

2.3 · Die Völkerrechtssubjekte

- kein nennenswerter Widerstand gegen die neue Regierung
- die neue Regierung wird von dem Großteil der Bevölkerung getragen
- *Anerkennung von aufständischen oder kriegführenden Gruppen, die Territorial- und Personalhoheit beanspruchen:* Zwar sind Staaten prinzipiell frei in der Anerkennung von derartigen Gruppierungen. Jedoch wird argumentiert, dass eine Anerkennung das Interventionsverbot verletzen könne, indem die Gebiets- und Personalhoheit des Staates, in dem sich die Aufständischen befinden, für das betroffene Gebiet widerrechtlich in Frage gestellt werde. Daher sind die Staaten, wenn sie nicht politische Motive für eine frühe Erklärung haben, in der Regel zögerlich mit Anerkennungen. Die einzige Voraussetzung für die Anerkennung ist somit die Effektivität der Herrschaft der Gruppe.

Anerkennung von Aufständischen

Ein weiteres Beispiel aus der Praxis ist die Behandlung des Zerfalls des ehemaligen Jugoslawiens durch die Bundesregierung im Jahre 1991. Dazu ein Beschluss des Bundeskabinetts:

„Das Bundeskabinett hat am 19. Dezember 1991 der völkerrechtlichen Anerkennung der jugoslawischen Republiken zugestimmt, die bis zum 23. Dezember 1991 erklären, daß sie als unabhängige Staaten anerkannt werden wollen und daß sie die in der Erklärung der Außenminister der Gemeinschaft über Jugoslawien vom 16. Dezember 1991 ausgeführten Bedingungen erfüllen, nämlich:
- Die Verpflichtungen zu akzeptieren, die in den Richtlinien der EG-Außenminister vom 16. Dezember 1991 enthalten sind;
- Die Bestimmungen zu akzeptieren, die in dem Abkommensentwurf enthalten sind, der der Jugoslawien-Konferenz vorliegt, insbesondere die Bestimmungen in Kapitel II über Menschenrechte und Rechte nationaler und ethnischer Gruppen;
- Weiterhin die Bemühungen des VN-Generalsekretärs und des VN-Sicherheitsrates und die Fortsetzung der Jugoslawien-Konferenz unterstützen.

Der Bundesminister des Auswärtigen wird unmittelbar nach dem 23. Dezember 1991 mit den Republiken, die die oben genannten Voraussetzungen erfüllen, in Gespräche über die Vorbereitung der Aufnahme diplomatischer Beziehungen eintreten, die am 15. Januar 1992 erfolgen soll. […] Mit diesen Beschlüssen wird dem Umstand Rechnung getragen, daß eine Reihe jugoslawischer Republiken sich in freier Selbstbestimmung auf demokratischer und rechtsstaatlicher Grundlage für die Unabhängigkeit ausge-

sprochen haben. [...] Unsere Bereitschaft zur Anerkennung gilt für alle Republiken in Jugoslawien, die dies wünschen und die Voraussetzungen hierfür erfüllen."
Der Beschluss lässt eine relativ offene Anerkennungspraxis erkennen, die jedoch an bestimmte Konditionen gebunden ist. Bei der Mehrzahl der Anerkennungen haben diese zur Stabilität des neuen Staates beigetragen. Im Falle von Bosnien und Herzegowina, welches am 6. April 1992 von den Mitgliedstaaten der damaligen Europäischen Gemeinschaft anerkannt wurde, hat die Anerkennung die Intensität und räumliche Ausbreitung des Konflikts um die Herrschaft in diesem Staat verschärft. Der Krieg in Bosnien-Herzegowina hat von Anfang April 1992 bis Ende 1995 gedauert.

- *De-jure/de-facto Anerkennung:* unterschiedliche Arten der Anerkennung. Bei einer de-jure-Anerkennung erfüllt der anzuerkennende Staat nach Meinung des anerkennenden Staates alle Voraussetzungen des Staatsbegriffs. *De-facto* bedeutet, dass sich der anerkennende Staat in dieser Hinsicht noch nicht sicher ist, aber glaubt, dass der anzuerkennende Staat provisorisch die Voraussetzungen erfüllt. Bei Aufständischen steht häufig eine de-jure Anerkennung der rechtmäßigen Regierung neben einer *de-facto* Anerkennung der Aufständischen als Inhaber der tatsächlichen Gewalt auf (mindestens) einem Teil des Territoriums.
- *Exilregierungen und Gegenregierungen:* Ins Ausland geflüchtete rechtmäßige Regierungen können alle Staatsfunktionen ausüben, wie den Abschluss völkerrechtlicher Verträge. Sie werden als de-jure-Regierung anerkannt, wenn sie sich ernsthaft bemühen, die Gewalt über das besetzte Gebiet zurückzuerlangen.
- *Kontinuität:* Revolutionäre politische oder rechtliche Veränderungen in einem Staat, Änderungen der Grenzen, und die Besetzung von Staatsgebiet durch einen anderen Staat im Kriegsfall beeinträchtigen die Kontinuität eines Staates prinzipiell nicht, sondern schränken nur die Handlungsfähigkeit oder den räumlichen Handlungsspielraum eines an sich funktionsbereiten Staates ein. Bei einer Besetzung wird die Staatgewalt durch die Besatzungsgewalt überlagert, sie hört aber nicht auf zu existieren. Bei radikaler Verkleinerung eines Staatsgebiets, so zum Beispiel im Falle der Sozialistischen Föderativen Republik Jugoslawien (SFRY) zur heutigen Republik Serbien, also bei Verlust von maßgeblichen Gebietsteilen (über 40 % des Staatsgebiets und fast 50 % der Bevölkerung), wird argumentiert, dass die Kontinuität

so stark beeinträchtigt ist, dass von der Entstehung eines neuen Staates ausgegangen werden kann (IGH, Genocide [Croatia v. Serbia], ICJ-Rep 2008, 412, 446 ff. mit weiteren Verweisen auf die eher verwirrende Rechtsprechung). Dies hat Rechtsfolgen etwa für völkerrechtliche Verträge des Vorgängers, Auslandsschulden etc. In der internationalen Praxis und Rechtslehre wird diese Frage sehr unterschiedlich beurteilt. Der serbische Beispielsfall ist bis dato vereinzelt geblieben.

2.3.3 Andere Völkerrechtssubjekte oder Strukturen, die keine Völkerrechtssubjekte sind

In seiner speziellen Mischung aus Theorie und Praxis anerkennt das Völkerrecht noch weitere Völkerrechtssubjekte, die zum Teil anders als Staaten strukturiert sind, zum Teil aber auch Elemente der Drei-Elementen-Lehre aufweisen:

- *Internationalisierte Gebiete:* sind Gebiete eines Staates oder staatsfreie Räume, die einem internationalen Regime unterliegen, meist durch einen völkerrechtlichen Vertrag oder durch eine Resolution des VN-Sicherheitsrates geschaffen. Beispiele sind ganz oder teilweise entmilitarisierte Zonen eines Staates („no-fly-zone" im Irak), oder die Antarktis. Letztere ist ein Gebiet, auf dem zwar viele territoriale Ansprüche geltend machen, welches aber durch den Antarktis-Vertrag vom 1.12.1959 (BGBl. 1978 II, 1517) einem internationalem Regime untersteht, welches dort nur bestimmte Nutzungen zulässt. Diese Gebiete sind also für sich genommen keine Völkerrechtssubjekte.
- *Neutrale Staaten:* sind als Staaten geborene Völkerrechtssubjekte; selbst wenn sie sich völkerrechtlich zur Neutralität verpflichtet haben und nicht nur politisch einen neutralen Kurs verfolgen (Beispiel: Österreich, Schweiz). Rechtlich ist die Neutralität eine Beschränkung der völkerrechtlichen Handlungsfreiheit.
- *Aufständische oder kriegführende Gruppen, stabilisierte de-facto Regimes, nationale Befreiungsbewegungen:* sind grundsätzlich keine Völkerrechtssubjekte, denn sie sind nicht organisiert genug, um eine gefestigte hoheitliche Gewalt auszuüben, weder in territorialer noch in personeller Sicht. Der bewaffnete Kampf mit der Absicht, die Regierungsform in einem Landesteil oder insgesamt zu verändern, ist zunächst einmal nur eine Beeinträchtigung des inneren Friedens. Mit zunehmender Intensität

und räumlicher Ausbreitung des bewaffneten Konflikts werden zunächst die eingesessene Ordnung und ihre Organe geschwächt. Je mehr faktische und dauerhafte hoheitsförmige Gewalt eine aufständische Gruppe gewinnt, desto näher kommt sie dem Status eines „stabilisierten de facto-Regimes". Damit reifen auch die Merkmale einer staatsähnlichen Struktur heran, so dass, abhängig von einer Einzelfallanalyse, von der Völkerrechtssubjektivität ausgegangen werden kann. Aber auch schon vorher kann eine partielle Völkerrechtssubjektivität vorliegen, wenn die Aufständischen von ihrem Heimatstaat als Kriegsführende anerkannt werden, und so etwa einen Waffenstillstand als gleichberechtigte Partei schließen können (siehe z. B. das Abkommen zwischen der Republik Mazedonien und der aufständischen UCK vom Sommer 2001). In der Realität werden innerstaatliche Konflikte kaum noch ohne die direkte Unterstützung der bestehenden Regierung oder der Aufständischen durch Dritte, entweder Staaten oder andere Interessenträger, geführt. Damit nimmt die Internationalisierung der Konflikte zu (vgl. Genfer Abkommen und Zusatzprotokolle ▶ Abschn. 3.7.2), die Subjektwerdung der aufständischen Regime ist davon allerdings nicht betroffen.

- H*eiliger Stuhl:* traditionelles Völkerrechtssubjekt, es umfasst den Papst, die römische Kurie und den dazugehörigen Verwaltungsapparat. Einzelheiten der Organisation werden durch das Kirchenrecht bestimmt. Der Heilige Stuhl unterhält Botschaften, hat in den Vereinten Nationen Beobachterstatus und schließt völkerrechtliche Verträge ab, die häufig „Konkordat" genannt werden (Beispiel: Reichskonkordat mit dem Deutschen Reich, RGBl. 1933 II, 679). Neben einigen historischen Entwicklungen ist der Lateranvertrag von 1929 mit Italien eine wichtige Grundlage der Unabhängigkeit des Hl. Stuhls als Völkerrechtssubjekt, da Italien in ihm die Vatikanstadt als selbständiges Territorium unter der Souveränität des Papstes anerkannte. Der Vatikanstaat ist ein Staat und ein vom Hl. Stuhl zu unterscheidendes Völkerrechtssubjekt. Die Kurie bestimmt das Völkerrechtssubjekt danach, inwieweit das völkerrechtliche Handeln einen religiösen Bezug hat, dann wird der Hl. Stuhl tätig, oder ob ein solcher fehlt, dann agiert rechtlich der Vatikanstaat.
- *Malteserorden:* historisch begründete Völkerrechtssubjektivität, geht zurück auf die Unterstützung von christlichen Kreuzfahrern und Pilgern. Der Orden nimmt heute vorwiegend karitative und humanitäre Aufgaben wahr, und hat seit 1530 kein eigenes Hoheitsgebiet mehr.

2.3 · Die Völkerrechtssubjekte

- *Internationale Organisationen:* sind auch Völkerrechtssubjekte. Sie entstehen durch einen Zusammenschluss mehrerer anderer Völkerrechtssubjekte, hauptsächlich, aber nicht notwendigerweise ausschließlich, Staaten (mehr ▶ Abschn. 2.5).
- Eine besondere Organisation ist *das Internationale Komitee vom Roten Kreuz*. Es ist ein aus 25 Schweizer Bürgern bestehender Schweizer zivilrechtlicher Verein mit Sitz in Genf. In den Genfer Abkommen von 1949 wurden dem Komitee eigene Befugnisse, in dem 1. Zusatzprotokoll sogar nach Art. 5 IV der Status einer Ersatzschutzmacht in internationalen Konflikten eingeräumt (mehr zu den Übereinkommen ▶ Abschn. 3.7.2). Es besitzt somit partielle Völkerrechtssubjektivität. Wichtig: Rechtlich ist das Komitee von der Organisation des Roten Kreuzes zu unterscheiden. Das „Deutsche Rote Kreuz" ist somit vom IKRK zu trennen.
- *Natürliche und juristische Personen:* haben nach neuerem Völkerrecht eine eingeschränkte, auf bestimmte Gebiete reduzierte Völkerrechtssubjektivität. Ursprünglich wurden sie von ihrem Heimatstaat vollkommen „mediatisiert", d. h. er nahm für sie ihre völkerrechtlichen Rechte wahr und wurde auch bei Rechtsverletzungen in eigenen Rechten betroffen (Diplomatischer Schutz ▶ Abschn. 3.4.8.5). In Ausnahmefällen stehen natürlichen und juristischen Personen jetzt eigene völkerrechtliche Handlungsmechanismen als Individuen zur Verfügung (▶ Abschn. 3.6.2). Wichtig ist ferner, dass Einzelne sich bei bestimmten Straftaten inzwischen auch völkerrechtlich rechtfertigen müssen (▶ Abschn. 4.3.3).
- *Völker und Minderheiten:* Als Gruppe steht einem Volk kollektiv das Selbstbestimmungsrecht der Völker zu, was ihnen im Extremfall ein Recht auf Abspaltung aus einem Staat überträgt (Art. 1 IPbürgR). Das kollektive Recht einer Minderheit ist von Art. 27 IPbürgR anerkannt (▶ Abschn. 2.4.2).

2.3.4 Vertieft: Entstehung, Untergang und Sukzession von Staaten

Ein Staat entsteht, wenn die drei oben erwähnten konstituierenden Elemente des Staatsbegriffs dauerhaft vorliegen. Bei neu entstandenen Staaten wird die Dauerhaftigkeit aus einer ex-ante Perspektive beurteilt, wobei die gegebenen Gesamtumstände zu berücksichtigen sind. Ein starkes Indiz für die Dauerhaftigkeit ist die Anerkennung eines Staates durch andere Staaten.

Entstehung eines Staates

Untergang eines Staates; failed state

Problematisch ist allerdings der Fall des Untergangs eines Staates. Der Untergang liegt vor, wenn eines der drei Elemente dauerhaft wegfällt, was wiederum aus einer ex-ante-Sicht zu beurteilen ist. Die Antwort auf das aktuelle Problem des Wegfalls der effektiven Staatsgewalt durch bürgerkriegsähnliche Zustände in einem Staat ist das Rechtsinstitut des „failed state" (Beispiel: Somalia). Danach gilt der betreffende Staat nicht als untergangen, sondern nur als handlungsunfähig. Die Staatseigenschaft bleibt aufgrund des Kontinuitätsprinzips erhalten. Der Untergang läge nur bei Entstehen eines neuen Staates vor, folglich bleibt die Rechtsfähigkeit des „failed state" erhalten. Ferner erscheint ein Eingreifen der Vereinten Nationen nach Kapitel VI/VII SVN als möglich, um wieder geordnete Verhältnisse in dem Staat einzuführen. Hierdurch entstünde dann ein „Quasi-Protektorat", wie bei dem – gescheiterten – Eingreifen der Vereinten Nationen in Somalia.

Das Völkerrecht sieht den Staat nur von außen an. Alle innerstaatlichen Umwälzungen sind insoweit nicht relevant. Unerheblich für die Staatsqualität sind demnach Revolutionen oder sonstige erhebliche friedliche Änderungen des innerstaatlichen politischen Systems. Darüber hinaus sind auch unbeachtlich:

- Gebietsveränderungen (Ausnahme Serbien) oder
- Kriegerische Besetzung eines Staates (*occupatio bellica*).

Überlagerung der rechtmäßigen Staatsgewalt

In diesen Fällen wird die Effektivität der rechtmäßigen Staatsgewalt nur durch die unrechtmäßige Gewalt des Besatzers überlagert. Zu einem Untergang der rechtmäßigen Staatsgewalt führt dies nicht (vgl. IGH, *Congo/Uganda*, 2005). Dies gilt auch über einen längeren Zeitraum, wie sich bezüglich der neuerlichen Unabhängigkeit der drei baltischen Staaten im Jahre 1991 gezeigt hat. In diesem Zusammenhang ist auch die gewohnheitsrechtlich geltende *Stimson-Doktrin* wichtig, wonach völkerrechtswidrig erlangte Gebietsveränderungen auch nicht durch die Anerkennung durch andere Staaten rechtmäßig werden.

Okkupation

Die Okkupation, das heißt die Besetzung eines nicht zum Staatsgebiet eines anderen Staates gehörenden Gebiets, ist unter gewissen Bedingungen völkerrechtlich zulässig.

Dies ist der Fall, wenn

- ein Staatsorgan das Gebiet für einen Staat in Besitz genommen hat,
- die Gewalt über das Gebiet über einen längeren Zeitraum von dem okkupierenden Staat ausgeübt worden ist und
- die Okkupation von einem entsprechenden Willen (*animus occupandi*) getragen ist.

Momentan besteht auf der Erde kein herrschaftsfreies Territorium mehr, so dass das Rechtsinstitut der Okkupation sehr

2.3 · Die Völkerrechtssubjekte

an Relevanz verloren hat. Prüfungstechnisch ist es nur noch dann relevant, wenn um die ordnungsgemäße Inbesitznahme eines bestimmten Territoriums gestritten wird, hier ist an die Arktis zu denken. Dann ist eine historische oder chronologische Prüfung vorzunehmen, die beim ältesten verfügbaren Herrschaftsanspruch und dessen Rechtmäßigkeit beginnt (*Isle of Palmas*, RIAA II, 829/843).

Die *Staatensukzession* regelt, was mit den Rechten und Pflichten des untergegangenen oder verkleinert weiterbestehenden Staates geschieht. Dabei ist zwischen verschiedenen Fallgruppen zu unterscheiden. Zuerst sollen die verschiedenen Möglichkeiten des Auseinanderfallens eines Staates dargestellt werden.

Dies sind:
- die Zession (Gebietswechsel): Verschiebung einer Grenze zwischen zwei fortbestehenden Staaten,
- die Sezession: Abspaltung eines Gebietsteils aus einem weiter bestehenden Staat. Das Gebietsteil kann sich dann einem anderen Staat anschließen oder einen neuen Staat bilden (Südsudan/Sudan),
- die Dismembration: Zwei oder mehr Staaten bilden sich auf dem Gebiet eines bisher bestehenden Staates, der zerfällt (UdSSR/CSSR),
- die Fusion: Zwei oder mehr Staaten bilden einen neuen Staat,
- die Inkorporation: ein Staat wird in einen fortbestehenden Staat eingegliedert (DDR),
- der Zusammenschluss von Staaten und
- die Adjudikation: Zusprechung von Territorium durch Gerichtsurteil.

> Staatensukzession

Zuerst zu den einschlägigen, völkergewohnheitsrechtlich geltenden Regeln. Bei Völkerrechtlichen Verträgen ist zu differenzieren: zwischen zwei schon bestehenden Staaten (Beispiel: Gebietsabtritt) gilt der Grundsatz der beweglichen Vertragsgrenzen. Verträge bleiben also bestehen, nur der räumliche Geltungsbereich ändert sich. Eine Ausnahme besteht hinsichtlich radizierter Verträge (= gebietsbezogene Verträge, wie z. B. Grenzverträge, Einrichtung von Militärbasen). Diese bleiben nach dem Kontinuitätsprinzip bestehen (auch im Falle der Dismembration: IGH, *Gabcikovo-Nagymaros*, ICJ-Rep. 1997, 7/72). Falls sich durch Abspaltung ein Neustaat bildet, gelten die Verträge nur für den Altstaat weiter. Der Neustaat ist nicht automatisch an sie gebunden, er muss seine völkerrechtlichen Verpflichtungen neu begründen (*clean-slate* oder *tabula rasa*-Doktrin; eine Ausnahme scheint sich bei menschenrechtlichen Verträgen herauszubilden). Mitgliedschaften in Internatio-

> Völkerrechtliche Verträge
> Im Gegensatz zum deutschen Zivilrecht gibt es im Völkerrecht keine automatische Gesamtrechtsnachfolge.

nalen Organisationen gelten nur für den Altstaat weiter, die Neustaaten müssen ihren Beitritt erklären. Eine Bindung an Gewohnheitsrecht entsteht, wenn der Neustaat nicht als „persistent objector" auftritt.

Wiener Übereinkommen über die Staatennachfolge in Verträge

Das „Wiener Übereinkommen über die Staatennachfolge in Verträge" (ILM 1978, 1488) ist Ende 1996 in Kraft getreten. Es regelt einen vom WVK nach Art. 73 WVK offengelassenen Bereich. Besondere Bedeutung haben die Art. 11 und 12 des Übereinkommens. Danach bleiben gebietsbezogene (radizierte) Verträge von der Staatennachfolge unberührt. Ausgenommen sind nur Militärbasen. Für die Vertragsparteien des Wiener Übereinkommens über die Staatennachfolge in Verträge gehen die Regeln des Übereinkommens als lex specialis den gewohnheitsrechtlichen Sätzen vor.

- Bei Staatsschulden muss weiter differenziert werden. Im Falle des Auseinanderfallens eines Staates werden diese grundsätzlich anteilig geteilt („principle of equitable proportion"). Dekolonisierte Staaten übernehmen die Schulden nicht. Gebietsbezogene Schulden („localized debts", Beispiel: Investitionen in die Infrastruktur eines bestimmten Gebietes) dagegen verbleiben im Gebiet, welches auch den Vorteil aus ihnen zieht. Letztlich besteht keine Nachfolge in Wiedergutmachungsansprüche (sog. „persönliche Schulden") und von Kriegsanleihen („odious debts").
- Bei Staatsvermögen gelten die für Schulden genannten Regeln.
- Die Rechtsordnung kann vom Nachfolgestaat neu geregelt werden, er muss aber wohlerworbene Rechte („acquired rights") angemessen berücksichtigen.
- Bei Staatsangehörigkeit ist Staatenlosigkeit zu vermeiden; keine Diskriminierung von Personen, die die neue Staatsangehörigkeit nicht annehmen wollen.

2.3.5 Grundrechte und Grundpflichten der Staaten

Grundlegende Rechte und Pflichten sind essentiell für den Fortbestand und die Ordnung der Staatengemeinschaft. Die den Staaten zustehenden grundlegenden Rechte können wegen ihrer besonderen Relevanz als „Grundrechte" bezeichnet werden, die aber nicht mit den Grundrechten der deutschen Verfassung zu verwechseln sind. Zu den auferlegten Grundpflichten zählt z. B. die Nichtbeeinträchtigung der einem anderen Staat zustehenden Rechte, also die Pflicht zu völkerrechtskonformem Verhalten. Zu den Grundrechten gehören die

Souveränität, die Gleichheit, die Existenz, die Unabhängigkeit und die Ehre.

2.3.5.1 Staatensouveränität

Vielleicht das wichtigste Recht ist die „Souveränität" der Staaten. Souverän ist, wer nach seinem freien Willen handeln kann. Die Souveränität wird in einen inneren und einen äußeren Bereich unterteilt. Äußere Souveränität bedeutet, dass ein Staat in den Grenzen des Völkerrechts frei ist, mit anderen Staaten Beziehungen aufzubauen.

äußere und innere Staatensouveränität

Beispiel
Kein Staat ist verpflichtet mit einem anderen Handel zu treiben. Andererseits ist ein Staat verpflichtet auf militärische Gewalt in seinen internationalen Beziehungen zu verzichten (▶ Abschn. 2.6.4).

Gemäß des Prinzips der inneren Souveränität können Staaten ihre innere Ordnung frei bestimmen.
Beispiel: Danach steht es im Hoheitsbereich der Staaten ihre Wirtschaftsordnung, Privat- oder Staatseigentum, zu bestimmen. Bestandteil der Staatensouveränität ist auch das negative Recht, diese zu beschränken.

Ein Staat kann die Ausübung seiner Hoheitsrechte ganz oder zum Teil durch Vertrag auf einen anderen Staat oder eine Internationale Organisation übertragen. Dies ist unproblematisch, solange die Entscheidung des Staates auf seinem freien Willen beruht und er das Recht behält, durch einseitigen Akt oder Vertrag seine Hoheitsrechte und damit seine völkerrechtliche Handlungsfähigkeit zurückzuerlangen („Servitut"). Die Übertragung von Hoheitsrechten wird aktives Staatsservitut, die Verpflichtung zur Nichtausübung von Hoheitsrechten passives Staatsservitut genannt. Aktive Servitute sind u. a. Militärstützpunkte anderer Staaten, passive die Verpflichtung zur dauerhaften Entmilitarisierung eines Teils des Staatsgebiets.

Servitut

aktives und passives Staatsservitut

Das Protektorat ist der Schutz eines Staates durch einen anderen, was häufig durch die Wahrnehmung von Außenbeziehungen geschieht. Ein Protektorat ist der Schutz San Marinos durch Italien, ein eingeschränktes Protektorat übt Frankreich über Monaco aus, da der Fürst von Monaco den von Frankreich für Monaco geschlossenen Verträgen zustimmen muss. Der Kosovo wird wegen der weit reichenden Zuständigkeiten der UNMIK auch nach der Unabhängigkeit im Jahre 2008 weiterhin als Protektorat einzustufen sein.

Protektorat

Daneben bestanden noch unter der Ägide der Vereinten Nationen geschaffene Treuhandgebiete (Art. 86 ff. SVN), die die Mandatsgebiete des Völkerbundes, der Vorgängerorga-

Treuhandgebiete

nisation der Vereinten Nationen, ablösten. Die Treuhandgebiete sind inzwischen obsolet. Mehrere Staaten können über ein Gebiet gemeinsam die Souveränität ausüben. Ein solches Kondominium bestand zwischen Frankreich und Großbritannien über die Neuen Hebriden, auch Andorra wurde häufig als Kondominium bezeichnet. Die Souveränität Andorras wurde bis 1993 gemeinsam vom französischen Staatspräsidenten und dem Bischof von Urgel in Spanien ausgeübt.

Grundsatz der Staatengleichheit

Aus der Staatensouveränität leitet sich der Grundsatz der Staatengleichheit ab. Es gibt keine rechtliche Hierarchie der Staaten. Der Staat Vanuatu ist genauso wichtig wie die USA. Kodifiziert ist der Grundsatz in Art. 2 Ziff. 1 SVN.

> **Art. 2 Ziff. 1 SVN – Grundsätze**
> 1. Die Organisation beruht auf dem Grundsatz der souveränen Gleichheit ihrer Mitglieder. [...]

Staatengleichheit bedeutet unter anderem, dass ein Staat an Recht nur dann gebunden sein kann, wenn er diesem zugestimmt hat (Konsensprinzip). Für die Rechtserzeugung ist es nicht erforderlich, dass alle Staaten einem neuen Rechtssatz zugestimmt haben. Vielmehr sind nur die zustimmenden, beziehungsweise nicht ausdrücklich ablehnenden Staaten, an den Rechtssatz gebunden. In Internationalen Organisationen, die für ihre Mitglieder zum Teil verbindliches Recht setzen können, wird häufiger vom Einstimmigkeits- zum Mehrheitsprinzip übergegangen.

Gute Beispiele sind hier die immer enger werdende Zusammenarbeit im Rahmen der Europäischen Union oder die Stimmengewichtung in der Weltbank und im IWF nach der Finanzeinlage.

Grundsatz der Staatenimmunität

Aus der Gleichheit folgt auch die *Immunität der Staaten untereinander*. Hoheitsakte anderer Staaten müssen kraft Gewohnheitsrecht auf dem eigenen Territorium nicht anerkannt werden, da die Staaten nicht übereinander zu Gericht sitzen (BVerfGE 117, 141). Mithin müssen z. B. Gerichtsurteile oder Gesetze anderer Staaten in Deutschland erst anerkannt werden, bevor sie vollstreckt werden können.

Im kontinentaleuropäischen Raum nicht anerkannt ist die angelsächsische „act of state"-Doktrin. Sie lautet:

„[E]very sovereign state is bound to respect the independence of every other sovereign state, and the courts of one country will not sit in judgment on the acts of the governments of another, done within its territory. Redress of grievances by reason of such acts must be obtained through the means open to be availed of by sovereign powers as between themselves" (US Supreme Court, Underhill, 168 U.S. 250, 252 [1879]).

Danach müssten fremde Hoheitsakte im Gebiet eines Staates immer anerkannt werden, was mit dem Territorialitätsprinzip nicht zu vereinbaren ist. Deutsche Gerichte können Hoheitsakte fremder Staaten, solange sie nicht gegen Art. 6 EGBGB verstoßen, anerkennen. Anerkennungspflichten können sich aus sich aus internationalen Vereinbarungen ergeben.

Aus der Staatenimmunität folgt auch, dass ein Staat nicht von einem nationalen Gericht eines anderen Staates verurteilt werden darf. Sowohl die Einleitung eines Zivilverfahrens als auch die Vollstreckung eines eventuellen, gegen einen anderen Staat gerichteten Zivilurteils sind nach überkommenem Völkerrecht nicht möglich. Zu beachten sind allerdings noch die folgenden Rechtsprinzipien: Eine Immunität besteht nur für hoheitliches Handeln (*acta iure imperii*), nicht dagegen für privatwirtschaftliches Handeln (acta iure gestionis), dies ist jeweils nach dem nationalen Recht zu bestimmen und richtet sich nach dem rechtlichen Charakter des konkreten staatlichen Handelns oder des entstandenen Rechtsverhältnisses (z. B. BAG, NJOZ 2014, 1835 – Schulwesen keine hoheitliche Tätigkeit). Fraglich ist, ob die zivilrechtliche Immunität bei von Vertretern des Staates begangenen schwersten Menschenrechtsverletzungen weiterhin anzuerkennen ist. Dann kann sich der rechtsbrechende Staat nach einer Ansicht nicht mehr auf das Rechtsinstitut der Staatenimmunität berufen und für das begangene Unrecht haftbar gemacht werden. In der Rechtssache Deutschland v. Italien (ICJ-Rep. 2012, 96) hat sich der IGH umfassend dazu geäußert. Streitgegenstand waren vom Deutschen Reich begangene schwerste Kriegsrechtsverletzungen in Italien. Der IGH lehnte eine völkergewohnheitsrechtliche Ausnahme von der Staatenimmunität für mit einem militärischen Konflikt in Zusammenhang stehende hoheitliche Handlungen ab. Auch der ius cogens-Charakter der verletzten Normen ändere daran nichts, da zwischen der Verbotsnorm und der prozessualen Geltendmachung der Entschädigungspflicht rechtlich zu unterscheiden sei. Dem Urteil ist aufgrund des Standes des Völkergewohnheitsrechts zuzustimmen, wobei zu beachten ist, dass der IGH nur bestehendes Recht anwenden, dieses aber nicht fortbilden darf. Mit Urteil vom 22.10.2014 hat der italienische Verfassungsgerichtshof (Entscheidung Nr. 238) der Entscheidung des IGH die Befolgung für die italienischen Gerichte versagt, da sie gegen fundamentale menschenrechtliche Grundsätze der italienischen Verfassung verstoße. Nach der sehr dualistisch ge-

keine Verurteilung von Staaten für hoheitliches Handeln

prägten Entscheidung besteht nach italienischem Recht keine Immunität für Kriegsverbrechen und Verbrechen gegen die Menschlichkeit und die nationale und die völkerrechtliche Rechtsordnung fallen auseinander, da sich italienische Institutionen beim Vollzug des verfassungsgerichtlichen Urteils völkerrechtswidrig verhalten würden.

Staatenimmunität gilt auch für Staatsoberhäupter.

An der Staatenimmunität nehmen auch Staatsoberhäupter, Regierungschefs, ausländische Truppen (z. B. Art. VII NATO-Truppenstatut) u. ä. teil, die jedoch im Bereich des Völkerstrafrechts für diesen Personenkreis nur noch eingeschränkt gilt (▶ Abschn. 4.3.4). Im Bereich des Strafrechts ist die Einschränkung der Staatenimmunität bei einer Strafverfolgung durch internationale Gerichte oder Tribunale inzwischen anerkannt (IGH, Belgien/Kongo, ICJ-Rep. 2002, para. 61, dort auch zu den weiteren Ausnahmen), Einzelheiten sind allerdings weiterhin sehr umstritten (▶ Abschn. 6.2). Eine von der Staatensouveränität abgeleitete Immunität unterschiedlichen Ausmaßes besteht für Diplomaten und Konsuln (▶ Abschn. 3.5.2).

Das Institut der Immunität ist von den Vorrechten und Befreiungen zu unterscheiden. Vorrechte geben dem Rechtsinhaber ein Recht gegenüber dem Gaststaat (s. Art. 22 WÜD), Befreiungen nehmen den Inhaber von Abgaben und Pflichten gegenüber dem Gaststaat aus (s. Art. 33 bis 36 WÜD, unten ▶ Abschn. 3.5.1). Im deutschen Recht ist die Immunität ein Verfahrenshindernis, siehe §§ 18 ff. GVG.

Jurisdiktionskompetenzen

Zur Setzung von Hoheitsakten bedarf ein Staat einer völkerrechtlich anerkannten Jurisdiktionskompetenz.

Anerkannt sind
- das Territorialitätsprinzip, wonach ein Staat auf seinem Hoheitsgebiet Hoheitsakte erlassen kann,
- das Personalitätsprinzip, wonach er Akte gegenüber seinen Staatsangehörigen, die sich nicht notwendigerweise auf seinem Gebiet befinden müssen, erlassen kann,
- das Weltrechtsprinzip (Universalitätsprinzip), wonach er Straftaten pönalisieren kann, die weder auf seinem Gebiet, noch gegen seine Staatsangehörigen begangen wurden und
- das wettbewerbsrechtliche Wirkungsprinzip. Ein Staat kann gegen wettbewerbsfeindliche Verhaltensweisen vorgehen, die nicht auf seinem Gebiet begangen werden, sich aber darauf auswirken (EuGH, Zellstoff, Slg. 1988, 5193/5243). Dies ist ein Beispiel für das gewohnheitsrechtliche Prinzip, dass ein Staat bei auch Auslandssachverhalte regeln darf, wenn eine hinreichend genaue Verknüpfung („genuine link") zwischen dem im Ausland belegenen Sachverhalt und dem Staat selbst besteht (s. a. BVerfGE 63, 343/368 f. zu den völkerrechtlich geltenden

Grenzen der Rechtssetzungsbefugnis). Mittelbar leitet sich das Wirkungsprinzip demnach aus dem Territorialitätsprinzip ab.

Wichtig: Von der Setzung von Hoheitsakten *(jurisdiction to prescribe)* ist die Durchführungskompetenz *(jurisdiction to enforce)* zu unterscheiden. Ein Staat darf die von ihm gesetzten Hoheitsakte aufgrund des Territorialitätsprinzips nur auf seinem Territorium durchsetzen (auch wenn sie Auslandssachverhalte betreffen!), ansonsten bestünde ein Verstoß gegen das Interventionsverbot. Bei grenzüberschreitenden Delikten ist nach dem Territorialitätsprinzip darauf abzustellen, wo die schädigende Handlung begangen worden ist, d. h. sie muss im Gerichtsstaat begangen worden sein.

Es ist zwischen der Setzung von Hoheitsakten und deren Durchführung zu unterscheiden.

2.3.5.2 Integrität der Staaten

Von überragender Bedeutung ist auch die Achtung der territorialen Integrität eines Staates. Territoriale Integrität bedeutet, dass ein Staat nicht in die Angelegenheiten eines anderen Staates eingreifen darf. Die Staaten sind verpflichtet, gegenseitig ihre Gebietshoheit zu achten (StIGH, *Lotus*, PCIJ-Rep. 1927, Ser. A, 3/18; IGH, *Corfu Channel*, ICJ-Rep. 1949, 3/35). Verletzungen dieses Grundsatzes sind auf vielfältige Art und Weise möglich, z. B. durch Geheimagenten, Forschungsaktivitäten auf einem fremden Festlandsockel, Zustellung von amtlichen Dokumenten, Setzen von Hoheitsakten auf fremden Staatsgebiet usw.

territoriale Integrität

In diesem Zusammenhang ist das Interventionsverbot zu nennen, s. z. B. Art. 2 Ziff. 7 SVN. Verboten sind danach alle nicht vollkommen unerheblichen Einmischungen in die inneren und äußeren Angelegenheiten eines Staates. Der Zweck des Interventionsverbotes ist der Schutz der Souveränität eines Staates. In der Nicaragua-Entscheidung (ICJ-Rep. 1986, 14/108 ff.) hat der IGH die gewohnheitsrechtlichen Grenzen des Interventionsverbotes verdeutlicht. Danach unterfallen z. B. finanzielle Unterstützung und Waffenlieferungen an Rebellen dem Interventionsverbot, während wirtschaftliche Zwangsmaßnahmen und Propaganda nicht erfasst werden. Ein Eingriff in das Interventionsverbot kann gemäß den Rechtfertigungsgründen der Zustimmung oder der Repressalie gerechtfertigt werden. Eine militärische Antwort ist nicht möglich.

Interventionsverbot

Abzugrenzen ist das Interventionsverbot vom Gewaltverbot, Art. 2 Ziff. 4 SVN (▶ Abschn. 2.6.4). Die Intervention erfasst sowohl den nichtmilitärischen wie auch den militärischen Eingriff, das Gewaltverbot nur die bewaffnete Gewalt, die auch mit bewaffneter Gewalt beantwortet werden kann. Im Falle

Gewaltverbot

bewaffneter Gewalt treten beide Rechtsgrundsätze idealkonkurrierend nebeneinander.

2.3.5.3 Ehre

Ein Unterfall der Integrität ist auch der Schutz der Ehre der Staaten. Recht auf Ehre bedeutet, dass jeder Staat von einem anderen Staat mit Achtung zu behandeln ist. Folglich dürfen die Organe und Symbole eines Staates nicht herabgewürdigt werden. Durch die Ehrerbietung soll die Gefahr von Konflikten reduziert werden (so auch BVerwGE 64, 56/63 f.). Im Falle der Verletzung des Rechts auf Ehre durch Private eines anderen Staates trifft diesen Staat eine Verhinderungspflicht. Keine Ehrverletzung stellen die Vertretung der eigenen Interessen, Kritik an Maßnahmen eines Staates, Ratschläge, der diplomatische Protest oder die Äußerung von Wünschen dar.

2.3.5.4 Gegenseitigkeit

Reziprozität

Das Prinzip der Gegenseitigkeit wird auf zwei Arten verwirklicht. Zum einen ist auf den Grundsatz von Treu und Glauben abzustellen, wonach Verpflichtungen nach „bestem Wissen und Gewissen" erfüllt werden sollen. Daneben besteht noch die Reziprozität, wie sie in vielen völkerrechtlichen Verträgen erwähnt wird, d. h. wenn ein Staat seine vertraglichen Verpflichtungen erfüllt, müssen dies auch alle anderen Vertragsparteien tun, hierzu zählt z. B. der Abbau von Zöllen im Rahmen des GATT (3. Erwägungsgrund Präambel GATT).

2.4 Selbstbestimmungsrecht der Völker

Einen Sonderfall im oben dargestellten System des Völkerrechts stellt das Selbstbestimmungsrecht der Völker dar. Mit der Dismembration der Vielvölkerstaaten Sowjetunion und Jugoslawien hat das Rechtsinstitut eine Renaissance erlebt, aber auch die Sezession des Südsudan vom Norden aufgrund eines Referendums geschah aufgrund des Selbstbestimmungsrechts, die Situationen im Kosovo und auf der Krim sind umstritten. Als einziges der anerkannten völkerrechtlichen Rechtsinstitute berechtigt es die Völker und nicht die Staaten oder die Individuen.

2.4.1 Recht auf Selbstbestimmung?

Lange Zeit war strittig, ob es sich bei dem Selbstbestimmungsrecht überhaupt um ein Recht oder bloß um ein nicht rechtsverbindliches politisches Postulat handelt. Dieser Streit ist heutzutage überholt und die Rechtsqualität des Selbstbestimmungsrechts wird nicht mehr bestritten. In Art. 1 Ziff. 2 und Art. 55 SVN ist es als ein Ziel der Vereinten Nationen erwähnt. Der Rechtscharakter der Ziele der Vereinten Nationen ergibt sich aus einem Umkehrschluss aus Art. 2 Ziff. 4 SVN, der besagt, dass die Mitglieder der Vereinten Nationen alles zu unterlassen haben, was die Ziele der Satzung beeinträchtigen könnte. Wenn Ziele nicht beeinträchtigt werden dürfen, müssen diese mehr sein als ein politisches Postulat, nämlich Rechtssätze. Daneben ist das Selbstbestimmungsrecht jeweils in Art. 1 des IPbürgR und des IPwirtR verbürgt. Darüber hinaus ist es inzwischen auch völkergewohnheitsrechtlich anerkannt (IGH, *Westsahara*, ICJ-Rep. 1975, 12/31 ff.; BVerfGE 77, 137/161), so dass auch Nichtvertragsstaaten der oben genannten Übereinkünfte an das Recht gebunden sind. Zu Recht wird dem Selbstbestimmungsrecht der Status einer *erga omnes* geltenden (IGH, *Osttimor*, ICJ-Rep. 1995, 90/102) *ius cogens*-Norm gegeben. Demnach wären gegen das Selbstbestimmungsrecht gerichtete Verträge gemäß Art. 53, 64 WVK nichtig.

> **Art. 1 IPbürgR – Recht auf Selbstbestimmung**
> (1) Alle Völker haben das Recht auf Selbstbestimmung. Kraft dieses Rechts entscheiden sie frei über ihren politischen Status und gestalten in Freiheit ihre wirtschaftliche, soziale und kulturelle Entwicklung.
> (2) Alle Völker können für ihre eigenen Zwecke frei über ihre natürlichen Reichtümer und Mittel verfügen, unbeschadet aller Verpflichtungen die aus der internationalen wirtschaftlichen Zusammenarbeit auf der Grundlage des gegenseitige Wohles sowie aus dem Völkerrecht erwachsen. In keinem Fall darf ein Volk seiner eigenen Existenzmittel beraubt werden.
> (3) [...]

2.4.2 Träger des Selbstbestimmungsrechts

Träger des Selbstbestimmungsrechts sind die Völker. Der Begriff des Volkes ist unbestimmt und hat zwei Komponenten. Zum einen werden die Staatsvölker erfasst. Ein Staatsvolk sind die Staatsbürger, die einer Staatsgewalt unterstehen, also z. B. alle Deutschen der Staatsgewalt der Bundesrepublik. Zum anderen stellen auch ethnische Gruppen ein „Volk" dar. Ethnische Gruppen sind ein „Volk", wenn sie eine Gruppe

Volksbegriff

von Menschen sind, die auf einem abgrenzbarem Territorium leben, eigene rassische, religiöse, sprachliche oder kulturelle Merkmale aufweisen und den Willen zur Bewahrung ihrer Eigenart haben. Subjektiv sind noch das Bewusstsein und der Wille erforderlich, sich als ein Volk zu verstehen. Zu eng sollten die Begriffe der Definition nicht verstanden werden, entscheidend ist das subjektive Verständnis der jeweiligen Gruppe. Danach könnten beispielsweise die Bayern als ein Volk im Sinne des Selbstbestimmungsrechts angesehen werden.

Als Volk genießt eine Einheit dann Völkerrechtssubjektivität für die Geltendmachung des Selbstbestimmungsrechts. Dies hat der IGH grundlegend in dem *Westsahara*-Fall (ICJ-Rep. 1975, 12 ff./64 ff.) verdeutlicht, in dem er feststellte, dass auch Verträge zwischen Staaten auf der einen und Ureinwohnern auf der anderen Seite völkerrechtlichen Regeln unterliegen, die Ureinwohner folglich als Völkerrechtssubjekt anzuerkennen seien.

nationale Minderheit

Abzugrenzen ist der Begriff des „Volkes" von dem der „nationalen Minderheit", wie er in Art. 27 IPbürgR niedergelegt ist. Nationalen Minderheiten stehen nur Minderheitenschutzrechte zu.

> **Minderheitenrechte – Art. 27 IPbürgR**
> In Staaten mit ethnischen, religiösen oder sprachlichen Minderheiten darf Angehörigen solcher Minderheiten nicht das Recht vorenthalten werden, gemeinsam mit anderen Angehörigen ihrer Gruppe ihr eigenes kulturelles Leben zu pflegen, ihre eigene Religion zu bekennen und auszuüben oder sich ihrer eigenen Sprache zu bedienen.

Art. 27 IPbürgR definiert jedoch die „Minderheit" nicht. In der Rechtslehre wird vertreten, dass eine Minderheit eine gegenüber dem Rest der Staatsbevölkerung zahlenmäßig kleinere Gruppe ist, deren Mitglieder andere kulturelle, ethnische oder sprachliche Eigenheiten besitzen als die Mehrheit, und die ihre eigene Kultur, Sprache etc. bewahren möchten.

Abgrenzung Volk – Minderheit

Zur Abgrenzung zwischen „Volk" und „Minderheit" wird die oben beschriebene Definition des Volksbegriffes ergänzt. „Völker" können nur solche Minderheiten sein, die auf einem geschlossenen Territorium, das ein traditionelles Siedlungsgebiet der Minderheit ist, von einer zur Staatsbildung geeigneten Größe die deutliche Mehrheitsbevölkerung darstellen. Hiernach waren die in Jugoslawien lebenden „Kosovo-Albaner" eine „nationale Minderheit", ob sie ein Volk sind, ist

2.4 · Selbstbestimmungsrecht der Völker

umstritten und wird sowohl von der eigenen Unabhängigkeitserklärung des Kosovo als auch vom Gutachten des IGH (ICJ-Rep. 2010, 403 ff.) nicht beantwortet. Der IGH judizierte nur, dass die Unabhängigkeitserklärung nicht gegen geltendes Recht verstoße, aber nicht über den rechtlichen Status der Kosovaren.

Das Selbstbestimmungs- und das Minderheitenrecht schließen sich nicht gegenseitig aus, sondern sind nebeneinander anwendbar. Auch Ureinwohner erfüllen häufig beide Begriffsbestimmungen.

Das in Art. 27 IPbürgR niedergelegte Recht unterscheidet sich vom Recht auf Selbstbestimmung dergestalt, dass nur das letztere ein Recht zur eigenverantwortlichen Ausübung der eigenen Angelegenheiten beinhaltet. Völker mit dem Recht zur Selbstbestimmung erfreuen sich rechtlicher und politischer Rechte, die Minderheiten nicht für sich beanspruchen können.

Regional gilt in Europa noch zusätzlich das „Rahmenübereinkommen zum Schutz nationaler Minderheiten" (v. 1.2.1995; BGBl. 1997 II, 1408), welches jedoch ebenfalls keine Bestimmung der „Minderheit" enthält. Nach einer Erklärung der Bundesrepublik zu dem Abkommen sind in „Deutschland die Dänen deutscher Staatsangehörigkeit und die Sorben mit deutscher Staatsangehörigkeit als Minderheit anzusehen". Ferner wird das „Rahmenübereinkommen auch auf die traditionell in Deutschland heimischen Volksgruppen der Friesen deutscher Staatsangehörigkeit und der Sinti und Roma deutscher Staatsangehörigkeit angewendet".

> nationale Minderheiten in Deutschland

Art. 27 kann nicht als absolutes Recht konstruiert werden, vielmehr ist zu beachten, dass der Pakt als ein einheitliches Vertragswerk konzipiert wurde. Das Recht unterliegt folglich auch Einschränkungen, die Konstruktion ist dabei vergleichbar der im deutschen Recht bei einschränkungslos gewährleisteten Grundrechten gewählten „praktischen Konkordanz". Auch allgemeine Rechtsgrundsätze wie der Verhältnismäßigkeitsgrundsatz sind dabei immer zu beachten (mehr zu den Pakten und den möglichen Einschränkungen ▶ Abschn. 3.6.2.2). Zu beachten ist bei Art. 1 IPbürgR der *ius cogens*-Status, so dass Einschränkungen nur aufgrund von Rechten gleicher Wertigkeit vorgenommen werden können.

2.4.3 Inhalt des Selbstbestimmungsrechts

Der Inhalt des Selbstbestimmungsrechts ist in der *Friendly-Relations-Declaration* der Generalversammlung der Vereinten Nationen vom 24.10.1970 (GA Res. Nr. 2625 [XXV]) konkretisiert.

Friendly-Relations-Declaration

> **Vereinte Nationen, Generalversammlung A/RES/2625 (XXV)**
> Die Generalversammlung [...] verkündet feierlich die nachstehenden Grundsätze [...]
> Der Grundsatz der Gleichberechtigung und Selbstbestimmung der Völker
> Kraft des in der Charta der Vereinten Nationen verankerten Grundsatzes der Gleichberechtigung und Selbstbestimmung der Völker haben alle Völker das Recht, frei und ohne Einmischung von außen über ihren politischen Status zu entscheiden und ihre wirtschaftliche, soziale und kulturelle Entwicklung zu gestalten, und jeder Staat ist verpflichtet, dieses Recht im Einklang mit den Bestimmungen der Charta zu achten.
> Jeder Staat hat die Pflicht, sowohl gemeinsam mit anderen Staaten als auch jeder für sich, die Verwirklichung des Grundsatzes der Gleichberechtigung und Selbstbestimmung der Völker im Einklang mit den Bestimmungen der Charta zu fördern und die Vereinten Nationen bei der Erfüllung der ihnen mit der Charta übertragenen Aufgaben hinsichtlich der Anwendung dieses Grundsatzes zu unterstützen, [...] eingedenk dessen, dass die Unterwerfung von Völkern unter fremde Unterjochung, Herrschaft und Ausbeutung eine Verletzung dieses Grundsatzes und eine Verweigerung grundlegender Menschenrechte darstellt und im Widerspruch zur Charta steht.

Der Inhalt des Selbstbestimmungsrechts ist in einen inneren und einen äußeren Bereich zu unterteilen. Der innere Bereich ist im ersten Absatz der Deklaration wiedergegeben, der äußere im zweiten.

innere Selbstbestimmung

Innere Selbstbestimmung meint die Beziehung zwischen einem Volk und seiner (Zentral-)Regierung und berechtigt das Volk frei über seinen politischen Status zu entscheiden. Nicht eindeutig geklärt ist, was „frei" genau bedeutet. Sind demokratische Wahlen abzuhalten, damit ein Volk seinen Willen frei äußert? Hierfür spricht, dass sich der Wille eines Volkes ganz besonders gut in demokratischen Wahlen äußert, was auch die Vereinten Nationen anerkennen (GA, Res. 46/137 vom 17.12.1991). Jedenfalls innerhalb Europas hat sich regionales Völkerrecht gebildet, welches die Durchführung von demokratischen Wahlen verlangt. Allerdings ist der Terminus „demokratische Wahlen" nicht genau definiert, verschiedene Spielarten sind zu akzeptieren Die innere

Selbstbestimmung kann bis zu einer Autonomie des Volkes ausgebaut werden.

Äußere Selbstbestimmung ist völkerrechtlich der interessantere Aspekt. Nach ihm kann sich ein Volk aus dem bestehenden Staatenbund lossagen und entweder einen eigenen Staat gründen oder sich einem anderen Staat anschließen. Wegen der ihm innewohnenden Sprengkraft (Auflösung des bestehenden Staatensystems) wurde das äußere Selbstbestimmungsrecht lange Zeit nicht anerkannt. Diese Ansichten sind heute überwunden. Sezession ist die Unabhängigkeit eines Teilgebietes von einem Staat, der mit verkleinertem Staatsgebiet fortbesteht. Daneben existiert noch die *Dismembration*, dies ist die Auflösung des alten Staates durch Schaffung neuer Staaten auf seinem Territorium (▶ Abschn. 2.3.4).

äußere Selbstbestimmung

2.4.4 Ausübung des Selbstbestimmungsrechts

Entscheidend ist der Zeitpunkt der Ausübung des Selbstbestimmungsrechts der Völker. Der erste Zeitpunkt ist der Eintritt eines Volkes in einen Staat. Wenn ein Volk sich auf demokratischer Grundlage für das Leben in einem Staat entscheidet, der seine Rechte (Achtung der Eigenarten des Volkes) achtet, ist das Selbstbestimmungsrecht fürs Erste – aber nicht endgültig – erschöpft. Eine Konsumtion des Selbstbestimmungsrechts durch Ausübung findet nicht statt.

keine Konsumtion des Selbstbestimmungsrechts durch Ausübung

Bei Nichtbeachtung dieser Rechte muss das Volk zunächst den innerstaatlichen Rechtsweg gehen, und versuchen seine Rechte gerichtlich durchzusetzen. Falls das nicht erfolgreich ist, stellt sich die Frage, unter welchen Bedingungen das Volk aus dem Staat austreten kann. Dies kann nur bei schwersten Völkerrechtsverletzungen, wie fremder Besetzung oder rassistischer Fremdregierung, gegeben sein. Ansonsten wäre das dem Sezessionsrecht widerstreitende Recht der Staatensouveränität, dem die territoriale Integrität eines Staates innewohnt, verletzt. Das Völkerrecht schützt das Prinzip des „uti possidetis". Dieser Grundsatz schützt die Effektivität des Bestehens der Staatsgrenzen (IGH, Benin v. Niger, ICJ-Rep. 2005, 90 ff.).

Recht auf Sezession nur bei schwersten Rechtsverletzungen

Das Spannungsfeld der zwei widerstreitenden Rechtsprinzipien, das Selbstbestimmungsrecht auf der einen und die territoriale Integrität eines Staates auf der anderen Seite, ist im Wege einer Abwägung zwischen ihnen aufzulösen. Im Rahmen dieser Abwägung ist zu beachten, dass die territoriale Integrität ein sehr hohes Gut ist, von welchem nur im

Selbstbestimmungsrecht vs. territoriale Integrität

Ausnahmefall derogiert werden kann. Als Sezessionsgründe sind anerkannt:
- der Zerfall des Staates,
- schwerste Menschenrechtsverletzungen oder
- jahrelange schwere Unruhen im Staat durch Widerstandsgruppen.

Verhältnismäßigkeit

Die Sezession ist in diesen Fällen aus Gründen der Verhältnismäßigkeit jedoch nur möglich, wenn die Zentralregierung dauerhaft auf eine friedliche Konfliktlösung verzichtet und keine andere Möglichkeit der Konfliktlösung mehr besteht. Die Sezession ist also als „ultima ratio" (letztes Mittel) anzusehen.

Falls ein anderer Staat das um Selbstbestimmung kämpfende Volk unterstützt, verstößt seine Handlung gegen das Interventionsverbot und kann durch das Rechtsinstitut der Nothilfe gerechtfertigt werden. Eine gewaltfreie Form der Durchsetzung der Sezession ist die Durchführung eines Referendums in dem abspaltungswilligen Gebietsteil, wie im Falle der Gründung des Staates „Südsudan". Die Situation im Kosovo ist hiervon zu unterscheiden, da die Unabhängigkeitserklärung im Zeitpunkt der VN-Verwaltung des Gebiets vorgenommen wurde, was nicht eine Sezession von einem Staat darstellt und völkerrechtlich zulässig ist (IGH, Kosovo-Gutachten, 2010). Die Voraussetzungen dürften auch auf der Krim im Jahre 2014 nicht vorgelegen haben.

Häufiger Sezessionsgrund sind schwerste Menschenrechtsverletzungen. Dies ist ein ausfüllungsbedürftiger unbestimmter Rechtsbegriff, wofür häufig auf regionales Völkerrecht zurückgegriffen wird. „Schwerste Menschenrechtsverletzungen" können somit zum Beispiel in Europa mit seinem hohem Menschenrechtsstandard (Beispiel: EMRK) eine andere Bedeutung haben als in Afrika. Wichtig ist auch, dass zur Ausfüllung unbestimmter Rechtsbegriffe völkerrechtliches „soft law" herangezogen werden kann. „Soft law" sind politische Prinzipien, denen als solche keine Rechtsverbindlichkeit zukommt, die aber indirekt Rechtswirkungen entfalten können (▶ Abschn. 2.2.5). Zu diesen Prinzipien gehört unter anderem die „Charta von Paris für ein neues Europa" vom 21.11.1990, die unter der Ägide der KSZE/OSZE beschlossen wurde.

Kollektivrecht

Das Selbstbestimmungsrecht der Völker ist ein Kollektivrecht, kein Individualrecht. Es kann nur von der Gruppe geltend gemacht werden, nicht von Einzelpersonen.

2.5 Internationale Organisationen

Die Bedeutung Internationaler Organisationen nimmt immer mehr zu. Internationale Organisationen sind auf Dauer angelegte Zusammenschlüsse mehrerer Völkerrechtssubjekte, um einen gemeinsamen Zweck zu erreichen. Insofern erinnern sie an den Verein oder die Gesellschaft des nationalen Rechts. Durch ihren staatlichen Charakter unterscheiden sich Internationale Organisationen von den Nichtregierungsorganisationen (non-governmental organization = ngo), die ein Zusammenschluss von Privatpersonen sind. Hierzu gehören z. B. Greenpeace oder Amnesty International. Deren Bedeutung wird immer größer und bei vielen internationalen Konferenzen wird ihnen inzwischen das Recht eingeräumt, mit am Tisch zu sitzen und einen aktiven Beobachterstatus auszuüben.

Internationale Organisationen, abzugrenzen von Nichtregierungsorganisationen

Hauptsächlich werden die Internationalen Organisationen in universelle und regionale Organisationen unterschieden. Die ersteren sind räumlich auf der ganzen Welt tätig (VN, WTO), die zweiten nur in bestimmten Regionen (EU, Europarat).

universal und regional

Der Gründungsvertrag einer internationalen Organisation legt deren Aufgaben fest und bestimmt die handelnden Organe. Aufgrund des Prinzips der souveränen Gleichheit der Staaten haben die Staaten in den Organen jeweils eine Stimme, eine Stimmenwägung nach Kriterien wie Bevölkerung, Wirtschaftsstärke etc. findet in der Regel nicht statt. Eine Ausnahme stellt die Entscheidungsfindung in der EU dar, die aber als supranationale Organisation in vielem eine Sonderstellung gegenüber gewöhnlichen, intergouvernemental strukturierten internationalen Organisationen einnimmt (siehe dazu z. B. *Lorenzmeier, Europarecht, 5. Aufl. 2016*; ein anderes Beispiel ist Art. V a) WeltbankV ▶ Abschnitt 3). Der Gründungsvertrag ist typischerweise ein multilateraler Vertrag, da mehr als zwei Völkerrechtssubjekte an ihm beteiligt sind.

Gründungsvertrag

Die Verleihung von Völkerrechtssubjektivität an die Internationale Organisation ist kein statuierendes Merkmal. Diese wurde entweder ausdrücklich, wie z. B. für die EU durch Art. 47 EUV, oder implizit, wie bei den Vereinten Nationen (IGH, *Reparation for injuries*, ICJ-Rep. 1949, 174), verliehen. In den Worten des IGH:

Völkerrechtssubjekte

„Under international law, the Organization must be deemed to have those powers which, though not expressly provided in the Charter, are conferred upon it by necessary implication as being essential to the performance of its duties" (IGH, a. a. O., 182).

Somit ist die (gekorene, d. h. übertragene) Völkerrechtssubjektivität auf die notwendigen und essentiellen Aufgaben der

Internationale Organisationen sind gekorene Völkerrechtssubjekte, Staaten geborene.

Organisation beschränkt; sie haben im Gegensatz zu Staaten deswegen nur eine partielle, gegenständlich beschränkte Völkerrechtssubjektivität. Der Grund für die Anerkennung impliziter Kompetenzen liegt in der Überlegung, dass die Mitgliedstaaten einer Organisation den durch Beitritt übernommenen Prinzipien nicht zuwiderhandeln dürfen. Die Mitgliedstaaten der Organisation verlieren ihre uneingeschränkte Völkerrechtssubjektivität durch Beitritt nicht, vielmehr ist nur ihre völkerrechtliche Handlungsfähigkeit eingeschränkt.

Anerkennung hat konstitutive Wirkung.

Demnach wird die völkerrechtliche Handlungsfähigkeit einer Organisation durch ihren Gründungsvertrag festgelegt und besteht nur in Bezug zu den Mitgliedstaaten und Dritten, die die Organisation anerkennen. Hier hat die Anerkennung einer Organisation, im Gegensatz zum Recht der Staaten (▶ Abschn. 2.3.1), konstitutive und nicht nur deklaratorische Wirkung.

ultra-vires-Lehre

Die jeweilige Organisation ist „an die Buchstaben des Gründungsvertrages gebunden", sie kann sich nicht selbst neue Kompetenzen verleihen. Ihr fehlt eine „Kompetenz-Kompetenz", sofern der Gründungsvertrag dies nicht vorsieht. Ferner sind Akte der Organisation, die ihre Kompetenz überschreiten, nichtig („ultra-vires-Lehre"). Das Recht des Gründungsvertrages ist das Primärrecht, das sich aus ihm ergebende Recht nennt man Sekundärrecht.

Hinsichtlich organisationsinterner Akte ist das Sekundärrecht in aller Regel verbindlich, nur den nach außen wirkenden Akten fehlt häufig eine solche Verbindlichkeit. Eine Ausnahme stellt Art. 25 SVN dar (▶ Abschn. 2.6.3.2). Bei nichtverbindlichen Akten, die häufig als „soft law" zu qualifizieren sind, müssen die Mitgliedstaaten aufgrund des Grundsatzes „pacta sunt servanda" wohlwollend prüfen, ob sie dem Akt folgen wollen.

Aufbau einer internationalen Organisation

Der Aufbau Internationaler Organisationen ist in organisatorischer Hinsicht häufig vergleichbar. Sie haben mindestens zwei Organe. Eine Mitgliederversammlung, in der alle Mitglieder vertreten sind und ein Verwaltungsorgan, häufig auch Sekretariat genannt, das die laufenden Angelegenheiten der Organisation wahrnimmt.

Abstimmungen in der Mitgliederversammlung finden oftmals nach dem Mehrheitsprinzip statt, wobei in der Regel einem Staat auch eine Stimme zukommt. Stimmengewichtungen sind selten, da sie eine Durchbrechung des Prinzips der souveränen Gleichheit der Staaten (▶ Abschn. 2.3.5.1) darstellen. Zur Schaffung breiter Zustimmung wird überwiegend das *consensus*-Verfahren (▶ Abschn. 2.6.3.1) angewandt. Die Bediensteten der Organisation haben einen diplomatenähnlichen Status, um ihre Unabhängigkeit gegenüber Weisungen der Mitgliedstaaten zu gewährleisten. Die Organisation schließt ein

Amtssitzabkommen mit dem Staat, in dem sie ihren Sitz hat. Dies muss nicht notwendigerweise ein Mitgliedsstaat sein. In dem Abkommen wird der Status der Internationalen Organisation festgelegt und u. a. werden Fragen der Immunität geregelt. Die Organisationen finanzieren sich durch Mitgliedsbeiträge (Art. 17 II SVN) oder eigene Einnahmen (Art. 311 AEUV).

Bei Auflösung der Organisation ist fraglich, wer für ihre Verbindlichkeiten aufzukommen hat. Ist dies die mit Rechtspersönlichkeit ausgestattete Organisation oder ist ein Durchgriff auf die Mitgliedstaaten möglich?

Auflösung einer internationalen Organisation

Das Problem ergab sich bei der Auflösung des Internationalen Zinnrates. Der Zinnrat hatte im Jahr 1985 Verbindlichkeiten in Höhe von GBP 900 Millionen angehäuft, welche er nicht mehr bedienen konnte. Nach der Insolvenz der Organisation bestand die Frage, ob die Mitgliedstaaten für die Schulden des Zinnrates einstehen müssen. Die anschließenden Gerichtsverfahren konnten eine solche völkerrechtliche Verpflichtung nicht nachweisen.

Eine rechtlich selbständige Organisation besteht unabhängig von ihren Anteilseignern, ein Rückgriff auf die Mitgliedstaaten war demzufolge nicht möglich. Die Mitglieder sind nur verpflichtet, die Organisation mit den notwendigen Finanzmitteln auszustatten, wozu auch die Begleichung von Verbindlichkeiten gehört. Eine Direktzahlungspflicht an Schuldner besteht nicht. Im Fall des Zinnrates wurde eine „politische Lösung" getroffen, in der die Staaten die Schuldner entschädigt haben, rechtliche Rückschlüsse lassen sich daraus nicht herleiten.

2.6 Die Vereinten Nationen

UNO (Reinald Fenke)

Die VN haben einen hervorragenden Internetauftritt:
▶ https://www.un.org

Die Vereinten Nationen sind die größte bestehende Internationale Organisation mit zurzeit 193 Mitgliedern. Sie hat ihren Sitz in New York. Am 26.6.1945 wurde die Satzung der Vereinten Nationen (SVN, häufig auch „Charta" genannt) unterzeichnet, der Vertrag trat am 24.10.1945 in Kraft. Die Bundesrepublik ist seit 1973 Mitglied der VN (BGBl. 1973 II 430, 505). Als „Weltfriedensorganisation" sind die VN Nachfolger des 1919 gegründeten und 1946 aufgelösten Völkerbundes.

Zur Interpretation der SVN sind die Art. 31 und 32 WVK in ihrer völkergewohnheitsrechtlichen Ausprägung heranzuziehen. Wichtig ist auch, dass die SVN laut Art. 103 SVN für ihre Mitglieder Vorrang hat vor anderen völkerrechtlichen Verpflichtungen, insbesondere Verträgen. Änderungen der SVN sind nach Art. 108 SVN nur mit 2/3-Mehrheit in der Generalversammlung angenommen. Zum Inkrafttreten müssen sie von 2/3 der Mitglieder, einschließlich aller ständigen Mitglieder des Sicherheitsrats, ratifiziert worden sein. Diese doppelte 2/3-Mehrheit führt faktisch zu einer Perpetuierung des status quo und die von vielen Seiten anerkannte Notwendigkeit der Modernisierung der SVN, wie z. B. die Aufnahme neuer ständiger Mitglieder in den Sicherheitsrat, wird wahrscheinlich ein politisches Postulat bleiben.

2.6.1 Ziele und Grundsätze

Ziele und Grundsätze sind rechtsverbindlich.

Wichtig für das Verständnis der Organisation sind die in Art. 1 und 2 SVN niedergelegten Ziele und Grundsätze. Ziele und Grundsätze sind rechtsverbindlich und nicht nur politische Postulate, da im Falle ihrer Verletzung Gegenmaßnahmen getroffen werden dürfen. Die Ziele sind gegenüber den Grundsätzen nur weicher gefasst, letztere sind konkreter formuliert.

> **Art. 1 SVN – Ziele**
> Die Vereinten Nationen setzen sich folgende Ziele:
> 1. den Weltfrieden und die internationale Sicherheit zu wahren und zu diesem Zweck wirksame Kollektivmaßnahmen zu treffen, um Bedrohungen des Friedens zu verhüten und zu beseitigen, Angriffshandlungen und andere Friedensbrüche zu unterdrücken und internationale Streitigkeiten oder Situationen, die zu einem Friedensbruch führen könnten durch friedliche Mittel nach den Grundsätzen der Gerechtigkeit und des Völkerrechts zu bereinigen oder beizulegen;

> 2. freundschaftliche, auf der Achtung vor dem Grundsatz der Gleichberechtigung und Selbstbestimmung der Völker beruhende Beziehungen zwischen den Nationen zu entwickeln [...];
> 3. eine internationale Zusammenarbeit herbeizuführen, um internationale Probleme wirtschaftlicher, sozialer, kultureller und humanitärer Art zu lösen und die Achtung vor den Menschenrechten [...] zu fördern und festzulegen; [...]
>
> **Art. 2 SVN – Grundsätze**
> 1. Die Organisation beruht auf dem Grundsatz der souveränen Gleichheit aller ihrer Mitglieder.
> 2. Alle Mitglieder erfüllen [...] nach Treu und Glauben die Verpflichtungen, die sie mit dieser Charta übernehmen.
> 3. alle Mitglieder legen ihre internationalen Streitigkeiten so bei, daß der Weltfriede, die internationale Sicherheit und die Gerechtigkeit nicht gefährdet werden.
> 4. Alle Mitglieder unterlassen in ihren internationalen Beziehungen jede gegen die territoriale Unversehrtheit oder die politische Unabhängigkeit eines Staates gerichtete oder sonst mit den Zielen der Vereinten Nationen unvereinbare Androhung oder Anwendung von Gewalt.
> 5. Alle Mitglieder leisten den Vereinten Nationen jeglichen Beistand bei jeder Maßnahme, welche die Organisation im Einklang mit dieser Charta ergreift [...].
> 6. Die Organisation trägt dafür Sorge, daß Staaten, die nicht Mitglieder der Vereinten Nationen sind, insoweit nach diesen Grundsätzen handeln, als dies zur Wahrung des Weltfriedens und der internationalen Sicherheit erforderlich ist.
> 7. Aus dieser Charta kann eine Befugnis der Vereinten Nationen zum Eingreifen in Angelegenheiten, die ihrem Wesen nach zur inneren Zuständigkeit eines Staates gehören, oder eine Verpflichtung der Mitglieder, solche Angelegenheiten einer Regelung auf Grund dieser Charta zu unterwerfen, nicht abgeleitet werden; die Anwendung von Zwangsmaßnahmen nach Kapitel VII wird durch diesen Grundsatz nicht berührt.

Das wichtigste Ziel der VN ist in Art. 1 Ziff. 1 SVN niedergelegt, die Wahrung des Weltfriedens und der internationalen Sicherheit. Dies findet seine Ausgestaltung u. a. in der Festlegung eines allumfassenden Gewaltverbots in Art. 2 Ziff. 4 SVN.

Wahrung des Weltfriedens als oberstes Gebot

Die „Gewalt" der Vorschrift ist nur die militärische Gewalt, keine politische oder wirtschaftliche Gewalt. Wirtschaftlicher Zwang kann unter das Interventionsverbot fallen, welches in Art. 2 Ziff. 7 SVN für die VN niedergelegt ist. Nach dem Interventionsverbot darf sich niemand in die inneren Angelegenheiten eines anderen Staates einmischen. Einige Grundsätze wurden in der „Friendly-relations" Deklaration der Generalversammlung (GA 2625 (XXV) v. 24.10.1970) näher erläutert, die zur Interpretation herangezogen werden kann.

2.6.2 Mitgliedschaft in den Vereinten Nationen

Mitglieder in den Vereinten Nationen können nach Art. 3, 4 SVN nur friedliebende Staaten werden, wobei auch Kleinststaaten als Staaten angesehen werden. „Friedliebend" ist ein rechtliches Merkmal, das nicht nur politisch zu bestimmen ist. Der umstrittene Beobachterstatus eines Nichtmitgliedstaats wurde Palästina von der Generalversammlung verliehen (Res. A/RES/67/19 vom 29. November 2012). Eine Suspendierung oder ein Ausschluss von Mitgliedschaftsrechten ist in den Art. 5 und 6 SVN niedergelegt.

Von besonderer Beachtung ist in diesem Zusammenhang der Fall „Jugoslawien". Die Sozialistische Republik Jugoslawien (SRJ) war eines der Gründungsmitglieder der Vereinten Nationen. Nach der Abspaltung der ehemaligen Teilrepubliken Slowenien, Kroatien und Bosnien/Herzegowina benannte sich der Staat in Föderale Republik Jugoslawien (FRJ) um. Die drei neuen Staaten wurden 1992 als Neumitglieder in die Vereinten Nationen aufgenommen. Die anstehende Frage war nun, ob die FRJ identisch ist mit der SRJ und somit immer noch Mitglied der Vereinten Nationen, oder nicht und somit einen Antrag auf Neumitgliedschaft stellen muss.

Die Generalversammlung suspendierte auf Betreiben der drei neuen Staaten die SRJ in der Resolution 47/1 (1992) von der Teilnahme an der Generalversammlung, nicht jedoch von der Mitgliedschaft in den Vereinten Nationen, sie war unter anderem weiterhin zur Beitragszahlung verpflichtet. Gleichzeitig wurde die FRJ nicht als Nachfolger der SRJ angesehen, obwohl der frühere Staat nicht mehr bestand.

Die Rechtslehre ist tief gespalten, ob die FRJ als Nachfolgestaat der SRJ angesehen werden konnte. Die ablehnende Ansicht stellt auf die erhebliche Verringerung des Staatsgebietes ab. Allerdings ist zu bedenken, dass die Gebietsverringerung als solche nach überkommenem Völkerrecht für die Staatennachfolge unerheblich ist (▶ Abschn. 2.6.2) und der IGH

(Genozid, ICJ-Rep. 1993, 3 ff.) weiterhin eine Bindung der FRJ an die von der SRJ ratifizierte Genozid-Konvention feststellte, obwohl ein allgemeiner völkerrechtlicher Grundsatz, dass Neustaaten im Falle der Dismembration die Verträge des untergegangenen Altstaates ipso iure (kraft Rechtes) übernehmen, nicht existiert. Dagegen ließe sich argumentieren, dass aufgrund des ius cogens und erga omnes Charakters der in den grundlegenden Verträgen niedergelegten Menschenrechte eine immerwährende Bindung des betreffenden Staates daran gegeben sein muss. Eine solche Bindung ließe sich jedoch auch über die völkergewohnheitsrechtliche Gewährleistung der existentiellen Menschenrechte einfacher und rechtsdogmatisch vorzugswürdig herleiten. Interessanterweise hat die FRJ am 24.4.2001 einen Antrag vor dem IGH auf Änderung des Urteils gestellt, da sie nicht als identisch mit der SRJ anzusehen sei und folglich eine Bindung an die Genozid-Konvention nicht vorliege. Begründet wird dies mit der Neuaufnahme der FRJ in die Vereinten Nationen am 1.11.2000, was deutlich mache, dass die FRJ vorher kein Mitglied der VN gewesen sei, sie deshalb nicht an das Statut des IGH gebunden gewesen sei und auch nicht Partei der Genozidkonvention gewesen sei, da nur Mitgliedstaaten der VN oder von der Generalversammlung VN besonders aufgeforderte Staaten Vertragspartei werden könnten. Der IGH hat nunmehr klargestellt, dass der FRJ in den VN zwischen 1992 und 2000 ein *sui generis*-Status zuzuerkennen ist, welcher erst mit der Neuaufnahme im Jahre 2000 beendet wurde. Rechtlich sei die FRJ vorher kein Mitglied der VN gewesen (IGH, *Legality of Use of Force*, 2004, para. 91).

2.6.3 Organisation der Vereinten Nationen

Die Organe der VN sind in Art. 7 SVN aufgezählt.

> **Haupt- und Nebenorgane – Art. 7 SVN**
> (1) Als Hauptorgane der Vereinten Nationen werden eine Generalversammlung, ein Sicherheitsrat, ein Wirtschafts- und Sozialrat, ein Treuhandrat, ein Internationaler Gerichtshof und ein Sekretariat eingesetzt.
> (2) Je nach Bedarf können in Übereinstimmung mit dieser Charta Nebenorgane eingesetzt werden.

Hier sollen als wichtigste Hauptorgane die Generalversammlung und der Sicherheitsrat näher erläutert werden. Der Wirtschafts- und Sozialrat (ECOSOC) ist in den Art. 60 ff. SVN näher beschrieben, Das Sekretariat ist das Verwaltungsorgan, es besteht aus dem Generalsekretär und den VN-Beamten. Eine wichtige Rolle als Streitbeilegungsorgan spielt der Internationalen Gerichtshof, dem im ▶ Kapitel 4 „Streitbeilegung und Durchsetzungsmechanismen im Völkerrecht" ein eigenes Kapitel vorbehalten ist.

Gemäß Art. 22 SVN kann die Generalversammlung, nach Art. 29 SVN der Sicherheitsrat, Nebenorgane einsetzen. Von diesem Recht haben beide Hauptorgane extensiv Gebrauch gemacht, z. B. wurden die Kriegsverbrechertribunale für Jugoslawien und Ruanda als Nebenorgane des Sicherheitsrats aufgrund einer Resolution eingesetzt. Bis heute ist aber sehr umstritten, ob die Kompetenz zur Einsetzung von Nebenorganen auch die Schaffung von Gerichten umfasst (▶ Abschn. 4.3.3).

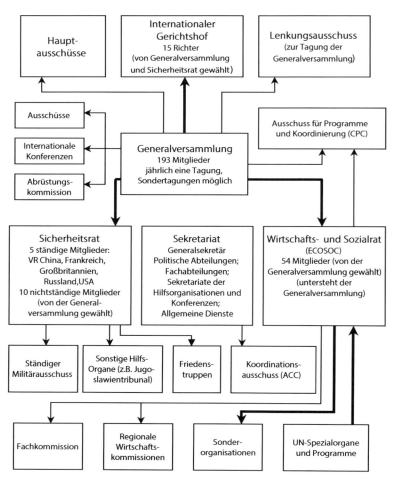

Das System der Vereinten Nationen

2.6.3.1 Die Generalversammlung

Die Generalversammlung ist die Vertretung der Mitglieder der VN. Laut Art. 9 II SVN kann jedes Mitglied bis zu fünf Vertreter in die Generalversammlung berufen, bei Abstimmungen hat jeder Staat jedoch nur eine Stimme, Art. 18 I SVN (*one state – one vote*-Prinzip). Die Generalversammlung tritt mindestens einmal jährlich (Art. 20 SVN) am dritten Dienstag im September zur ordentlichen Hauptversammlung zusammen.

„one state – one vote" Prinzip

Die Aufgaben der Versammlung sind allumfassend, Art. 10 SVN. Es besteht folglich eine Allzuständigkeit, die aber nur wahrgenommen werden kann, wenn einer Aufgabe auch eine Kompetenznorm entspricht. Ansonsten ist mit dem Rechtsinstitut der „impliziten Kompetenzen" (*implied powers*) zu arbeiten.

Allzuständigkeit

> **Art. 10 SVN – Aufgaben und Befugnisse**
> Die Generalversammlung kann alle Fragen und Angelegenheiten erörtern, die in den Rahmen dieser Charta fallen oder Befugnisse und Aufgaben eines in dieser Charta vorgesehenen Organs betreffen; vorbehaltlich des Artikels 12 kann sie zu diesen Fragen und Angelegenheiten Empfehlungen an die Mitglieder der Vereinten Nationen oder den Sicherheitsrat oder an beide richten.

Zu den wichtigsten Aufgaben gehört die Wahrung des Weltfriedens, Art. 11 I SVN, zu deren Sicherung die Generalversammlung Maßnahmen empfehlen kann, Art. 11 II, 13 SVN. Dies steht jedoch unter dem Vorbehalt des Art. 12 SVN. Der zweite Halbsatz des Art. 10 SVN stellt somit eine Befugnisnorm für die Generalversammlung dar.

> **Art. 12 SVN – Vorrang des Sicherheitsrates**
> (1) Solange der Sicherheitsrat in einer Streitigkeit oder einer Situation die ihm in dieser Charta zugewiesenen Aufgaben wahrnimmt, darf die Generalversammlung zu dieser Streitigkeit oder Situation keine Empfehlung abgeben, es sei denn auf Ersuchen des Sicherheitsrates. [...]

Problematisch ist das Merkmal des „Wahrnehmens". Wann nimmt der Sicherheitsrat seine Aufgaben wahr und wann nicht? Beispielsweise konnte der Sicherheitsrat während der Krise in Korea 1950 aufgrund der Gegenstimme eines ständigen Mitglieds gemäß Art. 27 III SVN keinen Beschluss fassen, hat aber immer wieder über die Situation in Korea abgestimmt. Hat er durch das Abstimmen seine Aufgabe wahrgenommen, ohne zu einem Beschluss zu kommen, der die Kampfhandlungen in Korea beenden könnte? Eine sehr umstrittene Frage. Nach der Ansicht der Generalversammlung lag ein „Wahrnehmen" nicht vor, so dass sie eine eigene Resolution („Uniting for Peace", GA/Res./377 (V)) beschließen konnte, in der die Generalversammlung feststellte, dass sie auch bei vor dem Sicherheitsrat schwebenden Verfahren zur Empfehlung berechtigt sei, wenn der Sicherheitsrat keinen Beschluss treffen könne. Rechtstechnisch wird das „Wahrnehmen" des Art. 12 SVN in eine aktive Stellungnahmepflicht des Sicherheitsrates umgedeutet. Eine sehr weitreichende Auslegung, die jedoch vom IGH bestätigt wurde (IGH, *Certain Expenses*, ICJ-Rep. 1962, 151/177). Allerdings sind Empfehlungen und sonstige Beschlüsse der Generalversammlung im Gegensatz zu den Beschlüssen des Sicherheitsrates (Art. 25 SVN) nicht rechtsverbindlich und der Sicherheitsrat kann jederzeit einen verbindlichen Beschluss treffen, der die Empfehlung der Generalversammlung aufhebt. Andererseits ist „Uniting for Peace" mit dem alleinigen Recht des Sicherheitsrats, eine Situation nach Art. 39 SVN einzuschätzen, nur überaus schwer vereinbar, so dass von der Möglichkeit nur sehr eingeschränkt Gebrauch gemacht werden sollte.

consensus-Verfahren

Die Beschlüsse der Generalversammlung werden bei einfachen Fragen durch Mehrheit der anwesenden und abstimmenden Mitglieder getroffen, Art. 18 III SVN. Bei wichtigen Fragen, die in Art. 18 II SVN näher bestimmt sind, ist eine 2/3-Mehrheit erforderlich. Diese Mehrheit stellen alleine schon die Stimmen der Entwicklungsländer. Häufig wird bei Abstimmungen auch das „consensus-Verfahren" angewandt. Eine Abstimmung findet nicht statt, vielmehr wird nur das Fehlen ausdrücklicher Gegenstimmen festgestellt. Dies erlaubt es einigen Staaten für eine Resolution zu stimmen, obwohl sie von deren Inhalt nicht vollständig überzeugt sind, diese andererseits aber auch nicht ihre vitalen Interessen berührt.

> **Wichtig:** Die Beschlüsse der Generalversammlung sind nicht rechtsverbindlich. Sie stellen kein Völkerrecht, sondern sogenanntes „soft law" dar.

Unter „soft law" sind Beschlüsse zu verstehen, die selber kein Völkerrecht darstellen, aber zur Interpretation völkerrechtlicher Regeln herangezogen werden können. Entschließungen der Generalversammlung, die von der überwältigenden Mehrheit der Staaten getragen werden, können Völkergewohnheitsrecht erzeugen oder als Nachweis von bestehendem Völkergewohnheitsrecht herangezogen werden. Bei der Erzeugung folgt der Prozess entgegengesetzt zum ursprünglichen Verfahren, nämlich von der Überzeugung *(opinio iuris)* zur Praxis *(consuetudo)*. Wenn die Staatenpraxis nach einer Generalversammlungsresolution diese bestätigt, hat sich der eigentlich nicht rechtsverbindliche Akt zu Recht verdichtet. Zu beachten ist jedoch immer, dass die Staaten in der Generalversammlung eventuell anders abgestimmt hätten, wenn sie sich durch die Resolution rechtlich hätten binden wollen. GV-Resolutionen können eine bestehende völkergewohnheitsrechtliche Praxis bestätigen, dennoch kann ihnen insoweit nicht eine Rechtsüberzeugung im Sinne des Gewohnheitsrechts zugesprochen werden. Vielmehr bleiben sie rechtlich unverbindlich. (Generell zum Völkergewohnheitsrecht ▶ Abschn. 2.2.3.)

2.6.3.2 Der Sicherheitsrat

Der Sicherheitsrat besteht aus 15 Mitgliedern, wovon fünf ständige Mitglieder sind, Art. 23 SVN. Den ständigen Mitgliedern (China, Russische Föderation, Großbritannien, Frankreich und die USA) steht eine Sonderstellung dergestalt zu, dass sie nichtverfahrensrechtliche Beschlüsse aufgrund des Zustimmenserfordernisses (häufig auch „Vetorecht" genannt) nach Art. 27 III SVN blockieren können. Die zehn anderen Mitglieder werden von der Generalversammlung für den Zeitraum von zwei Jahren gewählt, Art. 18 II SVN.

Der Sicherheitsrat trägt die Hauptverantwortung für den Weltfrieden und kann bindende Beschlüsse fassen.

> **Art. 24 SVN – Aufgaben**
> (1) Um ein schnelles und wirksames Handeln der Vereinten Nationen zu gewährleisten, übertragen ihre Mitglieder dem Sicherheitsrat die Hauptverantwortung für die Wahrung des Weltfriedens und der internationalen Sicherheit und erkennen an, daß der Sicherheitsrat bei der Wahrnehmung der sich aus dieser Verantwortung ergebenden Pflichten in ihrem Namen handelt.
> (2) Bei der Erfüllung dieser Pflichten handelt der Sicherheitsrat im Einklang mit den Zielen und Grundsätzen der Vereinten Nationen. Die ihm hierfür eingeräumten Befugnisse sind in den Kapiteln VI, VII, VIII und IX aufgeführt.
> (3) [...]

Art. 24 SVN ist eine Aufgaben-, keine Kompetenznorm. Kompetenzen ergeben sich erst aus anderen in der Charta enthaltenen Vorschriften, wie z. B. den Kapiteln VI und VII SVN.

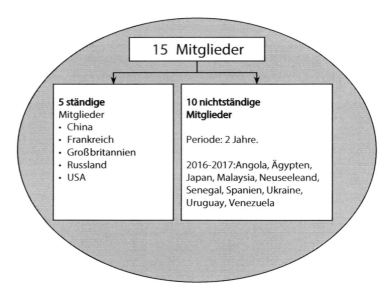

Abstimmung: Mehrheit von 9 Stimmen, aber bei Abstimmungen über Nichtverfahrensfragen (Art. 27 III SVN): Zustimmung aller ständigen Mitglieder erforderlich Praxis des Sicherheitsrats: Enthaltung oder Abwesenheit eines ständigen Mitglieds gilt als Zustimmung.

Sicherheitsrat der Vereinten Nationen

> **Art. 25 SVN – Verbindliche Beschlüsse**
> Die Mitglieder der Vereinten Nationen kommen überein, die Beschlüsse des Sicherheitsrats im Einklang mit dieser Charta anzunehmen und durchzuführen.

Die Vorschrift des Art. 25 SVN hat überragende Bedeutung. Danach können 15 Staaten für alle anderen Staaten verbindliche Beschlüsse fassen, die Staatsgewalt ist folglich an die Beschlüsse des Sicherheitsrates gebunden und sie sind völkerrechtlich zur Durchführung verpflichtet. Wenn beispielsweise der Sicherheitsrat ein Embargo gegen einen Staat oder ein Individuum beschließt, müssen alle Staaten sich daran beteiligen, allerdings verbleibt die Art und Weise der Beteiligung den Mitgliedstaaten überlassen Zu rechtlichen Problemen (s. EuGH, *Kadi II*, 2008, I-6351). Ein bedeutender Eingriff in die staatliche Souveränität. Der Sicherheitsrat kann als Minus zum Beschluss auch Empfehlungen aussprechen. Die juristische Methode des „a maiore ad minus", vom Größeren auf das Kleinere zu schließen, ist auch im Völkerrecht zulässig. Daneben besteht noch das „presidential statement", welches in der Satzung keine ausdrückliche Erwähnung gefunden hat. Dies ist

2.6 · Die Vereinten Nationen

eine rechtlich unverbindliche Stellungnahme des Präsidenten des Sicherheitsrates, die aber auf eine einhellige Ansicht des Sicherheitsrates zurückgeht. Bei gegensätzlichen Standpunkten im Rat gibt der Präsident kein „statement" ab.

Für die Beschlussfassung im Sicherheitsrat ist Art. 27 SVN die entscheidende Vorschrift.

> **Art. 27 SVN – Abstimmungen**
> (1) Jedes Mitglied des Sicherheitsrats hat eine Stimme.
> (2) Beschlüsse des Sicherheitsrats über Verfahrensfragen bedürfen der Zustimmung von neun Mitgliedern.
> (3) Beschlüsse des Sicherheitsrats über alle sonstigen Fragen bedürfen der Zustimmung von neun Mitgliedern einschließlich sämtlicher ständiger Mitglieder, jedoch mit der Maßgabe, daß sich bei Beschlüssen auf Grund des Kapitels VI und des Artikels 52 Absatz 3 die Streitparteien der Stimme enthalten.

Verfahrensfragen im Sinne des Absatz 2 sind z. B. die Annahme von Verfahrensregeln, die Einberufung von Sitzungen, Ladung von Mitgliedern usw. Ob eine Frage eine Verfahrensfrage ist, wird nach Absatz 3 entschieden, unterliegt also dem Zustimmenserfordernis. Der Wortlaut von Art. 27 III SVN wird nach ständiger Praxis der VN so ausgelegt, dass Stimmenthaltungen oder Abwesenheit von ständigen Mitgliedern nicht als Gegenstimme gewertet werden (s. z. B. die Libyen-Resolution S/RES/1973 (2011)). Mit dem eigentlichen Wortlaut ist diese Praxis nur schwer vereinbar, vom Telos der Vorschrift aber gedeckt. Somit ist nur eine ausdrückliche Gegenstimme keine Zustimmung im Sinne der Vorschrift. Auch beim Sicherheitsrat wird immer mehr das *consensus*-Verfahren herangezogen.

Ein Anwendungsfall von Art. 31 III lit. b) WVK

2.6.4 Friedenssicherung durch die Vereinten Nationen

Zu den wichtigsten Kapiteln der SVN gehören die Kapitel VI (friedliche Beilegung von Streitigkeiten) und VII (Maßnahmen bei Bedrohung oder Bruch des Friedens und bei Angriffshandlungen) SVN. Wichtigstes Ziel ist das Gewaltverbot des Art. 2 Ziff. 4 SVN. Danach unterlassen die Mitglieder in ihren internationalen Beziehungen „jede gegen die territoriale Unversehrtheit oder gegen die politische Unabhängigkeit eines Staates gerichtete […] Androhung oder Anwendung von Gewalt". Das absolut zu verstehende Gewaltverbot, eines der

Gewaltverbot gilt auch gewohnheitsrechtlich und universell.

Gewalt

Terroristische Angriffe sind ein Zurechnungsproblem

grundlegenden Prinzipien, gilt gegenüber allen Staaten, die sog. „Feindstaatenklauseln" der Art. 53 und 107 SVN sind nach dem Beitritt Deutschlands und Japans zu den VN gegenstandslos geworden.

„Gewalt" ist nach traditionellem Verständnis nur bewaffnete, militärische Gewalt. Politische und wirtschaftliche Maßnahmen, wie ein Embargo, erfüllen den Begriff nicht. Ferner ist nicht jede Gewalt ausreichend. Voraussetzung ist eine gewisse, im Einzelfall zu bestimmende Intensität erreichen (*de-minimis*-Regel). Grenzscharmützel sind nicht ausreichend. Ferner ist nur die willentliche Gewaltanwendung erfasst.

Irrtümliche oder unbeabsichtigte Gewaltanwendung (Beispiel: außer Kontrolle geratene Rakete oder Kampfflugzeug) stellen keine Gewaltanwendung dar. Sehr umstritten ist, ob gegen diese Einwirkungen die Selbstverteidigung möglich ist. Erfasst wird nach klassischer Auffassung nur die Gewaltanwendung zwischen Staaten und, nach erweiterter Auslegung, zwischen Staaten und stabilisierten de facto-Regimen, also die internationale Gewalt. Wenn die Gewalt von privaten Akteuren ausgeht, ist entscheidend, ob sie einem Staat zugerechnet werden kann (IGH, *Congo/Uganda*, 2005). Ein *failed state* ist völkerrechtlich wegen des Prinzips der Staatenkontinuität weiter als Staat im Sinne des Gewaltverbots anzusehen. Keine Anwendung findet das Gewaltverbot auf Internationale Organisationen und partielle Völkerrechtssubjekte. Inwieweit terroristische Angriffe den Gewaltbegriff erfüllen können, ist noch nicht endgültig geklärt, aufgrund der Anschläge auf die USA im Jahre 2001 scheint sich das Verständnis des Gewaltbegriffs zu wandeln. Indirekte Gewaltanwendungen wie die staatliche Veranlassung von Gewaltmaßnahmen durch nichtstaatliche Banden werden ebenso wie die Drohung mit einer Gewaltmaßnahme umfasst. Das Gewaltverbot gilt auch gewohnheitsrechtlich, inhaltlich stellt Art. 2 Ziff. 4 SVN nur seine Kodifikation dar, so dass keine inhaltlichen Unterschiede zwischen den beiden Rechten bestehen.

Somit ist nur der internationale, nicht aber der nationale Frieden von der SVN umfasst. Die inneren Angelegenheiten eines Staates bleiben also dessen ureigenste Angelegenheiten, ein Verstoß dagegen würde das Interventionsverbot verletzen. Innere Angelegenheiten sind alle staatlichen Angelegenheiten, die keine Auswirkungen auf andere Staaten haben. Für Bürgerkriegssituationen bedeutet dies: Wenn sich diese allein auf dem Territorium eines Staates abspielen und keine Auswirkungen auf einen dritten Staat haben, ist eine innere Angelegenheit gegeben. Ansonsten ist von einer internationalen Streitigkeit auszugehen. Neuere völkerrechtliche Entwicklungen gehen dahin, auch bei schwersten Men-

2.6 · Die Vereinten Nationen

schenrechtsverletzungen, die sich nur auf dem Territorium eines Staates abspielen und keine Außenwirkung haben, von einem internationalen Konflikt zu sprechen (Beispiel: Eingreifen der VN in Somalia 1992). Dogmatisch richtiger ist es wohl, die fundamentalen Menschenrechte in den Bereich des *ius cogens* und des *erga omnes* zu nehmen und deswegen eine Verpflichtung der Staatengemeinschaft zum Eingreifen zu bejahen. Das – rechtlich sehr umstrittene – Rechtsinstitut der „humanitären Intervention" (▶ Abschn. 4.4.4) würde dann in diesem Zusammenhang zur Rechtfertigung des Eingreifens nicht mehr benötigt.

Rechtstechnisch stellt das Eingreifen der VN nach Kapitel VII einen Rechtfertigungsgrund für den Verstoß gegen das Gewaltverbot dar. Wichtig ist in diesem Zusammenhang auch, dass das Gewaltverbot eine *erga omnes*-Verpflichtung darstellt, deren Einhaltung von jedem, auch einem nichtverletzten Staat, gefordert werden kann und bei Verletzung mit dem Mittel der Repressalie (▶ Abschn. 4.4.2) beantwortet werden kann. Dies ergibt sich aus dem Rechtsgedanken des Art. 51 SVN, wonach militärische Antworten jeglicher Art gegen dritte, das Gewaltverbot verletzende Staaten möglich sind. Dann müssen „a maiore ad minus" auch nichtmilitärische Antworten dritter Staaten möglich sein. Überwiegend wird das Gewaltverbot aufgrund seiner Schlüsselstellung im internationalen System der Status einer ius cogens-Norm zuerkannt.

Rechtfertigungsgrund

Das System der Friedenssicherung der SVN ist ferner ein System kollektiver Sicherheit. Ein System kollektiver Sicherheit wirkt nach innen, d. h. die Friedensbedrohung kommt aus dem System heraus und wird von dem System selbst bekämpft. Demgegenüber richtet sich ein Verteidigungsbündnis gegen von außen auf ein System einwirkende Aggressoren. Die NATO ist nach Art. 5 NATO-Vertrag ein Verteidigungsbündnis.

System kollektiver Sicherheit

Kapitel VI SVN umfasst Vorfeldmaßnahmen, die keinen Verstoß gegen das Gewaltverbot darstellen, insbesondere sind dies diplomatische Mittel zur Streitbeilegung, falls die Eskalation einer Situation droht. Die Aufzählung in Art. 33 SVN ist nicht abschließend, es können auch andere Mittel gewählt werden. Der Sicherheitsrat kann auf die Parteien einwirken, wenn nach seiner Auffassung eine Situation geeignet ist, Streitigkeiten hervorzurufen, Art. 34 SVN. Ihm kommt bei der Beurteilung der Situation ein weiter politischer Spielraum zu, der rechtlich nicht zu fassen ist. Dies führt dazu, dass das Merkmal des „Hervorrufen-Könnens" sehr weit ausgelegt wird.

Vorfeldmaßnahmen

Nach Kapitel VII SVN können Zwangsmaßnahmen gegen den Willen des betroffenen Staates getroffen werden, wenn

Zwangsmaßnahmen

die Vermittlungsbemühungen scheitern. Der Unterschied zwischen Kapitel VI und VII SVN liegt in der Entwicklung von einem Kooperations- zu einem Konfrontationsverhältnis. Zwangsmaßnahmen dürfen nur getroffen werden, wenn die Voraussetzungen des Art. 39 SVN vorliegen.

> **Feststellung der Gefahrensituation – Art. 39 SVN**
> Der Sicherheitsrat legt fest, ob eine Bedrohung oder ein Bruch des Friedens oder eine Angriffshandlung vorliegt; er gibt Empfehlungen ab oder beschließt, welche Maßnahmen auf Grund von Art. 41 und 42 zu treffen sind, um den Weltfrieden und die internationale Sicherheit zu wahren oder wiederherzustellen.

Frieden

Frieden ist nach dem „negativen Friedensbegriff" das Fehlen militärischer Gewalt in zwischenstaatlichen Beziehungen. Ein Friedensbruch ist somit die Aufnahme von Kampfhandlungen zwischen bewaffneten Einheiten verschiedener Staaten. Diese Sichtweise ist jedoch nicht zwingend, da der Friedensbegriff des Art. 39 SVN systematisch wie der in Art. 1 Nr. 2 SVN enthaltene Terminus des „Weltfriedens" verstanden werden kann. Der weitergehende „Weltfrieden" erfasst auch grundlegende Werte der Völkerrechtsordnung, womit auch nichtmilitärische Ursachen von Konflikten in den Anwendungsbereich von Art. 39 SVN fallen (vgl. Erklärung des SR-Präsidenten v. 31.1.1992, UN Doc S/23500).

Agression

Die „Angriffshandlung", auch „Aggression" genannt, ist ein Unterfall des „Friedensbruchs" und bezeichnet den direkten oder indirekten Einsatz von Waffengewalt. Der Begriff ist auch in der Aggressionsdefinition der Generalversammlung näher bezeichnet (1974; GA Res. 3314 (XXIX); Aggression ist nach Art. 1 der Resolution „[die] Anwendung von Waffengewalt durch einen Staat gegen die Souveränität, die territoriale Unversehrtheit oder politische Unabhängigkeit eines anderen Staates oder auf eine andere mit der Charta der Vereinten Nationen nicht vereinbare Art und Weise, wie sie in dieser Definition ausgeführt ist."). Als Resolution der Generalversammlung kommt ihr keine bindende Wirkung zu, sie kann jedoch zur Interpretation des Merkmals „Angriffshandlung" herangezogen werden (s. Art. 3 der Aggressionsdefinition). Als Auslegungshilfe kann auch die vorgeschlagene Aggressionsdefinition des IStGH-Statuts (▶ Abschn. 2.6.4) herangezogen werden.

Zu untersuchen ist, ob die Definition der Angriffshandlung angesichts der stärker werdenden Bedrohung der Staaten

2.6 · Die Vereinten Nationen

durch private terroristische Handlungen auch auf nichtstaatliche Angriffe erweitert werden muss. Zu den staatlichen Angriffshandlungen zählt nach geltendem Völkerrecht, wenn sich ein Staat Terroristen zur Erreichung seiner Ziele bedient. Ob auch die staatliche Unterstützung von Terroristen, z. B. durch die Gewährung von Trainingsmöglichkeiten zu den Angriffshandlungen zu zählen ist, ist umstritten, da die Aggressionsdefinition nur von „Entsenden" von bewaffneten Banden spricht (Art. 3 lit. g Aggressionsdefinition). Jedoch ist die Liste des Art. 3 nicht abschließend und der Fall der dauerhaften Gewährung von Trainingsmöglichkeiten als ähnlich intensiv wie das Entsenden von Terroristen anzusehen. Jedenfalls muss die Unterstützungshandlung des Gaststaats eine gewisse Intensität erreichen, um als „Aggression" gewertet werden zu können, geringfügige Unterstützungshandlungen erfüllen das Tatbestandsmerkmal nicht. Überdies ist erforderlich, dass die Handlung des Gaststaates auch kausal für den Anschlag war, was insbesondere dann problematisch ist, wenn ein Staat Terroristen nur eine Ruhezone, aber keine Trainingsmöglichkeiten, gewährt. Bei Erfüllen dieser Voraussetzung müsste dann der Gaststaat der Terroristen ein begrenztes militärisches Eingreifen des verletzten Staates auf seinem Gebiet dulden. Allerdings wäre den Terroristen dann der Schutz des humanitären Völkerrechts (▶ Abschn. 3.7.2) zu gewähren und ihnen einen Kombattanten ähnlichen Status zuzugestehen. Auch müssten die nichtbeteiligten Zivilisten des Gaststaats geschützt werden. Rechtlich ungeklärt ist die Situation bei staatlich unabhängig operierenden Terroristen. Nach geltendem Völkerrecht ist dann ein Militärschlag gegen den Gaststaat unzulässig, der Gaststaat dürfte aber verpflichtet sein, gegen die Terroristen auf seinem Territorium vorzugehen. Ansonsten würde er ein völkerrechtliches Delikt begehen. Eine Weiterentwicklung des Völkerrechts hin zu einer Duldungspflicht des Gaststaates bezüglich militärischen Eingreifens verletzter Staaten bei jeglicher terroristischer Aktivität auf seinem Gebiet ist noch nicht nachweisbar. Strikt zu trennen ist die individuelle strafrechtliche Verantwortlichkeit der Terroristen, die unabhängig vom Vorliegen einer „Aggression" besteht.

Ein unbestimmter Rechtsbegriff ist die „Friedensbedrohung". Zur Bestimmung kommt dem Sicherheitsrat ein weiter Spielraum zu. Generell versteht der SR das Merkmal der „Bedrohung" weit und lässt auch innerstaatliche Sachverhalte darunter fallen, wenn sie Auswirkungen auf andere Staaten haben (Beispiel: Kurden im Nordirak, S/Res. 688 [1991]). Auch schwere innerstaatliche Menschenrechtsverletzungen oder der vollständige Zerfall der staatlichen Ordnung (Beispiel: „failed

Friedensbedrohung

state" Somalia, S/Res. 794 [1992]) werden als Friedensbedrohungen angesehen.

Einschätzungsprärogative des Sicherheitsrats

Hier ist die Weiterentwicklung des Friedensbegriffs in der neueren Praxis des Sicherheitsrates, der von seiner Einschätzungsprärogative in sehr weitreichendem Maße Gebrauch macht (z. B. das Eingreifen aus humanitären Gründen in Somalia und Haiti), von reiner Abwesenheit militärischer Gewalt zu einem umfassenderen, auch humanitäre Katastrophen einschließendem Verständnis am besten zu sehen. Fast zur vollkommenen Aufhebung des Merkmals „Friedensbedrohung" kommt es in der auf Kapitel VII gestützten „Lockerbie-Resolution" des Sicherheitsrates, in der er Libyen zur Überstellung der mutmaßlichen Attentäter auf den PanAm-Jumbo verpflichtet (S/Res. 748 [1992]). Danach dauert die „Friedensbedrohung" bis zur endgültigen Beilegung einer Streitigkeit, z. B. durch gerichtliches Urteil, an.

Vor- und nachgelagertes Kausalverhalten

Nach dem extensiven Verständnis des Sicherheitsrates umfasst die „Bedrohung" auch vor- und nachgelagertes Kausalverhalten, wenn es nur im weitesten Sinne geeignet erscheint, militärische zwischenstaatliche Gewalt hervorzurufen. Durch diese Verwässerungen des Bedrohungsbegriffes ist rechtlich unklar, wo die Grenzen des Merkmals zu finden sind. Können auch durch schwerste Umweltbeeinträchtigungen hervorgerufene humanitäre Katastrophen den Frieden bedrohen und zu einem Eingreifen der VN führen? Nach der neueren Entwicklung erscheint dies nicht ausgeschlossen. Generell ist zu konstatieren, dass der Sicherheitsrat das Vorliegen einer „Bedrohung" mit dem Ziel (hier: Beseitigung einer humanitären Katastrophe) begründet, und nicht mit dem Vorliegen eines Mittels, also der Waffengewalt, die eine solche Katastrophe erst geschaffen hat, was im Einklang mit seinem weiten Verständnis des Friedensbegriffs steht.

konstitutive Wirkung

Die Feststellung des Vorliegens der Voraussetzungen des Art. 39 SVN hat konstitutive Wirkung für das Ergreifen von Zwangsmaßnahmen nach Art. 41 oder 42 SVN. Die Empfehlung des Sicherheitsrats ist nicht verbindlich, auf sie können Zwangsmaßnahmen der VN nicht gestützt werden. Jedoch können die Staaten die Empfehlung als Rechtfertigung für ihr, gegen das Gewaltverbot verstoßendes, Handeln heranziehen. Auch ist die Generalversammlung nicht gemäß Art. 12 SVN am Treffen eigener Sanktionen gehindert. Demgegenüber ist der Beschluss des Sicherheitsrates rechtsverbindlich und nach Art. 25 VN für alle Mitgliedstaaten bindend.

Die eigentlichen vom Sicherheitsrat zu treffenden Zwangsmaßnahmen sind in den Art. 41 und 42 SVN niedergelegt.

2.6 · Die Vereinten Nationen

> **Art. 41 SVN – Nichtmilitärische Sanktionen**
> Der Sicherheitsrat kann beschließen, welche Maßnahmen – unter Ausschluß von Waffengewalt – zu ergreifen sind, um seinen Beschlüssen Wirksamkeit zu verleihen; er kann die Mitglieder der Vereinten Nationen auffordern, diese Maßnahmen durchzuführen. Sie können die vollständige oder teilweise Unterbrechung der Wirtschaftsbeziehungen, des Eisenbahn-, See- und Luftverkehrs, der Post-, Telegraphen- und Funkverbindungen sowie sonstiger Verkehrsmöglichkeiten und den Abbruch der diplomatischen Beziehungen einschließen.

Art. 41 SVN zählt verschiedene Boykottmaßnahmen auf, wobei die Aufzählung nicht abschließend ist. In der Praxis haben sich Boykottmaßnahmen (Beispiel: Jugoslawien-Embargo) als nicht sehr erfolgreich erwiesen.

Boykottmaßnahmen

> **Art. 42 SVN [Militärische Sanktionen]**
> Ist der Sicherheitsrat der Auffassung, daß die in Artikel 41 vorgesehenen Maßnahmen unzulänglich sein würden oder sich als unzulänglich erwiesen haben, so kann er mit Luft-, See- oder Landstreitkräften die zur Wahrung oder Wiederherstellung des Weltfriedens und der internationalen Sicherheit erforderlichen Maßnahmen durchführen. Sie können Demonstrationen, Blockaden und sonstige Einsätze der Luft-, See- oder Landstreitkräfte von Mitgliedern der Vereinten Nationen einschließen.

Art. 42 SVN kodifiziert die eigentlichen Zwangsmaßnahmen, d. h. Maßnahmen, die dem Willen des betroffenen Staates widersprechen, z. B. war der Einsatz gegen den Irak zur Befreiung Kuwaits im Jahre 1991 ein Anwendungsfall von Art. 42 SVN. Die Autorisierung zum Einsatz militärischer Mittel ist vom Sicherheitsrat per Beschluss zu treffen, diese muss zumindest im Wege der Auslegung eindeutig erkennbar sein, da ansonsten der Charakter von Art. 42 SVN als eng zu verstehender Ausnahmeregelung zum absoluten Gewaltverbot verwässert würde. Der Sicherheitsrat verwendet dabei die Begriffe „all necessary means" oder „all necessary measures". Die getroffenen Maßnahmen müssen also „erforderlich" sein, das ist eine Ausprägung des auch im Völkerrecht geltenden Verhältnismäßigkeitsgrundsatzes. Die Maßnahmen stehen also unter einem Schrankenvorbe-

Militärische Maßnahmen

halt. Verhältnismäßig sind die getroffenen Maßnahmen, wenn sie geeignet sind, den Erfolg herbeizuführen, erforderlich sind, d. h. das mildeste Mittel darstellen und sie nach einer Zweck-Mittel-Relation als angemessen anzusehen sind.

Mangels Vorhandensein von eigenen Truppen bedienen sich die VN der Streitkräfte anderer Staaten. Dies ist nach Art. 48 SVN möglich. Entscheidend für das Vorliegen eines VN-Einsatzes ist, ob die Oberhoheit für den Einsatz beim Sicherheitsrat liegt oder bei einem Staat. Wenn der Sicherheitsrat den Einsatz autoritativ beenden kann, liegt ein VN-Einsatz vor, wenn nicht, der Einsatz eines oder mehrerer Staaten. Ein solcher Staateneinsatz könnte dann nach Art. 51 SVN gerechtfertigt sein. Die Zwangsmaßnahmen unterliegen ihrerseits Schranken. Der Sicherheitsrat und die VN-Truppen sind an die Vorschriften des humanitären Völkerrechts, insbesondere des Kriegsvölkerrechts, gebunden. Auch ein VN-Soldat darf im Rahmen seines Einsatzes niemanden foltern.

> **Selbstverteidigung – Art. 51 SVN**
> Diese Charta beeinträchtigt im Falle eines bewaffneten Angriffs gegen ein Mitglied der Vereinten Nationen keineswegs das naturgegebene Recht zur individuellen oder kollektiven Selbstverteidigung, bis der Sicherheitsrat die zur Wahrung des Weltfriedens und der internationalen Sicherheit erforderlichen Maßnahmen getroffen hat. Maßnahmen, die ein Mitglied in Ausübung dieses Selbstverteidigungsrechts trifft, sind dem Sicherheitsrecht sofort anzuzeigen; sie berühren in keiner Weise dessen auf dieser Charta beruhende Befugnis und Pflicht jederzeit die Maßnahmen zu treffen, die er zur Wahrung oder Wiederherstellung des Weltfriedens und der internationalen Sicherheit für erforderlich hält.

Zwei Selbstverteidigungsrechte

Nach der Rechtsprechung des IGH (IGH, *Nicaragua II*, ICJ-Rep. 1986, 14/94) gibt es zwei nebeneinander bestehende Selbstverteidigungsrechte, das des Art. 51 SVN und ein gewohnheitsrechtlich gewährleistetes, wie schon der Wortlaut („naturgegebene Recht") des Art. 51 SVN nahelegt. Das gewohnheitsrechtliche Selbstverteidigungsrecht entspricht weitgehend dem Wortlaut des Art. 51 SVN, nur der zweite Satz der Vorschrift stellt keine Kodifizierung von Gewohnheitsrecht dar. Die eigentlichen Tatbestandsmerkmale der beiden Selbstverteidigungsrechte stimmen also überein.

bewaffneter Angriff

Nicht näher definiert in der SVN und sehr umstritten ist der Begriff des „bewaffneten Angriffs". Auf jeden Fall ist hierfür eine umfangreichere Gewaltanwendung notwendig, kleinere Grenzzwischenfälle erfüllen das Merkmal nicht. Ansonsten ist vieles unklar. Jedenfalls folgt aus dem obigen, dass das Verbot der Gewaltanwendung in Art. 2 Ziff. 4 (Wortlaut: „Androhung und Anwendung von Gewalt") und der Rechtfertigungsgrund des Art. 51 SVN („bewaffneter Angriff") nicht deckungsgleich sind. Der letztere ist enger als der zuerst genannte. Es gibt somit Gewaltanwendungen, die von Art. 51 SVN und dem gewohnheitsrechtlichem Selbstverteidigungsrecht nicht gerechtfertigt werden können. Auf diese Gewaltanwendungen darf also nicht mit militärischer Gewalt geantwortet werden (IGH, *Nicaragua II*, ICJ-Rep. 1986, 14/110; IGH, *Oil Platforms*, 2003). Die Rechtsinstitute der Repressalie und der Retorsion bleiben anwendbar, welche aber nur gewaltfreie Antworten (auf militärische Gewaltanwendungen) erlauben (▶ Abschn. 4.4).

Der IGH hat in der „Nicaragua II"-Entscheidung (ICJ-Rep. 1986, 14/103) seine Definition des „bewaffneten Angriffs" für das gewohnheitsrechtlich gewährleistete Selbstverteidigungsrecht gegeben. Insbesondere nahm er dafür auf die Aggressionsdefinition Bezug, deren Art. 3 nicht direkt, aber dem Wesen nach zur Begriffsbestimmung heranzuziehen ist. Direkt definiert die Aggressionsdefinition nur die wohl weiter zu verstehende „Aggression" des Art. 39 SVN und nicht den engeren „bewaffneten Angriff". In den Worten des Gerichts: „In particular it may be considered to be agreed that an armed attack must be understood as including not merely action by regular armed forces across an international border, but also the sending by or on behalf of a State of armed bands, groups, irregulars or mercenaries, which carry out acts of armed force against another State of such gravity as to amount to (inter alia) an actual armed attack conducted by regular forces or its substantial involvement therein [...]. The Court sees no reason to deny that, in customary law, the prohibition of armed attacks may apply to the sending by a State of armed bands to the territory of another State, if such an operation, because of its scale and effects, would have been classified as an armed attack rather than as a mere frontier incident had it been carried out by regular armed forces."

Der IGH hat dann in der Entscheidung bestimmte Unterstützungshandlungen für das Erfüllen des Merkmals nicht ausreichen lassen, dazu zählten die Unterstützung von Rebellen durch Waffenlieferungen oder logistischer Hilfe. Unter Anwendung dieser Grundsätze wäre z. B. die bloße Gewährung von Trainingsmöglichkeiten an Terroristen durch einen Staat nicht ausreichend für einen „bewaffneten Angriff". Das aktive Senden jedoch wohl.

Unterstützungshandlungen

Terroranschläge

Umstritten ist, ob nichtstaatliche Aktionen wie die Terroranschläge des 11. September 2001 unter den Begriff des „bewaffneten Angriffs" subsumiert werden können. Nach den obigen Grundsätzen des IGH ist auf die Schwere des Eingriffs abzustellen. Erfüllen mit Teppichmessern bewaffnete Terroristen, die Flugzeuge entführen, dieses Merkmal? Entscheidend erscheint die Schwere des Ergebnisses und nicht die Schwere der eingesetzten Waffen. Das Ergebnis, mehrere tausend Tote, zwei einstürzende Hochhäuser und ein teilzerstörtes Verteidigungsministerium, bringt zweifellos die erforderliche Schwere mit. Fraglich ist aber noch, gegen wen ein so angegriffener Staat seine Selbstverteidigungsmaßnahme richten kann, d. h. wer als Angreifer anzusehen ist. Nach gewöhnlichem Verständnis können dies nur Staaten sein. Nichtstaatliche Akteure sind nur dann davon erfasst, wenn der Staat sie sich zu Eigen macht. In erweiterter Auslegung sind nach modernem Verständnis ähnliche Gesichtspunkte heranzuziehen, wie sie oben beim Begriff der Angriffshandlung herausgearbeitet wurden. Der Terroristen Schutz bietende Staat darf dann im Wege der Selbstverteidigung angegriffen werden. Als Angreifer wird folglich weiterhin ein Staat angesehen, problematisch ist insoweit nur die Zurechnung von privatem Verhalten an einen Staat.

Gegenwärtig

Die Gegenmaßnahme darf nicht zu lange auf sich warten lassen, da ansonsten das Merkmal der Gegenwärtigkeit des Angriffs fehlt. Abstrakte Betrachtungen verbieten sich hier, abzustellen ist immer auf die Umstände des Einzelfalls. Entscheidend dürfte sein, ob der Angriff bereits abgeschlossen ist und keine weiteren Angriffe zu erwarten sind.

Verhältnismäßig

Jede Selbstverteidigungsmaßnahme darf über das notwendige Maß nicht hinausgehen, sie muss verhältnismäßig sein (IGH, *Nukleare Abschreckung*, ICJ-Rep. 1996, 226/245) und unmittelbar als Antwort auf den Angriff erfolgen. Die Verhältnismäßigkeit liegt vor, wenn die Selbstverteidigungsmaßnahme potentiell geeignet ist, den Angriff abzuwehren, sich nach dem Grundsatz der Erforderlichkeit als mildestes aller geeigneten Mittel herausstellt und sie nach einer Zweck-Mittel-Abwägung als angemessen erscheint. Nach Art. 51 S. 1 a. E. SVN ist eine Selbstverteidigung nur so lange möglich, bis der Sicherheitsrat die erforderlichen Maßnahmen getroffen hat (zur Rechtmäßigkeit des Einsatzes von Nuklearwaffen ▶ Abschn. 3.7.2.2).

Neben der normalen Selbstverteidigung des betroffenen Staates gegen einen bewaffneten Angriff ist auch die kollektive Selbstverteidigung anerkannt. Dabei unterstützen andere Staaten den betroffenen Staat bei dessen Selbstverteidigung.

Präventive Selbstverteidigung

Sehr fraglich ist das Bestehen eines Rechtes auf präventive, d. h. vorbeugende Selbstverteidigung. Der Wortlaut der

2.6 · Die Vereinten Nationen

Vorschrift („im Falle eines bewaffneten Angriffs") spricht dagegen. Gegen die Anerkennung eines solchen Rechts spricht auch, dass dem betroffenen Staat ein weiter Ermessensspielraum zu gewähren wäre, der durch diesen leicht ausnütz- und manipulierbar ist. Jedoch wird man keinem Staat in dem Fall einer überwältigenden, existentiellen und unmittelbaren Bedrohung (sog. Webster-Formel) das Recht absprechen können, sein Recht auf Selbstverteidigung auszuüben. Die Verhältnismäßigkeit ist dann gewahrt, wenn kein anderes Mittel mehr zur Verfügung steht und jedes weitere Zögern verhängnisvoll für den Staat ausfüllen würde. Dies ist im Wege einer ex ante Perspektive zu beurteilen.

Abzulehnen ist die Möglichkeit einer präemptiven Selbstverteidigung, nach der ein militärisches Vorgehen gegen ein sich noch im Aufbau befindliches Drohszenario gerechtfertigt wäre. Dadurch würde der für die Selbstverteidigung erforderliche Zusammenhang zwischen Angriff und Verteidigung fast vollständig aufgelöst und die subjektive Sichtweise eines sich bedroht fühlenden Staates maßgeblich, was nicht mit dem Verständnis der Selbstverteidigung als eng auszulegendem Rechtfertigungsgrund in Einklang zu bringen ist.

Präemptive Selbstverteidigung

Daneben existiert auch noch das völkergewohnheitsrechtliche Notstandsrecht. Dies wird häufig zur Rechtfertigung von Interventionen zum Schutz eigener Staatsangehöriger eingesetzt. Beispiel: Die Bundeswehr rettete deutsche Staatsangehörige aus Tirana, Albanien. Die Bedrohung eigener Staatsangehöriger kann als Angriff auf deren Heimatstaat gedeutet werden. Diese rechtliche Verbindung erscheint aber künstlich und wird von der Staatenmehrheit abgelehnt.

Notstandsrecht

Keine anerkannten Rechtfertigungsgründe sind die humanitäre Intervention (▶ Abschn. 4.4.4) und das Schutzverantwortungsprinzip (responsibility to protect). Das Schutzverantwortungsprinzip wurde von der Generalversammlung im Jahre 2005 angenommen (A/Res/60/1 v. 25.10.2005) und beinhaltet die Verantwortung eines jeden Staates, seine Bevölkerung vor Völkermord, Kriegsverbrechen und Verbrechen gegen die Menschlichkeit zu schützen. Im Falle eines Verstoßes soll das Ergreifen kollektiver Maßnahmen nach Kapitel VII durch den Sicherheitsrat der VN möglich sein, wofür nach dem oben dargestellten Verständnis des Friedensbegriffs des Art. 39 SVN kein weiterer Akt notwendig war. Insoweit ist es mehr als Verfahrens, denn als materielles Prinzip einzustufen.

Humanitäre Intervention

Schutzverantwortung

Im Nachklang zu den Ereignissen am 11. September 2001 ist der Sicherheitsrat auf der Basis von Kapitel VII vermehrt von Zwangsmaßnahmen gegen Staaten zu Zwangsmaßnahmen gegen einzelne Personen übergegangen. Besondere Relevanz

Sicherheitsrat und Maßnahmen gegen Terroristen

hat die Resolution 1373 (v. 28.11.2001) erlangt, durch die ein Ausschuss als Nebenorgan des Sicherheitsrats nach Art. 29 SVN geschaffen wurde, welcher Personenlisten erstellt. Die Mitgliedstaaten der VN sollen dann gegen diese Personen die geeigneten Zwangsmaßnahmen wie das Einfrieren von Geldern oder ein Reiseverbot ergreifen. Die Ausschüsse sind mit allen Mitgliedern des Sicherheitsrats besetzt und treffen die Entscheidung in eigener Kompetenz, ob eine Person in die Liste aufgenommen wird oder nicht. Gegen die Aufnahme in die Liste ist nur noch die Beschwerde eines betroffenen Staates bei dem Ausschuss möglich. Das VN-Überprüfungssystem ist vor dem Hintergrund des sehr schwerwiegenden Eingriffs in die Menschenrechte der betroffenen gelisteten Personen höchst unbefriedigend und führt zu einer unnötigen Rechtsschutzverkürzung. Die Rechtsschutzverkürzung ihrerseits führt zu Problemen im nationalstaatlichen, in welchem die gelistete Person oftmals einen effektiveren Rechtsschutz gegen ihre Menschenrechte verkürzende Maßnahmen staatlicher Autoritäten hätte. Beispiel: Staatliche Eigentumsentziehungen oder Freizügigkeitsbeschränkungen verstoßen möglicherweise gegen die Grundrechte des Grundgesetzes (Art. 14 GG bzw. Art. 11 od. 2 GG) und können von den deutschen Gerichten überprüft werden. Im Rahmen einer Sicherheitsresolution wäre die Überprüfung völkerrechtlich nicht mehr möglich, da die SR-Resolution gemäß Art. 25 SVN für Deutschland als Mitgliedstaat verbindlich ist. Das Bundesverfassungsgericht könnte zwar feststellen, dass die Resolution die deutschen Grundrechte verletzt, würde dann jedoch das Auseinanderfallen der deutschen mit der völkerrechtlichen Rechtslage hervorrufen, was nicht mit dem Grundsatz der völkerrechtsfreundlichen Auslegung des Grundgesetzes vereinbar wäre (▶ Abschn. 5.6.1).

Eine weitere Rechtsebene wird durch die Mitgliedschaft der Bundesrepublik in der EU eingeführt. Für verschiedene Maßnahmen gegen gelistete Personen ist die EU im Verhältnis zu den Mitgliedstaaten ausschließlich zuständig und erlässt somit die erforderlichen Rechtsakte. Die EU ist jedoch mangels ihrer Staatseigenschaft kein Mitglied der Vereinten Nationen. In einer vielbeachteten Entscheidung hat der Europäische Gerichtshof seine Überprüfungskompetenz für auf Sicherheitsratsresolutionen zurückgehendes EU-Recht bejaht und eine EU-Verordnung in diesem Zusammenhang u. a. wegen Verstoßes gegen den dem Einzelnen zustehenden Grundrechtsschutz als rechtswidrig angesehen (EuGH, *Kadi*, Slg. 2008, I-6851). Daran ist deutlich ersichtlich, dass das Rechtsschutzsystem der VN nicht adäquat ausgestaltet ist.

2.6 · Die Vereinten Nationen

Sehr umstritten ist, ob der Sicherheitsrat beim Erlass von Resolutionen an die Prinzipien des Menschenrechtsschutzes gebunden ist. Zur Begründung einer Bindung können Art. 1 Ziff. 3 SVN und Art. 55 lit. c) SVN herangezogen werden, da beide Vorschriften davon sprechen, dass die VN die Achtung vor den Menschenrechten fördern. Zu einer Förderung der Achtung der Menschenrechte gehört jedoch nicht zwangsläufig auch die eigene Bindung an sie. Überdies könnte eine Bindung den Ermessensspielraum des Sicherheitsrates bei der Fassung von Resolutionen zur Wiederherstellung des Weltfriedens einschränken. Drittens ist auch sehr unsicher, an welche Menschenrechte die VN überhaupt gebunden wären, da der Bestand sogar zwischen den ständigen Mitgliedern des Sicherheitsrates sehr unterschiedlich ist. Zur Klarstellung der unbefriedigenden Situation wäre eine Änderung der SVN wünschenswert.

Schema: Verstoß gegen das Gewaltverbot

I. Umfassendes Gewaltverbot (Art. 2 Ziff. 4 SVN, VGR); Gewalt: Militärischer Zwang zwischen Staaten
II. Rechtfertigung
    1. Nach Kapitel VII SVN
        a) Feststellung einer Gefahrsituation, Art. 39 SVN
            aa) Verfahren: Ordnungsgemäße Feststellung des Sicherheitsrates, Art. 24 ff. SVN
            bb) Vorliegen der materiellen Voraussetzungen
                (a) Friedensbedrohung
                (b) Friedensbruch
                (c) Angriffshandlung
        b) Militärische Maßnahme, Art. 42 SVN
            aa) Beschluss des Sicherheitsrates, Art. 24 ff. SVN
            bb) Streitkräfteeinsatz
            cc) Notwendigkeit = Verhältnismäßigkeitsprüfung (Erforderlichkeit, Geeignetheit und Angemessenheit)
    2. Selbstverteidigung/Nothilfe nach Art. 51 SVN
        a) Kein Eingreifen des Sicherheitsrates; ab Eingreifen: Kapitel VII-Verfahren beginnt
        b) Bewaffneter Angriff
        c) erforderliche Gegenmaßnahme, Art. 51 S. 2 SVN; Verhältnismäßigkeitsprüfung
        d) Notifizierung an den Sicherheitsrat
    3. Gewohnheitsrechtliches Recht auf Selbstverteidigung / Nothilfe
        a) Bewaffneter Angriff
        b) Erforderliche Gegenmaßnahme

Schema: Verstoß gegen des Gewaltverbot

2.6.5 Friedenserhaltende und friedenschaffende Maßnahmen

Einer der Hauptanwendungsbereiche der VN neben den gerade erwähnten friedenschaffenden („peace-making measures") Maßnahmen sind die friedenserhaltenden Maßnahmen („peace-keeping measures"). Sie sind in der SVN nicht ausdrücklich erwähnt und werden oft auf Kapitel „VI ½" gestützt, was zum Ausdruck bringen soll, dass sie zwischen Kapitel VI und VII angesiedelt sind. Historisch gesehen wurden die friedenserhaltenden Maßnahmen aus der Situation der Blockade des Sicherheitsrats heraus geboren. Dogmatisch werden sie mit dem *argumentum a maiore ad minus* begründet, wonach die schwerere Maßnahme, die Zwangsmaßnahme, auch die leichtere, die friedenserhaltende Maßnahme, mitumfasst. Die Zuständigkeit der VN für solche Einsätze wurde vom IGH bestätigt (IGH, *Certain expenses*, ICJ-Rep. 1962, 151/171 f.). Der Einsatz wird durch einen Beschluss des Sicherheitsrates ermöglicht. Die Finanzierung solcher Maßnahmen erfolgt aus dem Haushalt der VN, deren Oberbefehl sie unterliegen, auch wenn der „Vor-Ort-Oberbefehl" von einem nationalen Militär ausgeübt wird.

Bei der friedenserhaltenden Maßnahme gibt der betroffene Staat seine Zustimmung zu der Maßnahme, also z. B. der Stationierung von Blauhelmtruppen. Sie geschehen also mit dessen und nicht – wie bei den eigentlichen Zwangsmaßnahmen – gegen dessen Willen. Diese Einsätze geschehen aus vielfältigen Gründen heraus, wie z. B. der Sicherung von Waffenstillständen oder Grenzen. Die Blauhelme dürfen Waffen nur zur Selbstverteidigung bei sich führen und sich nicht an Kampfhandlungen beteiligen. Eine Selbstverteidigung kann jedoch schnell in eine aktive Beteiligung am Kampfgeschehen umschlagen.

Wie problematisch das alles ist, hat die Situation in Bosnien klar vor Augen geführt. Deswegen wird in neuerer Zeit seitens der VN ein „robustes Mandat", bei dem man auch militärisch die Ziele der VN durchsetzen kann, häufiger angewandt. Beim „robust peace-keeping" verteidigen die VN-Truppen aktiv Hilfslieferungen, Krankenhäuser u. ä. (Beispiel: Ost-Timor, S/Rs. 1264 [1999]). Solche Einsätze werden dann auf Kapitel „VI 3/4" gestützt, was wiederum nur eine Hilfskonstruktion ist. Neuere Entwicklungen auf diesem Gebiet sind in der „agenda for peace" und dem darauf aufbauenden „Brahimi-Report 2000" (A/55/305-S/2000/809) niedergelegt.

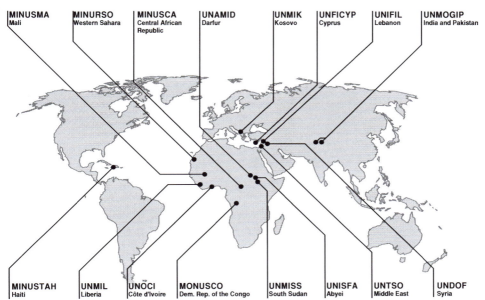

United Nations Peacekeeping Operations (Vereinte Nationen, ▶ http://www.un.org)

2.7 Wiederholungsfragen

1. Wo sind die völkerrechtlichen Rechtsquellen genannt? Lösung ▶ Abschn. 2.2
2. Welche Elemente hat ein völkerrechtlicher Vertrag? Lösung ▶ Abschn. 2.2.1
3. Wie ist der beispielhafte Aufbau eines Vertrages? Lösung ▶ Abschn. 2.2.1
4. Wie verläuft das Abschlussverfahren? Lösung ▶ Abschn. 2.2.2.2
5. Sind Vorbehalte zulässig? Was ist darunter zu verstehen? Lösung ▶ Abschn. 2.2.2.3
6. Nach welchen Grundsätzen werden Verträge ausgelegt? Lösung ▶ Abschn. 2.2.2.6
7. Welche Elemente hat das Gewohnheitsrecht? Lösung ▶ Abschn. 2.2.3
8. Was versteht man unter allgemeinen Rechtsgrundsätzen? Lösung ▶ Abschn. 2.2.4
9. Was ist „soft law"? Lösung ▶ Abschn. 2.2.5
10. Was unterscheidet „ius cogens" vom normalen Recht? Lösung ▶ Abschn. 2.2.5
11. Ist die Analogie eine Rechtsquelle? Lösung ▶ Abschn. 2.2.2.6

12. Welche Völkerrechtssubjekte gibt es? Lösung ▶ Abschn. 2.3
13. Nennen sie die konstituierenden Elemente des Staates! Lösung ▶ Abschn. 2.3.1
14. Ist die Anerkennung von Staaten konstitutiv oder deklaratorisch? Lösung ▶ Abschn. 2.3.2
15. Wie viele Möglichkeiten des Auseinanderfallens eines Staates sind rechtlich anerkannt? Lösung ▶ Abschn. 2.3.4
16. Zählen sie die Grundrechte und Grundpflichten der Staaten auf! Lösung ▶ Abschn. 2.3.5
17. Was ist ein Volk? Worin besteht der Unterschied zu einer Minderheit? Lösung ▶ Abschn. 2.4.2
18. Welchen Inhalt hat das Selbstbestimmungsrecht? Lösung ▶ Abschn. 2.4
19. Wie heißt die mitgliederstärkste internationale Organisation? Lösung ▶ Abschn. 2.6
20. Beschreiben Sie die Organisationsstruktur der Vereinten Nationen! Lösung ▶ Abschn. 2.6.3
21. Worin besteht der Unterschied zwischen den Beschlüssen der Generalversammlung und denen des Sicherheitsrats? Lösung ▶ Abschn. 2.6.3
22. Was versteht man unter „Gewalt" im Völkerrecht? Lösung ▶ Abschn. 2.6.4
23. Was ist eine „Friedensbedrohung"? Lösung ▶ Abschn. 2.6.4
24. Wann kann ein Staat sich auf sein Recht zur Selbstverteidigung berufen? Lösung ▶ Abschn. 2.6.4
25. Gibt es einen Unterschied zwischen friedenserhaltenden und friedenschaffenden Maßnahmen? Lösung ▶ Abschn. 2.6.5

Besondere Gebiete des Völkerrechts

3.1	**Seerecht – 105**	
3.1.1	Hohe See – 107	
3.1.2	Ausschließliche Wirtschaftszone und Festlandsockel – 111	
3.1.3	Tiefseebergbau und Umweltschutz – 114	
3.1.4	Streitbeilegung – 115	
3.2	**Umweltvölkerrecht – 116**	
3.2.1	Völkergewohnheitsrecht – 116	
3.2.2	Vertragsrecht – 118	
3.2.3	Fallbeispiel – 119	
3.3	**Luft-/Weltraumrecht – 121**	
3.3.1	Luftrecht – 121	
3.3.2	Weltraumrecht – 125	
3.4	**Handelsrecht – 127**	
3.4.1	Grundlagen – 127	
3.4.2	WTO/GATT – 128	
3.4.3	GATS und TRIPS – 139	
3.4.4	Innerstaatliche Anwendbarkeit von GATT, GATS und TRIPS – 140	
3.4.5	Streitbeilegung – 141	
3.4.6	WTO und Umweltschutz – 144	
3.4.7	Importverbot, Embargo, Blockade und Boykott – 145	
3.4.8	Privates Handelsrecht – 146	
3.4.9	Lex Mercatoria – 153	
3.5	**Diplomaten- und Konsularrecht – 154**	
3.5.1	Diplomatenrecht – 154	
3.5.2	Konsularische Beziehungen – 158	
3.5.3	Streitbeilegung – 159	
3.5.4	Fall: Diplomatische Immunität – 160	

S. Lorenzmeier, *Völkerrecht – Schnell erfasst*, Recht – Schnell erfasst,
DOI 10.1007/978-3-662-50474-1_3, © Springer-Verlag Berlin Heidelberg 2016

3.6	**Völkerrechtlicher Individualschutz** – **162**	
3.6.1	Fremdenrecht – 163	
3.6.2	Menschenrechte – 164	
3.6.3	Flüchtlinge und Asylrecht – 174	
3.6.4	Gewohnheitsrechtlich gewährleistete Menschenrechte – 175	
3.6.5	Gewährleistung der Menschenrechte in der Bundesrepublik – 175	
3.7	**Kriegsrecht oder Recht internationaler Konflikte** – **176**	
3.7.1	Recht zum Krieg – 177	
3.7.2	Recht im Krieg – 177	
3.7.3	Recht des nicht internationalen Konflikts – 190	
3.7.4	Sicherung der gewährten Rechte – 191	
3.7.5	Verhältnis Menschenrechte – Humanitäres Völkerrecht – 192	
3.8	**Wiederholungsfragen** – **192**	

Nach den Ausführungen zu den allgemeinen Lehren und Grundbegriffen des Völkerrechts werden nunmehr im Anschluss die „besonderen Gebiete" des Völkerrechts erläutert. „Besondere Gebiete" sind die völkerrechtlichen Rechtsbereiche, in denen von den allgemeinen völkerrechtlichen Normen abweichende Sonderrechtssätze, sei es auf völkergewohnheitsrechtlicher, sei es auf vertraglicher Basis, bestehen. Der Ausdruck „besondere Gebiete" soll folglich nicht abgelegene Randbereiche des Völkerrechts bezeichnen, sondern Sachgebiete, die einer gemeinsamen Normierung zugeführt wurden. Sie gehen dann als Spezialregelungen den allgemeinen völkerrechtlichen Normen vor, denen nur eine lückenfüllende Funktion zukommt. Die besonderen Gebiete können im Rahmen dieses Studienbuches nur überblicksartig dargestellt werden, bei besonderem Interesse empfiehlt sich ein die jeweilige Materie vertiefend behandelndes Lehrbuch.

3.1 Seerecht

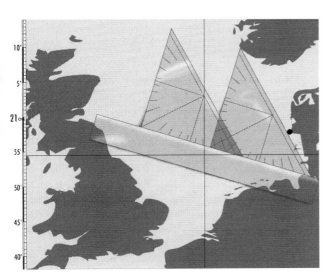

Seerecht (Reinald Fenke)

Die Meere bedecken zwei Drittel der Erdoberfläche, so dass dem Seerecht besondere Bedeutung beizumessen ist. Schon eine der ersten völkerrechtlichen Abhandlungen der Moderne befasste sich mit seinen Grundlagen, Grotius' Werk über die Freiheit der Meere (De mare libero, 1609). Der Niederländer Hugo Grotius war einer der größten jemals

SRÜ

lebenden Völkerrechtler, dessen Werke vielfach heute noch relevant sind.

Die moderne Rechte an den nationalen und internationalen Gewässern sind in dem Seerechtsübereinkommen (SRÜ; 167 Mitglieder) der Vereinten Nationen aus dem Jahre 1982 geregelt. Das Übereinkommen wurde auf einer Staatenkonferenz beschlossen und umfasst 320 Artikel und neun Anlagen. Es trat am 16.11.1994 nach der Ratifizierung durch die Bundesrepublik (BGBl. 1994 II, 1799) als 60. Ratifikationsstaat (Art. 308 I SRÜ) in Kraft. Am 1.5.1998 ist die EU dem SRÜ beigetreten, da ihr auf einigen der im SRÜ geregelten Bereichen die alleinige Regelungskompetenz gegenüber ihren Mitgliedstaaten zukommt, wie z. B. gemäß Art. 3 I lit. d) AEUV auf dem Gebiet der Fischerei. Nach Art. 305 lit. f) SRÜ i. V. m. Anlage IX können auch internationale Organisationen das Abkommen unterzeichnen. Sie gelten gemäß Art. 1 II Nr. 2 SRÜ als „Vertragsstaaten" im Sinne des Übereinkommens, auch wenn sie keine „Staaten" im Sinne des Völkerrechts sind.

Ratifizierungsprobleme

Eines der Hauptprobleme des SRÜ, und der Grund für die lange Zeit zurückhaltende Ratifizierung durch die Industrienationen, sind die Regelungen des Teiles XI SRÜ über den Tiefseebergbau. Insbesondere die in den Art. 156 ff. SRÜ vorgesehene Schaffung einer Meeresbodenbehörde und die damit verbundenen Kosten schreckte viele Staaten ab. Deswegen wurde 1994 ein Durchführungsabkommen (DÜ) zum SRÜ abgeschlossen, welches den Teil XI SRÜ praktisch einer anderen Regelung – der des DÜ – unterwirft. In Fällen, bei denen es um Tiefseebergbau geht, ist folglich auch das DÜ mit zu untersuchen. Das DÜ zählt 2015 147 Mitglieder.

Vorbehalte nur eingeschränkt möglich

Zu beachten ist, dass Art. 309 SRÜ das Recht der Vertragsstaaten, Vorbehalte und Ausnahmen zu den Vorschriften des SRÜ zu erklären, weitestgehend ausschließt. Eine „Verwässerung" der seerechtlichen Bestimmungen ist demnach in Abweichung von allgemeinen völkerrechtlichen Grundsätzen (s. o. S. 32) nur in einem engen, ausdrücklich zugelassenen Rahmen möglich, was im Sinne der Schaffung von Rechtsklarheit zu begrüßen ist.

Das Übereinkommen unterteilt das Seerecht in das Recht der „Hohen See" und der „Eigengewässer", zu denen Binnenseen, Flüsse und Kanäle gehören.

3.1.1 Hohe See

„Hohe See" sind gemäß Art. 86 SRÜ „alle Teile des Meeres, die nicht zur ausschließlichen Wirtschaftszone, zum Küstenmeer oder zu den inneren Gewässern eines Staates oder zu den Archipelgewässern eines Archipelstaats gehören".

Die Hohe See ist „frei". Frei bedeutet, dass kein Staat die Hohe See in Besitz nehmen darf.

> **Freiheit der Hohen See – Art. 87 SRÜ**
> (1) Die Hohe See steht allen Staaten, ob Küsten- oder Binnenstaaten, offen. Die Freiheit der Hohen See wird gemäß den Bedingungen dieses Übereinkommens und den sonstigen Regeln des Völkerrechts ausgeübt. Sie umfaßt für Küsten- und Binnenstaaten unter anderem
> a) die Freiheit der Schiffahrt
> b) die Freiheit des Überflugs
> c) die Freiheit, vorbehaltlich des Teiles VI, unterseeische Kabel und Rohrleitungen zu legen,
> d) die Freiheit, vorbehaltlich des Teiles VI, künstliche Inseln und andere nach Völkerrecht zulässige Anlagen zu errichten,
> e) die Freiheit der Fischerei unter den Bedingungen des Abschnitts 2,
> f) die Freiheit der wissenschaftlichen Forschung vorbehaltlich der Teile VI und XIII [...]

Die aufgezählten Freiheiten gelten nur „unter anderem", das heißt, der Katalog ist nicht abschließend. Auch nicht erwähnte Freiheiten können unter die Freiheit der Meere fallen. Wie man anhand von Buchstabe b) sieht, beschäftigt sich das SRÜ nicht nur mit dem See-, sondern auch mit dem Luftrecht (▶ Abschn. 3.3.1).

Katalog nicht abschließend

Nach Art. 87 I 1 SRÜ ist die Hohe See „offen", d.h. sie gehört keinem Staat; Souveränitätsansprüche einzelner Staaten sind nach Art. 89 SRÜ ausdrücklich unzulässig. Da sie niemandem gehört, darf man die Hohe See nur für friedliche Zwecke nutzen (Art. 88 SRÜ).

Hohe See gehört keinem Staat.

Aus der Freiheit der Hohen See in Verbindung mit dem Grundsatz der Staatensouveränität folgt, dass sich jedes Schiff, auch ein Kriegsschiff (Art. 29, 95 SRÜ), auf der Hohen See frei und ungehindert bewegen darf. Die „Staatszugehörigkeit" eines Schiffes wird laut Art. 91 SRÜ durch die Flagge bestimmt, die Gerichtsbarkeit nach den Regeln des jeweiligen Flaggenstaates vom

Flaggenprinzip

Kapitän ausgeübt. Gemäß Art. 91 I 3 SRÜ muss zwischen Flagge und Schiff eine „echte Verbindung" (genuine link) bestehen. Sie liegt vor, wenn der Flaggenstaat dem Schiff diplomatischen Schutz gewährt; sie wird durch entsprechende Dokumente bestätigt, Art. 91 II SRÜ. In aller Regel sind diese Voraussetzungen durch den Eintrag des Schiffes in ein nationales Schiffsregister erfüllt. Gemäß dem Flaggenprinzip ist der Flaggenstaat „Herrscher" über das Schiff. Bemerkenswert ist auch, dass auch Binnenstaaten, d. h. Staaten ohne Seezugang wie z. B. Österreich, Schiffe haben können, die unter ihrer Flagge fahren.

Einschränkungen der Freiheit

Allerdings ist die Hohe See nicht vollkommen frei. Die Einschränkungen ergeben sich zum einen aus der Ausnahmebestimmung des Art. 110 SRÜ. Nach Art. 110 SRÜ darf ein Kriegsschiff oder Militärflugzeug (Art. 110 IV SRÜ) ein anderes, privates Schiff (niemals ein anderes im Staatsdienst stehendes Schiff, siehe Art. 95, 96 SRÜ; Grund: Staatenimmunität) auf Hoher See aufbringen. Insbesondere gilt dies für Sklaven- (Art. 99 SRÜ) und Seeräuberschiffe (Art. 101 SRÜ). Die Besatzung dieser Schiffe wird nach dem Recht des aufbringenden Staates verurteilt. Als Ausnahmevorschrift ist das Betretungsrecht des Art. 110 SRÜ eng auszulegen.

Rechte der Allgemeinheit

Alle Benutzer der Hohen See müssen zum anderen als weitere Grenze der Freiheit der Meere die Rechte der Allgemeinheit, insbesondere das völkergewohnheitsrechtliche Gebot der Rücksichtnahme, achten (Art. 87 II SRÜ). Zu den Rechten der Allgemeinheit gehören u. a. die Vorschriften des Meeresumweltschutzes, der in Teil XII des SRÜ, insbesondere den Art. 207 bis 222, niedergelegt ist.

Diese Regelungen stellen eine deutliche Verbesserung gegenüber den bis zum in Kraft treten des SRÜ geltenden Vorschriften dar, dennoch ist der Schutz der Meeresumwelt noch nicht vollständig gegeben, da das SRÜ in dieser Hinsicht nur ein Rahmenabkommen ist, das noch weiterer Konkretisierung durch die Staaten bedarf, siehe z. B. Art. 207 ff. SRÜ.

Weitere Einschränkungen der Nutzung der Hohen See bestehen für Piraten, die Bekämpfung des Phänomens hat in neuerer Zeit aufgrund der Situation vor Somalia wieder besondere Relevanz erlangt. Das Verbot der Seeräuberei ist in den Art. 100 ff. SRÜ niedergelegt, wobei Art. 101 SRÜ eine Definition der Seeräuberei enthält. Die Normen enthalten weit reichende Eingriffsbefugnisse der Staaten gegen Seeräuber, da der Pirat als Feind der gesamten Menschheit angesehen wird. Das Pirateriverbot ist das älteste allgemein anerkannte ius cogens-Recht.

3.1.1.1 Staatliche Gewässer

Nachdem geklärt ist, dass die Hohe See „offen" ist, stellt sich die Frage nach ihren räumlichen Grenzen. Hohe See ist alles, was nicht zum Küstenmeer (Art. 3 SRÜ) plus Anschlusszone (Art. 33 SRÜ) oder plus ausschließliche Wirtschaftszone (Art. 55 SRÜ) des Anrainerstaates gehört. Innerhalb dieses Bereiches ist es „staatliches Gewässer". Dies bedeutet, dass der Küstenstaat auf oder unter der Meeresoberfläche allumfassend oder eingeschränkt Hoheitsrechte ausüben darf. Das Küstenmeer beträgt 12 Seemeilen ab einer gedachten, einigermaßen geraden Basislinie (Art. 4 ff. SRÜ); die Anschlusszone umfasst 24 Seemeilen ab der Basislinie. Die ausschließliche Wirtschaftszone reicht weitere 200 Seemeilen ab den Basislinien (Art. 57 SRÜ) in die Hohe See hinein; die Anschlusszone ist somit Bestandteil der ausschließlichen Wirtschaftszone. Der Anrainerstaat ist in ihr befugt, noch einige Hoheitsrechte, wie das Zollwesen, auszuüben. Die Ausdehnung der staatlichen Gewässer führt dazu, dass es in einigen Gebieten, wie der Nord- und Ostsee, überhaupt keine Hohe See mehr gibt.

Die „inneren Gewässer" eines Staates sind alle Binnengewässer, d. h. vom Landgebiet umfasste Wasserläufe, sowie die sich landwärts der Basislinie des Küstenmeeres befindlichen Gewässer, Art. 8 SRÜ.

innere Gewässer

Die Bestimmung der Basislinie wird in den Art. 5 bis 7 SRÜ vorgenommen, in der Regel ist es die Niedrigwasserlinie. Zu den Eigengewässern gehören unter den Voraussetzungen des Art. 10 SRÜ auch Buchten, wobei hier im Einzelfall zwischen den Staaten sehr viel streitig ist. Als Bucht und Eigengewässer ist die Bucht von Riga anzusehen, verneint wird dies häufig für die sich in Libyen befindliche „Große Syrte".

Buchten

3.1.1.2 Küstenmeer

Zu beachten ist allerdings, dass nach Art. 2 SRÜ zum eigentlichen Staatsgebiet des Anliegerstaates nur das Küstenmeer ab der Basislinie gehört, mehr dazu oben unter „Staatsgebiet" (▶ Abschn. 2.3.1). Bei Anwendung der staatlichen Hoheitsrechte könnten dann alle Schiffe, die nicht unter der Flagge des jeweiligen Küstenstaates fahren, von der Benutzung des Küstenmeeres ausgeschlossen werden. Dies würde eine große Behinderung der internationalen Schifffahrt nach sich ziehen. Beispielsweise wäre es dann unmöglich, den Öresund zwischen Dänemark und Schweden zu durchfahren. Ein russisches Schiff aus St. Petersburg könnte dann niemals die Ostsee verlassen, wenn die Anliegerstaaten es nicht erlauben. Eine sehr nachteilige Situation für den internationalen Handel.

Deswegen statuiert Art. 17 SRÜ das Recht der friedlichen Durchfahrt.

> **Art. 17 SRÜ – Recht der friedlichen Durchfahrt**
> Vorbehaltlich dieses Übereinkommens genießen die Schiffe aller Staaten, ob Küsten- oder Binnenstaaten, das Recht der friedlichen Durchfahrt durch das Küstenmeer. Das Recht zur friedlichen Durchfahrt umfasst alle Schiffe, also auch Kriegsschiffe, die gemäß Art. 32 SRÜ Immunität genießen. Kriegsschiffe dürfen deswegen nicht angehalten oder durchsucht werden.

friedliche Durchfahrt

Das gilt selbst dann, wenn ein Kriegsschiff ohne Erlaubnis einen Hafen anläuft. Dem Gaststaat steht dann nur ein Schadensersatzanspruch zu, Art. 31 SRÜ. „Durchfahrt" wird von Art. 18 SRÜ als Fahrt durch das Küstenmeer ohne größeren Aufenthalt verstanden. Sie ist „friedlich", wenn durch sie der Frieden, die Ordnung oder die Sicherheit des Küstenstaates nicht beeinträchtigt werden soll (Art. 19 I SRÜ). U-Boote müssen als Zeichen ihrer friedlichen Absicht aufgetaucht fahren (Art. 20 SRÜ). Der Küstenstaat darf laut Art. 24 I SRÜ die Durchfahrt nicht behindern, allerdings ist er berechtigt, fremden Schiffen bestimmte Schifffahrtswege zuzuweisen (Art. 22 SRÜ).

Recht zur Nacheile (hot pursuit)

Im Fall einer Rechtsverletzung hat der Anliegerstaat das Recht zur Nacheile (Art. 111 I SRÜ). Nacheile ist das Recht zur Verfolgung und Stellung des Rechtsbrechers. Sie muss beginnen, wenn sich das rechtsbrechende Schiff noch innerhalb der Anschlusszone befindet und kann dann auf der Hohen See fortgesetzt werden, wenn sie zwischenzeitlich nicht unterbrochen wurde (Art. 111 I 2 SRÜ). Das rechtsbrechende Schiff kann dann auch gewaltsam zum Anhalten gezwungen werden, allerdings ist die Versenkung von dem Recht auf Nacheile nicht gedeckt. Letzteres würde wegen des Eingriffs in den Hoheitsbereich eines anderen Staates eine Verletzung des Gewaltverbotes nach Art. 2 Ziff. 4 SVN darstellen.

Meerengen

Problematisch ist die Situation bei Meerengen wie dem Bosporus, die der internationalen Schifffahrt dienen. Kann dann der Anliegerstaat, in unserem Beispiel also die Türkei, die Durchfahrt ukrainischer Handelsschiffe verhindern? Ohne die Durchfahrt durch den Bosporus könnten diese Schiffe das Schwarze Meer nicht erreichen. Andererseits gehört die Meerenge offensichtlich zum Hoheitsbereich des Anliegerstaates.

Diese Spannungslage wurde durch einen Kompromiss gelöst. Danach unterstehen Meerengen der Hoheitsgewalt des Anliegerstaates, dieser muss jedoch laut Art. 38 SRÜ die Transitdurchfahrt der nicht unter seiner Flagge fahrenden Schiffe erlauben. Die Transitdurchfahrt muss dabei ununterbrochen und zügig von statten gehen, Art. 39 SRÜ. Für U-Boote bedeutet dies, dass sie – im Gegensatz zur Fahrt im Küstenmeer – getaucht fahren dürfen.

Schwierig ist auch die Bestimmung des Küstenmeeres und der Basislinien bei Archipelstaaten, siehe die Art. 46 ff. SRÜ. Unter einem Archipel versteht man nach Art. 46 lit. b) SRÜ […] eine Gruppe von Inseln einschließlich Teilen von Inseln, dazwischenliegende Gewässer und andere natürliche Gewässer, die so eng miteinander in Beziehung stehen, dass diese Inseln und Gewässer und andere natürliche Gebilde eine wirkliche geographische, wirtschaftliche und politische Einheit bilden, oder die von alters her als solche angesehen worden sind.

Archipelstaaten

Der Begriff der Insel ist in Art. 121 I SRÜ bestimmt. Danach ist eine Insel eine natürlich entstandene Landfläche, die vom Wasser umgeben ist und bei Flut über den Wasserspiegel herausragt (s. IGH, Rumänien/Ukraine, 2009, para. 187).

Insel

Archipelstaaten sind z. B. Indonesien und die Philippinen. Grundsätzlich bilden nach Art. 47 SRÜ die äußeren Inseln eines Archipels die Basislinie, das dann innen liegende Gewässer ist das Eigengewässer, das außen liegende das Küstenmeer. Mangels „Natürlichkeit" zählen Bohrinseln nicht zu den Inseln im Sinne des Art. 121 I SRÜ, für sie gilt die Regelung des Art. 60 SRÜ.

Bedeutsam ist die Abgrenzung Insel – Felsen. Ein Felsen hat nach Art. 121 III SRÜ im Gegensatz zur Insel keine ausschließliche Wirtschaftszone und keinen Festlandsockel. Felsen sind für die menschliche Besiedlung nicht geeignet oder lassen ein wirtschaftliches Eigenleben nicht zu.

Felsen

3.1.2 Ausschließliche Wirtschaftszone und Festlandsockel

Die ausschließliche Wirtschaftszone ist in Art. 55 SRÜ definiert.

> **Art. 55 SRÜ – Ausschließliche Wirtschaftszone**
> Die ausschließliche Wirtschaftszone ist ein jenseits des Küstenmeeres gelegenes und an dieses angrenzendes Gebiet, das der in diesem Teil festgelegten Rechtsordnung unterliegt, nach der die Rechte und Hoheitsbefugnisse des Küstenstaats und die Rechte und Freiheiten anderer Staaten durch die diesbezüglichen Bestimmungen dieses Übereinkommens geregelt werden.

Breite der ausschließlichen Wirtschaftszone

„Die in diesem Teil festgelegte Rechtsordnung" ist die Ordnung des Teiles „V." des SRÜ. Sie besagt, dass der Küstenstaat in der ausschließlichen Wirtschaftszone einzelne, in Art. 56 SRÜ näher niedergelegte, Hoheitsbefugnisse ausüben darf. Der Küstenstaat hat danach das ausschließliche Recht, die lebenden und nichtlebenden Ressourcen auf einer Breite von 200 sm nach seiner Basislinie auszubeuten, Art. 57 SRÜ.

Beispielsweise darf er Fischerei betreiben oder die Erdölvorräte ausbeuten. Nach Art. 73 SRÜ kann der Küstenstaat unter bestimmten Umständen fremde Handelsschiffe in seiner ausschließlichen Wirtschaftszone anhalten und überprüfen.

Neben der ausschließlichen Wirtschaftszone gibt es noch das Rechtsinstitut des Festlandsockels laut Art. 76 ff. SRÜ.

> **Art. 76 SRÜ – Festlandsockel**
> (1) Der Festlandsockel eines Küstenstaates umfaßt den jenseits seines Küstenmeeres gelegenen Meeresboden und Meeresuntergrund der Unterwassergebiete, die sich über die gesamte natürliche Verlängerung seines Landgebiets bis zur äußeren Kante des Festlandrands erstrecken oder bis zu einer Entfernung von 200 Seemeilen von den Basislinien, von denen aus die Breite des Küstenmeeres gemessen wird, wo die äußere Kante des Festlandsockels in einer geringeren Entfernung verläuft.
> (2) [...]

Der Festlandsockel ist nach dieser Definition die natürliche seewärtige Verlängerung des Landgebiets (IGH, Nordsee-Festlandsockel, ICJ-Rep. 1969, 3/31). Er darf im äußersten Fall eine Entfernung von 350 Seemeilen von der Basislinie, von der das Küstenmeer gemessen wird, nicht überschreiten, Art. 76 V SRÜ. Der weitergehende Festlandsockel wird vom Küstenstaat durch nationale Gesetzgebung festgelegt, Art. 76 IV SRÜ. Die Bedeutung des Festlandsockels liegt in seinen Bodenschätzen begründet, s. die Diskussion um die Hoheitsbereiche in der Arktis. Mithin hat der Sockel eine immense wirtschaftliche Bedeutung, die eine besondere Regelung erforderlich machte. Interessanterweise muss bei Abbau der sich in der Zone von 200 bis 350 sm (wenn der Küstenstaat sein Festlandsockelregime so weit ausdehnt) befindlichen Bodenschätze ein Teil des Ertrages an die Meeresbodenbehörde abgeführt werden, Art. 82 SRÜ.

Recht zur Erforschung Ausbeutung

Laut Art. 77 I SRÜ übt der Küstenstaat souveräne Rechte, d. h. Hoheitsrechte, über den Festlandsockel aus, die ihn berechtigen, den Sockel zu erforschen und auszubeuten. Allerdings gilt dies nur für den Sockel und nicht für das darü-

3.1 · Seerecht

berliegende Gewässer und den Luftraum, Art. 78 I SRÜ. Die Hoheitsrechte des Küstenstaats sind demnach gegenständlich beschränkt, für das über dem Festlandsockel liegende Gewässer ergeben sie sich für eine Breite von 200 Seemeilen aus dem Rechtsinstitut der ausschließlichen Wirtschaftszone.

Wie ist das Verhältnis des Festlandsockelregimes mit dem der ausschließlichen Wirtschaftszone, wenn man nach beiden den Meeresuntergrund ausbeuten darf? Gemäß Art. 56 III SRÜ darf der Meeresboden nur in Übereinstimmung mit Teil VI SRÜ ausgebeutet werden. Dieser Teil VI SRÜ ist gerade der Abschnitt über den Festlandsockel, so dass in beiden Systemen identische Regeln anzuwenden sind; für den Küstenstaat macht es somit keinen Unterschied, ob er für die Ausbeutung des Meeresbodens das Konzept der ausschließlichen Wirtschaftszone oder das des Festlandsockels für sich in Anspruch nimmt.

Nicht ganz unproblematisch ist die (häufige) Situation, wenn die ausschließlichen Wirtschaftszonen oder Festlandsockel von verschiedenen Staaten aneinanderstoßen. Vor Inkrafttreten des SRÜ waren solche Streitigkeiten häufig Gegenstand von Verfahren vor dem IGH (Beispiele: Nordsee-Festlandsockel, ICJ-Rep. 1969, 3 ff. ff.; Tunesien-Libyen, ICJ-Rep. 1982, 18 ff.; Gulf of Maine, ICJ-Rep. 1984, 246 ff.) oder anderer Schiedsgerichte. Die Gerichte wandten dabei meist das Prinzip der Mittellinie (Äquidistanzprinzip) an, wonach die Mittellinie zwischen den streitenden Staaten die Grenze sein sollte. Dies ist jedoch eine nicht ganz gerechte Lösung des Problems, wenn in einem Teil des zustehenden Gebietes höherwertige Ressourcen als in dem anderen vorhanden sind, und bei der strengen Mittellinientrennung diese Ressourcen unverhältnismäßig dem einen Staat zugeschlagen werden.

Äquidistanzprinzip

Aus diesem Grund findet sich das Äquidistanzprinzip nicht mehr im SRÜ. Die gleichlautenden Art. 74 und 83 SRÜ gehen nunmehr von dem Prinzip der Billigkeit aus. Die Grenzziehung ist nach „einer der Billigkeit angemessenen Lösung zu erzielen". Auf diese Weise wird dann auch das oben beschriebene Problem gelöst.

Billigkeitsprinzip

Die Staaten können sich der Verpflichtung nicht durch Untätigkeit entziehen, da der Absatz 2 der jeweiligen Vorschrift das Verfahren des Teiles XV (Beilegung von Streitigkeiten, insbesondere Gerichtsverfahren) dann vorschreibt, wenn „innerhalb einer angemessenen Frist keine Übereinkunft zustande kommt". Wobei der Terminus „angemessene Frist" ein unbestimmter Rechtsbegriff ist, der noch näherer Bestimmung bedarf. Die Frist ist auf jeden Fall kürzer als eine Verwirkungsfrist (Englisch: estoppel), die als allgemeiner Rechtsgrundsatz im Sinne des Art. 38 I lit. c) IGH-St anerkannt ist.

3.1.3 Tiefseebergbau und Umweltschutz

Seine besondere Bedeutung erlangt das SRÜ durch den Teil XI über die Ausbeutung der Meeresschätze, den Tiefseebergbau. Die Regelung des SRÜ ist sehr detailliert. Das Rechtsregime des Teiles XI stellt im Gegensatz zu der Mehrzahl der Bestimmungen des SRÜ keine Kodifizierung von Völkergewohnheitsrecht dar. Die zentrale Vorschrift im Teil XI ist Art. 136 SRÜ.

> **Art. 136 SRÜ – Gemeinsames Erbe der Menschheit**
> Das Gebiet und seine Ressourcen sind das gemeinsame Erbe der Menschheit.

Ressourcen

„Das Gebiet" ist laut Art. 1 I Nr. 1 SRÜ der Meeresboden und der Meeresuntergrund jenseits der Grenzen des Bereichs nationaler Hoheitsbefugnisse. „Ressourcen" sind nach Art. 133 lit. a) SRÜ alle festen, flüssigen oder gasförmigen mineralischen Ressourcen in situ, die sich im Gebiet auf oder unter dem Meeresboden befinden, einschließlich polymetallischer Knollen. Diese polymetallischen Knollen (Manganknollen) waren der Hauptgrund für die Errichtung des Tiefseebergbauregime, da sie einen großen wirtschaftlichen Faktor darstellen (können), sobald man technisch in der Lage ist, sie zu gewinnen. Auch Fische gehören nach Art. 116 ff. SRÜ zu den Ressourcen, allerdings sind sie wegen der Gefahr der Überausbeutung besonders schützens- und erhaltenswert.

Gemeinsames Erbe der Menschheit als Völkergewohnheitsrecht

Der in Art. 136 SRÜ niedergelegte Rechtsgedanke, dass der Meeresboden und -untergrund gemeinsames Erbe der Menschheit und deshalb besonders pfleglich zu behandeln ist, ist ebenfalls ein Grundsatz des Völkergewohnheitsrechtes. Auf der 3. UN-Seerechtskonferenz 1982, die zum Abschluss des SRÜ führte, bestand hinsichtlich dieses Punktes weltweit Einigkeit, Differenzen gab es nur bezüglich der konkreten Ausgestaltung, insbesondere der Meeresbodenbehörde. Wie man sieht, ist hier die Unterscheidung zwischen im SRÜ niedergelegtem Rechtsregime und gewohnheitsrechtlich anerkanntem Konzept sehr bedeutsam. An dem „gemeinsamen Erbe der Menschheit" (common heritage of mankind) darf kein Staat Hoheitsrechte ausüben, Art. 137 I SRÜ, und alle Rechten an den Ressourcen stehen gemäß Art. 137 III SRÜ der gesamten Menschheit zu.

Meeresbodenbehörde

Die Ausbeutung dieser Bodenschätze soll durch die Meeresbodenbehörde überwacht und koordiniert werden, siehe die Art. 156 ff. SRÜ. Sie wurde am 16.11.1994 gegründet, hat ihren Sitz in Kingston (Jamaika) und hat die Rechtsstellung einer internationalen Organisation.

Zu beachten ist, dass das im SRÜ niedergelegte Tiefseebergbauregime seit dem Inkrafttreten des DÜ-SRÜ in weiten Teilen nicht mehr gilt, wie sich aus Art. 2 DÜ-SRÜ ergibt. Das DÜ hat Vorrang vor den Bestimmungen des SRÜ, Art. 2 I 2 DÜ-SRÜ. In Deutschland wurde die Regelung des Meeresbodenbergbaus durch das „Gesetz zur Regelung des Meeresbodenbergbaus" (MBergG, BGBl. 1995 I, 778,782) vorgenommen.

Ein weiterer sensibler Bereich ist in Teil XII des SRÜ näher geregelt worden, der Schutz der Meeresumwelt. Der Grundsatz ist in Art. 192 SRÜ festgeschrieben.

> **Schutz der Meeresumwelt – Art. 192 SRÜ**
> Die Staaten sind verpflichtet, die Meeresumwelt zu schützen und zu bewahren.

Eine Verletzung der Umweltschutzpflicht führt zu einer Haftung der Staaten, Art. 235 I 2 SRÜ. Allerdings gilt die Verpflichtung nicht für Kriegsschiffe und andere Staatsschiffe, diese nehmen an der allgemeinen Staatenimmunität teil (Art. 236 SRÜ). Die Regelungen des SRÜ zum Schutz der Meeresumwelt stellen eine Verbesserung gegenüber der vor ihrem Inkrafttreten gültigen Situation dar, sind jedoch längst noch nicht allumfassend. Häufig müssen die Staaten nur die „notwendigen" (z. B. Art. 194 I SRÜ), nicht aber die bestmöglichen Maßnahmen zur Verringerung der Umweltverschmutzung ergreifen (zum Meeresumweltschutz s. a. ISGH, Mox Plant, ILM 2002, 405).

Umweltschutz

3.1.4 Streitbeilegung

Das SRÜ sieht einen speziellen Streitbeilegungsmechanismus vor. Nach Art. 279 SRÜ legen die Vertragsstaaten alle Streitigkeiten untereinander auf friedlichem Wege bei, wobei die Bestimmung des „friedlichen Mittels" (Konsultation, Schiedsgericht etc.) ihnen überlassen bleibt. Falls die streitenden Parteien sich nicht einigen können, müssen sie die Streitigkeit einem bindenden Verfahren unterwerfen, Art. 286 ff. SRÜ, falls nicht einer der Tatbestände der Art. 297 ff. SRÜ gegeben ist. Die Wahl des Verfahrens steht ihnen frei, es muss nur einem der in Art. 287 I lit. a) bis d) aufgezählten Spruchkörper zugewiesen werden.

Der dort genannte Internationale Seegerichtshof ist ein Spezialgericht zur Klärung seerechtlicher Streitigkeiten. Er hat

Internationaler Seegerichtshof

seinen Sitz in Hamburg, Art. 1 II Anlage VI SRÜ. Vor dem Seegerichtshof können – im Gegensatz zum IGH (Art. 34 I IGH-St) – auch internationale Organisationen klagen und verklagt werden, Art. 20 II Anlage VI SRÜ, soweit sie „Vertragsstaaten" des SRÜ sind. Das trifft nur auf die Europäische Union zu. Streitigkeiten betreffend die Meeresbodenbehörde müssen laut Art. 287 II SRÜ vor den Seegerichtshof gebracht werden. Die Streitschlichtungskompetenzen des Seegerichtshofs und des IGH sind teilweise überlappend.

Die Rechtsprechung des Seegerichtshofs ist noch sehr überschaubar, da das Gericht selten angerufen wird (bis Ende 2015 nur 24-mal). Die überwiegende Mehrzahl der bislang entschiedenen Rechtssachen betrifft einstweilige Verfahren hinsichtlich Schiffsheraus- bzw. freigaben, in seltenen Fällen auch den Schutz der Umwelt.

3.2 Umweltvölkerrecht

Der nächste zu behandelnde Bereich ist das völkerrechtliche Umweltrecht. Ein Teilbereich, der des Seerechts, wurde gerade schon erörtert. Das Umweltvölkerrecht ist ein noch vergleichsweises „neues" Rechtsgebiet, seinen eigentlichen Anfang nahm es mit der „Stockholmer Konferenz" im Jahre 1972. Dort wurde erstmals ausdrücklich festgestellt, dass die Umwelt geschützt und verbessert werden muss. Der Konferenz nachfolgend wurde dann von der Generalversammlung der VN die UNEP („United Nations Environmental Programme", Sitz: Nairobi) gegründet. Berühmt ist auch noch die Konferenz von Rio 1992 geworden, die die „Agenda 21", ein allerdings völkerrechtlich nicht verbindliches Dokument (Deutschland hat es innerstaatlich in geltendes Recht umgesetzt), aus der Taufe gehoben hat.

zwei Rechtsquellen

Auch das Umweltrecht leitet sich hauptsächlich aus zwei Rechtsquellen ab, dem Vertragsrecht und dem Gewohnheitsrecht, wobei ein umfassendes Umweltschutzübereinkommen oder alle Bereiche umfassendes Gewohnheitsrecht bislang nicht existiert. Die Regelungen sind häufig sehr kursorisch.

3.2.1 Völkergewohnheitsrecht

Der Wechselbeziehung verschiedener, unter keinem Gesetzesvorbehalt stehender Grundrechte vergleichbar (praktische Konkordanz)

Zuerst zum Völkergewohnheitsrecht. Das bestehende umweltrechtliche Völkergewohnheitsrecht ist das Ergebnis zweier widerstreitender Prinzipien, die sich gegenseitig beschränken und damit kontrollieren. Auf der einen Seite steht das Prinzip der absoluten territorialen Souveränität (auch Harmon-Dokt-

3.2 · Umweltvölkerrecht

rin genannt). Danach kann jeder Staat ohne Rücksicht auf die anderen auf seinem Territorium tun und lassen was er will. Wenn er die Luft verschmutzen möchte, ist ihm dies gestattet. Demgegenüber steht das Prinzip der absoluten territorialen Integrität, wonach jede Einwirkung auf ein anderes Staatsgebiet als völkerrechtswidrig anzusehen ist.

Die beiden Prinzipien finden sich als Ausprägung des absoluten Eigentumsrechts auch im zivilrechtlichen Nachbarrecht. Im Völkerrecht findet dieser allgemeine Rechtsgrundsatz seine Ausprägung als Pflicht zur guten Nachbarschaft. Völkergewohnheitsrechtlich gilt der vermittelnde Grundsatz der eingeschränkten staatlichen Souveränität und Integrität.

Souveränität und Integrität

Gemäß dem gegenwärtigen Stand des Völkergewohnheitsrechts ist es verboten, das eigene Territorium so zu nutzen, dass der Umwelt anderer Staaten schwere und nachhaltige Schäden zugefügt werden. Dies gilt auch für Beeinträchtigungen durch Private, den Staat trifft insoweit eine Verhinderungspflicht.

Verbot der Beeinträchtigung anderer Staaten

Umstritten ist, ob der Grundsatz der „nachhaltigen Entwicklung" (sustainable development; eigentlich erhaltende Entwicklung), wonach die wirtschaftliche Nutzung eines Gebietes auf Belange des Umweltschutzes Rücksicht zu nehmen hat, zu Gewohnheitsrecht erstarkt ist. Von einer universellen Geltung kann wohl noch nicht gesprochen werden, von einer regionalen, wie in Europa, ist auszugehen. Kein Bestandteil des Völkergewohnheitsrechts sind Ideen, die der Umwelt aufgrund ihres grenzüberschreitenden Charakters einen von den Stateninteressen abgekoppelten gemeinsamen Status der Staatengemeinschaft als „res communis" zubilligen wollen. Gleiches gilt für das Prinzip der „intergenerationellen Gerechtigkeit", wonach jede Generation zur Nutzung der Umwelt nur insoweit berechtigt ist, als die Rechte zukünftiger Generationen nicht beeinträchtigt werden.

Berühmt geworden ist in diesem Zusammenhang der Schiedsspruch im sogenannten „Trail Smelter"-Fall, dem folgender Sachverhalt zu Grunde lag: Eine kanadische Gesellschaft betrieb in dem in Kanada gelegenen Ort Trail eine riesige Schmelzanlage zur Metallgewinnung. Die ausgehenden Schadstoffemissionen waren beträchtlich und gelangten regelmäßig in den amerikanischen Bundesstaat Washington, wo erhebliche Schäden an Gebäuden und auf landwirtschaftlich genutzten Feldern entstanden. Die USA wollten dann von Kanada Ersatz der aufgetretenen Schäden, den ihr das Schiedsgericht auch zusprach (RIAA III, 1905).

Trail Smelter

Im internationalen Wasserrecht gilt der Grundsatz der gleichmäßigen Aufteilung nach Treu und Glauben („principle of equitable apportionment"). Alle Anliegerstaaten eines

gleichmäßige Aufteilung

grenzüberschreitenden Gewässers sollen den größtmöglichen Nutzen aus ihm ziehen können, was sich nach den Gegebenheiten des Einzelfalles richtet.

Daneben sind die Staaten neben einer Umweltverträglichkeitsprüfung geplanter Projekte noch zur gegenseitigen Konsultation und zum Informationsaustausch bei erheblichen Beeinträchtigungen verpflichtet (IGH, Pulp Mills, ICJ-Rep. 2010, 14, §§ 204 f.).

kein Verbot besonders gefährlicher Aktivitäten

Zu beachten ist, dass im Völkergewohnheitsrecht kein Verbot besonders gefährlicher Aktivitäten (sog. „ultra-hazardous activities") nachweisbar ist, eine Gefährdungshaftung für besonders gefährliche Anlagen wie Kernkraftwerke besteht auch nach der Katastrophe in Japan 2011 nicht. Der momentane Stand des umweltrechtlichen Gewohnheitsrechtes kennt auch keine umfassende Verpflichtung zur Reduzierung von Umweltbelastungen. Daneben lassen sich auch das Verursacher- und das Vorsorgeprinzip noch nicht nachweisen. In den Industrieländern gibt es jedoch Bestrebungen, die in die Richtung der Anerkennung dieser Prinzipien deuten, so dass in näherer Zukunft mit der Entwicklung entsprechender Rechtsregeln zu rechnen ist. Gerade im Umweltrecht ist in einigen Regionen eine sprunghafte Entwicklung zu verzeichnen.

3.2.2 Vertragsrecht

Aus der Fülle der vertraglichen Rechtssätze sollen hier nur einige exemplarisch herausgegriffen werden. Für weiterführende Hinweise siehe Ipsen-Heintschel von Heinegg, Völkerrecht, 6. Aufl. 2014, 11. Kapitel. Erwähnt werden sollen hier

- das Übereinkommen über weiträumige grenzüberschreitende Luftverunreinigung vom 13.11.1979 (BGBl. 1982 II 374),
- das Übereinkommen zur Verhütung der Meeresverschmutzung vom Lande aus vom 4.6.1974 (BGBl. 1989 II 170),
- das Wiener Übereinkommen zum Schutz der Ozonschicht vom 22.3.1985 (BGBl. 1988 II 902) in Verbindung mit dem Montrealer Protokoll über Stoffe, die zu einem Abbau der Ozonschicht führen vom 16.9.1987 (BGBl. 1988 II, 1014), ein gutes Beispiel wie ein völkerrechtlicher Vertrag durch ein schneller zu änderndes Protokoll ergänzt wird,
- das Basler Übereinkommen über die Kontrolle der grenzüberschreitenden Verbringung gefährlicher Abfälle und ihrer Entsorgung vom 22.3.1989 (BGBl 1994 II 2703)

und die zwei im Rahmen der Konferenz von Rio im Jahre 1992 beschlossenen Konventionen
- zum Schutz der biologischen Vielfalt (ILM 1992, 822) und
- die Klimaschutz-Konvention (ILM 1992, 851), die durch das inzwischen außer Kraft getretene Protokoll von Kyoto (ILM 1998, 22) ergänzt wird, welches die von der Konvention offengelassenen Fragen der Grenzwerte konkretisiert (Art. 3 Kyoto). Das Protokoll trat erst 2005 in Kraft und lief 2012 aus, weshalb der Abschluss eines Nachfolgeabkommens politisch stark forciert wird. Die Lückenhaftigkeit der Regelung des hochpolitischen Themas „Klimaschutz" zeigt sich etwa daran, dass das Kyoto-Protokoll keine speziellen Regelungen über die Kontrolle und Durchsetzung des Protokolls kennt.

Besondere Erwähnung verdienen die Regelungen zum Wasserrecht. Neuere Verträge schützen nicht nur das Oberflächenwasser gegen Verunreinigungen, sondern auch das Grundwasser. Innerhalb Europas hat das ECE-Übereinkommen den Standard des Gewässerschutzes deutlich verbessert. Ferner ist noch das Rahmenübereinkommen „Convention on the Law of the Non-Navigational Uses of International Watercourses" (ILM 1997, 700) zu erwähnen, das einige der Grundsätze des ECE-Übereinkommens auf eine universellere Basis stellt. Das Abkommen ist noch nicht in Kraft getreten.

Wasserrecht

3.2.3 Fallbeispiel

Im europäischen Staat R wird in der Stadt B am Fluss T vom Unternehmen X Gold mittels einer Zyanidlösung aus Erz gewaschen. Die verrosteten und veralteten Industrieanlagen entsprechen nicht modernen Sicherheitsstandards; mangels Finanzmitteln sehen sich die Behörden von R außerstande, die Einhaltung der Standards zu gewährleisten. Durch starke Regenfälle wird der das zyanidhaltige Wasser zurückhaltende Damm unterspült und bricht. Das Zyanid fließt in die T, die später im Staat U in den Fluss D mündet. Das Zyanid blockiert im Blut die Sauerstoffaufnahme und führt so zum Erstickungstod. Alle Lebewesen im Fluss verenden elendig, die Trinkwasserversorgung und die Gesundheit der am Fluss lebenden Menschen sind ernsthaft gefährdet. Die Zyanidlösung erreicht über die D auch den Staat J und bedroht dort ebenfalls die Wasserversorgung. Nur unter Einsatz größtmöglicher Anstrengungen kann in U und J eine humanitäre Katastrophe abgewendet werden.
U und J verlangen von R den Ersatz der ihnen entstandenen Schäden.

U und R sind Vertragsstaaten des ECE-Übereinkommens zum Schutz und zur Nutzung grenzüberschreitender Wasserläufe und internationaler Seen (BGBl. 1994 II, 2333), J nicht.

A. Ansprüche U gegen R

Zuerst sind die Ansprüche von U gegen R zu untersuchen. U könnte einen Reparationsanspruch gegen R haben. Dann müsste R seine völkerrechtlichen Pflichten verletzt haben. An der aktiven und passiven Völkerrechtssubjektivität von R und U als Staaten bestehen keine Zweifel.

Rechtsverstoß Zu untersuchen ist das Vorliegen eines Rechtsverstoßes von R. Hier könnte ein Verstoß gegen die Bestimmungen des oben erwähnten Übereinkommens gegeben sein. Nach Art. 2 I ECE-Ü treffen die Vertragsparteien alle geeigneten Maßnahmen zur Verhütung, Bekämpfung und Verringerung jeder grenzüberschreitenden Beeinträchtigung. „Grenzüberschreitende Beeinträchtigung" ist nach der Legaldefinition des Art. 1 Nr. 2 ECE-Ü jede beträchtliche schädliche Auswirkung auf die Umwelt in einem Gebiet unter der Hoheitsgewalt einer Vertragspartei aufgrund einer durch menschliche Tätigkeiten verursachten Veränderung des Zustands grenzüberschreitender Gewässer, deren natürlicher Ursprung sich ganz oder zum Teil innerhalb eines Gebiets unter der Hoheitsgewalt einer anderen Vertragspartei befindet. Zu den von Art. 2 I ECE-Ü genannten Maßnahmen gehören gemäß Art 2 II ECE-Ü alle geeigneten Maßnahmen, um die Verschmutzung von Gewässern, die eine grenzüberschreitende Beeinträchtigung zu verursachen droht, zu verhüten. Dies ist vorliegend nicht geschehen, so dass die Voraussetzungen des Art. 2 I ECE-Ü erfüllt sind. Ein Rechtsverstoß von R ist somit gegeben.

Zurechnung Fraglich ist, ob der Verstoß dem Staat R zurechenbar ist. Gehandelt hat das Unternehmen X als juristische Person und damit als Privater. Die Handlungen Privater sind einem Staat dann zuzurechnen, wenn dies völkerrechtlich besonders bestimmt ist. Im Umweltrecht besteht die Staatenverantwortlichkeit nur dann, wenn der betreffende Staat es trotz bestehender völkerrechtlicher Pflichten unterlassen hat, die Umweltbeeinträchtigungen vollständig oder auf ein unterhalb der Erheblichkeitsschwelle liegendes Maß zu reduzieren. Aufgrund fehlender Finanzmittel war es R nicht möglich, die Einhaltung der Sicherheitsbestimmungen zu überwachen, obwohl man sich dazu völkervertraglich verpflichtet hatte. Ferner fand eine Beseitigung der Folgen dieses Unterlassens nicht statt, das verseuchte Wasser floss bis in den Staat J. Demzufolge ist das Handeln von X dem Staat R zuzurechnen.

Reparationen Als Rechtsfolge sind Reparationen (▶ Abschn. 4.5) zu entrichten, U ist so zu stellen, wie es ohne die Rechtsbeeinträchtigung stehen würde.

B. Ansprüche J gegen R

Fraglich ist, ob J gegen R Ansprüche auf Ersatz der ihm entstandenen Schäden hat. Mangels des Bestehens einer vertraglichen Beziehung zwischen J und R könnte sich die Verantwortlichkeit von R aus Völkergewohnheitsrecht ergeben. Hier könnte das Verbot grenzüberschreitender erheblicher Schadenszufügung einschlägig sein. Im Bereich des Wasserrechts ist dieser Grundsatz dahingehend konkretisiert, dass ein Oberliegerstaat das Wasser eines internationalen Flusses nicht derart beeinträchtigen darf, dass einem Unterliegerstaat erheblicher Schaden zugefügt wird (Lac Lanoux, AJIL 1958, 101). Durch die Wasserverseuchung verenden die im Fluss lebenden Lebewesen und die Gesundheit von Menschen im Unterliegerstaat J ist ernsthaft gefährdet. Folglich sind die Voraussetzungen erfüllt und R hat den völkergewohnheitsrechtlichen Grundsatz des Verbots der erheblichen Schadenszufügung verletzt. Die übrigen Prüfungspunkte sind, wie oben unter „A." bereits erörtert, gegeben.

J hat demnach einen Wiedergutmachungsanspruch auf Ersatz der entstandenen Schäden gegen R.

3.3 Luft-/Weltraumrecht

Das Luft- und Weltraumrecht regelt die Rechtsverhältnisse oberhalb der Erdoberfläche und außerhalb der Erde.

3.3.1 Luftrecht

Die wichtigsten völkerrechtlichen Abkommen für das Luftrecht sind das Chicagoer Abkommen über die Zivilluftfahrt (CA; BGBl. 1956 II, 411) und die Vereinbarung über den Durchflug im internationalen Luftverkehr (VDL; BGBl. 1956 II, 442), jeweils vom 7.12.1944.

Die Lufthoheit über einem staatlichen Territorium steht völkergewohnheitsrechtlich und nach Art. 1 Chicagoer Abkommen (CA) dem „darunterliegenden" Staat zu.

Chicagoer Abkommen

> **Lufthoheit – Art. 1 CA**
> Die Vertragsstaaten erkennen an, daß jeder Staat über seinem Hoheitsgebiet volle und ausschließliche Lufthoheit besitzt.

Zum staatlichen Hoheitsgebiet des Art 1 CA gehört auch das Küstenmeer, wie sich aus Art. 2 II SRÜ ergibt. Bei Fehlen ver-

Überflug

traglicher Verpflichtungen kann der Territorialstaat somit unabhängig darüber bestimmen, ob andere Staaten seinen Luftraum benutzen dürfen. Im Gegensatz zum Seerecht gibt es kein Recht auf „friedlichen Durchflug" des Hoheitsgebietes, etwas anderes gilt nur für die Vertragsparteien der VDL oder anderer, meist bilateraler, Vereinbarungen.

Eine Ausnahme hiervon besteht bei Meerengen, Art. 38 I, II SRÜ, die von großer praktischer Bedeutung für die zivile Luftfahrt sind. Archipelstaaten, deren Territorium häufig größtenteils aus Wasser besteht (Art. 46 SRÜ), können (nicht: müssen) gemäß Art. 53 I, II SRÜ Durchflugstrecken festlegen. Über dem restlichen Wassergebiet (Ausschließliche Wirtschaftszone, Art. 58 I, beachte: III, SRÜ; Hohe See, Art. 87 SRÜ) besteht Flugfreiheit, da sie nicht zum Staatsgebiet gehören. Nur „Lufträuberfahrzeuge" dürfen über der Hohen See aufgebracht werden, Art. 105 SRÜ.

3.3.1.1 Chicagoer Abkommen

Das CA (BGBl. 1956 ll, 441) regelt den internationalen Zivilluftverkehr. Mit ihm wurde laut Art. 43 ff. CA die Internationale Zivilluftfahrtorganisation (ICAO, Sitz: Montreal; Sonderorganisation der UNO) gegründet. Das CA gilt nur für Privatluftfahrzeuge, nicht für Staatsluftfahrzeuge, Art. 3 CA. Staatsluftfahrzeuge sind alle Luftfahrzeuge, die im Dienst eines anderen Staates stehen, z. B. solche, die Staatsoberhäupter an Bord haben. Insoweit ist die Definition des Art. 3 (b) CA zu kurz. Bei erlaubtem Überflug genießen Staatsluftfahrzeuge Immunität, der verbotene Überflug verletzt die staatliche Souveränität des Territorialstaates (IGH, Nicaragua II, ICJ-Rep. 1986, 14/128).

planmäßiger und den nicht-planmäßiger Zivilluftverkehr

Das CA unterteilt in Art. 5 f. CA den Zivilluftverkehr in den planmäßigen und den nichtplanmäßigen. Der nichtplanmäßige Zivilluftverkehr wird von dem Abkommen privilegiert und genießt Überflugrecht, Art. 5 CA. Im Gegensatz dazu bedarf der planmäßige nach Art. 6 CA einer Erlaubnis. Wonach sind planmäßiger und nicht-planmäßiger Zivilluftverkehr zu unterscheiden? Zu welcher Kategorie gehören Charterflüge? Die Begriffe werden im CA selbst nicht definiert, nach einem Beschluss des ICAO-Rates (ICAO-Doc. 7278-C/841) fallen unter „planmäßigen Zivilluftverkehr" alle öffentlichen, für eine Gegenleistung und systematisch angebotenen Flüge zwischen mindestens zwei Punkten zur Beförderung von Passagieren, Post oder Cargo, die nach einem veröffentlichten Flugplan abgewickelt werden (Übersetzt durch Verfasser). Diese sehr flexible Definition umfasst auch Charterflüge.

3.3 · Luft-/Weltraumrecht

Die Luftfahrtfreiheiten für den Linienflugverkehr sind näher im VDL geregelt, welches in seinem Art. I die Luftfahrtfreiheiten statuiert. Der gewerbliche, planmäßige Zivilluftverkehr kennt fünf Freiheiten:

- Recht auf Überflug ohne Landung
- Recht zur Landung zu nicht-gewerblichen Zwecken
- Recht, Fluggäste, Gepäck, Fracht und Post mit einem Reiseziel im Heimatstaat des Luftfahrzeugs abzusetzen
- Recht Fluggäste, Gepäck, Fracht und Post mit einem Reiseziel im Heimatstaat des Luftfahrzeugs an Bord zu nehmen
- Recht, Fluggäste, Gepäck, Fracht und Post mit einem Reiseziel im Heimatstaat des Luftfahrzeugs aus einem Drittstaat in den Vertragspartnerstaat oder aus dem Vertragspartnerstaat in einen Drittstaat zu transportieren.

Freiheiten des planmäßigen Zivilluftverkehrs

Die Freiheiten gelten nicht grenzenlos, Einschränkungen sind möglich für Kabotage, d. h. der Transport von Personen u. ä. zwischen zwei Flughäfen innerhalb eines Staates (Art. 7 CA) und für eingerichtete militärische Sperrgebiete, die nicht überflogen werden dürfen (Art. 9 CA).

Die Staatszugehörigkeit eines Flugzeuges richtet sich gemäß Art. 17, 19 CA nach der Eintragung in ein nationales Register; in Deutschland ist dies die Luftfahrtrolle beim Luftfahrt-Bundesamt in Braunschweig. Auf dem Territorium und im Luftraum anderer als des Registerstaates gilt die Jurisdiktion dieser Staaten, ansonsten die des Registerstaates.

In Deutschland; Luftverkehrsgesetz, BGBl. 1986 I, 2089

Beispiel
Mangels Hoheitsbereich hat der Registerstaat über staatsfreien Räumen wie der Antarktis die Jurisdiktionsgewalt.

3.3.1.2 Rechtsverletzungen des Luftraums

Fraglich ist, wie der verletzte Staat bei Rechtsverletzungen seines Luftraumes reagieren darf. Für unerlaubte Ein- und Überflüge ist zwischen Militär- und Zivilflugzeugen zu unterscheiden.

Im Falle eines unerlaubten Ein-/Überflugs von Militärflugzeugen ist das Recht auf territoriale Souveränität verletzt und das einfliegende Militärflugzeug darf auf militärischem Wege zur Landung oder zum Abdrehen aufgefordert werden. Bei Überschreitung der Schwelle zum bewaffneten Angriff im Sinne von Art. 2 Ziff. 4 SVN darf das Militärflugzeug wegen des Rechts auf Selbstverteidigung laut Art. 51 SVN nach vorheriger Warnung abgeschossen werden. Zwischen den Vertragsparteien der OSZE wurde die geschilderte Rechtslage durch

Ein-/Überflug von Militärflugzeugen

den Abschluss des Vertrages über den Offenen Himmel (BGBl. 1993 II, 2047) modifiziert. Danach müssen die Vertragsparteien eine bestimmte Anzahl von Überwachungs- und Transitflügen militärischer Flugzeuge zulassen, um das gegenseitige Vertrauen durch Kontrolle zu verbessern.

Bei Zivilflugzeugen ist die Rechtslage anders. Der später eingefügte Art. 3bis CA, der eine Kodifikation von Völkergewohnheitsrecht darstellt, statuiert ein Verbot des Abschusses von Zivilflugzeugen.

Luftpiraterie

Rechtsverletzungen können auch durch Luftpiraterie erfolgen. Zu deren Bekämpfung haben die Staaten verschiedene multilaterale Abkommen geschlossen. Die wichtigsten sind in zeitlicher Reihenfolge: das „Abkommen von Tokio über strafbare und bestimmte andere an Bord von Luftfahrzeugen begangenen Handlungen" vom 14.9.1969 (BGBl. 1969 II, 121), das „Übereinkommen zur Bekämpfung der widerrechtlichen Inbesitznahme von Luftfahrzeugen" vom 16.12.1970 (BGBl. 1972 II, 1505), das „Übereinkommen zur Bekämpfung widerrechtlicher Handlungen gegen die Sicherheit der Zivilluftfahrt" vom 23.9.1971 (BGBl. 1977 II, 1229) und letztlich das „Internationale Übereinkommen gegen Geiselnahme vom 18.12.1979 (BGBl. 1980 II, 1361).

Die wichtigsten, sich hieraus ergebenden Verpflichtungen sind, dass
- eine Flugzeugentführung auf jeden Fall und mit allen Mitteln zu beenden ist,
- einige Handlungen innerstaatlich als Straftaten zu qualifizieren und zu bestrafen (vgl. § 316c StGB) sind,
- bei Nichtauslieferung des/der Luftpiraten ein innerstaatliches Strafverfahren einzuleiten ist.

Problematisch ist der Missbrauch des Asylrechts durch Flugzeugentführer (Beispiel: Entführung eines Flugzeuges von Afghanistan Airlines nach London durch afghanische Staatsangehörige zur Erlangung von Asyl), da diese dann nicht an den Heimatstaat ausgeliefert werden können. Danach besteht die Gefahr, dass Staatsangehörige repressiver Staaten mit dem Mittel der Flugzeugentführung den Aufenthalt in einem ihnen genehmeren Staat erzwingen.

3.3.2 Weltraumrecht

Weltraumrecht (Reinald Fenke)

Wo endet der Luftraum und wo beginnt der Weltraum? Diese Frage ist bis heute umstritten; sie konnte im Weltraumvertrag (WV) von 1967 (BGBl. 1969 II, 1967) keiner Lösung zugeführt werden. Auch völkergewohnheitsrechtliche Regeln konnten sich bis heute nicht bilden. Die Definition ist wichtig, da im Weltraum im Gegensatz zum Luftraum keine Gebietshoheit eines Staates besteht, Art. II WV. Dies gilt auch für den Mond. Das Weltraumrecht ist somit das „Seerecht des Alls", viele Vorschriften sind denen des Seerechts nachgebildet. Aus der Freiheit des Weltraums ergibt sich, dass er zu Forschung und Nutzung gebraucht werden kann, Art. I WV.

Die Freiheit ist jedoch wiederum nicht einschränkungslos gewährleistet. Sie unterliegt vier Grenzen:

- Gemäß Art. I WV sind Forschung und Nutzung des Weltraums Sache der gesamten Menschheit („Gemeinwohlklausel"). Nationale Forschungen sind folglich nicht zulässig. Ferner treffen die forschenden/nutzenden Staaten Informations- und Kooperationsverpflichtungen, Art. IX S. 3 und 4, X ff. WV.
- Art. IX WV schreibt das Prinzip der gebührenden Rücksichtnahme vor. Danach sollen Forschungen und Untersuchungen im Weltraum so durchgeführt werden, dass einerseits dieser nicht kontaminiert wird und andererseits keine ungünstigen Veränderungen der irdischen Umwelt durch das Einbringen außerirdischer Stoffe

Weltraumvertrag

hervorgerufen werden. Art. IX WV ist die grundlegende Vorschrift zum Schutz der „Umwelt" im Weltraum. Unglücklich gewählt ist der Begriff „Kontamination", da der authentische englische Text von „harmful contamination" spricht, was wohl auch schädliche Verunreinigungen umfasst. Jedoch ist Art. IX WV nur anwendbar, wenn die schädliche Verunreinigung bewusst herbeigeführt wird.

- Art. III WV schreibt die Beachtung des Völkerrechts vor. Die Öffnungsklausel öffnet den WV für die übrigen völkerrechtlichen Grundsätze und die SVN. Handeln im Weltraum darf also auch nicht gegen sonstiges Völkerrecht verstoßen.
- Art. IV WV verlangt die friedliche Nutzung des Weltraums. Streitig ist die Bedeutung des Wortes „friedlich". Verstößt der Einsatz militärischer Überwachungssatelliten gegen die friedliche Nutzung? Aus einer Zusammenschau der Art. IV, III WV, 51 SVN kann „friedlich" nur im Sinne von „nicht-aggressiv" verstanden werden, da ansonsten eine Selbstverteidigung im Weltraum nicht möglich wäre. Hieraus ergibt sich, dass die Stationierung von Überwachungssatelliten zulässig ist, die Durchführung von Waffenerprobungen aber nicht, da sie als „aggressiv" verstanden werden könnten.

Weltraumhaftungsübereinkommen (BGBl. 1975 II, 1209)

Nach der Klärung des Rechts im Weltraum ist noch das auf Weltraumgegenstände anzuwendende Recht zu erläutern. Weltraumgegenstände sind alle von Menschenhand geschaffenen Gegenstände, wie sich aus einem Rückschluss aus Art. I lit. d) Weltraumhaftungsübereinkommen (WHaftÜ) ergibt.

Das WHaftÜ schafft eine Gefährdungshaftung auf der Erdoberfläche (Art. II, III WHaftÜ), und eine Verschuldenshaftung darüber, z. B. im Weltraum (Art. III WHaftÜ). Weltraumfahrzeuge sind zu registrieren, im Weltraum unterliegen dann Fahrzeug und Besatzung der Hoheitsgewalt des Registrierungsstaates. Die Parallele zum Seerecht ist auch hier offensichtlich.

Orbitalstationen und Satelliten

Zum Schluss soll noch kurz das Recht der Orbitalstationen und Satelliten dargestellt werden. Satelliten und Orbitalstationen umkreisen die Erde im geostationären Orbit. Dieser weist nur einen beschränkten Platz auf. Nach dem Prioritätsprinzip sind die Standorte im geostationären Orbit an die schnellsten Staaten zu vergeben. Hierdurch haben die reichen, entwickelten Staaten einen großen Vorteil gegenüber den Entwicklungsländern.

Fernerkundung

Die Fernerkundung („remote sensing") anderer Staaten ist in der Resolution 41/65 der Generalversammlung VN vom 3.12.1986 geregelt. Sie enthält ein Recht auf Fernerkundung, eine Pflicht, den betroffenen Staat zu informieren („prior notice") oder seine Zustimmung einzuholen („prior consent"), besteht danach ausdrücklich nicht.

3.4 Handelsrecht

Die Ausgestaltung des internationalen Handelsrechts ist politisch sehr umstritten, da die Welthandelsorganisation („WTO") häufig als ein Club der Industriestaaten gegen die Interessen der Entwicklungsländer und für eine neoliberale Wirtschaftsordnung wahrgenommen wird. Die rechtlichen Grundlagen werden im Folgenden erörtert.

3.4.1 Grundlagen

Die Regelung des Welthandels ist aufgrund seiner wirtschaftlichen Bedeutung einer der wichtigsten völkerrechtlichen Bereiche. In ihm werden die Beziehungen der Staaten zueinander und ihre Verflechtung untereinander auf besondere Weise deutlich. Auch die Mehrzahl der bisher beschriebenen besonderen Gebiete beschäftigen sich zu einem großen Teil mit Handelsrecht, z. B. das See- oder Luftrecht. Die Rechtsquellen des Weltwirtschaftsrechts sind die – bereits bekannten – des Art. 38 I lit. a)–c) IGH-St, wobei die völkerrechtlichen Verträge auch hier eine herausragende Stellung einnehmen.

Nach Völkergewohnheitsrecht besteht keine Pflicht zur Herstellung von Handelsbeziehungen mit einem anderen Völkerrechtssubjekt, d. h. ein „ius commercii" besteht nicht. Eine Verpflichtung kann nur auf vertraglicher Basis begründet werden. Deswegen werden bi- und multilaterale Handelsverträge abgeschlossen, der bekannteste ist wohl das GATT (General Agreement on Tariffs and Trade), aber auch EUV/AEUV sind dem historischen Grunde nach partikulare multilaterale Handelsverträge.

kein ius commercii

Völkergewohnheitsrechtlich sind die Staaten somit frei, Wirtschaftsbeziehungen untereinander zu etablieren. Dieser Grundsatz wird durch das Interventionsverbot (s. IGH, Nicaragua II, ICJ-Rep. 1986, 14/106 ff.) und das ius cogens begrenzt. Nach dem Interventionsverbot ist es einem Staat untersagt, wirtschaftliche Macht in dem Sinne einzusetzen, dass ein anderer Staat in seiner Souveränität beeinflusst wird. Allerdings muss die Intention des ausübenden Staates auf die Souveränitätsbeschränkung gerichtet sein; die Einschränkung der Souveränität als bloße Folge staatlichen Handelns (oder Unterlassens) ist nicht ausreichend für eine Verletzung des

Grenze: Interventionsverbot

Interventionsverbots. Ferner ist jedes völkerrechtliche Handeln an die zwingenden Normen des Völkerrechts im Sinne des Art. 53 WVK gebunden.

Darüber hinaus ergibt sich aus der (inneren) Staatensouveränität auch die Freiheit eines jeden Staates, sein Wirtschaftssystem nach seinen eigenen Vorstellungen auszugestalten. Jeder Eingriff hierin wäre als eine Verletzung des Interventionsverbots zu qualifizieren.

Territorialprinzip

Zur Wiederholung: Der Staatensouveränität unterworfen sind nach allgemeinen völkerrechtlichen Grundsätzen der Jurisdiktion (► Abschn. 2.3.5.1) die auf dem Staatsgebiet ansässigen natürlichen und juristischen Personen (Territorialitätsprinzip). Daneben sind auch die sich nicht auf dem Staatsgebiet des Heimatstaats befindlichen Staatsangehörigen der Hoheitsgewalt des Heimatstaates unterworfen (Personalitätsprinzip). Überdies kann die staatliche Hoheits- und Regelungsgewalt auch auf Sachverhalte ausgedehnt werden, die im Ausland ihren Ursprung haben, aber (wirtschaftliche) Auswirkungen auf einen betroffenen Staat haben (Schutz- oder Wirkungsprinzip).

Wirkungsprinzip

Beispiel: Stahlproduzenten in den Staaten A, B und C schließen sich zu einem Preiskartell zusammen, was aufgrund der zu hohen Preise zu einer Stahlknappheit in Staat X führt. Dogmatisch wird die Ausdehnung des territorialen Anwendungsbereiches mit dem Institut der „echten Verknüpfung/Verbindung" (genuine link) zwischen dem zu regelnden Sachverhalt und dem regelnden Staat begründet. Jurisdiktionsgrenzen ergeben sich nur aus dem Völkerrecht selbst, wie z. B. dem Fremdenrecht (► Abschn. 3.4.8).

3.4.2 WTO/GATT

Das GATT 1994 entspricht inhaltlich weitgehend dem GATT 1947.

Das WTO/GATT-System ist die bedeutendste völkerrechtliche Wirtschaftsregelung. Historisch ist zu erwähnen, dass das ursprüngliche GATT 1947 ein Teil der geplanten ITO (International Trade Organisation) sein sollte. Diese kam jedoch mangels Ratifikation durch die USA nicht zustande, so dass das GATT 1947 bis zu seinem Außerkrafttreten 1995 behelfsmäßig angewendet wurde. Die Situation änderte sich erst 1994 mit der Schaffung der WTO (World Trade Organisation/Sitz in Genf), der als Anhang 1 A ein neues GATT (GATT 1994) von den Vertragsparteien angefügt wurde; die Anhänge 1 B (GATS/General Agreement on Trade in Services) und 1 C (TRIPS/Agreement on Trade-Related Aspects of Intellectual Property Rights) betreffen neue Handelsübereinkommen.

3.4 · Handelsrecht

Der deutsche Text ist nicht authentisch, mithin ist immer auch die englische und französische Sprachfassung für die Auslegung zu berücksichtigen. Eine Übersetzung findet man im ABl. EG 1994 L 336/3 und in der Textsammlung von Tietje (WTO, 5. Aufl. 2013).

authentische Texte

Die WTO hat 161 Mitglieder, die EU ist laut Art. XI WTO-Ü originäres Mitglied der WTO. Hier ist also eine internationale Organisation Mitglied bei einer anderen internationalen Organisation. Der Beitritt der EU erklärt sich damit, dass sie im Bereich des Außenhandels die ausschließliche Kompetenz im Verhältnis zu ihren Mitgliedstaaten innehat, Art. 3 I lit. e) AEUV. Als Zollgebiet ist z. B. Taiwan Mitglied der WTO.

EU ist Mitglied der WTO.

Die WTO schafft nach Art. II Abs. 1 WTO-Ü den organisatorischen Rahmen für die drei Abkommen GATT, GATS und TRIPS. Die Aufgaben der Organisation sind in Art. III WTO-Ü niedergelegt.

Aufgaben der WTO – Art. 3 WTO-Ü
(1) Die WTO erleichtert die Durchführung, die Verwaltung und die Wirkungsweise dieses Übereinkommens und der Multilateralen Handelsübereinkünfte sowie die Verwirklichung ihrer Ziele […];
(2) Die WTO dient als Forum für Verhandlungen zwischen ihren Mitgliedern über deren multilaterale Handelsbeziehungen in den Bereichen, die im Rahmen der in den Anlagen dieses Übereinkommens enthaltenen Übereinkünfte behandelt werden. Die WTO kann auch als Forum für weitere Verhandlungen zwischen ihren Mitgliedern über deren multilateralen Handelsbeziehungen sowie als Rahmen für die Durchführung der Ergebnisse solcher Verhandlungen dienen, wie dies von der Ministerkonferenz beschlossen wird.
(3) Die WTO verwaltet die in Anlage 2 dieses Übereinkommens enthaltene Vereinbarung über Regeln und Verfahren zur Beilegung von Streitigkeiten […].

Das WTO-System unterscheidet in Art. II Abs. 2 WTO-Ü zwischen multilateralen und plurilateralen Handelsübereinkünften. Zu den multilateralen gehören beispielsweise das GATT 1994, das GATS, das TRIPS und das Übereinkommen über die Streitbeilegung (Anhang 2 WTO-Ü). Diese Abkommen sind für alle Mitglieder verbindlich. Die in Anhang 4 WTO-Ü enthaltenen plurilateralen Übereinkünfte sind demgegenüber nur für die Mitglieder der WTO verbindlich, die ihnen beigetreten sind. Hierzu gehört u. a. das wichtige Abkommen über

multilaterale und plurilaterale Handelsübereinkünfte

[die Vergabe] öffentlicher Aufträge (Agreement on Public Procurement), siehe Art. II Abs. 3 WTO-Ü, dem die EU und die Bundesrepublik beigetreten sind.

WTO besitzt Rechtspersönlichkeit.

Nach Art. VIII WTO-Ü besitzt die WTO (völkerrechtliche) Rechtspersönlichkeit, sie kann mithin völkerrechtliche Verträge eingehen und ist an das Völkergewohnheitsrecht gebunden. Abs. 2 der Vorschrift schreibt vor, dass ihr diejenigen Immunitäten und Vorrechte seitens ihrer Mitglieder einzuräumen sind, die zur Wahrnehmung ihrer Aufgaben erforderlich sind. In ihrem Aufgabenbereich ist die WTO folglich mit voller Völkerrechtssubjektivität ausgestattet.

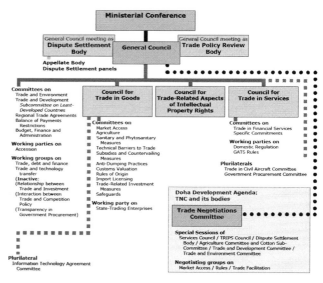

WTO structure, ▶ www.wto.org 2016 (World Trade Organization)

Liberalisierung des Welhandels

Die Aufgabe des GATT ist die Liberalisierung des Welthandels, wodurch eine möglichst optimale Verteilung der verschiedenen wirtschaftlichen Ressourcen zum Besten der Gesamtheit der Nationen erreicht werden soll. Liberalisierung des Welthandels bedeutet, dass der internationale Warenaustausch möglichst ungehindert von staatlicher Einflussnahme nach den Gesetzen des Marktes von statten gehen soll. Dies geschieht durch vier im Übereinkommen niedergelegte Prinzipien.

Die vier Prinzipien sind:
- Meistbegünstigung (Art. I GATT)
- Inländer(gleich)behandlung (Art. III GATT)
- Verbot mengenmäßiger Einfuhrbeschränkungen (Art. XI GATT)
- Zollsenkungen (Art I GATT)

3.4 · Handelsrecht

Daneben besteht noch das in der Präambel enthaltene Reziprozitätsprinzip. Bestimmungen in der Präambel eines Vertrages sind nach Art. 31 II WVK, der hier laut Art. 3 II DSU gewohnheitsrechtlich gilt, bei der Auslegung eines Abkommens zu berücksichtigen. Folglich sind die oben genannten Prinzipien unter Berücksichtigung des Reziprozitätsprizips auszulegen. Reziprozität bedeutet, dass die von einem Staat A einem Staat X gewährten Handelsvorteile in zumindest vergleichbarer Weise auch von X an A gewährt werden sollen. Für Entwicklungsländer gilt diese Klausel nur bedingt, von ihnen werden keine Zugeständnisse erwartet, die mit ihren besonderen Bedürfnissen unvereinbar sind (Art. XXXVI 8. GATT in Verbindung mit einer [interpretativen] Erklärung).

Reziprozitätsprinzip

3.4.2.1 Vertieft: Die Prinzipien zur Liberalisierung

Im Folgenden sollen die oben aufgezählten Prinzipien des GATT 1994 näher erläutert werden.

> **Allgemeine Meistbegünstigung – Art. I GATT**
> 1. Bei Zöllen und Belastungen aller Art, die anläßlich oder im Zusammenhang mit der Einfuhr oder Ausfuhr oder bei der internationalen Überweisung von Zahlungen für Einfuhren oder Ausfuhren auferlegt werden, […] werden alle Vorteile, Vergünstigungen, Vorrechte oder Befreiungen, die eine Vertragspartei für eine Ware gewährt, welche aus einem anderen Land stammt oder für dieses bestimmt ist, unverzüglich und bedingungslos für alle gleichartigen Waren gewährt, die aus den Gebieten der anderen Vertragsparteien stammen oder für diese bestimmt sind. […]

Eine lange Vorschrift, was auf viele Normen im Bereich des Wirtschaftsrechts zutrifft. Kurz gefasst besagt die Vorschrift, dass dann, wenn ein Staat einer anderen Vertragspartei eine Vergünstigung einräumt, diese auch für alle anderen Staaten gelten muss. Eine Regel, die den Abbau der Zollschranken weit voran gebracht hat. Wenn also Staat X auf Bananen aus Y keinen Einfuhrzoll mehr erhebt, muss dieses auch für die Bananen aus A, B, C etc. gelten. „Unverzüglich" sind die Vergünstigungen gewährt, wenn dies ohne unnötige Verzögerungen geschieht. „Bedingungslos" meint, dass jede Verknüpfung der Leistung mit anderen Forderungen zu unterbleiben hat. Der Begriff der „gleichartigen Ware" ist im GATT nicht definiert und im Hinblick auf die Systematik und den Sinn und Zweck (telos) des Vertrages zu interpretieren (WTO, WT/DS135/

gleichartige Ware

AB/R, Asbest, ILM 2001, 1193/1212; vgl. Art. 31 WVK). Abzustellen ist hier zum einen auf den diskriminierenden Charakter der staatlichen Maßnahme. Falls diese nur getroffen werden, um inländische Produkte vor „ausländischen" zu schützen, ist das Merkmal der Gleichartigkeit gegeben. Zum anderen müssen die Produkte auch in einer Konkurrenzsituation zueinander stehen.

Auf die Konkurrenzsituation zwischen inländischen und ausländischen Produkten ist auch im Unionsrecht, Art. 110 II AEUV, abzustellen. Zu beachten ist, dass der Begriff der gleichartigen Ware von GATT-Vorschrift zu GATT-Vorschrift unterschiedlich zu bestimmen ist. In Art. I GATT kann er anders gesehen werden als in Art. III Abs. 2 bzw. wieder anders in Abs. 4 GATT. In einer Falllösung kann auf Hilfskriterien abgestellt werden. Von einer Gleichartigkeit kann beispielsweise ausgegangen werden, wenn nach Ansicht der Verbraucher die Waren austauschbar sind, der Zweck der Benutzung identisch ist oder die Waren im Zollkodex in der gleichen Kategorie eingeteilt werden. Der Begriff der Gleichartigkeit gleicht laut dem WTO-Streitschlichtungsausschusses einem Akkordeon, welches in einem Fall weiter, in einem anderen Fall enger zu verstehen ist.

Schraubenzieherfabriken Problematisch ist häufig die Herkunft eines Produktes, wie sich anhand der so genannten Schraubenzieherfabriken, in denen die einzelnen Teile eines Produkts nur noch zusammengeschraubt werden, aufzeigen lässt. Kann man dann von einem inländischen Produkt sprechen? Eine international anerkannte Definition existiert nicht. Eine Harmonisierung der unterschiedlichen Regeln soll nach dem Verfahren des Übereinkommens über Ursprungsregeln (ABl. EG 1994 L 336/114) erst noch geschehen. Für die EU gilt, dass eine inländische Ware vorliegt, wenn das Produkt durch die Weiterverarbeitung eine andere Zollklassifikation erhält (Art. 60 EU-Zollkodex, VO 952/2013, ABl. EU 2013 L 269/1).

Grenzen der Meistbegünstigung
Mehr zu Freihandelszone/ Zollunion bei Lorenzmeier, Europarecht, S. 200.

Jedoch gilt die Meistbegünstigung nicht uneingeschränkt. Die weiteren Absätze des Art. I nehmen einige Bereiche vom Grundsatz der Meistbegünstigung aus, z. B. die zwischen den USA und Korea bestehenden Begünstigungen (oder Präferenzen in der Sprache des GATT), Art. I Nr. 2 lit. c). Die wichtigste Einschränkung ist jedoch ein wenig versteckt. Gemäß Art. XXIV können sich die Mitgliedstaaten zu Freihandelszonen und Zollunionen zusammenschließen. In diesen Zollunionen (Beispiel: EU) können sich die jeweiligen Mitgliedstaaten untereinander Vergünstigungen gewähren, die sie dann nicht auch allen anderen GATT-Mitgliedstaaten gewähren müssen. Dasselbe gilt für Freihandelszonen. Die Begriffe Zollunion und Freihandelszone werden in Art. XXIV Nr. 8 a, b GATT definiert. Der Grund für diese Freistellung von Zollunionen liegt darin, dass der Welthandel von ihnen profitiert.

Eine weitere, allerdings ungeschriebene, Ausnahme von der Meistbegünstigung stellt die „enabling clause" dar. Sie besagt, dass ein Mitglied, das einem wirtschaftlich schwächerem Mitglied eine günstigere Behandlung gegenüber anderen, wirtschaftlich stärkeren Mitgliedern einräumt, nicht nach Art. I GATT verpflichtet ist, diese Begünstigung allen anderen Mitgliedern auch einzuräumen.

enabling clause

Hierdurch erhalten wirtschaftlich schwache Staaten einen Wettbewerbsvorteil, um ihre Marktposition zu verbessern. Gerade Entwicklungsländer profitieren sehr stark von der Klausel. Sie wurde nicht in den Vertragstext aufgenommen, vielmehr haben sich die Vertragsparteien kraft allgemeinen Konsenses auf ihre Gültigkeit geeinigt. Änderungen völkerrechtlicher Verträge müssen wegen des Konsensprinzips nicht unbedingt durch Änderung des Vertragstextes geschehen, siehe Art. 39 ff. WVK.

Ein Ergebnis der Meistbegünstigung ist die allgemeine Senkung von Importzöllen, was nach dem 3. Absatz der Präambel eine der Hauptaufgaben des Übereinkommens ist.

Senkung von Importzöllen

> **Art. III GATT – Inländer(gleich)behandlung**
> 1. Die Vertragsparteien erkennen an, daß die inneren Abgaben und sonstigen Belastungen, die Gesetze, Verordnungen und sonstigen Vorschriften über den Verkauf, das Angebot, den Einkauf, die Beförderung, Verteilung oder Verwendung von Waren im Inland sowie inländische Mengenvorschriften über die Mischung, Veredelung oder Verwendung von Waren nach bestimmten Mengen oder Anteilen auf eingeführte oder inländische Produkte nicht derart angewendet werden sollen, daß die inländische Erzeugung geschützt wird.
> 2. Waren, die aus dem Gebiet einer Vertragspartei in das Gebiet einer anderen Vertragspartei eingeführt werden, dürfen weder direkt noch indirekt höheren inneren Abgaben oder sonstigen Belastungen unterworfen werden als gleichartige inländische Waren. [...]
> 4. Waren, die aus dem Gebiet einer Vertragspartei in das Gebiet einer anderen Vertragspartei eingeführt werden, dürfen hinsichtlich aller Gesetze, Verordnungen und sonstigen Vorschriften über den Einkauf, die Beförderung, Verteilung oder Verwendung im Inland keine weniger günstige Behandlung erfahren als gleichartige Waren inländischen Ursprungs. [...]

Inländerbehandlung — Alle importierten Waren unterliegen der gleichen Behandlung wie Inlandswaren, deswegen Inländerbehandlung. Die importierte Ware wird hierfür mit der gleichartigen einheimischen Ware verglichen. Indizien für die Gleichartigkeit sind die Produktklassifizierung in den Zolltarifen, die endgültige Verwendung usw. Die Inländerbehandlung betrifft die Behandlung der importierten Waren mit den einheimischen Waren und fällt in der Regel erst an, wenn die importierte Ware bereits im Land ist und nicht bereits an der Grenze. Im Gegensatz dazu betrifft die Meistbegünstigung die Behandlung der importierten Waren untereinander. Die „inneren Abgaben" werden in Art. III Nrn. 2. und 3. GATT näher bestimmt, die „sonstigen Belastungen" in den Nrn. 4 bis 9 der Vorschrift. Der Grundsatz der Inländerbehandlung gilt wiederum nicht schrankenlos, insbesondere können staatliche Antidumping- oder Subventionsmaßnahmen gerechtfertigt sein, siehe ▶ Abschn. 3.4.2.2.

> **Mengenmäßige Beschränkung – Art. XI GATT**
> Außer Zöllen, Abgaben und sonstigen Belastungen darf eine Vertragspartei bei der Einfuhr einer Ware aus dem Gebiet einer anderen Vertragspartei oder bei der Ausfuhr einer Ware oder ihrem Verkauf zwecks Ausfuhr in das Gebiet einer anderen Vertragspartei Verbote oder Beschränkungen, sei es in Form von Kontingenten, Einfuhr- und Ausfuhrbewilligungen oder in Form von anderen Maßnahmen weder erlassen noch beibehalten. [...]

tariffs-only Maxime — Art. XI GATT 1994 stellt gegenüber den anderen speziellen Diskriminierungsverboten einen Auffangtatbestand dar, der alle anderen Maßnahmen umfasst, die den Handel beeinträchtigen können, welche nicht schon von den oben erwähnten Freiheiten erfasst werden. Insoweit ist die Vorschrift mit Art. 34 AEUV vergleichbar, der sich auch gegen nichttarifäre Handelshemmnisse richtet. Art. XI GATT 1994 besagt in einfachen Worten, dass die Mitglieder zur Handelssteuerung nur Zölle und ähnliche Belastungen gebrauchen dürfen.

Zölle müssen an der Außengrenze eines Mitglieds bei Grenzübertritt entrichtet werden, Abgaben sind auf dem Territorium des Mitglieds anfallende finanzielle Belastungen für die Ware. Ein Beispiel für das Vorliegen einer „anderen Maßnahme" im Sinne der Vorschrift war die Anordnung Frankreichs, die Einfuhr von Videorecordern aus Japan nur über die Hafenstadt Poitiers zuzulassen.

Als umfassender Auffangtatbestand wurde die Norm mit vielen Ausnahmen versehen, da ansonsten fast alle staatlichen Handelsmaßnahmen unrechtmäßig gewesen wären. Zu diesen Schutzklauseln zählen u. a. Notmaßnahmen, die vorübergehend angewendet werden, um einen kritischen Mangel an Lebensmitteln zu verhüten, siehe Art. XI 2. lit. a) GATT 1994. Zu beachten ist auch hier: Die Regel, d. h. das Verbot von mengenmäßigen Beschränkungen wird weit ausgelegt, während die Ausnahmetatbestände – da sie gerade nicht die Regel sein sollen – eng zu sehen sind.

_{Schutzklauseln}
_{Regel-Ausnahme-Prinzip}

Der Anwendungsbereich der Art. III und XI GATT bezieht sich auch auf Investitionsmaßnahmen, die eine handelsbeschränkende oder -verzerrende Wirkung haben können, siehe das „Übereinkommen über handelsbezogene Investitionsmaßnahmen" zum GATT, ABl. EG 1994 L 336/100.

Investitionsmaßnahmen

3.4.2.2 Allgemeine Ausnahmen

Neben den im jeweiligen Abschnitt des GATT 1994 enthaltenen speziellen Ausnahmeregeln für die gewährten Liberalisierungen, sieht der Vertrag auch noch allgemeine Ausnahmen vor. Die wichtigsten werden im Folgenden kurz erläutert. Generell gilt auch hier: Falls ein Staat gegen eine Freiheit des GATT verstößt, bedarf er zu ihrer Rechtfertigung eines speziellen Grundes, einer Rechtsgrundlage.

Escape clause, Art. XIX Nr. 3. GATT: Bei Vorliegen bestimmter, in Art. XIX Nr. 1. GATT 1994 abschließend aufgezählter Notstandssituationen kann eine Vertragspartei die einer oder mehreren Vertragsparteien gewährten Zugeständnisse selbst außer Kraft setzen, d. h. aus den übernommenen vertraglichen Verpflichtungen „fliehen". Die einzelnen Voraussetzungen von Art. XIX GATT werden in dem „Übereinkommen über Schutzmaßnahmen" (ABl. EG 1994 L 336/184) näher dargelegt.

Art. XX GATT: Der lange Katalog der Ausnahmen des Art. XX GATT 1994 trägt schon in der Überschrift der deutschen Übersetzung den Titel „Allgemeine Ausnahmen". Sie schützen zum Teil den „ordre public" eines Vertragsstaates, zum Teil aber auch andere Werte, wie das kulturelle Erbe. Zum ordre public gehören die für die Rechtsordnung eines Staates elementaren Vorschriften.

Die Ausnahmen unterliegen ihrerseits Schranken.

Die erste Schranke ist das Verhältnismäßigkeitsprinzip, wenn die Maßnahmen zwischen Ländern angewendet werden, in denen gleiche Lebensverhältnisse bestehen. Für die Prüfungsreihenfolge bedeutet dies, dass zuerst das Vorliegen eines Grundes der lit. a) bis j) zu untersuchen ist. Der dann ein-

ordre public
Prüfungsreihenfolge

schlägige Grund, z. B. lit c) Einfuhrmaßnahmen gegen Gold, unterliegt seinerseits dann dem Verhältnismäßigkeitsgrundsatz (zur Systematik: WT/DS58/AB/R, „Shrimp", ILM 1999, 121/160 ff.). Das Merkmal der „willkürlichen und ungerechtfertigten Diskriminierung" ist ein Ausdruck des Verhältnismäßigkeitsgrundsatzes.

Wichtig ist, dass die lit. a) bis d) entgegen ihrem deutschen Wortlaut nur die notwendigen Maßnahmen erfassen, da der authentische englische Text von „necessary to..." spricht. Jedoch ist „necessary to" nur eine Bestätigung des Verhältnismäßigkeitsgrundsatzes, da eine Maßnahme notwendig ist, wenn mit ihr das Schutzziel tatsächlich erreicht wird und keine weniger einschneidende Maßnahme existiert. Folglich ist die deutsche Übersetzung nicht fehlerhaft.

keine „verschleierte Beschränkung"

Zweitens dürfen die Beschränkungen keinesfalls zu einer verschleierten Beschränkung des internationalen Handels führen. Der Begriff der „verschleierten Beschränkung" umfasst alle dem Namen nach nichtdiskriminierenden Maßnahmen, deren Wirkung importierte Produkte stärker trifft als einheimische. Der EuGH lehnt sich in seiner Rechtsprechung zu Art. 34 AEUV (Urteil „Cassis de Dijon", Slg. 1979, 649) stark hieran an.

Tatbestandsreduktion

Rechtstechnisch sind die Ausnahmen eine Tatbestandsreduktion, weil gemäß Art. XX GATT 1994 „keine Vorschrift des Abkommens so ausgelegt werden darf, daß eine Vertragspartei die in Art. XX genannten Punkte nicht beschließen oder durchführen darf". Diese Auslegung wird durch den authentischen englischen Wortlaut bestätigt, der von „shall be construed" spricht. Art. XX GATT ist nach dem Verständnis des WTO-Streitschlichtungsausschusses nicht restriktiv zu verstehen und kann, wenn ein anderes WTO-Übereinkommen dies vorsieht, auch außerhalb des GATT-Übereinkommens angewendet werden (WTO, China-Audiovisuals, WT/DS 363).

Die Umweltschutzvorschriften der lit. b) und g) dürfen wegen der Gefahr des Missbrauchs durch die Industrieländer nicht so ausgelegt werden, dass ein Staat auf die Umweltpolitik eines anderen Staates Einfluss nehmen kann. Die Zulässigkeit von den auch unter Buchstabe b) fallenden gesundheitspolizeilichen und pflanzenschutzrechtlichen Maßnahmen wird in dem Übereinkommen über die Anwendung gesundheitspolizeilicher und pflanzenschutzrechtlicher Maßnahmen (SPS-Abkommen, ABl. EG 1994 L 33/40) geregelt, welches dem GATT vorgeht.

Die „öffentliche Sittlichkeit" des lit. a) ist in letzter Zeit vermehrt als Reduktionsgrund angenommen worden. Sie ist gegeben, wenn eine Maßnahme, wie der Import von Robbenprodukten, gegen die Wertvorstellungen der Gesellschaft verstößt (zur Vertiefung: WTO, EU-Seal Products, WT/DS 400/401).

Für sich handelsbeschränkend auswirkende technische Vorschriften gilt das Übereinkommen über technische Handelshemmnisse (TBT-Abkommen). Der Anwendungsbereich ist in Art. 1 des Übereinkommens näher ausgeführt. Beide Übereinkommen gehen dem GATT vor, wobei das GATT-Übereinkommen, im Gegensatz zum SPS-Übereinkommen (s. Art. 2.4 SPS), neben dem TBT-Übereinkommen anwendbar bleibt.

Art. XXI GATT: Art. XXI GATT 1994 nimmt als allgemeine Ausnahme Maßnahmen zum Schutz wesentlicher Sicherheitsinteressen vom Tatbestand der jeweils einschlägigen Freiheit aus, die Norm nimmt folglich auch eine Tatbestandsreduktion vor. Auch hier spricht der englische Wortlaut der Vorschrift von „shall be construed", während der deutsche Wortlaut, anders als bei Art. XX, „nicht daran hindern" lautet. Die unterschiedliche deutsche Übersetzung hat, da Deutsch nicht zu den authentischen Sprachen des GATT gehört (Art. XXVI 3. GATT), keine Rechtswirkung; der englische Wortlaut ist allein maßgebend. Im Gegensatz zu Art. XX kennt Art. XXI keine allgemeine Anwendung des Verhältnismäßigkeitsgrundsatzes, um die nationalen Sicherheitsinteressen nicht einer Einschränkung zu unterwerfen.

Schutz wesentlicher Sicherheitsinteressen

Verzichtsklausel (waiver clause): Die dritte tatbestandsreduzierende allgemeine Ausnahme findet sich in Art. XXV Nr. 5. GATT 1994. Dort ist eine Verzichtsklausel (engl.: waiver) normiert, nach der die Vertragsparteien mit 2/3-Mehrheit der Mitgliedstaaten eine andere Vertragspartei von den ihr nach dem GATT 1994 auferliegenden Pflichten, also den Vorschriften über Meistbegünstigung etc., befreien können. Im Hinblick auf die wirtschaftliche Situation der Entwicklungsländer, deren Wirtschaft bei einem schrankenlos liberalisierten Welthandel auf dem Weltmarkt kaum eine Überlebenschance hätte, wurden für sie auf diesem Wege Handelserleichterungen eingeführt.

waiver clause

Daneben besteht eine Ausnahmegenehmigungsmöglichkeit (ebenfalls: waiver) nach Art. IX Abs. 3, 4 WTO-Ü, von der bislang nur in Ausnahmefällen Gebrauch gemacht wurde (z. B. bei dem dem Kimberley-Prozess unterfallendem Handel mit „Blutdiamanten").

Subventions- und Dumpingabwehr: Die wichtigsten Ausnahmen stellen die Maßnahmen zur Bekämpfung von Dumping und Subventionen dar.

> **Art. VI GATT – Dumping**
> 1. Die Vertragsparteien erkennen an, daß ein Dumping, durch das Waren eines Landes unter ihrem normalen Wert auf den Markt eines anderen Landes gebracht werden, zu verurteilen ist, wenn es eine bedeutende Schädigung eines im Gebiet einer Vertragspartei bestehenden Wirtschaftszweiges verursacht oder zu verursachen droht oder wenn es die Errichtung eines einheimischen Wirtschaftszweiges erheblich verzögert. [...]
> **Subventionen im allgemeinen**
> 1. Wenn eine Vertragspartei eine Subvention, einschließlich jeder Form von Einkommens- oder Preisstützung, gewährt oder beibehält, die mittelbar oder unmittelbar die Wirkung hat, die Ausfuhr einer Ware aus ihrem Gebiet zu steigern oder die Einfuhr einer Ware in ihr Gebiet zu vermindern, so notifiziert diese Vertragspartei den Vertragsparteien das Ausmaß und die Art der Subventionierung, [...]. [...]

Definitionen: Dumping, Subvention

Die beiden Vorschriften enthalten eine Legaldefinition der Begriffe Dumping und Subvention. Dumping ist der Verkauf einer Ware unter ihrem normalen Wert durch ein Unternehmen, Subventionierung ist eine finanzielle Stützung eines Produkts oder eines Wirtschaftszwegs durch den Staat. Beispiel: Die Bundesrepublik unterstützt Werften mit mehreren Millionen Euro, damit diese mit den Werften anderer Länder, insbesondere denen Südostasiens, konkurrieren können.

Antidumpingübereinkommen

Das WTO-Übereinkommen enthält in Anhang IA ein Antidumpingübereinkommen (ADÜ; ABl. EG 1994 L 336/103), in dem die Voraussetzungen zur Bestimmung, ob eine Ware gedumpt ist, näher ausgeführt werden. Gemäß Art. 2.1 ADÜ gilt eine Ware als gedumpt, wenn ihr Preis bei Ausfuhr von einem Land in ein anderes niedriger ist als der vergleichbare Preis der zum Verbrauch im Ausfuhrland bestimmten gleichartigen Ware im normalen Handelsverkehr. Eine gleichartige Ware ist gegeben, wenn die importierte Ware mit der fraglichen Ware identisch ist, d. h. ihr in jeder Hinsicht gleicht, oder, falls eine solche Ware nicht zu ermitteln ist, eine Ware, die der fraglichen Ware nicht in jeder Hinsicht gleicht, aber Merkmale aufweist, die denen der fraglichen Ware sehr ähnlich sind, Art. 2.6 ADÜ. Die weiteren Merkmale des Art. VI GATT sind in den Art. 3 ff. ADÜ näher konkretisiert.

Als Übereinkommen zwischen den Vertragsparteien des GATT können gewohnheitsrechtlich (s. Art. 31 II lit. a) WVK) die im ADÜ niedergelegten Normen zur Interpretation des Art. VI GATT herangezogen werden. Zur Bekämpfung des

3.4 · Handelsrecht

Dumpings kann der einführende Staat dann einen Antidumpingzoll bis zur Höhe der festgestellten Dumpingspanne erheben, Art. VI 2. GATT 1994.

Bei Subventionen ist die Regelungstechnik vergleichbar. In dem „Übereinkommen über Subventionen und Ausgleichsmaßnahmen" (ABl. EG 1994 L 336/156) ist sowohl der Begriff der Subvention näher beschrieben, als auch wann eine Subvention als verboten zu betrachten ist und wie gegen anfechtbare Subventionen vorgegangen werden kann. Auf Einzelheiten ist an dieser Stelle aus Platzgründen zu verzichten.

Dogmatisch sind Antidumping und Antisubventionsmaßnahmen eines Staates Rechtfertigungsgründe gegenüber einer Verletzung der Pflicht zur Inländergleichbehandlung und zur Meistbegünstigung, siehe Art. II 2. lit. a) GATT 1994.

Subventionsübereinkommen

3.4.3 GATS und TRIPS

Nach dem Überblick über das GATT und den Warenhandel sollen noch kurz die anderen Abkommen GATS und TRIPS erläutert werden. Das GATS (General Agreement on Trade in Services; ABl. EG 1994 L 336/190) regelt den internationalen Handel mit Dienstleistungen. Dienstleistungen sind Wertschöpfungen, die nicht physischer Natur, also nicht anfassbar, nicht sichtbar und nicht haltbar sind (Senti, WTO, Rdnr. 728). Das GATS ist dem GATT nachgebildet und enthält auch eine Meistbegünstigungs- (Art. II GATS) und eine Inländer(gleichbehandlungs)klausel (Art. XVII GATS). „Grenzüberschreitende Dienstleistungen" wird sehr weit verstanden und umfasst Dienstleistungen gleich welcher Art, die in einem anderen Mitgliedstaat vorgenommen werden, vgl. Art. I Abs. 2 lit. a) bis d) GATS.

GATS

Häufig werden auch beim Warenverkauf Dienstleistungen erbracht, so dass eine Abgrenzung zwischen dem GATT und dem GATS erforderlich ist. Eine Ware liegt gemäß Art. I:1. Abkommen über öffentliches Beschaffungswesen (GATT 1980, BISD 26th S, S. 33 ff.) vor, wenn der in ihr enthaltene Dienstleistungswert 50 % des Warenwertes nicht übersteigt. Diesen Wert kann man auch zur Abgrenzung von GATT und GATS heranziehen. Beide Abkommen stehen jedoch nebeneinander.

Abgrenzung Ware – Dienstleistung

Im Gegensatz zum GATT trennt das GATS in allgemeine und spezifische Pflichten. Allgemeine Pflichten gelten grundsätzlich generell für alle Mitglieder, während die spezifischen Pflichten ausdrücklich von den Mitgliedstaaten übernommen werden müssen. Die übernommenen spezifischen Pflichten finden sich in entsprechenden für jedes Mitglied geltenden

allgemeine Pflichten, spezifische Pflichten

Listen. Allgemeine Pflichten sind z. B. die Meistbegünstigung (Art. II GATS) und das Transparenzprinzip (Art. III GATS), während der Marktzugang (Art. XVI GATS) und die Inländergleichbehandlung (Art. XVII GATS) nur eine spezifische Verpflichtung darstellt. Das GATS enthält in Art. XIV GATS ebenfalls, dem Art. XX GATT vergleichbare, abschließend aufgezählte Rechtfertigungsgründe.

TRIPS

Demgegenüber regelt das TRIPS (General Agreement on Trade-Related Intellectual Property Rights; ABl. EG 1994 L 336/213) die handelsbezogenen Aspekte der Rechte des geistigen Eigentums. Das geistige Eigentum wird wiederum durch Meistbegünstigung (Art. 4 TRIPS) und Inländerbehandlung (Art. 3 TRIPS) gewahrt. Zum geistigen Eigentum gehören gemäß Art. 1 II TRIPS Urheberrechte, Marken („Springer-Pferd"), geographische Angaben („Kulmbacher Bier"), gewerbliche Muster (Modelle), Patente etc. Völkerrechtlich interessant ist in diesem Zusammenhang auch noch die WIPO (World Intellectual Property Organisation), die die meisten Aspekte des internationalen Schutzes des geistigen Eigentums in die Wege geleitet hat.

Diese beiden weiteren multilateralen Abkommen sind praktisch überaus bedeutsam und schließen einige der Lücken, die durch die nur provisorische Anwendung des GATT 1947 und das Nichtzustandekommen der ITO entstanden waren.

3.4.4 Innerstaatliche Anwendbarkeit von GATT, GATS und TRIPS

unmittelbare Anwendbarkeit

Für das GATT 1947 und bisher auch für die Nachfolgeverträge wurde einhellig angenommen, dass die Vorschriften innerstaatlich nicht unmittelbar anwendbar (self-executing ▶ Abschn. 5.4) seien und sich die Staatsangehörigen der Mitgliedstaaten vor nationalen Gerichten nicht darauf berufen können.

Für eine unmittelbare Anwendbarkeit ist erforderlich, dass die Norm hinreichend genau und unbedingt ist, und somit keines weiteren Umsetzungsaktes bedarf. Dies würde dem GATT gerade fehlen, vielmehr sei das Abkommen von der großen Flexibilität seiner Vorschriften geprägt (EuGH, International Fruit, Slg. 1972, 1219). Ob dieses auch nach Inkrafttreten des WTO/GATT Systems weiterhin so stimmt, wurde in Zweifel gezogen (siehe EuGH, Hermés, Slg. 1998, S. I-3603/3650; GA Tesauro hatte die unmittelbare Anwendung von Art. 50 VI TRIPS bejaht), der EuGH hält jedoch beständig an seiner Rechtsprechung fest (Portugal/Rat, Slg. 1999, I-8395, Rdnr. 42 ff.).

3.4 · Handelsrecht

Interessanterweise spricht nunmehr ein WTO-Streitschlichtungsausschuss von dem „Prinzip der indirekten Wirkung" des GATT zugunsten privater Wirtschaftsteilnehmer (WT/DS 152/R, para. 7.78). Dies scheint jedoch nur eine Bestärkung des allgemeinen Gedankens zu sein, dass den Vorschriften des GATT in den Rechtsordnungen der Vertragsparteien eine objektive Wirkung dergestalt zukommt, dass innerstaatliche Gesetze, wie z. B. § 1 UWG, im Konfliktfalle also im Lichte des GATT ausgelegt werden müssen.

Prinzip der indirekten Wirkung

3.4.5 Streitbeilegung

Zum verpflichtenden, multilateralen Teil des WTO-Ü gehört auch die Streitbeilegung, Anhang 2. Das System hat sich in der kurzen Zeit seines Bestehens als sehr erfolgreich herausgestellt, bis heute wurden über 500 Streitfälle behandelt. Beispielsweise gab es den „Bananenstreit" zwischen den USA und der EU über die Bananenmarktordnung der Union und den „Hormonstreit" über in den USA hormonell bearbeitetes Fleisch und dessen Import in die EU.

Das Streitbeilegungssystem ist für alle in Anhang 1 des WTO-Ü enthaltenen Übereinkommen einschlägig, Art. 1 DSU (Dispute Settlement Understanding). Wenn ein Mitgliedstaat der Ansicht ist, ein anderer Mitgliedstaat hätte gegen die Verpflichtungen aus einem der multilateralen Handelsübereinkommen verstoßen, d. h. eine Streitigkeit entsteht, wird das Konsultationsverfahren (Art. 4 DSU) als Vorverfahren eingeleitet. Falls die Konsultationen die Streitigkeit nicht innerhalb von 60 Tagen nach Eingang des Antrags beilegen können, hat der sich beschwerende Staat gemäß Art. 4 VII DSU das Recht einen „Panel" (Streitschlichtungsausschuss) einzuberufen. Der Panel besteht aus mindestens drei Personen (Art. 8 V DSU) und hat innerhalb von neun Monaten eine Entscheidung zu treffen, Art. 20 DSU, wenn die Streitparteien nichts anderes vereinbart haben. Innerhalb dieser Frist muss das Panel dem DSB (Dispute Settlement Body) seine Entscheidung vorlegen. Falls nach Ansicht des Panels ein Verstoß gegeben ist, empfiehlt er dem verstoßenden Staat Maßnahmen, wie er sein Handeln mit dem Übereinkommen in Einklang bringen kann (Art. 19 DSU). Nach weiteren 60 Tagen nimmt der DSB den Bericht an, es sei denn, dass eine Streitpartei Rechtsmittel gegen den Beschluss einlegen will, oder der DSB im Konsens (= einstimmig!) den Bericht des Panels nicht annimmt (Art. 16 DSU). Dies wird kaum geschehen, da die Streitparteien Mitglieder des DSB sind

Streitschlichtungsausschuss

und die obsiegende Partei nicht gegen den Beschluss stimmen wird.

bindende Wirkung — Die Rechtsnatur des Panel-Reports ist die bindenden Völkerrechts zwischen den Streitparteien, wie sich aus einer Zusammenschau der Art. 3 VII, 19 I, 21 I, 22 I, VIII und 26 lit. b) DSU ergibt. Diese Vorschriften sehen bei festgestellter Verletzung eine Verpflichtung zur Umsetzung des Reports, bzw. bei festgestellter Nichtverletzung ein Recht zur Beibehaltung der Maßnahme vor.

Berufung — Bei Rechtsmitteleinlegung wird die Streitsache nach Art. 17 DSU an das Berufungsgremium (Appellate Body) weiterverwiesen, welches spätestens innerhalb von 90 Tagen zu entscheiden hat. Das Rechtsmittel kann sich nur auf Rechtsfragen beziehen, nicht auf Tatsachen. Nach deutschem Verständnis ist das Berufungsgremium trotz seines Namens eine Revisions- und keine Berufungsinstanz. Bei Festhalten des Appellate Body an der Panel-Entscheidung wird die Sache an den DSB zurückgegeben, der wiederum einstimmig gegen die Annahme der Entscheidung stimmen kann. Ansonsten gilt der Richterspruch als angenommen und die unterliegende Streitpartei muss die Empfehlung (Art. 19 DSU) umsetzen.

Zwangsmaßnahmen — Falls sie dies nicht innerhalb eines gemäß Art. 21 DSU festgelegten angemessenen Zeitrahmens vornimmt, können Zwangsmaßnahmen ergriffen werden, Art. 22 DSU. Zwangsmaßnahmen sind die Entschädigung einerseits und die Aussetzung von Zugeständnissen andererseits. Vorrangig sind laut Art. 22 II DSU Entschädigungen zwischen den Streitparteien festzulegen, da dadurch das Freihandelssystem der WTO nicht beeinträchtigt wird. Falls dies nicht gelingt, kann die Partei, die das Streitschlichtungsverfahren angestrengt hat, den DSB um die Genehmigung bitten, Zugeständnisse oder sonstige Vertragspflichten im Verhältnis zur unterliegenden Partei auszusetzen. Das nähere Verfahren ist in den Absätzen III bis VIII des Art. 22 DSU erläutert.

Der Streitschlichtungsmechanismus gilt uneingeschränkt jedoch nur zwischen „gleich starken" Handelspartnern, für Entwicklungsländer gelten Sondervorschriften, Art. 24 DSU.

Nach der Darstellung des Systems ist noch entscheidend, welche Grundsätze das Panel zur Feststellung einer Rechtsverletzung heranzieht. Art. 3 II 2 DSU schreibt vor, dass zur Auslegung des Übereinkommens die herkömmlichen Grundsätze heranzuziehen sind. Demnach sind die Art. 31 ff. WVK (▶ Abschn. 2.2.2.6) in ihrer gewohnheitsrechtlichen Ausprägung anwendbar.

3.4 · Handelsrecht

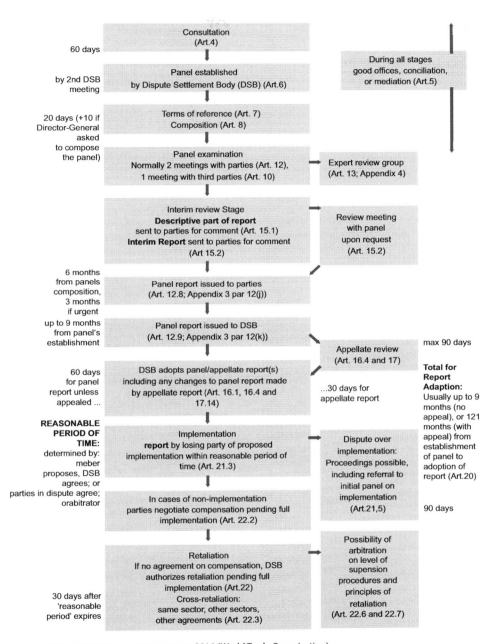

dispute settlement process, ▶ www.wto.org 2016 (World Trade Organization)

3.4.6 WTO und Umweltschutz

Umweltschutz und Welthandel

Abschließend soll noch auf die Beziehung zwischen freiem Welthandel und Umweltschutz eingegangen werden. Ist ein Staat zur Nichteinführung von Waren berechtigt, wenn der produzierende Staat elementare Umweltschutzstandards nicht beachtet? Die Berücksichtigung so genannter produktionsbezogener Gründe ist eine seit langem zwischen den Industrienationen und den Entwicklungsländern umstrittene Frage. Nach westlicher Sichtweise wäre eine Vereinheitlichung der beiden Bereiche sicherlich wünschenswert. Die Länder der „Dritten Welt" tragen demgegenüber nicht zu Unrecht vor, dass sie aus wirtschaftlichen Gründen nicht in der Lage seien, diese Standards zu erreichen und ihnen so eine neue Handelsbarriere entstünde. Eine Harmonisierung würde ihre wirtschaftliche Entwicklung hemmen. Die beiden gegensätzlichen Standpunkte in Verbindung mit einem freien Welthandel führen im Ergebnis dazu, dass rechtlich gesehen Umweltschutz und Welthandel separat zu sehen sind. Auch das GATT erwähnt den Umweltschutz nur an wenigen Stellen, siehe z. B. Art. XX lit. g).

Wichtig ist in diesem Zusammenhang auch das „Washingtoner Artenschutzübereinkommen" (CITES, BGBl 1975 II, 773), welches den Handel mit bestimmten Tier- und Pflanzenarten beschränkt. Diese Beschränkung des Handels ist nach Art. XX lit .b) GATT gerechtfertigt. Der oben genannte Konflikt ist folgendermaßen zu lösen: Gehen von einer zu importierenden Ware selbst Umweltgefahren aus, greift Art. XX GATT ein, und man ist nicht verpflichtet, die Ware einzuführen. Gehen dagegen von der Art der Herstellung Umweltbeeinträchtigungen aus, kann dies nicht als Rechtfertigung herangezogen werden, da es ansonsten zu einem verschleierten Protektionismus der heimischen Wirtschaft käme. Die EU gewährt Staaten, die besondere Umweltschutzvorschriften einhalten, einen nicht unerheblichen Zollnachlass.

In einem vielbeachtetem Urteil hat die Berufungsinstanz in der Sache „Shrimp-Turtle" (WT/DS58/AB/R, ILM 1999, 161 ff.), in der es um den Fang von Garnelen mit bestimmten Netzen, die ausschließen sollten, dass auch gleichzeitig Meeresschildkröten gefangen werden, ging, entschieden, dass der Umweltschutz auch eine Aufgabe der WTO-Mitgliedern ist. Maßnahmen zum Schutz gefährdeter Tierarten sind auch von der Organisation erwünscht, jedoch dürfen solche Maßnahmen nicht unverhältnismäßig im Sinne des Art. XX GATT sein. Die Reduzierung der Aussage auf gefährdete Tierarten ergibt sich aus dem Streitgegenstand der Sache, eine Verallgemeinerung der Aussage des Berufungsgremiums auf Umweltschutzmaßnahmen jeglicher Art erscheint möglich.

Die für den Umweltschutz genannten Argumente sind analog für das Verhältnis Handel – Menschenrechtsschutz heranzuziehen.

3.4.7 Importverbot, Embargo, Blockade und Boykott

Importverbot, Embargo, Blockade und Boykott sind weitere Barrieren des Welthandels. Nach Völkergewohnheitsrecht ist es einem Staat untersagt, ein „Importverbot" zu verhängen, wenn dadurch die Wirtschaft eines anderen Staates so schwer beschädigt wird, dass er nicht mehr in der Lage ist, eigenständig zu existieren. Insoweit wird auch von einem „Tatbestand der Erdrosselung" gesprochen. Abhängigkeiten dieser Art sind durch den heute vorherrschenden freien Welthandel und die sich daraus ergebenden vielfältigen Handelsbeziehungen allerdings sehr selten geworden.

Importverbot

Ein „Embargo" ist ein Exportverbot und somit der genaue Gegensatz zum Importverbot. Es ist eine staatliche Ausfuhruntersagung aus politischen Gründen, um ein anderes Land, bzw. eine Gruppe von Ländern, wirtschaftlich zu schwächen und ein bestimmtes Verhalten/Unterlassen zu erzwingen, siehe auch Art. 41 SVN. Bei Bestehen von (vertraglichen) Wirtschaftsbeziehungen stellt die Verhängung des Embargos eine Rechtsverletzung dar, die gerechtfertigt werden muss, um rechtmäßig zu sein. Bei Nichtbestehen von Wirtschaftsbeziehungen ist sie mangels einer völkergewohnheitsrechtlichen Pflicht zur Aufnahme von Wirtschaftsbeziehungen lediglich ein „unfreundlicher Akt". Im Rahmen einer Güterabwägung sind Embargomaßnahmen als rechtmäßig anzusehen, wenn sie Ziele verfolgen, die höherrangiger sind als die Aufrechterhaltung des Handels mit dem rechtsbrechenden Staat. Insoweit sind sie als Repressalien gegenüber völkerrechtsverletzendem Handeln anderer Staaten zulässig.

Embargo

Einen Unterfall des Embargos stellt die „Blockade" dar. Blockade ist die Abriegelung der Küsten eines anderen Staates, um dessen Handel zu schädigen und ihn dadurch gleichzeitig zu einem bestimmten Verhalten/Unterlassen zu bewegen.

Blockade

Demgegenüber ist der „Boykott" kein staatliches, sondern ein rein privates Handeln. Er ist die Schädigung der Wirtschaft eines anderen Staates durch natürliche oder juristische Privatpersonen, um einen anderen Staat zu einem Verhalten/Unterlassen zu bewegen.

Boykott

3.4.8 Privates Handelsrecht

Völkerrechtlich werden jedoch nicht nur die Wirtschaftsbeziehungen zwischen Staaten geregelt, sondern auch die Beziehungen zwischen einem Staat und einem ausländischem Unternehmen, welches in dem Gaststaat tätig werden will. Dann nehmen ausländische Unternehmen (= juristische Personen) am völkerrechtlichen Individualschutz teil, der den Staatsbürgern (= natürliche Personen) fremder Staaten zugestanden wird. Ausländern hat der Gaststaat nach den Grundsätzen des völkergewohnheitsrechtlichen Fremdenrechtes einen gewissen völkerrechtlichen Mindeststandard zu gewährleisten (Mindeststandardlehre ▶ Abschn. 3.6.1). Die Inländergleichbehandlungslehre der Calvo-Doktrin (Ausländer sind gleich einem Inländer zu behandeln) ist demgegenüber nicht Bestandteil des Völkergewohnheitsrechts geworden.

3.4.8.1 Entschädigung bei Enteignung

Für private Wirtschaftsbeziehungen ist das Eigentumsrecht von besonderer Bedeutung, da viele Unternehmen von Investitionen in einem anderen Staat absehen würden, wenn ihre Investitionen nicht geschützt wären. Somit ist der Schutz vor staatlichen Enteignungen besonders relevant. Enteignung ist die Entziehung von Privateigentum durch den Gaststaat. Nach dem Territorialitätsprinzip kann der Gaststaat auf seinem Gebiet „frei schalten und walten", so dass Enteignungen zulässig sein müssen. Auf der anderen Seite streitet das Fremdenrecht für die Interessen des Unternehmens. Der Gaststaat ist nach den Regeln über den „fremdenrechtlichen Mindeststandard" völkergewohnheitsrechtlich verpflichtet, Nichtstaatsangehörige, zu denen auch ausländische Unternehmen zählen, vor Eigentumsbeeinträchtigungen zu schützen. Das Spannungsfeld zwischen territorialer Souveränität und Fremdenrecht wird gewohnheitsrechtlich dergestalt zum Ausgleich gebracht, dass Enteignungen im

- öffentlichen Interesse,
- nichtdiskriminierend und
- gegen Entschädigung erfolgen müssen.

„Öffentliches Interesse" darf nicht zu eng gesehen werden, auch die „Erhöhung des Lebensstandards der Bevölkerung" o. ä. gehören dazu. „Nichtdiskriminierend" heißt, dass eine Gruppe nicht aus bestimmten, z. B. rassischen Motiven heraus enteignet werden darf. Die Enteignung einzelner Wirtschaftszweige bleibt zulässig.

3.4 · Handelsrecht

Die „Entschädigung" muss
- ohne zeitliche Verzögerung (= zeitgleich oder kurz nach der Enteignung),
- dem Wert angemessen (= in voller Höhe) und
- effektiv sein (sog. „Hull-Formel"). An der Effektivität fehlt es, wenn die Entschädigung nicht in einer frei handelbaren Währung bezahlt würde.

Entschädigung

Wenn ein Gaststaat diese Voraussetzungen erfüllt, ist die Enteignung völkerrechtlich zulässig. Wenn nicht, entsteht ein Wiedergutmachungsanspruch, der entweder die Herstellung des früheren Zustandes oder Schadenersatz bedeutet. Die Höhe des Anspruchs berechnet sich entsprechend dem Entschädigungsanspruch. Mehr dazu unten bei „diplomatischer Schutz" (▶ Abschn. 3.4.8.5).

3.4.8.2 Exterritoriale Wirkung von Enteignungen

Ferner ist fraglich, wie sich enteignende Maßnahmen außerhalb des Staatsgebietes auswirken. Was passiert beispielsweise mit Unternehmensanteilen oder -eigentum in anderen Ländern? Dies ist das Problem der exterritorialen Wirkung von Enteignungsmaßnahmen. Zur Lösung wurde in Deutschland auf der Grundlage des Territorialitätsprinzips die Spaltungstheorie entwickelt (BGHZ 25, 134). Nach dem Territorialitätsprinzip ist kein Staat verpflichtet, Hoheitsakte fremder Mächte auf seinem Territorium anzuerkennen.

Die Enteignung durch Staat A stellt einen solchen Hoheitsakt dar. Die Spaltungstheorie besagt, dass bei Enteignungen von Anteilen, die im Staat B belegenen Anteile nicht von der Enteignung betroffen werden, sondern einem neuen Unternehmen gehören, welches sich von dem alten im Zeitpunkt der Enteignung automatisch abgespalten hat.

Das Eigentumsrecht ist durch Art. 14 GG verfassungsrechtlich verbürgt und wird so gewahrt. Die Spaltungstheorie wurde in der Praxis bisher nur bei entschädigungslosen Enteignungen (Konfiskationen) angewandt.

Etwas anderes gilt bei der Anerkennung völkerrechtswidriger Enteignungen von Vermögenswerten, die ganz auf dem Territorium des enteignenden Staates liegen. Nach dem Territorialitätsprinzip liegt die Anerkennung der Enteignung, falls diese Vermögenswerte auf sein Gebiet verbracht werden, in seinem Ermessen. Er kann die Enteignung anerkennen, ist dazu völkerrechtlich aber nicht verpflichtet. Laut dem BVerfG

Anerkennung von Enteignungen

überprüfen deutsche Gerichte die Völkerrechtsgemäßheit ausländischer Enteignungen nur, wenn ein sachlicher oder persönlicher Bezug der Enteignung zu Deutschland besteht (BVerfG, DVBl. 1992, 1285), wobei die Überprüfung anhand von Art. 6 EGBGB, der „ordre public-Klausel", geschieht. Der Begriff des „ordre public" ist dabei in Verbindung mit Art. 25 GG gemäß den allgemeinen Regeln des Völkerrechts zu bestimmen.

Wichtig ist, dass das oben aufgeführte System natürlich nur dann gilt, wenn kein völkerrechtlicher Vertrag vorrangig Anwendung findet. Die vertraglichen Regelungen gehen als lex specialis dann den völkergewohnheitsrechtlichen Regeln vor.

3.4.8.3 Ausländische juristische Person

Juristische Personen haben eine Staatszu-, nicht eine Staatsangehörigkeit; die Rechtsfähigkeit natürlicher Personen ergibt sich aus Art. 16 IpbürgR.
Gründungstheorie, Sitztheorie
Die Staatszugehörigkeit des Unternehmens ist unabhängig von der Staatsangehörigkeit der Anteilseigner.

Wann ist eine juristische Person als ausländisch zu betrachten? Die Staatszugehörigkeit einer juristischen Person richtet sich gemäß dem IGH nach der Gründungs- oder Sitztheorie (IGH, Barcelona Traction, ICJ-Rep. 1970, 3/42). Die Gründungstheorie besagt, dass eine juristische Person die Staatszugehörigkeit des Staates hat, nach dessen Rechtsordnung sie gegründet wurde. Für sie spricht, dass durch die Abgrenzung nach objektiven Kriterien Rechtssicherheit entsteht. Nach der Sitztheorie ist demgegenüber der effektive Verwaltungssitz entscheidend. Effektiv ist der Ort, an dem die Geschäftsführung und die zur Vertretung berufenen Organe beheimatet sind (BGHZ 97, 269). Deutschland folgt der Sitztheorie (BGHZ 97, 269), die aber bei der Auflösung multinationaler Unternehmen Schwächen hat.

Problematisch wird es zum einen, wenn das Unternehmen U nach dem Recht des enteignenden Staates A, der der Gründungstheorie folgt, gegründet wurde, seinen effektiven Verwaltungssitz aber in dem Staat B hat, in dem die Sitztheorie Anwendung findet. Welches Recht gilt in so einer Situation? Das des Staates A oder das von B? Dann ist wie bei natürlichen Personen mit mehreren Staatsangehörigkeiten auf die effektive Staatszugehörigkeit abzustellen. Diese ist anhand von tatsächlichen, objektiven Kriterien zu bestimmen und beispielsweise dort anzunehmen, wo der Mutterkonzern Steuern bezahlt oder diplomatischen Schutz beantragt hat.

Kontrolltheorie

Völkerrechtlich nicht durchgesetzt hat sich die Kontrolltheorie, nach der sich die Staatszugehörigkeit der juristischen Person nach der Staatsangehörigkeit der Mehrzahl der Anteilseigner bestimmt. Diese Ansicht entspricht der wirtschaftlichen Situation am besten (das Unternehmen – soweit es eine Kapitalgesellschaft ist – gehört den Anteilseignern – juristische Personen sind insoweit nur Fiktionen), ist allerdings sehr unpraktikabel, weil Anteilseigner wiederum juristische Personen sein können, deren Staatszugehörigkeit dann auch nach der Kontrolltheorie zu bestimmen wäre. Durch die Möglichkeit des Verkaufes der Anteile besteht die Gefahr einer sich häufig ändernden Staatszugehörigkeit (vgl. IGH, Barcelona Traction a. a. O.). Trotz dieser Schwächen wird auf sie in einigen Übereinkünften zur Bestimmung der Staatszugehörigkeit Bezug genommen, siehe Art. 13 a) ii) MIGA oder Art. 25 II lit. b) 2. Fall ICSID.

3.4.8.4 Investitionsschutz

Nunmehr zum eigentlichen Investitionsschutz. Eine Investition ist eine langfristige Kapitalanlage gleich welcher Art. Herkömmlich wird zwischen „Portfolioinvestitionen", d. h. Investitionen in den Kapitalmarkt eines anderen Staates, und „Direktinvestitionen", worunter unternehmerisches Tätigwerden verstanden wird, unterschieden. Die Höhe der Auslandsinvestitionen überstieg nach der UNCTAD im Jahre 2007 die Marke von $ 1833 Mrd. Geschützt wird in der Regel nicht nur das Kapital, sondern Vermögenswerte aller Art, wozu u. a. dingliche Rechte, geistiges Eigentum und Konzessionen zu zählen sind.

Portfolioinvestitionen, Direktinvestitionen

Investitionen unterliegen nach dem Territorialitätsprinzip grundsätzlich dem Recht des Staates in dem sie getätigt werden (Beispiel: § 23 AWG, Beschränkungen von Investitionen). Gemäß dem Personalitätsprinzip kann ein Staat natürlich auch das Recht seiner Staatsangehörigen, im Ausland zu investieren, beschränken (Beispiel: § 22 AWG).

Schwierig ist die Sicherung von Unternehmensinvestitionen in einem Gaststaat. Zuerst ist an Klauseln in dem Vertrag Unternehmen – Gaststaat zu denken. Einerseits können dort „Internationalisierungsklauseln" aufgenommen werden, nach denen der Vertrag dem Rechtsregime des Völkerrechts unterliegt. Sie werden ferner häufig von „Stabilisierungsklauseln" flankiert. Nach einer Stabilisierungsklausel sind einseitige Änderungen des Vertragsinhalts durch den Gaststaat nicht möglich. Die Zusammenschau beider Klauseln führt dann dazu, dass der Vertrag dem Völkerrecht unterliegt und der Gaststaat ihn nicht einseitig ändern kann, sog. „internationalisierte Verträge".

Internationalisierungsklauseln, Stabilisierungsklauseln

Konsequent führt dies dazu, dass ein Unternehmen eine partiell beschränkte Völkerrechtssubjektivität erlangt (siehe TOPCO/Libyen, ILM 1978, 1) und der Vertrag Gaststaat – Unternehmen den völkerrechtlichen Regeln unterliegt. Dies ergibt sich aus dem Grundsatz der Parteiautonomie, wonach die Parteien eines Vertrages auch die zugrundeliegende Rechtsmaterie wählen können. Die Streitbeilegung findet dann mangels Zuständigkeit des IGH (Art. 34 I IGH-St) auf schiedsgerichtlicher

Jedoch sind private Investoren keine geborenen Völkerrechtssubjekte, was die Rechtsdurchsetzung praktisch sehr erschwert. Die rechtliche Anerkennung und Wirkung von Internationalisierungsklauseln ist somit umstritten.

Gegen Deutschland läuft erstmals ein von Vattenfall wegen des Kraftwerksbaus Moorburg (Hamburg) eingeleitetes ICSID-Verfahren

Basis statt. Nach einigen Widerständen im völkerrechtlichen Schrifttum ist die partielle Völkerrechtsfähigkeit von Unternehmen inzwischen weitgehend anerkannt.

Dieser private Investitionsschutz wird durch die im Rahmen des ICSID (International Center for the Settlement of Investment Disputes; BGBl. 1969 II, 369) Übereinkommens vereinbarten Schiedsgerichte verstärkt.

Sachliche Zuständigkeit – Art. 25 ICSID
(1) Die Zuständigkeit des Zentrums erstreckt sich auf alle unmittelbar mit einer Investition zusammenhängenden Rechtsstreitigkeiten zwischen einem Vertragsstaat [...] einerseits und einem Angehörigen eines anderen Vertragsstaates andererseits, wenn die Parteien schriftlich eingewilligt haben, die Streitigkeit dem Zentrum zu unterbreiten. Haben die Parteien ihre Zustimmung erteilt, so kann keine von ihnen sie einseitig zurücknehmen.
(2) Der Ausdruck „Angehöriger eines Vertragsstaats" bedeutet,
a) jede natürliche Person [...],
b) jede juristische Person [...].

Verfahrenseinleitung – Art. 28 ICSID
(1) Wünscht ein Vertragsstaat oder ein Angehöriger eines Vertragsstaats ein Vergleichsverfahren einzurichten, so richtet er einen diesbezüglichen schriftlichen Antrag an den Generalsekretär [des Zentrums], der ihn der anderen Partei in Abschrift zuleitet.

Das ICSID-Übereinkommen ist folglich ein deutliches Zeichen dafür, wie im Wirtschaftsrecht die Mediatisierung des Einzelnen durch das Völkerrecht immer mehr aufgehoben wird.

Zweitens könnte der Heimatstaat des Unternehmens mit dem Gaststaat einen völkerrechtlichen Vertrag zur Investitionssicherung abschließen, der unproblematisch völkerrechtlich wirksam und durchsetzbar ist. Diese bilateralen Investitionsübereinkommen sind zahlreich, 2008 gab es davon nach der UNCTAD 2676. Die Abkommen folgen einem generellen Muster (s. Krajewski, Wirtschaftsvölkerrecht, 3. Aufl. 2012, § 3, Rdnr. 557). Neben einer Inländergleichbehandlungsklausel und dem Meistbegünstigungsgrundsatz (s. o. WTO-Recht) enthalten die Verträge auch Regelungen über den Mindeststandard der gerechten und billigen Behandlung (fair and equitable treatment, FET) von ausländischen Investitionen, welches der Schaffung von Rechtssicherheit dient. Die Flexibilität des

Begriffs wird als Vorteil gesehen, um den Telos des Investitionsschutzvertrages, der Sicherung fremder Investitionen, zur Geltung zu verhelfen. Als weitere Rechte, wird häufig noch die mit der Investition in Zusammenhang stehende Kapitalverkehrsfreiheit und eine Abschirmklausel (pacta sunt servanda-Klauseln) vereinbart, welche der oben genannten Internationalisierungsklausel vergleichbar ist.

Drittens könnte der Heimatstaat eine Versicherung für Investitionsrisiken anbieten. In Deutschland geschieht dies beispielsweise durch die „Hermes Kreditversicherungsgesellschaft", eine Einrichtung des Bundes. Die Rechtsgrundlage hierfür ist im jährlichen Haushaltsgesetz des Bundes enthalten. Vertragspartner ist der Bund, vertreten durch den Bundesminister für Wirtschaft, der wiederum vertreten wird durch die Hermes-Kreditversicherungs AG (bei Ausfuhrgarantien und -bürgschaften) und die Treuarbeit AG (bei Garantien für Kapitalanlagen). Aber auch private Versicherungen versichern gegen Investitionsrisiken. Daneben existiert auf internationaler Ebene noch die Multilaterale Investitions Garantie-Agentur (MIGA v. 11. 10. 1985; BGBl. 198 II, 454), die für bestimmte Investitionen eine Garantie übernimmt, siehe Art. 11 ff. MIGA.

Versicherung

Zu den Investitionen eines Unternehmens gehören natürlich auch die in dem Gaststaat aufgebauten Produktionsstätten. Nach fremdenrechtlichen Grundsätzen sind diese vom Gaststaat vor Beeinträchtigungen zu schützen. Allerdings muss der Gaststaat nach dem Grundsatz der „gehörigen Sorgfalt" (due diligence) nur ausreichende Sicherungsmaßnahmen treffen. Er ist nicht verpflichtet, vor jeder Eigentumsbeeinträchtigung durch Private zu schützen. Damit wäre ein Staat auch sicherlich überfordert.

Produktionsstätten

3.4.8.5 Diplomatischer Schutz

Wie kommt das enteignete Unternehmen an die angemessene Entschädigung, falls der Gaststaat nicht bezahlt? Zum einen durch internationale Schiedsgerichte (▶ Abschn. 4.2), wenn eine entsprechende Vereinbarung besteht. Zum anderen ist die Entschädigungsregel ein Ergebnis des völkerrechtlich garantierten fremdenrechtlichen Mindeststandards. Dessen Rechtsdurchsetzung obliegt dem Heimatstaat des Unternehmens als diplomatischer Schutz. Diplomatischer Schutz ist der Schutz, den der Heimatstaat für seine natürlichen und juristischen Personen gegen völkerrechtswidrige Handlungen eines anderen Staates gewähren kann. Ein Anspruch auf Tätigwerden besteht nicht, der Heimatstaat hat insoweit einen Ermessensspielraum, der sich mit der oftmals hochpolitischen Qualität des Tätigwerdens erklären lässt. Ein schematisches Agieren könnte mehr Schaden als Nutzen hervorrufen.

Der Entschädigungsanspruch würde dann als eigener völkerrechtlicher Anspruch vom Heimatstaat gegen den Gaststaat geltend gemacht; der zu zahlende Geldbetrag stünde demnach dem Heimatstaat des Unternehmens, und nicht dem Unternehmen selbst, zu.

Diplomatischer Schutz kann nur zugunsten eigener Staatsan-/ Staatszugehöriger ausgeübt werden. Dies muss sowohl im Zeitpunkt der Schädigungshandlung als auch im Zeitpunkt der Gewährung diplomatischen Schutzes bestehen.

Nur am Rande soll hier auf das Problem der Doppelstaatler, also Personen mit zwei Staatsangehörigkeiten hingewiesen werden. Verantwortlich für den diplomatischen Schutz ist der Staat, in dem der Doppelstaatler seinen gewöhnlichen Aufenthalt hat, da nur diese Staatsangehörigkeit als effektiv bewertet werden kann.

Schutzpflicht des Staates

Nach deutschem Verfassungsrecht besteht eine Schutzpflicht des Staates gegenüber den Bürgern, die zum Teil aus den Grundrechten (BVerfGE 46, 160/164), zum Teil aus einem durch die Staatsangehörigkeit vermitteltem Loyalitäts- und Schutzverhältnis hergeleitet wird (BVerfGE 37, 217/241). Aufgrund des in auswärtigen Beziehungen bestehenden weiten Ermessensspielraums der Regierung lässt sich aus dieser Schutzpflicht des Staates aber kein Anspruch auf Tätigwerden, sondern nur auf fehlerfreie Ermessensausübung begründen. Die Bundesrepublik ist verpflichtet, die Gründe für die Gewährung oder Nichtgewährung diplomatischen Schutzes in rechtsfehlerfreier Weise gegeneinander abzuwägen. Dies ist gerichtlich voll überprüfbar. Juristisch ist das Tätigwerden des Heimatstaates nicht als Prozessstandschaft zu werten, sondern durch die Enteignung werden auch die eigenen Rechte des Heimatstaates verletzt.

local-remedies rule

Jedoch ist das Unternehmen verpflichtet, zuerst den Rechtsweg des Gaststaates erschöpfend zu beschreiten (local-remedies rule). Eine Ausnahme besteht, wenn die Beschreitung dem Unternehmen nicht zugemutet werden kann, da die Rechtsdurchsetzung viele Jahre dauern würde (Rechtsverschleppung) oder ein effektiver innerstaatlicher Rechtsweg nicht existiert.

clean-hands Regel

Völkergewohnheitsrechtlich nicht anerkannt ist die clean-hands Regel, nach der die juristische Person, für die das diplomatische Schutzrecht ausgeübt werden soll, nicht selbst in grober Weise gegen die Rechtsvorschriften des Gaststaates verstoßen haben darf.

Wichtig ist: Die Voraussetzungen des diplomatischen Schutzes sind im Rahmen der Zulässigkeit einer Klage vor dem IGH zu erörtern (▶ Abschn. 4.3.1).

Rechtsschutz für Anteilseigner

Problematisch ist die Situation, wenn eine Gesellschaft erloschen ist oder der Heimatstaat der Gesellschaft nicht in der Lage ist, ihr diplomatischen Schutz zu gewähren. Soll dann auf die Staatsangehörigkeit der Anteilseigner, die von der der Gesellschaft verschieden sein kann, zurückgegriffen werden können? Diese „Lüftung des Schleiers der Gesellschaft" (IGH, Barcelona Traction, ICJ-Rep. 1970, 3/41 ff.; „lifting the corporate veil") würde zu einer Anwendung der Kontrolltheorie durch die Hintertür führen, dem stehen ähnliche Bedenken wie der gewöhnlichen Anwendung der Theorie entgegen. Die Gesellschaft hat eine eigene, von der der Anteilseigner verschiedene, rechtliche Existenz. Ferner besteht kein Grund, eine Gesellschaft mit ausländischen Anteilseignern anders zu behandeln als eine mit inländischen.

3.4.9 Lex Mercatoria

Die Lex Mercatoria ist kein Völkerrecht. Sie ist eine internationale privatrechtliche Ordnung, die die internationalen Handelsbeziehungen zwischen Privatrechtssubjekten regelt. Insoweit ist sie wirkliches „internationales Privatrecht" (▶ Abschn. 1.1), wobei sie erst durch Bezugnahme von Vertragsparteien Rechtsgültigkeit erlangt.

Die Lex Mercatoria setzt sich aus vielfältigen Quellen zusammen, zu ihnen gehören internationalen Handelsbräuchen, Vertragspraxis und allgemeine Rechtsgrundsätze zusammen. Multinationale Unternehmen gebrauchen diese Regeln häufig für ihre grenzüberschreitenden Vertragsabschlüsse. Bei einem grenzüberschreitenden Warenaustausch werden auch häufig so genannte Incoterms vereinbart, dies sind weitgehend standardisierte Klauseln, welche den Allgemeinen Geschäftsbedingungen des deutschen Rechts nicht unähnlich sind. Rechtsverbindlichkeit erlangen sie erst bei Inkorporierung in einen Vertrag.

> **Schema: Voraussetzungen diplomatischer Schutz**
> **I. Eigener Staatsan- oder -zugehöriger**
> ▬ Im Zeitpunkt der Rechtsverletzung und
> ▬ Im Zeitpunkt der Geltendmachung
> Bei Doppelstaatlern: effektive Staatsangehörigkeit
> **II. Beschreitung des innerstaatlichen Rechtsweges (local-remedies-rule)**
> Nicht erforderlich bei:
> ▬ Rechtsverschleppung
> ▬ Effektiver innerstaatlicher Rechtsweg existiert nicht im Gaststaat
> **III. Eigenes gesetzestreues Verhalten (clean-hands-Regel)**
> Nicht erforderlich, ein Verstoß gegen die Rechtsordnung des Gaststaates ist für die Geltendmachung des diplomatischen Schutzes unerheblich

> **IV. Rechtsfolge**
> Eigener Anspruch des Staates auf Wiederherstellung der rechtmäßigen Lage

3.5 Diplomaten- und Konsularrecht

Das Gesandtschaftsrecht ist einer der älteren völkerrechtlichen Rechtsbereiche und ein gutes Beispiel dafür, wie unverbindliche Regeln der courtoisie im Laufe der Zeit zu verbindlichen Rechtsregeln erstarken können. Das Gesandtschaftsrecht ist das Recht, diplomatische Beziehungen mit anderen Völkerrechtssubjekten zu unterhalten. Es ist in der Souveränität verankert und setzt Völkerrechtsfähigkeit und Handlungsfähigkeit voraus. Dies steht nicht nur Staaten sondern auch anderen Völkerrechtssubjekten zu, wie zum Beispiel der Europäischen Union, Art. 221 AEUV.

3.5.1 Diplomatenrecht

WÜD

Das Recht der Diplomaten lässt sich wiederum in das Recht der ständigen und das Recht der ad-hoc-Diplomatie unterteilen. Die ständige Diplomatie ist in dem „Wiener Übereinkommen über diplomatische Beziehungen" (WÜD), das hauptsächlich eine Kodifizierung von Völkergewohnheitsrecht enthält, vom 18.4.1961 (BGBl. 1964 II, 957) geregelt. Für die Prüfung bedeutet dies, dass die dort niedergelegten Regeln auch dann gelten, wenn die streitenden Parteien nicht Parteien des WÜD sind. Das WÜD ist ein self-contained-regime, so dass Rechtsverletzungen nur mit den in ihr enthaltenen Mitteln beantwortet werden dürfen (IGH, Teheran II, ICJ-Rep. 1980, 3/40; BVerfGE 96, 68/83). Daneben existiert die Diplomatenschutzkonvention (BGBl. 1976 II, S. 1745), die Diplomaten vor bestimmten Übergriffen bewahren bzw. bestimmte gegen Diplomaten gerichtete Übergriffe unter Strafe stellen soll.

Aufnahme diplomatischer Beziehungen

Art. 2 WÜD regelt die Aufnahme diplomatischer Beziehungen. Danach stellt das aktive (Diplomaten entsenden) und passive (Diplomaten aufnehmen) Gesandtschaftsrecht keine völkerrechtliche Pflicht dar. Vielmehr steht es im Ermessen der Völkerrechtssubjekte. Dies ist ein Ergebnis des Grundsatzes der Gegenseitigkeit (Reziprozität). Art. 2 WÜD gilt nur für Staaten, der gleichlautende gewohnheitsrechtliche Rechtssatz gilt allgemein für alle Völkerrechtssubjekte. Nach der Aufnahme diplomatischer Beziehungen können diese natürlich auch wieder abgebrochen oder suspendiert werden. Suspension ist der vorübergehende Abzug der diplomatischen Mission. Beide Institute sind einseitige Rechtsakte. Bei Abbruch oder Suspension greift Art. 45 WÜD ein, der gewisse Vorrechte der diplomatischen Mission auch nach Abbruch der Beziehungen weiter aufrechterhält, wie z. B. die Räumlichkeiten der Mission zu schützen. Aus dem Reziprozitätsgedanken folgt, dass bei Abbruch oder Suspension die jeweils „andere Mission" auch aufgegeben werden muss. Beide Staaten können dann eine Schutzmacht ernennen, die ihre Interessen im jeweils anderen Staat vertritt. Die Schutzmacht muss nicht identisch sein.

Die Aufgaben der diplomatischen Mission sind in Art. 3 WÜD niedergelegt. Die dortige Aufzählung ist nicht abschließend, wie sich aus dem Wortlaut der Vorschrift („unter anderem") ergibt.

> **Aufgabe der diplomatischen Mission – Art. 3 WÜD**
> (1) Aufgabe der diplomatischen Mission ist es unter anderem,
> a) den Entsendestaat im Empfangsstaat zu vertreten,
> b) die Interessen des Entsendestaats und seiner Angehörigen im Empfangsstaat innerhalb der völkerrechtlich zulässigen Grenzen zu schützen,
> c) mit der Regierung des Empfangsstaats zu verhandeln,
> d) sich mit allen rechtmäßigen Mitteln über Verhältnisse und Entwicklungen im Empfangsstaat zu unterrichten und darüber an die Regierungen des Entsendestaats zu berichten,
> e) freundschaftliche Beziehungen zwischen Entsendestaat und Empfangsstaat zu fördern und ihre wirtschaftlichen, kulturellen und wissenschaftlichen Beziehungen auszubauen. [...]

3.5.1.1 Rechtsstellung von Diplomaten und diplomatischer Mission

Wichtige Besonderheiten enthalten die Regelungen über die Rechtsstellung der Diplomaten und der Mission als solcher. Ungenehme Diplomaten können gemäß Art. 9 WÜD vom Empfangsstaat grundlos zur „persona non grata" erklärt werden, so dass der Entsendestaat den Diplomaten zurückrufen muss. Hauptgrund für die Erklärung zur „persona non grata" ist der Spionageverdacht. Andere Beendigungsgründe nennt Art. 43 WÜD, der seinerseits wiederum nicht abschließend ist (Wortlaut: „unter anderem").

persona non grata

Ansonsten sind die Normen für genehme Diplomaten in den Art. 29 ff. WÜD zu finden. Die zentrale Vorschrift ist Art. 29 WÜD.

> **Unverletzlichkeit der Diplomaten – Art. 29 WÜD**
> Die Person des Diplomaten ist unverletzlich. Er unterliegt keiner Festnahme oder Haft irgendwelcher Art. [...]

Die Unverletzlichkeit des Diplomaten erstreckt sich nach Art. 30 WÜD auch auf dessen Wohnung, dessen Korrespondenz und die Befreiung von der Gerichtsbarkeit, für Zivil- und Verwaltungsgerichte ist die Immunität für bestimmte Arten von Klagen aufgehoben, Art. 31 I lit. a) bis c) WÜD, die die persönliche Immunität des Diplomaten für private Handlungen (acta iure gestionis, ▶ Abschn. 2.2.1) betreffen. Für deutsche Gerichte ist dies in § 18 GVG niedergelegt, der umfassend die Befreiung von Diplomaten von der deutschen Gerichtsbarkeit vorsieht. Wichtig ist, dass Vollstreckungsmaßnahmen nur dann zulässig sind, wenn die Unverletzlichkeit des Diplomaten oder seiner Wohnung nicht beeinträchtigt wird. Weder in der Mission noch in der Privatwohnung des Diplomaten dürfen Vollstreckungsmaßnahmen durchgeführt werden. Die zum Haushalt des Diplomaten gehörenden Familienmitglieder nehmen an seinen Rechten teil.

Beispiel
Der Diplomat D verletzt straßenverkehrsrechtliche Vorschriften, wobei ein Passant verletzt wird, und parkt vor einem Hydranten. Strafrechtlich ist D immun. Das Abschleppen des PKWs ist zulässig, wenn es, wie hier, die öffentliche Sicherheit gefährdet. Die Herausgabe des Wagens darf nicht von der Zahlung einer Geldbuße abhängig gemacht werden.

Festnahmerecht
Repräsentationstheorie, Funktionstheorie

In absoluten Ausnahmefällen besteht eine völkergewohnheitsrechtliche Ausnahme von der Unverletzlichkeit des Diplomaten. Er darf kurzfristig festgenommen werden, damit er an der Ausübung schwerer strafbarer Handlungen gehindert werden kann (IGH, Teheran II, ICJ-Rep, 1980, 3/40). Die Befreiungen des Diplomaten sind von der Hoheitsmacht seines Heimatstaates abgeleitete Rechte. Im Gegensatz dazu folgen die Befreiungen für Staatsoberhäupter unmittelbar aus der Staatenimmunität. Dogmatisch begründet werden die Befreiungen mit der Repräsentationstheorie (IGH, Teheran I, ICJ-Rep. 1979, 3/19; Diplomat als Repräsentant des Souveräns) und der Funktionstheorie (IGH, Teheran II, ICJ-Rep. 1980, 3/40; Diplomat darf nicht bei seiner funktionellen Aufgabenerfüllung behindert werden). Die Präambel des WÜD nimmt auf beide Theorien Bezug, eine Entscheidung ist somit unnötig.

3.5 · Diplomaten- und Konsularrecht

Gemäß Art. 22 WÜD sind die Räumlichkeiten der Mission unverletzlich. Mithin sind die Räumlichkeiten nicht extraterritorial, wie häufig fälschlicherweise behauptet wird, sondern die Mission gehört zum Territorium des Empfangsstaats, dessen Rechtsordnung auf dem Gebiet jedoch nicht durchsetzbar ist. Eine Ausnahmevorschrift für Notsituationen, wie z. B. Brand, ist bei diplomatischen Missionen, anders als nach Art. 31 II WÜK bei konsularischen Vertretungen, nicht vorgesehen.

Demnach ist ein Feuerwehreinsatz auf dem Boden der Botschaft ohne Zustimmung des Botschafters völkerrechtswidrig. Ein Eingreifen ist nach dem Verhältnismäßigkeitsgrundsatz nur dann möglich, wenn das Feuer auf andere Gebäude übergreift und dort wichtige Rechtsgüter geschützt werden müssen. Der Schutz der Mission ist umfassend, auch Bankkonten der Mission unterliegen der Unverletzlichkeit.

Allerdings darf die Mission nur für völkerrechtlich rechtmäßige Handlungen genutzt werden, Art. 41 III WÜD. Problematisch ist somit die Gewährung politischen Asyls in der Botschaft. Damit würde unmittelbar in die Rechtsordnung des Empfangsstaats eingegriffen. Dem Völkerrecht kann ein Recht auf Gewährung politischen Asyls nicht entnommen werden (IGH, Asyl, ICJ-Rep. 1950, 266/274 f.).

Daraus ergibt sich, dass nur vorübergehende Zuflucht aus humanitären Gründen gewährt werden darf. „Vorübergehende Zuflucht" ist der Schutz vor unmittelbar drohenden Beeinträchtigungen von Leib oder Leben des Schutzsuchenden. Der Schutz ist zu beenden, wenn die Gefährdung beendet ist, so dass das Asyl auch über einen sehr langen Zeitraum gewährt werden kann.

Neben der Person des Diplomaten und der Mission ist auch das Gepäck unverletzlich, Art. 27 WÜD. Ob Durchleuchtungsgeräte an Flughäfen mit diesem Grundsatz vereinbar sind, ist weitgehend ungeklärt. Aufgrund des weiten und umfassenden Schutzes des diplomatischen Verkehrs ist die Rechtmäßigkeit von Durchleuchtungen skeptisch zu betrachten.

3.5.1.2 Spezialmissionen

Neben der ständigen Diplomatie existieren noch Spezialmissionen, sog. ad-hoc-Diplomatie. Hierfür gilt die Konvention über Spezialmissionen (38 Vertragsparteien, die Bundesrepublik ist ihr, im Gegensatz zu Österreich [öBGBl. 1985, 2975], bisher nicht beigetreten), deren Vorschriften weitgehend denen der WÜD entsprechen. Sehr umstritten ist die gewohnheitsrechtliche Geltung der Konvention (ablehnend: BGH NJW 1984, 2048) Für die Entsendung von Spezialmissionen ist ein Abkommen zwischen dem Entsende- und dem Empfangsstaat erforderlich.

Marginalien:
- Botschaft ist nicht extraterritorial.
- Politisches Asyl
- Gepäck
- Das WÜD ist auf Spezial- und ad hoc-Missionen nicht anwendbar.

3.5.2 Konsularische Beziehungen

Die WKK (BGBl. 1969 II, 1585) wurde schon in der Einleitung im Fall „LaGrand" kurz erläutert (▶ Abschn. 1.7). Für konsularische Beziehungen ist sie das Gegenstück zur WÜD, die Regelungen in den beiden Verträgen sind ähnlich. Die Rechtsstellung ausländischer Konsulate in Deutschland ist durch § 19 GVG innerstaatlich festgelegt, die Aufgaben und Befugnisse der deutschen Konsularbeamten regelt das Konsulargesetz (BGBl. 1974 I, 2317).

Berufs- und Wahlkonsuln

Konsularische Beziehungen zwischen zwei Staaten können unabhängig von diplomatischen Beziehungen bestehen, Art. 2 III WKK. Bei Konsuln ist zwischen Berufs- und Wahlkonsuln zu unterscheiden, siehe Art. 1 II WKK. Wahlkonsuln üben die konsularische Tätigkeit nur im Nebenberuf aus. Im Folgenden soll nur das Recht der Berufskonsuln erläutert werden.

Immunität

Die Immunität des Konsuls besteht laut Art. 41 I WKK umfassend für die strafrechtliche Festnahme und Untersuchungshaft, für die anderen Rechtsgebiete besteht sie nur für Amtshandlungen, Art. 43 WKK. Danach wären, anders als bei Diplomaten, Vollstreckungshandlungen wegen privater Schulden des Konsuls auch im Konsulat selbst möglich. Der Aufgabenbereich des Konsuls ist in Art. 5 WKK beschrieben. Hierzu gehört nach lit. c) „sich mit allen rechtmäßigen Mitteln über Verhältnisse und Entwicklungen im kommerziellen, wirtschaftlichen, kulturellen und wissenschaftlichen Leben im Empfangsstaat zu unterrichten [...]".

Konsulat

Die Räumlichkeiten des Konsulats sind nach Art. 31 WKK unverletzlich, jedoch kann bei Feuer oder einem anderen Unglück der Empfangsstaat ohne ausdrückliche Zustimmung des Konsuls die notwendigen Maßnahmen treffen. Die Einwilligung des Konsuls zu diesen Maßnahmen wird qua Vertrag nach Art. 31 II 2 WKK vermutet. Ein ausdrücklich entgegenstehender Wille kann danach nicht übergangen werden. Dieser Wille müsste allerdings hinter die Interessen der Allgemeinheit zurücktreten, wenn das Unglück auch andere, sich außerhalb des Konsulats befindende Personen ernsthaft bedrohen würde.

Rechtslage in Deutschland

Art. 36 WKK gewährt nach der LaGrand-Rechtsprechung des IGH (▶ Abschn. 1.7) auch in Deutschland ein subjektives Recht auf konsularische Unterstützung bei der effektiven Wahrnehmung der eigenen Verteidigungsrechte (BVerfG, NJW 2007, 499). „Behörden" i.S.v. Art. 36 I lit. b) S. 3 WKK sind alle Strafverfolgungsbehörden einschließlich der Polizei. Die Belehrungspflicht knüpft nur an die ausländische Staatsangehörigkeit an und nicht an die Integration in den Aufenthaltsstaat.

Umstritten sind jedoch die sich daraus ergebenden strafverfahrensrechtlichen Folgen. Gesichert scheint, dass ein Verstoß gegen die Belehrungspflicht nicht zu einem Beweisverwertungsverbot führt. Dennoch ist die Rechtsverletzung zu kompensieren, wozu innerhalb der Strafsenate des BGH drei unterschiedliche Ansichten vertreten werden. Nach der „Strafzumessungslösung" soll eine Herabsetzung der Strafe erfolgen, nach der „Vollstreckungslösung" soll ein Teil der verhängten Strafe als bereits vollstreckt gelten und nach der „Widerspruchslösung" ist der Rechtsanwalt verpflichtet, im Verfahren Widerspruch gegen die Verwertung des Beweises einzulegen, bevor eine der beiden anderen Lösungen angewendet werden kann. Im Ergebnis spricht viel für die Vollstreckungslösung, da danach das gefundene Urteil weiterhin der Schuld des Täters entspricht. Dennoch dürfte entscheidend sein, inwieweit § 51 StPO überhaupt analog anwendbar ist, wie dies für die Heranziehung der Vollstreckungslösung unabdingbar ist (vgl. BGH NJW 2008, 307 und NJW 2008, 1090).

3.5.3 Streitbeilegung

WÜD und WKK haben ein gleichlautendes fakultatives Zusatzprotokoll über die obligatorische Beilegung von Streitigkeiten. Danach ist für Streitigkeiten der IGH zuständig, wenn die Streitparteien ihren Disput nicht innerhalb von zwei Monaten einem Schiedsgericht übertragen oder ein Vergleichsverfahren durchführen. Die Zuständigkeit des IGH ergäbe sich dann aus Art. 36 I IGH-St, wie bereits oben in dem LaGrand-Fall dargelegt wurde.

fakultatives Zusatzprotokoll

In einem self-contained regime, wie es die Diplomaten- und die Konsularrechtskonvention darstellen, kann im Falle einer Verletzung der Konventionen nicht auf das Rechtsinstitut der Repressalie zurückgegriffen werden. Rechtsverletzungen können nur mit den in den Konventionen enthaltenen Mitteln bekämpft werden, insbesondere der Erklärung eines Diplomaten zur „persona non grata" gemäß Art. 9 WÜD (IGH, Teheran II, ICJ-Rep. 1980, 3/40 ff.).

Diplomat	Diplomat und Familie Art. 31, 37 WÜD	Verwaltungs- und technisches Personal und Familie Art. 37 II WÜD (dürfen nicht Staatsangehörige des Empfangsstaates sein)	Diplomatisches Hauspersonal Art. 37 III WÜD (dürfen nicht Staatsangehörige des Empfangsstaates sein)	Diplomatischer Kurier Art. 27 V WÜD
Strafgerichtsbarkeit	✓	✓	✓ aber nur für dienstliche Tätigkeit	✓ aber nur für dienstliche Tätigkeit
Zivil- und Verwaltungsgerichtsbarkeit	✓ Ausnahme Art. 31 I a-c WÜD: - Dingliche Klage - Nachlasssachen - Nebentätigkeit	✓ aber nur für dienstliche Tätigkeit	✓ aber nur für dienstliche Tätigkeit	✓ aber nur für dienstliche Tätigkeit
Zeugnispflicht	✓ Art. 31 II WÜD	✓ aber nur für dienstliche Tätigkeit	✓ aber nur für dienstliche Tätigkeit	✓ aber nur für dienstliche Tätigkeit

Konsul	Berufs-/Wahlkonsul Art. 41 WKK	Verwaltungs- und technisches Personal Art. 43 WKK	Dienstliches Hauspersonal
Strafgerichtsbarkeit	✓/⊖ Ausnahme: schwere strafbare Handlung (hat immer vor der Behörde zu erscheinen)	⊖	⊖
Zivil- und Verwaltungsgerichtsbarkeit	✓ aber nur bei dienstlichen Handlungen, Art. 43 WKK	✓ aber nur für dienstliche Tätigkeit	⊖
Zeugnispflicht	Berufskonsuln ✓ / Wahlkonsuln ✓ aber nur bei dienstlichen Handlungen	✓ aber nur für dienstliche Tätigkeit	⊖

Legende: ✓ = Immunität vorhanden
⊖ = Immunität fehlt

Diplomatische und konsularische Freiheiten/Immunitäten

3.5.4 Fall: Diplomatische Immunität

A war von 1981 bis 1989 als Botschafter in der DDR akkreditiert. Er wurde im August 1989 von seinem Dienstvorgesetzten angewiesen, der Terroristengruppe T jedwede Unterstützung angedeihen zu lassen. Ein Mitglied der T hat den A gebeten, per Auto eine Tasche mit Sprengstoff in das damalige West-Berlin zu transportieren. A folgte dem Ansinnen nicht, lagerte den Sprengstoff aber für einige Tage in der Botschaft. Der Sprengstoff wurde von T dann auf unbekanntem Wege nach West-Berlin gebracht. Kurz darauf wurde mit dem Sprengstoff ein Anschlag verübt, wobei ein Mensch starb, zwanzig zum Teil schwer verletzt wurden und ein hoher Sachschaden entstand.

Nach dem Ende der DDR wurde A vor dem zuständigen Gericht aufgrund des obigen Sachverhaltes angeklagt und wegen §§ 211, 311 I-III, 27, 52 StGB (Beihilfe zum Mord und Herbeiführung einer Sprengstoffexplosion) verurteilt. Das Gericht führte aus, A habe den Anschlag durch Unterlassen gefördert. Ferner sei A nicht als immun zu bezeichnen, da die Immunität nach Beendigung des diplomatischen Status nur noch für Diensthandlungen fortgelte,

3.5 · Diplomaten- und Konsularrecht

nicht aber für außerhalb der Dienstgeschäfte liegende Handlungen. Das letztinstanzliche Gericht bestätigte die Verurteilung, legte den Sachverhalt dem BVerfG aber nicht vor.
A legt daraufhin Verfassungsbeschwerde ein, da er durch die Nichtvorlage seinem Recht auf den gesetzlichen Richter nach Art. 101 I 2 GG entzogen worden sei. Darüber hinaus sei die Verurteilung wegen der fortbestehenden Immunität rechtswidrig.
Auf Zulässigkeitsfragen der Verfassungsbeschwerde soll nicht eingegangen werden. Die Immunität des A würde sich nach der Vorschrift des Art. 39 II WÜD richten.

> **Vorrechte und Immunitäten – Art. 39 II WÜD**
> Die Vorrechte und Immunitäten einer Person, deren dienstliche Tätigkeit beendet ist, werden normalerweise im Zeitpunkt der Ausreise oder aber des Ablaufs einer hierfür gewährten angemessenen Frist hinfällig; bis zu diesem Zeitpunkt bleiben sie bestehen, und zwar auch im Fall eines bewaffneten Konflikts. In bezug auf die von der betreffenden Person in Ausübung ihrer dienstlichen Tätigkeit als Mitglied der Mission vorgenommenen Handlungen bleibt jedoch die Immunität auch weiterhin bestehen.

Dienstliche Tätigkeit sind Handlungen, die der Diplomat für seinen Entsendestaat vorgenommen hat, die deswegen dem Staat zurechenbar sind. Unerheblich ist, ob das Verhalten nach der Rechtsordnung des Empfangsstaats als rechtswidrig anzusehen ist.

dienstliche Tätigkeit

■ I. Bestand der diplomatischen Immunität gegenüber der Bundesrepublik

Fraglich ist, ob die diplomatische Immunität des A nach dem Ende der DDR auch gegenüber der Bundesrepublik Bestand hat. Dies wäre zum einen der Fall, wenn die Regel erga omnes auch gegenüber Drittstaaten wirken würde, zum anderen, wenn die Bundesrepublik aus Gründen der Staatensukzession in die Pflicht des Art. 39 II WÜD eingetreten ist.

Zuerst zur erga omnes-Wirkung: Das WÜD behandelt die Frage der Immunität außerhalb des Empfangsstaates nicht. Folglich kann die erga omnes-Wirkung nur vorliegen, wenn das Völkergewohnheitsrecht eine solche Regel kennt. Art. 39 WÜD ist die Kodifizierung eines gewohnheitsrechtlichen Rechtssatzes. Zur Auslegung ist auf den Sinn und Zweck der gewohnheitsrechtlichen Regel abzustellen. Entscheidend für die Lösung des Problems ist der Gedanke, dass die Bestimmungen über die Immunität des Diplomaten auf dem Ge-

erga omnes-Wirkung
Auslegung

danken der Zustimmung durch den Gaststaat beruhen. Ein anderer Staat hat der diplomatischen Immunität nicht zugestimmt. Der Telos der Vorschrift ist die Sicherstellung des Schutzes von Drittstaaten, da diese mangels eines Abkommen mit dem Entsendestaat keine Möglichkeiten haben, einen Diplomaten auszuweisen oder ähnliches. Mithin liegt eine erga omnes-Wirkung während der Ausübung der diplomatischen Tätigkeit nicht vor.

Staatensukzession
EV = Einigungsvertrag

Zweitens könnte die Bundesrepublik unter dem Gesichtspunkt der Staatensukzession in die Pflicht des Art. 39 II 2 WÜD eingetreten sein. Die Frage der Nachfolge in völkerrechtliche Verträge der DDR seitens der Bundesrepublik regelt Art. 12 EV (BGBl. 1990 II, 889). Wichtig ist in diesem Zusammenhang Art. 34 WVK, wonach ein Vertrag für einen Drittstaat ohne dessen Zustimmung weder Pflichten noch Rechte begründet. Dann müsste es sich allerdings um eine Frage der Staatennachfolge handeln. Zu beachten ist, dass beide deutsche Staaten an die WÜD gebunden waren. Somit geht es nicht um die Regelung einer Vertragsnachfolge, sondern um den Übergang einer den Vorgängerstaat bindenden völkerrechtlichen Pflicht, die in einem multilateralen Vertrag, dem WÜD, niedergelegt ist. Auf diesen Fall ist Art. 12 EV nicht anwendbar, eine gewohnheitsrechtliche Staatenpraxis ist nicht erkennbar. Der Gesichtspunkt der Staatensukzession liegt auch nicht vor.

Die diplomatische Immunität des A hat folglich gegenüber der Bundesrepublik keinen Bestand.

- **II. Verletzung des Rechts auf den gesetzlichen Richter**

ein wenig Verfassungsrecht

Eine Verletzung des Art. 101 I 2 GG durch die Nichtvorlage ist auch nicht gegeben, da das Bundesverfassungsgericht zu keinem anderen Urteil über die Immunitätsfrage als das Instanzgericht gekommen wäre. Zwar ist das Bundesverfassungsgericht „gesetzlicher Richter" im Sinne der Norm, eine Verletzung kann jedoch nur dann vorliegen, wenn bei einer Nichtvorlage die Rechtsauffassungen des vorzulegenden Gerichts und des Verfassungsgerichts divergieren.

- **III. Ergebnis**

Die Verurteilung seitens des zuständigen Gerichtes war rechtmäßig und die Verfassungsbeschwerde des A zulässig aber unbegründet.

3.6 Völkerrechtlicher Individualschutz

Individuen als Völkerrechtssubjekte

In begrenztem Umfang erkennt das moderne Völkerrecht auch das Individuum als Subjekt an und verleiht ihm eigene

3.6 · Völkerrechtlicher Individualschutz

Rechte und Pflichten. Zum einen ist hier das Fremdenrecht zu nennen, zum anderen der immer stärker werdende Schutz der Menschenrechte. Den Individualrechten stehen Kollektivrechte, wie das Selbstbestimmungsrecht der Völker, gegenüber, die nur von der Gruppe, nicht jedoch vom Einzelnen geltend gemacht werden können.

Wichtig ist, dass nach klassischem Völkerrecht die Rechte des Einzelnen durch den Staat wahrgenommen werden, dessen Staatsangehörigkeit die Person besitzt; sog. „Mediatisierung des Völkerrechts". Der Einzelne hat keine Möglichkeit der eigenen Rechtsdurchsetzung. Nach Art. 34 I IGH-St können z. B. nur Staaten vor dem IGH klagen oder verklagt werden, auch wenn ein Individuum verletzt wurde. Von Individualrechten kann demnach eigentlich nur dann gesprochen werden, wenn das Völkerrecht dem Individuum eine Möglichkeit der Rechtsdurchsetzung gewährt, was sehr selten ist. Die Darstellung ist aus diesem Grund etwas umfassender und soll die Rechte darstellen, die dem Einzelnen übertragen wurden, gleich ob er sie auch gerichtlich durchsetzen kann oder ob er dafür die Unterstützung seines Heimatstaates benötigt.

Mediatisierung

Ob der Heimatstaat seinem Angehörigen im Einzelfall diplomatischen Schutz gewährt, richtet sich nach dem jeweiligen innerstaatlichen Recht, da das Rechtsinstitut dem Heimatstaat und gerade nicht dem Individuum zusteht. In Deutschland besteht wegen der notwendigen Flexibilität außenpolitischen Handelns kein Anspruch auf diplomatisches Tätigwerden, sondern nur ein Anspruch auf fehlerfreie Ermessensausübung durch die Bundesregierung. Der Anspruch auf fehlerfreie Ermessensausübung vor dem zuständigen Verwaltungsgericht einklag- und durchsetzbar (▶ Abschn. 3.4.8.5).

diplomatischer Schutz

3.6.1 Fremdenrecht

Unter Fremdenrecht werden alle Rechtsbeziehungen zwischen einem Staat und den sich unter seiner Hoheitsgewalt befindlichen Ausländern verstanden. Völkergewohnheitsrechtlich ist dem Ausländer ein Mindeststandard an Rechten zu gewähren, die unabhängig von der Gewährung derselben Rechte an die eigenen Staatsangehörigen sind. Die eigenen Staatsangehörigen können also schlechter behandelt werden als im Staat befindliche Ausländer. Die Inländergleichbehandlungslehre ist nicht geltendes Recht geworden (Calvo-Klausel ▶ Abschn. 3.4.8). Durch spezialgesetzliche, bi- oder multilaterale Verträge ist dies abänderbar.

Mindeststandardlehre
Inländergleichbehandlungslehre

Einreiseverpflichtung

Eine gewohnheitsrechtliche Pflicht, Ausländer auf das Territorium zu lassen, besteht nicht. Dieser Rechtssatz ist jedoch häufig durch Verträge überkommen, beispielsweise besteht eine Freizügigkeit für EU-Bürger. Diese dürfen sich überall im Gebiet der EU zur Erwerbstätigkeit niederlassen (Art. 20, 45 AEUV). Die Ausreise ist gewohnheitsrechtlich ebenfalls nicht reglementiert, jeder Staat kann Ausländer folglich nach den Vorschriften seines innerstaatlichen Rechtes ausweisen oder ausliefern. Bedauerlicherweise existiert keine gewohnheitsrechtliche Pflicht zur Asylgewährung an politisch verfolgte Personen.

Sich rechtmäßig auf dem Gebiet eines Staates aufhaltende Personen haben nach der Mindeststandardlehre folgende Rechte:
- Eigene Rechtsfähigkeit
- Sklavereiverbot
- Recht auf Leben, körperliche Unversehrtheit
- Recht auf Sicherheit und polizeilichen Schutz
- Gleichheit vor dem Gesetz
- Gleicher Zugang zu den Gerichten, rechtliches Gehör

Ansonsten sind sie verpflichtet, wie jeder andere Bürger auch, die Gesetze des Gaststaates zu befolgen.

3.6.2 Menschenrechte

Menschenrechte sind in Verträgen und Gewohnheitsrecht enthalten.

Sehr viel umfangreicher als der oben erwähnte Mindeststandard sind die den Einzelnen gewährten Menschenrechte. Diese sind zum Teil völkergewohnheitsrechtlich niedergelegt, einige sind überdies Bestandteil des ius cogens und haben erga omnes-Wirkung, zum Teil sind sie auch in Verträgen enthalten. Die Menschenrechte haben die Hauptlast bei der Durchbrechung des strengen Mediatisierungsschemas geleistet, sie erkannten den Menschen als Individuum zum ersten Mal ausdrücklich als Völkerrechtssubjekt an. Die wichtigsten Verträge und Regeln sollen hier kurz erläutert werden.

Der wichtigste Grundsatz vorab: Menschenrechte dienen der Begrenzung staatlicher Gewalt, gegen sie verstoßende staatliche Handlungen sind rechtswidrig, einige können auch als Leistungsrechte gegenüber dem Staat ausgestaltet sein.

Ein juristischen Personen als Individualrecht zustehendes Menschenrecht wurde schon oben im Wirtschaftsrecht erwähnt, dass Recht, bei Enteignungen eine angemessene Entschädigung zu erhalten. Hieran sieht man deutlich, dass – soweit eine Vergleichbarkeit besteht – natürliche und juristische Personen auch im Völkerrecht gleich behandelt werden.

3.6.2.1 Individualschutz durch die Vereinten Nationen

Ausgangspunkt ist Art. 1 Ziff.3 SVN, der die Achtung der Menschenrechte zu den Zielen der VN zählt, welches durch Art. 55 lit. c), 56 SVN gewahrt werden soll. Die Zusammenschau dieser Vorschriften begründet eine Rechtspflicht zur Wahrung der Menschenrechte durch die VN und durch ihre Mitglieder. Allerdings wird der Inhalt der Menschenrechte durch die SVN nicht festgelegt. Die Interpretation der SVN geschah durch die Allgemeine Erklärung der Menschenrechte seitens der Generalversammlung vom 10.12.1948. Wie gesehen sind Resolutionen der Generalversammlung nicht bindend. Diese stellt jedoch als Ausdruck des Parteiwillens eine „spätere Übung" zwischen den Parteien der SVN gemäß dem in Art. 31 III lit. b) WVK niedergelegten gewohnheitsrechtlichen Grundsatz dar, so dass der Inhalt der Art. 1 Ziff. 3, 55 lit. c), 56 SVN durch sie näher bestimmt wird.

Allgemeine Erklärung der Menschenrechte

Inzwischen sind überdies viele der in ihr niedergelegten Rechte als Völkergewohnheitsrecht und, was vielleicht noch bedeutsamer ist, als ius cogens anzusehen.

Hierzu gehören:
- Recht auf Leben und körperliche Unversehrtheit
- Schutz vor Folter und unmenschlicher Behandlung
- Keine Diskriminierung wegen Rasse, Geschlecht oder Religion.

ius cogens

Als Normen des zwingenden Völkerrechts können sie nur eingeschränkt werden, wenn ein Staat in seiner Existenz bedroht ist.

Beispiel
Die Polizei der Bundesrepublik foltert eine Person, die mit an Sicherheit grenzender Wahrscheinlichkeit Informationen hat, welche eine bevorstehende Katastrophe, wie einen Giftgasanschlag auf die U-Bahn einer Metropole, verhindern würde. Durch die Folter würden demnach mit an Sicherheit grenzender Wahrscheinlichkeit viele Menschenleben gerettet.
Der IGH hat in dem Nukleare Abschreckung-Gutachten (ICJ-Rep. 1996, 226 ff.) die völkergewohnheitsrechtliche Einschränkung von Grundsätzen des humanitären Völkerrechts, zu denen auch das Folterverbot gehört, bei Vorliegen überragender Gemeinwohlinteressen zumindest nicht ausgeschlossen. Im deutschen Recht wären dann die einfachgesetzlichen Verbürgungen des Folterverbotes durch die Polizeigesetze der Länder und § 136a StPO nicht anwendbar, da gemäß Art. 25 S. 2 GG das Völkergewohnheitsrecht Vorrang vor den Gesetzen hat. Auch die absolute Verbürgung in Art. 3 EMRK hilft nicht weiter, da die EMRK nur einfachen Gesetzesrang genießt.

Folterverbot näher betrachtet

*Innerhalb Europas könnte sich jedoch uneinschränkbares regionales Völkergewohnheitsrecht im Sinne des Art. 3 EMRK gebildet haben. Dann würde diese es über Art. 25 S. 2 GG Vorrang vor den Gesetzen haben.
Mehr bei Dreier, GG-Kommentar, Bd. I, Art. 1*

Jedoch umfasst das Gebot der Achtung der Menschenwürde des Art. 1 GG auch das Folterverbot, so dass nach Hierarchiegrundsätzen die gewohnheitsrechtlichen Regeln in Deutschland nicht anwendbar sind. Umstritten ist allerdings, ob die Menschenwürde in Extremsituationen nach den Grundsätzen der Grundrechtskollision (praktischen Konkordanz) einschränkbar ist, da auch die betroffenen Benutzer der U-Bahn das Recht haben, keinen terroristischen Anschlägen ausgesetzt zu sei. Auf die Problematik soll hier nur hingewiesen werden.

Repressalie

Bei Verletzung von Vorschriften des ius cogens darf auf die Völkerrechtsverletzung nicht mit einer Verletzung derselben Art als Repressalie reagiert werden. Falls Staat A unberechtigterweise foltert, darf Staat B nicht die sich auf seinem Territorium befindlichen Angehörigen von A ebenfalls foltern. Bei Menschenrechten, die nicht dem ius cogens unterliegen, wie z. B. der Schutz des Eigentums, dürfte Staat B das Eigentum der Aer als Repressalienmaßnahme rechtmäßig entziehen.

Folterübereinkommen

Die Folter ist in dem Übereinkommen gegen Folter und andere grausame, unmenschliche oder erniedrigende Behandlung oder Strafe (v. 10.12.1984; BGBl. 1990 II, 246) der VN niedergelegt und in Art. 1 legal definiert. Danach ist Folter jede Handlung, durch die einer Person vorsätzlich große körperliche oder seelische Schmerzen oder Leiden zugefügt werden. Eine Einschränkung des Rechtes aus Notstandsgesichtspunkten ist, anders als im Gewohnheitsrecht, nicht möglich. Auch Befehl als Rechtfertigungsgrund scheidet aus. Als modernes völkerrechtliches Übereinkommen enthält es einen eigenen Beschwerdemechanismus, so ist die Einlegung einer Individualbeschwerde (Art. 22) an den Ausschuss gegen Folter (Teil II des Übereinkommens) möglich. Innerhalb Europas ist noch das „Europäische Übereinkommen zur Verhütung von Folter und unmenschlicher Behandlung oder Strafe" vom 26.11.1987 (BGBl. 1989 II, 946; mit 2 Zusatzprotokollen, BGBl. 1996 II, 1114) zu nennen, wodurch ein Ausschuss eingerichtet wird, der das Recht hat, angekündigte Besuche in Haftanstalten durchzuführen, um die Einhaltung des Folterverbotes zu überprüfen.

Genozidkonvention

In diesem Rahmen ist auch die Konvention über die Verhütung und Bestrafung des Völkermordes (Genozidkonvention) der Vereinten Nationen vom 9.12.1948 (BGBl. 1954 II 729) zu erwähnen. Die Konvention ist wie viele Vorschriften des völkerrechtlichen Menschenrechtsschutzes eine Antwort auf die im Zweiten Weltkrieg begangenen Verbrechen.

3.6 · Völkerrechtlicher Individualschutz

Nach Art. II ist Völkermord:

> **Genozidkonvention – Art. II**
> [...] eine der folgenden Handlungen, die in der Absicht begangen wird, eine nationale, ethnische rassische oder religiöse Gruppe als solche ganz oder teilweise zu zerstören:
> (a) Tötung von Mitgliedern der Gruppe;
> (b) Verursachung von schwerem körperlichen oder seelischen Schaden an Mitgliedern der Gruppe;
> (c) vorsätzliche Auferlegung von Lebensbedingungen für die Gruppe, die geeignet sind, ihre körperliche Zerstörung ganz oder teilweise herbeizuführen;
> (d) Verhängung von Maßnahmen, die auf die Geburtenverhinderung innerhalb der Gruppe gerichtet sind;
> (e) gewaltsame Überführung von Kindern der Gruppe in eine andere Gruppe [...]

Trotz des Wortlautes „Gruppe" wird ein Individualrecht verbürgt, da jedes Gruppenmitglied eine Verletzung individuell – und nicht als Vertreter der fraglichen Gruppe geltend machen kann. Die Gruppe ist positiv („Tutsi") und nicht negativ („alle Nicht-Deutschen") zu bestimmen. Subjektiv ist „Absicht" erforderlich. Die Beweisanforderungen für den objektiven und subjektiven Tatbestand sind sehr streng (IGH, Genocide, 2007, para. 209 ff.). *Individualrecht*

Die Konvention kennt eine Einschränkung der absoluten Staatenimmunität für acta iure imperii, da Personen, die eine der aufgezählten Handlungen begehen, nach Art. IV zu bestrafen sind, gleichwohl ob sie Regierungsmitglieder sind oder nicht. Die Effektivität der Konvention wurde dadurch gesteigert, dass nach Art. V alle vertragsschließenden Parteien die Konvention in innerstaatliches Recht umsetzen und die Einhaltung der Vorschriften durch strafrechtliche Vorschriften sicherstellen müssen (im Einzelnen: IGH, Genocide, 2007, para. 428 ff.). In Deutschland ist dies durch § 6 VStGB geschehen, welcher als Strafmaß die lebenslange Freiheitsstrafe vorsieht. Die Konvention stellte einen der Hauptpfeiler für die Errichtung der Tribunale für Ruanda und Jugoslawien dar. *Einschränkung der absoluten Staatenimmunität*

Zum Schutz der gewährleisteten Rechte hat die Generalversammlung der VN aufgrund von Res. 141 (48) [1993] die Position des Hochkommissars für Menschenrechte geschaffen. Ihm stehen jedoch keinerlei Exekutivbefugnisse zu, er kann nur zur Vermittlung auf die jeweilige Partei einwirken. Ferner *Schutz im Rahmen der VN* gehört der Menschenrechtsschutz gemäß Art. 62 II SVN zu den Aufgaben des Wirtschafts- und Sozialrates. Zur Erfüllung dieser Aufgabe hat er nach Maßgabe des Art. 68 SVN eine Kommission für Menschenrechte gegründet, dessen Verfahrensregeln in den Resolutionen 1235 (v. 6.7.1967; XLVII) und 1503 (v. 27.5.1970; XLVIII) niedergelegt wurden. Die Kommission erhielt ca. 100.000 Beschwerden jährlich, allerdings konnte sie, wie auch der Wirtschafts- und Sozialrat, nur unverbindliche Empfehlungen aussprechen.

Mit Resolution 60/251 hat die GV im Jahre 2006 einen Menschenrechtsrat neu geschaffen und die Menschenrechtskommission abgeschafft. Der Menschenrechtsrat hat die Kompetenz, Beobachter zur Überwachung der Menschenrechtssituation in einen Mitgliedstaat zu entsenden und Berichte über schwere Menschenrechtsverletzungen veröffentlichen. Er besteht aus 47 Mitgliedern, die von der GV in geheimer Wahl und mit absoluter Mehrheit gewählt werden. Wichtig ist, dass das Verfahren vor dem Menschenrechtsrat gegenüber dem Beschwerdeverfahren des IPbürgR subsidiär ist.

3.6.2.2 Internationale Pakte über Menschenrechte

Menschenrechtspakte

Neben der Allgemeinen Erklärung der Menschenrechte existieren noch weitere völkerrechtliche Übereinkünfte, auf zwei soll hier näher eingegangen werden. Es sind dies die Internationalen Pakte über bürgerliche und politische Rechte (IPbürgR; BGBl. 1973 II, 1533) und über wirtschaftliche, soziale und kulturelle Rechte (IPwirtR; BGBl. 1973 II, 1569). Neben diesen universell geltenden Übereinkünften gibt es auch noch regionale Menschenrechtsabkommen, wie die Europäische Menschenrechtskonvention (Lorenzmeier, Europarecht, 5. Aufl. 2016, und die Europäische Sozialcharta (v. 18.10.1961; BGBl. 1964 II, 1261), die zum Teil gleichlautende Rechte wie der IPwirtR enthält.

Beide Pakte enthalten – systemwidrig – das Kollektivrecht des Selbstbestimmungsrechts in ihren Art. 1.

Auch Art. 27 IPbürgR (Minderheitenschutz) stellt ein Kollektivrecht dar.

In den zweiten Teilen der Pakte sind dann Grundsätze enthalten, die für die in Teil III der Pakte aufgezählten Rechte gelten. Der allgemeine Teil ist hier also vor den besonderen, geradezu vor die Klammer, gezogen.

vergleichbar dem deutschen BGB

Der Teil II enthält auch die allgemeinen, für Teil III geltenden Einschränkungen. Die besonderen Einschränkungen sind bei der jeweiligen Gewährleistung enthalten. Diese verwirrende Regelungstechnik soll kurz anhand von Art. 12 IPbürgR erläutert werden.

3.6 · Völkerrechtlicher Individualschutz

> **Art. 12 IPbürgR – Fortbewegungsfreiheit**
> (1) Jedermann, der sich rechtmäßig im Hoheitsgebiet eines Staates aufhält, hat das Recht, sich dort frei zu bewegen und seinen Wohnsitz frei zu wählen.
> (2) Jedermann steht es frei, jedes Land einschließlich seines eigenen zu verlassen.
> (3) Die oben erwähnten Rechte dürfen nur eingeschränkt werden, wenn dies gesetzlich vorgesehen und zum Schutz der nationalen Sicherheit, der öffentlichen Ordnung (ordre public), der Volksgesundheit, der öffentlichen Sittlichkeit, oder der Rechte und Freiheiten anderer notwendig ist und die Einschränkungen mit den übrigen in diesem Pakt anerkannten Rechten vereinbar sind. [...]

Die Absätze 1 und 2 enthalten die Freiheitsgewährleistungen, die nur unter der Bedingung des Absatz 3 eingeschränkt werden können. Zur Einschränkung muss ein Grund gegeben sein (Beispiel: „Schutz der nationalen Sicherheit"), sie muss verhältnismäßig („notwendig") und mit den anderen Rechten vereinbar sein. Die Einschränkungsgründe sind sehr weitreichend, dennoch müssen sie nach dem Rechtsgrundsatz des „Regel-Ausnahme-Prinzips" als Ausnahme eng ausgelegt werden. Die weit zu sehende Regel ist die Freiheitsgewährleistung.

Falls die Rechtfertigungsvoraussetzungen des Art. 12 III IPbürgR nicht vorliegen, kann immer noch auf die allgemeine Notstandsklausel des Art. 4 IPbürgR zurückgegriffen werden.

Regel-Ausnahme-Prinzip

> **Art. 4 IpbürgR – Notstandsklauseln**
> (1) Im Falle eines öffentlichen Notstandes, der das Leben der Nation bedroht und der amtlich verkündet ist, können die Vertragsstaaten Maßnahmen ergreifen, die ihre Verpflichtungen aus diesem Pakt in dem Umfang, den die Lage unbedingt erfordert, außer Kraft setzen, vorausgesetzt, daß diese Maßnahmen ihren sonstigen völkerrechtlichen Verpflichtungen nicht zuwiderlaufen und keine Diskriminierung allein wegen der Rasse, der Hautfarbe, des Geschlechts, der Sprache, der Religion oder der sozialen Herkunft enthalten.
> (2) Auf Grund der vorstehenden Bestimmung dürfen die Artikel 6, 7, 8 (Absätze 1 und 2), 11, 15, 16 und 18 nicht außer Kraft gesetzt werden.

> (3) Jeder Vertragsstaat, der das Recht, Verpflichtungen außer Kraft zu setzen, ausübt, hat den übrigen Vertragsstaaten durch Vermittlung des Generalsekretärs der Vereinten Nationen unverzüglich mitzuteilen, welche Bestimmungen er außer Kraft gesetzt hat und welche Gründe ihn dazu veranlaßt haben. Auf demselben Wege ist durch eine weitere Mitteilung der Zeitpunkt anzugeben, in dem eine solche Maßnahme endet.

öffentlicher Notstand

Die Definition des „öffentlichen Notstandes" liegt in der Hoheitsgewalt jedes einzelnen Mitgliedstaates, im Ergebnis wird dadurch die einheitliche Anwendung des Paktes nicht mehr gewährleistet.

Verhältnismäßigkeit

Die Notstandsklausel unterliegt ihrerseits jedoch auch Einschränkungen. Die Notstandseinschränkung ist nur rechtmäßig, wenn sie verhältnismäßig ist („Umfang, den die Lage unbedingt erfordert") und keinen Verstoß gegen sonstige völkerrechtliche Verpflichtungen darstellt. Immer verboten und auch durch Art. 4 nicht zu rechtfertigen sind Diskriminierungen, die allein wegen der Rasse u. ä. vorgenommen werden.

absolute Rechte

Absatz 2 statuiert absolute Rechte, welche in Notstandsituationen nicht eingeschränkt werden können. Hierzu gehören das Recht auf Leben (Art. 6), Verbot der Folter (Art. 7), der Sklaverei (Art. 8), Inhaftierung wegen Nichterfüllung vertraglicher Verpflichtungen (Art. 11), das Verbot der rückwirkenden Bestrafung und der Bestrafung ohne Gesetz (Art. 15), die Aufhebung der Rechtsfähigkeit der Person (Art. 16) und das Recht auf Gedanken-, Gewissens- und Religionsfreiheit (Art. 18). Diese Rechte dürfen dann nur aufgrund der besonderen Einschränkungen eingeschränkt werden, siehe z. B. Art. 18 III.

Tatbestandseinschränkungen

Etwas versteckt, in den Art. 46, 47 IPbürgR, finden sich noch weitere Einschränkungsverbote. Gemäß Art. 47 darf keine Bestimmung des Paktes so ausgelegt werden, dass sie das allen Völkern innewohnende Recht auf den Genuss und die volle und freie Nutzung ihrer natürlichen Reichtümer und Mittel beeinträchtigt. Dies sind dogmatisch gesehen Tatbestandseinschränkungen.

keine Notstandsklausel im IPwirtR

Der IPwirtR, dessen Verbürgungen auch unbestimmter gefasst sind, kennt eine Notstandsklausel nicht. Dessen Art. 4 lässt solche Einschränkungen zu, die gesetzlich vorgesehen, mit der Natur der im IPwirtR gewährten Rechte vereinbar sind und deren ausschließlicher Zweck es ist, das allgemeine Wohl in einer demokratischen Gesellschaft zu fördern. Die Klausel enthält demzufolge einen reinen Gesetzesvorbehalt, wobei das

3.6 · Völkerrechtlicher Individualschutz

einschränkende Gesetz bestimmte inhaltliche Anforderungen zu erfüllen hat.

Beide Pakte sehen sehr umfangreiche Rechtsverbürgungen vor, die hier nur überblicksartig erläutert werden können. Die Lektüre des Gesetzestextes lohnt sich in diesem Fall besonders. **Rechtsverbürgungen:** Nach dem IPbürgR hat jedermann das Recht auf Leben (Art. 6). Wie ist das mit der in vielen Staaten noch geltenden Todesstrafe vereinbar? Der Pakt hat dieses Problem gesehen und legt in den Absätzen 2 bis 6 der Vorschrift sehr genaue Voraussetzungen für die Zulässigkeit der Todesstrafe fest. In einem zweiten fakultativen Zusatzprotokoll zur Abschaffung der Todesstrafe (BGBl. 1992 II, 390) darf niemand, der der Hoheitsgewalt eines Vertragsstaats des Fakultativprotokolls untersteht, hingerichtet werden. Dies gilt ohne Einschränkung und für alle Teile eines Bundesstaates (Art. 9 Fakultativprotokoll). Vorbehalte sind nur unter ganz engen Bedingungen für Situationen in Kriegszeiten zulässig (Art. 2 Fakultativprotokoll). Daneben sind noch die Folter, Sklaverei und die Zwangs- und Pflichtarbeit untersagt.

Die Todesstrafe ist durch Art. 102 GG in Deutschland verboten.

Der IPwirtR enthält Verbürgungen, welche im Gegensatz zum IPbürgR weicher ausgestaltet sind, aber nach einer zutreffenden und im Vordringen befindlichen Meinung auch rechtlich durchsetzbar sind. Bsp. Enthält der IPwirtR in seinem Art. 6 das hochinteressante „Recht auf Arbeit", wobei die Vertragsstaaten aber nur „geeignete Schritte" zum Schutz des Rechts unternehmen müssen. Daneben ist natürlich die Einschränkung des Art. 4 voll anwendbar. Von einem Recht auf Arbeit bleibt danach in der Praxis nicht mehr viel übrig. Ein „Recht auf Arbeit" ist auch in der Europäischen Sozialcharta nicht enthalten, sie schafft nur begleitende Rechte, wie das „Recht auf gerechte Arbeitsbedingungen".

Recht auf Arbeit

Der Teil IV der Pakte legt jeweils das Überprüfungsverfahren fest, welchem die Vertragsstaaten nachkommen müssen. Dadurch soll die Einhaltung der Rechte gewährleistet werden. Das System ist in den beiden Pakten unterschiedlich ausgestaltet, hier wird das des IPbürgR erläutert. Zuerst ist auf das Vorliegen einer Berichtspflicht hinzuweisen.

Sicherung der Rechte

> **Art. 40 IPbürgR – Berichtspflicht**
> (1) Die Vertragsstaaten verpflichten sich, über die Maßnahmen, die sie zur Verwirklichung der in diesem Pakt anerkannten Rechte getroffen haben, und über die dabei erzielten Fortschritte Bericht vorzulegen, und zwar
> a) innerhalb eines Jahres nach Inkrafttreten dieses Paktes für den betreffenden Vertragsstaat,

> b) danach jeweils auf Aufforderung des Ausschusses.
> (2) Alle Berichte sind dem Generalsekretär der Vereinten Nationen zu übermitteln, der sie dem Ausschuß zur Prüfung zuleitet. [...]
> (4) Der Ausschuß prüft die von den Vertragsstaaten eingereichten Berichte. Er übersendet den Vertragsstaaten seine eigenen Berichte sowie ihm geeignet erscheinende allgemeine Bemerkungen. [...]
> (5) Die Vertragsstaaten können dem Ausschuß Stellungnahmen zu den nach Absatz 4 abgegebenen Bemerkungen übermitteln.

Der IPwirtR kennt nur die Berichtspflicht, Art. 16 ff.

Der genannte Ausschuss hat 18 Mitglieder (Art. 28) aus 18 verschiedenen Vertragsstaaten (Art. 31), die Amtszeit beträgt vier Jahre mit der Möglichkeit der Wiederwahl (Art. 32). Art. 41 greift ein, falls ein Vertragsstaat seinen Rechten nicht nachkommt.

> **Staatenbeschwerde – Art. 41 IPbürgR**
> (1) Ein Vertragsstaat kann auf Grund dieses Artikels jederzeit erklären, daß er die Zuständigkeit des Ausschusses zur Entgegennahme und Prüfung von Mitteilungen anerkennt, in denen ein Vertragsstaat geltend macht, ein anderer Vertragsstaat komme seinen Verpflichtungen aus diesem Pakt nicht nach. Mitteilungen auf Grund dieses Artikels können nur entgegengenommen und geprüft werden, wenn sie von einem Vertragsstaat eingereicht werden, der für sich selbst die Zuständigkeit des Ausschusses durch eine Erklärung anerkannt hat. Der Ausschuß darf keine Mitteilung entgegennehmen, die einen Vertragsstaat betrifft, der keine derartige Erklärung abgegeben hat.
> (2) [..im folgenden werden die einzelnen Verfahrensstufen erläutert.]

Art. 41 legt das Verfahren der Staatenbeschwerde fest, die streng nach dem Gegenseitigkeitsprinzip aufgebaut ist. Die beiden beteiligten Parteien müssen die Streitschlichtungskompetenz des Ausschusses anerkennen. Nur dann darf sich der Ausschuss mit der Sache beschäftigen.

3.6 · Völkerrechtlicher Individualschutz

> **Art. 42 IpbürgR – Diplomatische Streitschlichtung**
> (1) a) Wird ein nach Artikel 41 dem Ausschuß unterbreitete Sache nicht zur Zufriedenheit der beteiligten Vertragsstaaten geregelt, so kann der Ausschuß mit vorheriger Zustimmung der beteiligten Vertragsstaaten eine ad hoc-Vergleichskommission einsetzen. Die Kommission stellt den Beteiligten ihre guten Dienste zur Verfügung, um auf der Grundlage der Achtung dieses Paktes eine gütliche Regelung der Sache herbeizuführen [...]

Art. 42 stellt eine spezialgesetzliche Regelung des diplomatischen Streitschlichtungsverfahrens der „guten Dienste" (▶ Abschn. 3.6.2.2) dar, die hier aber nur dann eingreifen, wenn Art. 41 nicht zum Erfolg geführt hat.

Neben der Staatenbeschwerde existiert noch die Individualbeschwerde, welche in Art. 1 des 1. Fakultativprotokolls zum IPbürgR niedergelegt ist.

Jeder Vertragsstaat des Paktes, der Vertragspartei dieses Protokolls wird, erkennt die Zuständigkeit des Ausschusses für die Entgegennahme und Prüfung von Mitteilungen seiner Herrschaftsgewalt unterstehender Einzelpersonen an, die behaupten, Opfer einer Verletzung eines in dem Pakt niedergelegten Rechts durch diesen Vertragsstaat zu sein. Der Ausschuss nimmt keine Mitteilung entgegen, die einen Vertragsstaat des Paktes betrifft, der nicht Vertragspartei dieses Protokolls ist.

Art. 1 gibt den Individuen ein eigenes völkerrechtliches Klagerecht, folglich sind die im IPbürgR niedergelegten Rechte subjektive Individualrechte. Hier kann man die Entwicklung des Völkerrechts, weg von der Mediatisierung des Menschen, hin zu dessen eigener, unabhängiger Rechtspersönlichkeit, gut erkennen.

eigenes völkerrechtliches Klagerecht

Die Beschwerde ist nach Art. 2 1. ZP nur zulässig, wenn vorher der innerstaatliche Rechtsweg vollständig erschöpft wurde, was eine Ausprägung der „local-remedies rule" ist. Zur vollständigen Erschöpfung gehört auch die bundesdeutsche Verfassungsbeschwerde, obwohl diese nicht zum innerstaatlichen Rechtsweg gehört. Die Beschwerde darf auch nicht anonym an den Ausschuss geschickt werden (Art. 3 1. ZP).

Generell können Vorbehalte jederzeit gegen völkerrechtliche Verträge eingelegt werden. Bei Menschenrechtsverbürgungen ist dies nur eingeschränkt möglich, da der Sinngehalt der Verträge immer gewahrt bleiben muss (Art. 19 lit. c) WVK).

Vorbehalte

Nach einer im Vordringen befindlichen Ansicht müssen bei menschenrechtlichen Verträgen die Grundsätze der Staatennachfolge in Verträge modifiziert werden. Bei der Dissolution eines Staates sollen alle ehemaligen Staatsglieder qua Gewohnheitsrecht an die vom „Ursprungsstaat" geschlossenen Verträge automatisch, ohne weitere Erklärung, gebunden bleiben, um einen stärkeren Schutz der Menschenrechte zu gewährleisten.

Die Rechte des Menschen im militärischen Konflikt werden unten im Kapitel „Kriegsrecht" (▶ Abschn. 3.7) erläutert.

3.6.3 Flüchtlinge und Asylrecht

Flüchtling

Die völkerrechtliche Rechtsstellung der Flüchtlinge ist in dem Abkommen über die Rechtsstellung der Flüchtlinge (v. 28.7.1951; BGBl. 1953 II, 559) i.V.m. dem Protokoll über die Rechtsstellung der Flüchtlinge (v. 31.1. 1967; BGBl. 1969 II, 1293) geregelt. „Flüchtling" ist nach Art. 1 A. Nr. 2 Satz 1 jeder, der sich aus der begründeten Furcht vor Verfolgung wegen seiner Rasse, Religion, Nationalität, Zugehörigkeit zu einer bestimmten sozialen Gruppe oder wegen seiner politischen Überzeugung außerhalb des Landes befindet, dessen Staatsangehörigkeit er besitzt, und (kumulativ!) den Schutz dieses Landes nicht in Anspruch nehmen kann oder wegen dieser Befürchtungen nicht nehmen will. Satz 2 dehnt den Anwendungsbereich der Definition auf geflüchtete Staatenlose aus. Das Problem dieser Legaldefinition ist das grenzüberschreitende Element. Flüchtlingsbewegungen innerhalb eines Landes werden von der Definition nicht erfasst, mithin sind diese Flüchtlinge außerhalb des eigentlichen VN-Hilfssystems, obwohl ihre tatsächliche Situation häufig nicht besser ist, als die der tatsächlich über eine Landesgrenze Geflüchteten.

Grenzüberquerung

Ab der Grenzüberquerung kann sich eine Person auf die in dem Abkommen gewährleisteten Mindestrechte berufen, wie z.B. die Gleichbehandlung mit anderen sich im Aufenthaltsstaat befindlichen Ausländern (Art. 7).

Asyl

Flüchtlinge berufen sich immer häufiger auf ein politisches Asylrecht, um im Aufenthaltsstaat ein dauerndes Bleiberecht zu erhalten. Nach Art. 14 Nr. 1 Allgemeine Erklärung der Menschenrechte hat jeder Mensch das Recht, in anderen Ländern vor Verfolgungen Asyl zu suchen und zu genießen. Verfolgungen sind nach Art. 14 Nr. 2 nur politische Verfolgungen, wobei der Verfolgte selbst nicht gegen die Ziele und Grundsätze der VN verstoßen haben darf. Aus „zu suchen und zu genießen" kann kein Anspruch auf Asylgewährung abgeleitet werden, da die Vorschrift eine entsprechende Pflicht des Aufenthaltsstaates nicht begründet. Auch gewohnheitsrechtlich besteht sie nicht. Folglich ist es in das Ermessen eines jeden Staates gestellt, ob er ein solches Recht gewährleisten möchte oder nicht. In Deutschland besteht unter bestimmten, in Art. 16a GG niedergelegten, Umständen ein subjektives Recht auf Asyl, das Nähere regelt dann das Asylverfahrensgesetz.

Unabhängig davon wird noch die Existenz eines Rechts auf diplomatisches Asyl diskutiert. Darunter versteht man die Asylgewährung durch die Botschaft oder eine andere diplomatische Vertretung (z. B. Assange in London). Allerdings stellt die Asylgewährung in diesen Fällen eine Intervention in die inneren Angelegenheiten des Staates dar, in dem sich die Botschaft befindet. Dieser Staat kann jedoch wegen des Grundsatzes der Immunität der Mission (Art. 22 WÜD) die Herausgabe des Asylbewerbers nicht erzwingen. Als völkerrechtliche Durchsetzungsmittel stehen ihm nur die Klageerhebung oder der Abbruch der diplomatischen Beziehungen zu. In letzterem Fall müsste die diplomatische Vertretung geschlossen werden, und die Immunität der Mission wäre beendet. Die Polizei könnte dann den Asylanten in Gewahrsam nehmen. Das noch manchmal diskutierte „Kirchenasyl" hat keine völkerrechtliche Ausgestaltung erhalten.

diplomatisches Asyl
Da das WÜD ein self-contained regime ist, stehen nur die im Übereinkommen genannten Streitschlichtungsmechanismen zur Verfügung.

3.6.4 Gewohnheitsrechtlich gewährleistete Menschenrechte

Aufgrund ihrer überragenden Bedeutung sollen an dieser Stelle noch einmal kurz die gewohnheitsrechtlich gewährleisteten fundamentalen Menschenrechte aufgezählt werden, die unmittelbar anwendbar sind und dem ius cogens unterliegen (IGH, Barcelona Traction, ICJ- Rep. 1970, 3/32):
- Recht, nicht gefoltert oder einer anderen menschenunwürdigen Behandlung unterzogen zu werden
- Recht, nicht in Sklaverei oder Knechtschaft gehalten zu werden
- Recht, nicht aus rassischen, weltanschaulichen oder ähnlichen Gründen diskriminiert oder verfolgt zu werden.

Sie sind auch in Art. 7 des Statuts des Internationalen Strafgerichtshofs (▶ Abschn. 4.3.3) enthalten und näher ausgestaltet worden.

3.6.5 Gewährleistung der Menschenrechte in der Bundesrepublik

Zuletzt soll noch kurz dargestellt werden, welchem Rang der völkerrechtliche Menschenrechtsschutz im Recht der Bundes-

Grundrechte sind häufig umfassender.

republik zukommt. Die in völkerrechtlichen Verträgen enthaltenen Menschenrechte kommt nach der Umsetzung derselbe Rang wie einfachen Bundesgesetzen zu (generell zum Umsetzung ▶ Abschn. 5.6). Mangels Grundrechtsqualität fehlt die Justiziabilität des BVerfG für eine Verfassungsbeschwerde. Allerdings werden sie neben den verfassungsrechtlich garantierten Grundrechten (s. z. B. Art. 1 bis 19 GG) nur wirksam, wenn sie einen weiteren Schutzbereich oder eine andere Schrankenregelung aufweisen.

Das BVerfG sieht die völkerrechtlichen Menschenrechte als Teil der „verfassungsmäßigen Ordnung" des Art. 2 I GG an und sie können zur Interpretation deutscher Grundrechte herangezogen werden („Auslegung im Lichte des Völkerrechts"), was zu einer zumindest impliziten Statusänderung völkerrechtlicher menschenrechtlicher Verbürgungen führt.

Völkergewohnheitsrechtlich gewährleistete Menschenrechte gehen nach Art. 25 GG den Gesetzen (aber nicht dem Grundgesetz!) vor. Der Bundestag kann ihre Geltung, im Gegensatz zu den vertragsrechtlich gewährleisteten, durch den Erlass späterer Gesetze nicht aufheben. Umstritten ist, ob dies nach dem Grundsatz der Völkerrechtsfreundlichkeit des Grundgesetzes noch möglich ist, da sich die Bundesrepublik in diesem Fall zwangsläufig völkerrechtswidrig verhalten würde.

3.7 Kriegsrecht oder Recht internationaler Konflikte

Kriegsrecht (Reinald Fenke)

3.7 · Kriegsrecht oder Recht internationaler Konflikte

Das Kriegsrecht ist in das Recht zum Kriege (ius ad bellum) und das Recht im Kriege (ius in bello) unterteilt. Das neuere völker-rechtliche Schrifttum verwendet den Begriff „Kriegsrecht" nicht mehr, sondern den des „Rechts internationaler Konflikte". Krieg ist die (internationale) Ausübung militärischer Waffengewalt, inwieweit auch neuartige Erscheinungsformen wie ein „cyber war" (Bsp.: Computerwurmangriff) dazu zu zählen sind, ist noch umstritten. Hierbei dürfte auf den Effekt der Maßnahme abzustellen sein, wenn sie einem traditionellen Waffeneinsatz vergleichbar ist, dürfte von einer Kriegshandlung auszugehen sein.

ius ad bellum

3.7.1 Recht zum Krieg

Das Recht zum Angriffskrieg existiert seit dem „Briand-Kellogg-Pakt" (Vertrag über die Ächtung des Krieges v. 27.8.1928; RGBl. 1929, II 97) nicht mehr. Auch wenn der Vertrag den Angriffskrieg nicht ausdrücklich erwähnt, schreibt Art. 1 vor, dass „die Hohen Vertragschließenden Parteien feierlich erklären, den Krieg als Mittel für die Lösung internationaler Konflikte zu verurteilen und auf ihn als Werkzeug nationaler Politik in ihren gegenseitigen Beziehungen zu verzichten." Davor war der Angriffskrieg als legitimes politisches Mittel anerkannt, es sei nur an Clausewitz' berühmtes Zitat vom „Krieg als Fortführung der Politik mit anderen Mitteln" erinnert. Das Recht auf militärische Verteidigung gegen einen bewaffneten Angriff (Art. 51 SVN) besteht natürlich weiterhin fort.

Inwieweit eine präventive Selbstverteidigung möglich ist, ist sehr umstritten; dabei besteht immer die große Gefahr der Rechtsumgehung durch den sich auf die Gefahrensituation berufenden Staat. Man sollte sie deswegen nur unter sehr restriktiven Bedingungen anerkennen, etwa wenn ansonsten die Existenz des das Selbstverteidigungsrecht ausübenden Staates ernsthaft bedroht wäre (▶ Abschn. 2.6.4). Im Übrigen gilt heutzutage uneingeschränkt das dem ius cogens angehörende Gewaltverbot des Art. 2 Ziff. 4 SVN: Alle Mitglieder (der VN) unterlassen in ihren internationalen Beziehungen jede [...] Androhung oder Anwendung von Gewalt.

präventive Selbstverteidigung

3.7.2 Recht im Krieg

Umfassende Regeln bestehen für das Recht im Kriege, das ius in bello. Die Regelung erfolgt hauptsächlich durch das „Haager" und „Genfer" Recht. Die Namen beziehen sich auf zwei große Konferenzen in Den Haag (NL, 1907) und Genf (CH,

ius in bello

1949), in denen die Mehrzahl der geltenden Rechtsregeln geschaffen wurde. Rechtstechnisch ist zu beachten, dass die Genfer Regeln im Kollisionsfall als späteres Recht die Haager Übereinkommen verdrängen, letztere sind also nur subsidiär anwendbar. Grundsätzlich betreffen die Haager Regeln das Kriegsaktionenrecht, während die Genfer Regeln den Schutz der Menschen sichern sollen, also das eigentliche humanitäre Völkerrecht darstellen. Zentrale Zielsetzung des humanitären Völkerrechts ist der Schutz der Zivilbevölkerung.

Zu den einschlägigen Übereinkommen gehören
- das (Haager) Abkommen betreffend die Gesetze und Gebräuche des Landkriegs vom 18.10.1907 (RGBl. 1910, 107) mit der Haager Landkriegsordnung als Anhang,
- das III. Genfer Abkommen über die Behandlung der Kriegsgefangenen vom 12.8.1949 (BGBl. 1954 II 838),
- das IV. Genfer Abkommen zum Schutze von Zivilpersonen in Kriegszeiten vom 12.8.1949 (BGBl. 1954 II 917),
- das I. Zusatzprotokoll zu den Genfer Abkommen vom 12.8.1949 über den Schutz der Opfer internationaler bewaffneter Konflikte (Protokoll I, vom 8.6.1977; BGBl. 1990 II 1551) und
- das II. Zusatzprotokoll zu den Genfer Abkommen vom 12.8.1949 über den Schutz der Opfer nicht internationaler bewaffneter Konflikte (Protokoll II, vom 8.6.1977; BGBl. 1990 II 1637).
- Das III. Zusatzprotokoll zu den Genfer Abkommen vom 12.8.1949 über die Annahme eines zusätzlichen Schutzzeichens (Protokoll III, vom 8.12.2005, BGBl. 2006 II 223)

internationaler und interner Konflikt

Wichtig ist die Unterscheidung zwischen internationalen und internen, nationalen Konflikten. Auch letztere sind zum Teil Gegenstand der internationalen Übereinkommen, wie das Protokoll II aufzeigt. Ein Konflikt ist als international zu qualifizieren, wenn er zwischen Staaten ausbricht, wobei nicht erforderlich ist, dass der Aggressor auf bewaffneten Widerstand stößt, Art. 2 der Genfer Abkommen. Die Zusatzprotokolle erweitern die Definition für das Völkerrechtssubjekt „Volk", mithin werden auch bewaffnete Konflikte zwischen Völkern und der Herrschaftsmacht umfassen, wenn dies gegen Kolonialherrschaft, fremde Besetzung und rassistische Regime zur Ausübung des Selbstbestimmungsrechts geschieht (Art. 1 IV). Die Erweiterung ist sehr eng auszulegen und erschöpft sich auf die Befreiung von Kolonialherrschaften und den Fall des Apartheidregimes in Südafrika. Beispielsweise lässt sich der Konflikt im ehemaligen Jugoslawien nicht darunter subsumieren.

3.7 · Kriegsrecht oder Recht internationaler Konflikte

Alle nicht diese Voraussetzungen erfüllenden Konflikte sind als interner Konflikt zu bezeichnen, für den besondere Regeln gelten. Solche Konflikte werden häufig als Bürgerkrieg bezeichnet. Die Beschränkung der meisten Regeln auf internationale Konflikte liegt in der Begrenzung des völkerrechtlichen Blickwinkels auf zwischenstaatliche Aspekte begründet. Demgegenüber fallen die innerstaatlichen Aspekte wegen des Interventionsverbotes in den Hoheitsbereich eines jeden Staates. Generell gelten für solche Konflikte der gemeinsame Art. 3 GA und Art. 71 ZP I zumindest in ihrer gewohnheitsrechtlichen Ausprägung.

Bürgerkrieg

3.7.2.1 Allgemeine Regeln für den internationalen Konflikt

Zu den in einem internationalen Konflikt anwendbaren allgemeinen Regeln gehören die Bestimmung des Kriegszustandes, des Kriegsgebiets und des Kriegsschauplatzes. Der Kriegszustand ist gegeben, wenn eine Kriegserklärung vorliegt. Die Kriegserklärung kann ausdrücklich oder konkludent durch die faktische Eröffnung der Kriegshandlungen geschehen. Eine ausdrückliche Kriegserklärung ist also nicht mehr erforderlich. Ab Kriegserklärung sind die humanitären Vorschriften des Kriegsrechts für den bewaffneten internationalen Konflikts anwendbar und der Kriegszustand tritt ein. Ab dem Kriegszustand sind die diplomatischen Beziehungen zwischen den Kriegführenden unterbrochen, die Verträge in ihrem gegenseitigen Verhältnis zumindest faktisch suspendiert (falls sie nicht gerade den Fall des Krieges regeln sollen) und die Neutralitätsregeln sind anwendbar.

Kriegszustand

Kriegsschauplatz ist der Ort, an dem die Kampfhandlungen tatsächlich stattfinden, das Kriegsgebiet ist das Gebiet, in dem die Regeln des humanitären Völkerrechts Anwendung finden. Das ist zum einen das Territorium der kriegführenden Staaten zum anderen sind aber auch herrschaftsfreie Gebiete wie die Hohe See erfasst. Besetzte Gebiete liegen vor, wenn sich das Territorium tatsächlich in der Gewalt der feindlichen Armee befindet. Dies führt häufig zu einem Fliehen von Regierungen, die dann Exilregierungen bilden. Der Amtssitz einer Exilregierung befindet sich im Ausland, von wo aus sie versucht, wieder die tatsächliche Staatsgewalt in ihrem Staat zu übernehmen. Ihre Legitimation erhält sie durch Anerkennung seitens des Gaststaates, der ihr auch die Ausübung von Hoheitsrechten auf seinem Gebiet erlauben kann.

Kriegsschauplatz, Kriegsgebiet

Die nicht an den Kämpfen teilnehmenden und die Kämpfenden nicht unterstützenden Staaten sind neutral. Die Neutralen sind verpflichtet, nicht auf einer Seite in die

neutrale Staaten

Kämpfe einzugreifen, vielmehr sollen die Kriegführenden gleich behandelt werden. Militärische Unterstützungshandlungen sind demnach unzulässig, sonstiger wirtschaftlicher Verkehr ist jedoch möglich. Neutrale Staaten sind nicht verpflichtet, den Waffenhandel Privater zu unterbinden. Die Kriegführenden ihrerseits dürfen das Gebiet der Neutralen nicht verletzen, Art. 1 V. Haager Abkommen. Folglich ist jegliche militärische Nutzung des neutralen Gebietes durch die Kriegführenden unzulässig. Hiergegen verstieß z. B. das Deutsche Reich durch den Überfall auf Belgien im Jahre 1914. Umstritten war lange Zeit, ob es unter der Geltung von Art. 2 Ziff. 4 und 5 SVN überhaupt noch ein Recht auf Neutralität geben könne. Nach Art. 2 Ziff. 5 SVN leistet jedes Mitglied den Vereinten Nationen jeglichen Beistand bei jeder rechtmäßigen Maßnahme, die von der Organisation getroffen wurde, wozu auch verpflichtende Beschlüsse des Sicherheitsrates gehören. In der Regel stellen die Mitgliedstaaten dem Sicherheitsrat ihre Truppen freiwillig zur Verfügung, so dass neutrale Staaten von ihm zur Truppenstellung nicht verpflichtet werden. Falls dies doch geschähe, wäre dies eine Verletzung des gewohnheitsrechtlich geltenden Neutralitätsrechts, die jedoch aufgrund der SVN gerechtfertigt wäre. In dieser Ausnahmesituation gäbe es dann kein durchsetzbares Neutralitätsrecht mehr.

Beendigung der Kriegshandlungen

Der internationale bewaffnete Konflikt endet mit der allgemeinen Beendigung der Kriegshandlungen oder – bei besetzten Gebieten – mit dem Ende der Besetzung, Art. 3 lit. b) Zusatzprotokoll (ZP) I. Bei der Beendigung ist zwischen verschiedenen Tatbeständen zu unterscheiden. Der Waffenstillstand ist nach Art. 36 – 41 Haager Landkriegsordnung (HLKO) nur eine vorübergehende Unterbrechung der Kampfhandlung. Demgegenüber ist die Kapitulation die endgültige Beendigung der Kampfhandlungen. Waffenstillstand und Kapitulation kommen durch zwei übereinstimmende Willenserklärungen zustande. Sie sind also als völkerrechtliche Verträge zu qualifizieren, zu deren Abschluss kraft Völkergewohnheitsrechts die jeweiligen militärischen Machthaber befugt sind, da sie die militärische Situation am besten einschätzen können.

beteiligte Personen

Bei den an Kriegshandlungen vornehmenden und von Kriegshandlungen betroffenen Personen ist zwischen Kombattanten und Zivilisten zu unterscheiden.

Kombattanten

Zur Durchführung von Kriegshandlungen berechtigt sind die Kombattanten, die als solche auch nur Opfer von Kriegshandlungen sein dürfen. Rechtmäßige Kombattanten sind nach Art. 43 II ZP I die Angehörigen der Streitkräfte.

> **Streitkräfte – Art. 43 ZP I**
>
> (1) Die Streitkräfte einer am Konflikt beteiligten Partei bestehen aus der Gesamtheit der organisierten bewaffneten Verbände, Gruppen und Einheiten, die einer Führung unterstehen, welche dieser Partei für das Verhalten der Untergegebenen verantwortlich ist; dies gilt auch dann, wenn diese Partei durch eine Regierung oder ein Organ vertreten ist, die von einer gegnerischen Partei nicht anerkannt werden. Diese Streitkräfte unterliegen einem internen Disziplinarsystem, das unter anderem die Einhaltung der Regeln des in bewaffneten Konflikten anwendbaren Völkerrechts gewährleistet.
> (2) Die Angehörigen der Streitkräfte einer am Konflikt beteiligten Partei (mit Ausnahme des in Artikel 33 des III. Abkommens bezeichneten Sanitäts- und Seelsorgepersonals) sind Kombattanten, das heißt, sie sind berechtigt, unmittelbar an Feindseligkeiten teilzunehmen.
> (3) [...]

Danach sind alle organisierten, bewaffneten Verbände, die einer Führung unterstehen, als Streitkräfte zu beurteilen. Hierunter sind auch Milizen oder ähnliche, nicht staatliche Verbände zu zählen. Wichtig ist, dass die Kombattanten sich von der Zivilbevölkerung unterscheiden. Die Mindestvoraussetzungen finden sich in Art. 44 III 2 lit. a) und b) ZP I. Danach ist ein Kombattant mindestens verpflichtet, während seines Einsatzes seine Waffe offen und für den Gegner sichtbar zu tragen. Wer diese Voraussetzungen nicht erfüllt, kann nicht als Kombattant angesehen werden und verliert dessen Rechte, wie zum Beispiel die Kriegsgefangenschaft. Nicht zu den Kombattanten gehören nach Art. 29 HLKO die Spione und laut Art. 47 I ZP I die Söldner, welche in Absatz 2 der Vorschrift definiert sind (alle sechs dort genannten Voraussetzungen müssen kumulativ (zusammen) vorliegen).

organisierte, bewaffnete Verbände

International agierende Terroristen sind nach dem klassischen Verständnis nicht als Kombattanten anzusehen, ihre gezielte Tötung wäre kein Anwendungsfall des humanitären Völkerrechts. Bei Zuerkennung eines kombattantenähnlichen Status wäre jedoch das entgegenstehende Ergebnis zutreffend. Diese Ansicht ist jedoch bislang noch keine Regel des geltenden VGR. Ebenfalls keine Kombattanten sind die Angehörigen privater Sicherheits- und Militärunternehmen.

gezielte Tötung von Terroristen Bei einer Tötung auf fremdem Staatsgebiet ist das Einverständnis des betroffenen Staates erforderlich. Ansonsten ist eine Verletzung des Interventionsverbots gegeben.

Welche Rechtsregeln sind anwendbar, wenn ein Kombattant in die Hände des Gegners gerät? Dann sind sie als Kriegs-

Söldner

gefangene im Sinne des Art. Art. 4 A 1. III. GA anzusehen, für Nichtkombattanten gilt dies gerade nicht. Söldner werden also bei Kriegsgefangenschaft anders behandelt als reguläre Soldaten. Nach Art. 12 III. GA unterstehen die Kriegsgefangenen der Gewalt der feindlichen Macht. Sie müssen jederzeit mit Menschlichkeit behandelt werden (Art. 13). Die Voraussetzung „mit Menschlichkeit behandeln" wird in Art. 14 III. GA näher beschrieben.

> **Art. 14 III. GA – Achtung der Person**
> (1) Die Kriegsgefangenen haben unter allen Umständen Anspruch auf Achtung ihrer Person und ihrer Ehre.
> (2) Frauen werden mit aller ihrem Geschlecht gebührenden Rücksicht behandelt und erfahren auf jeden Fall eine ebenso günstige Behandlung wie die Männer.
> (3) Die Kriegsgefangenen behalten ihre volle bürgerliche Rechtsfähigkeit, wie sie im Augenblick ihrer Gefangennahme bestand. Der Gewahrsamsstaat darf deren Ausübung innerhalb oder außerhalb seines Gebietes nur insofern einschränken, als es die Gefangenschaft erfordert.

An dieser Vorschrift erkennt man deutlich, dass die 1949 geschaffenen Normen der Genfer Abkommen eine deutliche Antwort auf die Verbrechen des Zweiten Weltkrieges darstellen, z. B. behalten Kriegsgefangene ihre Rechtsfähigkeit. Neben den Rechten des Art. 14 ist nach Art. 15 der Gewahrsamsstaat verpflichtet, den Kriegsgefangenen unentgeltlich zum einen ärztliche Behandlung angedeihen zu lassen und zum anderen für ihren Unterhalt zu sorgen. Ferner sind sie gleich zu behandeln, Art. 15. Von nicht zu unterschätzender Bedeutung ist die Vorschrift des Art. 7 III. GA, der die Anwendung der Vorschriften des Übereinkommens sichern soll.

> **Art. 7 III. GA – Rechtsverzicht**
> Die Kriegsgefangenen können in keinem Falle, weder teilweise noch vollständig, auf die Rechte verzichten, die ihnen das vorliegende Abkommen [...] verleih[t].

Die Kriegsgefangenen selbst sind nur verpflichtet, ihren Namen, Vornamen, Dienstgrad, Geburtsdatum und Matrikelnummer zu nennen.

3.7 · Kriegsrecht oder Recht internationaler Konflikte

Alle anderen Personen sind als Zivilpersonen zu qualifizieren.

Grundsätzlich dürfen sich Kriegshandlungen nur gegen militärische Anlagen (Definition in Art. 52 II 2 ZP I) und Personen richten, so dass gegen Zivilpersonen und zivile Anlagen keine, nicht einmal unterschiedslose, Angriffe gerichtet werden dürfen, Art. 48, 51 ZP I. Zu den unterschiedslosen Angriffen gehört z. B. nach Art. 51 IV, V ZP I die Bombardierung mit blinden Waffen. Diese Regeln sind auch gewohnheitsrechtlich anerkannt. Zivile Objekte dürfen in logischer Konsequenz nicht angegriffen werden, Art. 52 ZP I. Die Kollateralschäden (Nebenschäden) sind laut Art. 51 V lit. b) ZP I rechtswidrig, wenn der Verlust an Zivilpersonen oder zivilen Anlagen in keinem Verhältnis zum erwarteten militärischen Vorteil steht. Flächenbombardements sind danach nicht zulässig. Das Problem „menschlicher Schutzschilder" behandelt Art. 51 VII ZP I, diese sind untersagt. Nach Art. 59 ZP I dürfen unverteidigte Orte nicht angegriffen werden. Nicht angegriffen werden dürfen, auch wenn sie militärische Anlagen darstellen sollten, gemäß Art. 56 ZP I Anlagen, die gefährliche Kräfte enthalten. Darunter sind Staudämme, Deiche und Kernkraftwerke zu verstehen. Die Ausnahme findet sich in Art. 56 II ZP I.

Die Rechte der in den Machtbereich einer anderen Kriegspartei geratenen Zivilpersonen sind in dem IV. GA niedergelegt. Die Vorschrift des Art. 27 spricht für sich selbst:

kein Angriff gegen Zivilpersonen

Kollateralschäden

Art. 27 IV. GA
(1) Die geschützten Personen haben unter allen Umständen Anspruch auf Achtung ihrer Person, ihrer Ehre, ihrer Familienrechte, ihrer religiösen Überzeugungen und Gepflogenheiten, ihrer Gewohnheiten und Gebräuche. Sie werden jederzeit mit Menschlichkeit behandelt und insbesondere vor Gewalttätigkeit oder Einschüchterung, vor Beleidigungen und der öffentlichen Neugier geschützt.
(2) Die Frauen werden besonders vor jedem Angriff auf ihre Ehre und namentlich vor Vergewaltigung, Nötigung zur gewerbsmäßigen Unzucht und jeder unzüchtigen Handlung geschützt.
(3) Unbeschadet der bezüglich des Gesundheitszustandes, des Alters und des Geschlechts getroffenen Vorkehrungen werden sämtliche geschützte Personen von den am Konflikt beteiligten Parteien, in deren Machtbereich sie sich befinden, mit der gleichen Rücksicht und ohne jede insbesondere auf Rasse, Religion oder der politischen Meinung beruhende Benachteiligung behandelt.

> (4) Jedoch können die am Konflikt beteiligten Parteien in bezug auf die geschützten Personen diejenigen Kontroll- und Sicherheitsmaßnahmen ergreifen, die sich infolge des Krieges als notwendig erweisen.

Ausdrücklich sind nur „zivile Frauen" vor Vergewaltigung geschützt, kämpfende nicht, wie sich aus einem Vergleich von Art. 27 IV. GA mit Art. 14 III. GA ergibt. Jedoch gehört eine Vergewaltigung nicht zu einer „das Geschlecht gebührenden rücksichtsvollen Behandlung" im Sinne des Art. 14 III. GA, so dass auch die Vergewaltigung kriegsgefangener Frauen untersagt ist. Wichtig ist auch Art. 32 IV. GA, der eine nähere Bestimmung des Merkmals „Behandlung mit Menschlichkeit" enthält.

Verbot des Herbeiführens körperlicher Leiden

> **Art. 32 IV. GA – Behandlung mit Menschlichkeit**
> Den Hohen Vertragsparteien ist jede Maßnahme, die körperliche Leiden oder den Tod der in ihrem Machtbereich befindlichen geschützten Personen zur Folge haben könnte, ausdrücklich untersagt. Dieses Verbot betrifft nicht nur Tötung, Folterung, körperliche Strafen, Verstümmelungen und medizinische oder wissenschaftliche, nicht durch ärztliche Behandlung einer geschützten Person gerechtfertigte biologische Versuche, sondern auch alle anderen Grausamkeiten, gleichgültig, ob sie durch zivile Bedienstete oder Militärpersonen begangen werden.

Grundrechtskatalog

Diese Rechte werden durch die Art. 72 bis 79 des ZP I ergänzt. Besondere Beachtung verdient Art. 75 ZP I, der einen kleinen, unbedingt zu beachtenden Grundrechtskatalog enthält.

Ausländer

Darüber hinaus haben Ausländer das Recht, unter angemessenen Bedingungen das Kriegsgebiet zu verlassen, soweit die Ausreise nationalen Sicherheitsinteressen nicht zuwiderläuft, Art. 35 ff. IV. GA. Jedoch gelten die Vorschriften nicht für Ausländer, die Staatsangehörige eines mit dem Besetzerstaat verbündeten Staates sind. Diese sind durch die normalen völkerrechtlichen Fremdenregeln geschützt und unterliegen dem diplomatischen Schutz ihres Heimatstaates, der im Konfliktfall bei den anderen Ausländern wegen des Abbruchs der diplomatischen Beziehungen nicht mehr gegeben ist.

Die geschützten Personen des IV. GA können ihrerseits nicht auf die gewährten Rechte verzichten, Art. 8 IV. GA. Die

3.7 · Kriegsrecht oder Recht internationaler Konflikte

Vorschriften des humanitären Völkerrechts wurden durch die Aufnahme in die zu verfolgenden Straftatbestände der Tribunale und des Internationalen Strafgerichtshofes strafbewehrt und erlangen langsam die ihnen zustehende Bedeutung (▶ Abschn. 4.3).

Ein weiterer wichtiger Aspekt des Rechts des bewaffneten Konflikts sind die Methoden und Mittel der Kriegsführung. Nach Völkergewohnheitsrecht und Art. 35 I ZP I haben die Konfliktparteien kein unbeschränktes Recht in der Wahl der Methoden und Mittel der Kriegsführung. Gewohnheitsrechtlich gilt, dass die zwischen den Konfliktparteien stattfindende Gewaltanwendung nicht über das zur Schwächung des Gegners Notwendige hinausgehen darf.

Methoden und Mittel der Kriegsführung: Dies ist ein Ausdruck des allgemein geltenden Verhältnismäßigkeitsgrundsatzes, exzessive Gewaltanwendung ist demnach verboten. Hierzu zählt auch die Zufügung nicht notwendiger Leiden.

Falls eine Methode oder ein Mittel nicht ausdrücklich verboten ist, greift Art. 1 II ZP I ein, der die Kodifikation der sog. Martens'schen Klausel, wie sie im 8. Erwägungsgrund der Präambel des IV. Haager Abkommens (s. a. IGH, Nukleare Abschreckung, ICJ-Rep. 1996, 226/257) niedergelegt ist, darstellt.

Martens'sche Klausel

> **Allgemeine Grundsätze und Anwendungsbereich – Art. 1 ZP I**
> (1) [...]
> (2) In Fällen, die von diesem Protokoll oder anderen internationalen Abkommen nicht erfaßt sind, verbleiben Zivilpersonen und Kombattanten unter dem Schutz und der Herrschaft der Grundsätze des Völkerrechts, wie sie sich aus feststehenden Gebräuchen, aus den Grundsätzen der Menschlichkeit und aus den Forderungen des öffentlichen Gewissens ergeben.

Viele unbestimmte Rechtsbegriffe, deren Bestimmung zusätzlich auch noch dem Wandel der Zeit unterworfen ist. Die Klausel soll eine Auffangfunktion haben, so dass die Tatbestände nicht zu extensiv gesehen werden dürfen. Zu den „feststehenden Gebräuchen" gehört auch das Gewohnheitsrecht und nicht nur die allgemeinen Rechtsgrundsätze. Ferner gilt: je mehr humanitäre Standards gewohnheitsrechtlich gelten, desto mehr einzuhaltende „Grundsätze der Menschlichkeit" bestehen.

Auffangfunktion der Klausel

Methoden

Die unzulässigen Methoden sind in den Art. 37 ff. ZP I näher dargelegt. Zu ihnen zählen
- das Heimtückeverbot (auch Perfidieverbot; Achtung: Art. 37 ZP I erfasst den Tatbestand des Versuches nicht!),
- das Verbot der unrechtmäßigen Benutzung anerkannter Kennzeichen,
- das „Keinpardonverbot" und
- das Verbot, wehrlose Gegner anzugreifen.

Die verbotenen Kampfmittel sind sehr zahlreich. Die Grundregel befindet sich in Art. 35 II, III ZP I.

> **Art. 35 ZP I – Grundregeln**
> (1) [...]
> (2) Es ist verboten, Waffen, Geschosse und Material [...] zu verwenden, die geeignet sind, überflüssige Verletzungen oder unnötige Leiden zu verursachen.
> (3) Es ist verboten, [...] Mittel der Kriegführung zu verwenden, die dazu bestimmt sind oder von denen erwartet werden kann, daß sie ausgedehnte, langanhaltende und schwere Schäden der natürlichen Umwelt verursachen.

Verhältnismäßigkeitsgrundsatz
langanhaltend

Absatz 2 der Vorschrift gilt gewohnheitsrechtlich, bei Absatz 3 bestehen dahingehend unterschiedliche Auffassungen. Aufgrund der großen Akzeptanz des Übereinkommens kann von einer gewohnheitsrechtlichen Geltung ausgegangen werden. Auch hier sind wieder viele unbestimmte Rechtsbegriffe enthalten. Zur Bestimmung der Begriffe „überflüssige Verletzungen" oder „unnötige Leiden" ist auf den Verhältnismäßigkeitsgrundsatz zurück zu greifen. Mithin sind Kampfmittel als verboten ansehen, bei denen der Zweck der Gegnerausschaltung und das eingesetzte Mittel nicht mehr in einem angemessenen Verhältnis stehen, weil es zum Beispiel schwerwiegende Spätschäden verursachen kann. Die Voraussetzungen des Absatzes 3 müssen kumulativ vorliegen. Unter „langanhaltend" werden Schäden verstanden, die 10 Jahre oder länger andauern, so dass die Vorschrift bis jetzt noch keine praktische Anwendung erlangte. Der Umweltschutz im Krieg wird auch noch durch Art. 55 ZP I gewährleistet.

Neben diesen Bestimmungen bestehen Übereinkommen, die den Einsatz und die Verbreitung bestimmter Waffenarten verbieten. Zu den wichtigsten zählen:
- das Übereinkommen über das Verbot des Einsatzes, der Lagerung, der Herstellung und der Weitergabe von

3.7 · Kriegsrecht oder Recht internationaler Konflikte

Antipersonenminen und über deren Vernichtung vom 18.9.1997 (BGBl. 1998 II, 778),
- der Vertrag über das Verbot von Kernwaffenversuchen in der Atmosphäre, im Weltraum und unter Wasser vom 5.8.1963 (BGBl. 1964 II, 906),
- der Vertrag über die Nichtverbreitung von Kernwaffen vom 1. Juli 1968 (BGBl. 1974 II 786),
- der Vertrag über das Verbot der Anbringung von Kernwaffen und anderen Massenvernichtungswaffen auf dem Meeresboden und dem Meeresuntergrund vom 11.2.1971 (BGBl. 1972 II 325),
- das Übereinkommen über das Verbot der Entwicklung, Herstellung, Lagerung und des Einsatzes chemischer Waffen und über die Vernichtung solcher Waffen vom 13.1.1993 (BGBl. 1994 II 806) und
- das Übereinkommen über das Verbot der Entwicklung, Herstellung und Lagerung bakteriologischer (biologischer) Waffen und von Toxinwaffen sowie über die Vernichtung solcher Waffen vom 10.4.1972 (BGBl. 1983 II 132). Die beiden letztgenannten Übereinkommen lösen weitgehend das Protokoll über das Verbot der Verwendung von erstickenden, giftigen und ähnlichen Gasen sowie von bakteriologischen Mitteln im Kriege vom 17.6.1925 (RGBl. 1929 II 173) ab.

Mit den aufgezählten Übereinkommen soll zum einen der Gebrauch von Massenvernichtungswaffen, deren Wirkung im Einsatzfalle nur schwer beherrschbar ist und die eine verheerende Auswirkung auf die Umwelt haben und zum anderen der von Waffen, deren Anwendung als besonders unmenschlich empfunden wird, wie Antipersonenminen, verhindert werden. In der praktischen Anwendung gelingt dies noch nicht immer, da sich die Staaten im hochsensiblen Bereich nationaler Sicherheit ungerne kontrollieren lassen. Außerdem handeln viele Kriegsparteien nach dem Grundsatz „Not kennt kein Gebot", wonach sie dann auch verbotene Kampfmittel einsetzen. Der einzige wirksame Weg zur Verhinderung des Einsatzes wäre wohl nur ein weltweiter Produktionsstopp, der einherginge mit der vollständigen Vernichtung der bestehenden Waffenarsenale. Zugegebenermaßen ist diese Überlegung nicht sehr nahe an der Realität und praktisch kaum möglich, da allein die Vermutung der Existenz solcher Waffen andere Staaten zur Herstellung solcher Waffe verleitet, um im Falle eines Falles waffentechnisch nicht ins Hintertreffen zu geraten. Rüstungsspirale par excellence.

Anwendungsprobleme

3.7.2.2 Das Gutachten des IGH zur Drohung mit und zum Einsatz von Atomwaffen

Auf Veranlassung der Vereinten Nationen hat der IGH im Jahre 1996 ein Gutachten erstellt über die Rechtmäßigkeit der Androhung und des Gebrauches von Nuklearwaffen im Falle eines bewaffneten Konflikts (IGH, Nukleare Abschreckung, ICJ-Rep. 1996, 226). In diesem Gutachten stellt der Gerichtshof auf Seite 266 f. fest, dass

- weder eine gewohnheitsrechtliche, noch eine vertragliche Erlaubnis zum Einsatz von Nuklearwaffen besteht (einstimmig);
- kein vertragliches oder gewohnheitsrechtliches Verbot des Gebrauchens oder des Drohens mit Nuklearwaffen besteht (11 zu 3 Stimmen);
- die Androhung bzw. ein Einsatz von Nuklearwaffen, der Art. 2 Ziff. 4 SVN verletzt und nicht durch Art. 51 SVN gerechtfertigt ist, rechtswidrig ist (einstimmig);
- die Drohung oder der Einsatz von Nuklearwaffen in Einklang mit im Falle eines bewaffneten Konfliktes anwendbaren Bestimmungen des Völkerrechts stehen muss, insbesondere den Regeln des humanitären Völkerrechts und den für Nuklearwaffen anwendbaren Verträgen (einstimmig);
- die Androhung oder der Einsatz von Nuklearwaffen generell im Gegensatz zu den Regeln des Rechts im bewaffneten Konflikt und des humanitären Völkerrechts steht, jedoch – beim momentanen Stand des Völkerrechts und unter Berücksichtigung der gegebenen Fakten – kann der Gerichtshof nicht endgültig entscheiden, ob die Androhung oder der Einsatz in extremen Ausnahmesituationen, in denen das Überleben des Staates selbst gefährdet ist, nicht doch rechtmäßig wäre (7 zu 7 Stimmen, mit der entscheidenden Stimme des Präsidenten);
- eine Verpflichtung besteht, Abrüstungsverhandlungen unter genauer und effektiver internationaler Kontrolle nach Treu und Glauben zu verfolgen und zu einem Vertragsabschluss zu bringen (einstimmig).

Lösung des Spannungsfeldes Nuklearwaffe – humanitäres Völkerrecht

Ein richtungweisendes Gutachten, insbesondere der besonders umstrittene Punkt 5. Man sieht deutlich, dass Gutachten oder Urteile eines Gerichtes immer sehr von den von den Parteien vorgebrachten Fakten abhängen und dass in zwischenstaatlichen Einrichtungen häufig nur bei eindeutigsten Punkten Einigkeit herrscht. Die Bedeutung der in Punkt 5 getroffenen Feststellung kann nicht überschätzt werden. Der IGH stützt sein Gutachten auf die Erwägungen, dass die SVN weder den Gebrauch einer bestimmten Waffenart vorschreibt, noch eine solche verbietet. Ferner stehe Art. 51 SVN unter der Bedingung, dass der Einsatz notwendig und verhältnismäßig sein muss.

Daneben seien bei einem Einsatz von Nuklearwaffen auch noch die Anforderungen des humanitären Völkerrechts zu erfüllen, namentlich das Verbot „blinder Waffen" und das Verbot unnötige Leiden zu verursachen. Unter Berücksichtigung dieser Umstände kommt das Gericht zu der Schlussfolgerung, dass der Einsatz nuklearer Waffen kaum mit den Anforderungen des humanitären Völkerrechts zu vereinbaren sei. Andererseits ist auch das Recht eines jeden Staates auf Überleben ein anerkanntes Rechtsprinzip. Rechtstechnisch müssen die beiden widerstreitenden Prinzipien gegeneinander abgewogen werden mit der Konsequenz, dass unter extremen Umständen das Recht des Staates auf Überleben die Beeinträchtigungen des humanitären Völkerrechts überwiegt. Dogmatisch sind diese Aspekte inzident im Rahmen des Verhältnismäßigkeitsgrundsatzes des Selbstverteidigungsrechts zu analysieren.

Zusammenfassend ist festzuhalten, dass das Gericht den Versuch unternommen hat, den unvereinbar erscheinenden Konflikt zwischen den Regeln des humanitären Völkerrechts und dem Überlebensrecht der Staaten einer Lösung zuzuführen, die sehr an den Anforderungen des humanitären Völkerrechts ausgerichtet ist und das Prinzip der Verhältnismäßigkeit zu voller Geltung gelangen lässt.

3.7.2.3 Geltung der Regeln des humanitären Völkerrechts für die Vereinten Nationen

Fraglich ist noch die Bindung der Vereinten Nationen an die Regeln des internationalen bewaffneten Konfliktes. Die Vereinten Nationen sind nach Art. 43, 48 SVN befugt, entweder selbst mit Streitkräften in einem Konflikt aufzutreten oder anderen Staaten ein Mandat zu geben, bei dem sie letztlich als Endzurechnungssubjekt des Einsatzes verantwortlich sind. Zu beachten ist, dass die Vereinten Nationen nicht Vertragspartei der Genfer Abkommen und ihrer Zusatzprotokolle sind. Nach allgemeinem Vertragsrecht kann eine Bindung der Vereinten Nationen als Völkerrechtssubjekt dann nur über Völkergewohnheitsrecht begründet werden. Die Vereinten Nationen sind mithin als ein an einem bewaffneten Konflikt teilnehmendes Völkerrechtssubjekt an die gewohnheitsrechtlichen Grundlagen des humanitären Völkerrechts gebunden.

3.7.3 Recht des nicht internationalen Konflikts

Der Bürgerkrieg ist ein nicht internationaler bewaffneter Konflikt. Der in den Genfer Abkommen gleichlautende Art. 3 sichert einen Minimalstandard an einzuhaltenden Rechten. Ergänzt wird die Vorschrift durch das ZP II, dessen Anwendungsbereich restriktiv zu bestimmen ist.

> **Art. 1 ZP II – Sachlicher Anwendungsbereich**
> (1) Dieses Protokoll [...] findet auf alle bewaffneten Konflikte Anwendung, die von Artikel 1 des Zusatzprotokolls zu den Genfer Abkommen vom 12. August 1949 über den Schutz der Opfer internationaler bewaffneter Konflikte nicht erfaßt sind und die im Hoheitsgebiet einer Hohen Vertragspartei zwischen deren Streitkräften und abtrünnigen Streitkräften oder anderen organisierten bewaffneten Gruppen stattfinden, die unter einer verantwortlichen Führung eine solche Kontrolle über einen Teil des Hoheitsgebiets der Hohen Vertragspartei ausüben, daß sie anhaltende, koordinierte Kampfhandlungen durchzuführen und dieses Protokoll anzuwenden vermögen.
> (2) Dieses Protokoll findet nicht auf Fälle innerer Unruhen und Spannungen wie Tumulte, vereinzelt auftretende Gewalttaten und andere ähnliche Handlungen Anwendung, die nicht als bewaffnete Konflikte gelten.

De-facto-Herrschaft des Aufständischen

Entscheidend ist, dass die Aufständischen bereits einen Teil des Territoriums faktisch beherrschen müssen, damit Teile der Bevölkerung des betroffenen Staates in den Genuss der gewährten Rechte kommen. Dies schließt viele innerstaatliche Konflikte aus dem Anwendungsbereich des ZP II aus, was auch Absatz 2 der Vorschrift deutlich zu verstehen gibt. Im Übrigen sind auch die Art. 3 der Genfer Abkommen erst anwendbar, wenn die Aufständischen einen Teil des Territoriums beherrschen, insoweit besteht also ein Gleichlauf zwischen den Abkommen.

Ferner ist der durch das ZP II gewährte Schutz viel schwächer als der des ZP I, wie sich äußerlich schon aus dem unterschiedlichen Umfang der Protokolle (ZP I: 102 Artikel; ZP II: 28 Artikel) ergibt. Die grundlegenden Garantien sind in dem sehr umfangreichen Art. 4 ZP II (Menschliche Behandlung) festgelegt. Dennoch wäre es wünschenswert, wenn baldmöglichst auch in Bürgerkriegssituationen die Regelungsdichte des internationalen Konflikts erreicht werden könnte.

3.7.4 Sicherung der gewährten Rechte

Wie oben schon beschrieben wurde, ergeben sich aus militärischen Gründen häufig Argumente für die Verletzung der in den Übereinkommen und Zusatzprotokollen gewährten Rechte. Demnach kommt der Sicherung der Anwendung der Rechtsgrundsätze gerade im Konfliktrecht eine überragende Bedeutung zu, da bei Nichtbeachtung für die Betroffenen schwere und schwerste Leiden zu befürchten sind.

Ein gerade im Konfliktrecht nicht zu unterschätzender Gedanke ist der der Reziprozität. Was eine Partei der anderen nicht zufügt, führt diese der erstgenannten Partei auch nicht zu. Diese Gegenseitigkeit hat wohl in verschiedenen Konflikten vor den schlimmsten Exzessen bewahrt.

Reziprozität

Der gemeinsame Art. 1 der GA schreibt vor, dass die Abkommen unter allen Umständen von den Vertragsparteien einzuhalten und seine Einhaltung von ihnen auch durchzusetzen ist. Nach Art. 90 ZP I wurde eine Internationale Ermittlungskommission geschaffen, die Verletzungen der GA und der ZP überwacht und feststellt. Gemäß Art. 91 ZP I ist jede die Abkommen oder Zusatzprotokolle verletzende Konfliktpartei zum Schadensersatz verpflichtet. Die Haftung tritt für alle Handlungen ein, die von den zu den Streitkräften gehörenden Personen begangen werden.

Internationale Ermittlungskommission

Daneben besteht das Rechtsinstitut der Kriegsrepressalie, die gegenüber der Friedensrepressalie (▶ Abschn. 4.4.2) auch den Einsatz von Waffengewalt umfasst.

Kriegsrepressalie

Dogmatisch ist sie ein Rechtfertigungsgrund, da die eigentliche Schädigungshandlung der die Repressalie ausübenden Konfliktpartei selbst rechtswidrig ist. Als den Einsatz von Waffengewalt umfassende Maßnahme ist sie an besonders strenge Rechtmäßigkeitsanforderungen gebunden. Zuerst darf sie nicht gegen verbotene Objekte gerichtet sein, wie sie in den Art. 46 I. GA, Art. 47 II. GA, Art. 13 Abs. 3 III. GA, Art. 33 Abs. 3 IV. GA, Art. 51 VI, 54 IV, 55 II und 56 IV ZP I niedergelegt sind. Nach Völkergewohnheitsrecht sind überdies Repressalien gegen Zivilpersonen untersagt (ICTY, Martic, ILR 108, 47). Drittens ist die Repressalie das letzte Mittel (ultima ratio), um den anderen Staat zur Rechtsbeachtung zu zwingen. Viertens muss sie angedroht werden und darf letztlich nicht unverhältnismäßig sein. Wie man sieht, ergeben sich einige Parallelen zum Recht auf Selbstverteidigung.

3.7.5 Verhältnis Menschenrechte – Humanitäres Völkerrecht

Das Verhältnis des internationalen Menschenrechtsschutzes zum humanitären Völkerrecht war lange Zeit umstritten. Eine Meinung ging davon aus, dass die Regeln des humanitären Völkerrechts als lex specialis für bewaffnete Konflikte die Normen des Menschenrechtsschutzes verdrängen. Der Internationale Gerichtshof ist dieser Ansicht mit überzeugenden Argumenten nicht gefolgt. Danach stehen die beiden Regelungssysteme nebeneinander und die Menschenrechte sind auch im bewaffneten Konflikt zu beachten. Systematisches Argument hierfür ist Art. 4 II IPbürgR, wonach mehrere Bestimmungen des Paktes unter keinen Umständen außer Kraft gesetzt werden dürfen.

3.8 Wiederholungsfragen

1. Was versteht man unter der „Hohen See"? Lösung ▶ Abschn. 3.1.1
2. Gelten besondere Regeln für Archipelstaaten? Lösung ▶ Abschn. 3.1.1
3. Welche Hoheitsrechte hat ein Staat in der „ausschließlichen Wirtschaftszone"? Lösung ▶ Abschn. 3.1.1
4. Wer übt Hoheitsrechte am „gemeinsamen Erbe der Menschheit" aus? Lösung ▶ Abschn. 3.1.3
5. Welcher Sachverhalt lag dem „trail smelter"-Fall zugrunde? Lösung ▶ Abschn. 3.2.1
6. Welche Freiheiten sind im Chicagoer Abkommen geregelt? Lösung ▶ Abschn. 3.3.1.1
7. Welche Verpflichtungen bestehen bei Luftpiraterie? Lösung ▶ Abschn. 3.3.1.2
8. Warum kann das Weltraumrecht als „Seerecht des Alls" bezeichnet werden? Lösung ▶ Abschn. 3.3.2
9. Was ist die WTO? Lösung▶ Abschn. 3.4.2
10. Welche Prinzipien sind im GATT enthalten? Lösung ▶ Abschn. 3.4.2
11. Worin besteht der Unterschied zwischen Subvention und Dumping? Lösung ▶ Abschn. 3.4.2.2
12. Beschreiben Sie den Streitbeilegungsmechanismus der WTO! Lösung ▶ Abschn. 3.4.5
13. Welche Barrieren existieren für den Welthandel? Lösung ▶ Abschn. 3.4.7
14. Welche Voraussetzungen gelten für eine Enteignung? Lösung ▶ Abschn. 3.4.8.1
15. Welche Elemente prägen den diplomatischen Schutz? Lösung ▶ Abschn. 3.4.8.5

3.8 · Wiederholungsfragen

16. Was ist ein „self-contained regime"? Lösung ▶ Abschn. 3.6.3
17. Inwieweit ist die Botschaft exterritorial? Lösung ▶ Abschn. 3.5.1.1
18. Gibt es Unterschiede zwischen der Immunität eines Diplomaten und der eines Konsuls? Lösung ▶ Abschn. 3.5.2
19. Was bedeutet „Mindeststandardlehre"? Wem steht ein Mindeststandard zu? Lösung ▶ Abschn. 3.4.8
20. Wie ist die Struktur der Internationalen Pakte? Lösung ▶ Abschn. 3.6.2.2
21. Welche Rechte haben Flüchtlinge? Lösung ▶ Abschn. 3.6.3
22. Gibt es ein Recht zum Krieg? Lösung ▶ Abschn. 3.7.1
23. Was sind Kombattanten? Lösung ▶ Abschn. 3.7.2.1
24. Inwieweit sind Zivilpersonen in einem internationalen Konflikt geschützt? Lösung ▶ Abschn. 3.7.2.1
25. Welche erlaubten Mittel der Kriegführung gibt es? Lösung ▶ Abschn. 3.7.2.1
26. Darf ein Staat Atomwaffen zur Selbstverteidigung einsetzen? Lösung ▶ Abschn. 3.7.2.2

Streitbeilegung und Durchsetzungsmechanismen im Völkerrecht

4.1	Diplomatische Mittel – 196	
4.2	Internationale Schiedsverfahren – 197	
4.3	Internationale Gerichte – 199	
4.3.1	Der Internationale Gerichtshof – 200	
4.3.2	Internationaler Seegerichtshof – 208	
4.3.3	Internationaler Strafgerichtshof – 209	
4.3.4	Verantwortlichkeit ehemaliger Staatsoberhäupter vor nationalen Gerichten – 215	
4.3.5	Allgemeines zur Auslieferung – 217	
4.4	Durchsetzungsmechanismen des Völkerrechts – 218	
4.4.1	Retorsion – 218	
4.4.2	Repressalie – 219	
4.4.3	Gewaltanwendung – 220	
4.4.4	Humanitäre Intervention – 221	
4.5	Verantwortlichkeit für völkerrechtswidriges Handeln – 222	
4.6	Fall: Beeinträchtigung von grenzüberschreitenden Ressourcen – 226	
4.7	Wiederholungsfragen – 229	

S. Lorenzmeier, *Völkerrecht – Schnell erfasst*, Recht – Schnell erfasst,
DOI 10.1007/978-3-662-50474-1_4, © Springer-Verlag Berlin Heidelberg 2016

Streitbeilegung im Völkerrecht geschieht in der Regel auf zwei verschiedenen Wegen. Zum einen durch Entscheidungen internationaler Gerichte wie dem Internationalem Gerichtshof (IGH) oder durch Schiedsgerichte (z. B. das DSB im Rahmen der WTO ▶ Abschn. 3.4.5). Zum anderen bestehen daneben verschiedene außergerichtliche Streitbeilegungsmechanismen auf diplomatischer Ebene, insbesondere Verhandlung, Untersuchung, Vermittlung usw. (siehe Art. 33 I SVN).

Gemäß Art. 2 Ziff. 3 SVN sind alle Mitgliedstaaten der Vereinten Nationen verpflichtet, ihre Streitigkeiten durch friedliche Mittel beizulegen. Die Vorschrift enthält eine aktive Verpflichtung zur friedlichen Streitbeilegung und wird durch das Kapitel VI SVN ergänzt. Art. 33 I SVN enthält einen nicht abschließenden Katalog von Maßnahmen, die die Streitbeilegung ermöglichen sollen. Für Nichtmitgliedstaaten der Vereinten Nationen gilt die Regel der friedlichen Streitbeilegung völkergewohnheitsrechtlich, allerdings kann ein solcher Staat auch zu den Mitteln der Repressalie und der Retorsion (▶ Abschn. 4.4.1) greifen, eine Verpflichtung zur Aufnahme eines Schiedsverfahrens oder eines gerichtlichen Verfahrens besteht nicht. Das Völkerrecht bietet folglich eine Stufenordnung an.

4.1 Diplomatische Mittel

Zu den diplomatischen Mitteln der Streitbeilegung gehören die guten Dienste, die Vermittlung und die Schlichtung.

gute Dienste

„Gute Dienste" sind die Bemühungen eines Völkerrechtssubjektes, einen zwischen zwei anderen Völkerrechtssubjekten entstandenen Streit einer friedlichen Lösung zuzuführen. Dies kann auf vielfältige Weise geschehen, beispielsweise kann Staat C eine Konferenz zwischen den Staaten A und B auf seinem Territorium anregen und durchführen. Erforderlich ist, dass Staat C in der Streitigkeit selbst neutral ist.

Vermittlung
Schlichtung

Die „Vermittlung" ist ein Unterfall der „guten Dienste". Sie liegt vor, wenn Staat C den Streitparteien A und B konkrete Lösungsvorschläge zur Konfliktbeilegung unterbreitet. Die Vermittlung kann – auch im Voraus – vertraglich vereinbart werden. Die „Schlichtung" ist wiederum ein Unterfall der Vermittlung.

agenda for peace

Die diplomatischen Mittel der Streitbeilegung werden stetig bedeutsamer. Im Rahmen der Vereinten Nationen wurde 1992 die „agenda for peace" (UN Doc A/47/277-S/ 24111) verabschiedet, nach der auf der Grundlage des Kapitels VI SVN eine vorbeugende Diplomatie die Ausweitung von in Entstehung begriffenen Konflikten verhindern soll. Inwieweit dies in praxi erfolgreich sein wird, bleibt immer noch abzuwarten.

4.2 Internationale Schiedsverfahren

Ein Schiedsverfahren ist ein Streitbeilegungsverfahren, das sich von einem Gerichtsverfahren im Ergebnis nicht grundlegend unterscheidet. Am Ende steht eine verbindliche Entscheidung, an welche die Parteien des Verfahrens gebunden sind. Allerdings bestehen ansonsten bedeutsame Unterschiede.

Schiedsgerichte sind in aller Regel keine ständigen Gerichte, sondern sie werden für den jeweiligen Streitfall ad hoc gebildet. Eine Ausnahme bildet das Ständige Internationale Schiedsgericht (Permanent Court of Arbitration – PCA) am Sitz des IGH in Den Haag. Der PCA hat in letzter Zeit wieder größere Bedeutung erlangt, da Schiedsverfahren eine Renaissance erleben und die Spruchpraxis zunimmt. Für die Bildung eines ad hoc Gerichts ist der Abschluss eines Vertrages zwischen den Streitparteien erforderlich, der sogenannte „compromis". In ihm wird geregelt, wie viele und welche Schiedsrichter dem Verfahren beiwohnen sollen (meistens eine ungerade Zahl; z. B. drei), nach welchem Recht der Streitfall zu beurteilen ist und welche Prozessgrundsätze anzuwenden sind. Der compromis selber findet seine Grundlage im Völkerrecht, ist also nach den gewohnten Regeln zu beurteilen.

Schwierig wird es, wenn in dem von den Parteien abgeschlossenen compromis Fragen offen gelassen wurden, wie zum Beispiel das auf den Vertrag anwendbare Recht. Sind diese dann verpflichtet, einen neuen Vertrag zu schließen? Viel spricht dafür, in solchen Fällen zur Lückenfüllung die allgemeinen schiedsgerichtlichen Regeln, wie die von der International Law Commission verabschiedeten „Model Rules of Arbitration" (GA Res. 1262 [XIII]) anzuwenden, da sie von einer unabhängigen Expertenkommission entwickelt wurden. Der Abschluss einer weiteren Vereinbarung wäre dann überflüssig.

In neuerer Zeit gibt es verstärkt die Tendenz, in völkerrechtlichen Verträgen Klauseln aufzunehmen, wonach im Streitfall ein Schiedsgericht anzurufen ist (sog. kompromissarische Klausel). Dadurch wird verhindert, dass die Streitparteien auf die Mittel der Retorsion und der Repressalie zurückgreifen. Häufig finden sich solche Klauseln auch in Investitionsabkommen und ähnlichen Verträgen zwischen einem Staat und einem Wirtschaftsunternehmen.

Beendet wird das Schiedsverfahren mit dem Schiedsspruch („arbitral award"). Dieser ist für die Parteien bindend, häufig schließt der compromis eine Revision des Schiedsspruchs aus. Aus Gründen der Verfahrensbeschleunigung und der Rechtssicherheit wird in der Praxis in aller Regel auf die Revisionsmöglichkeit verzichtet.

vergleichbar der Rechtsfehlerlehre beim Verwaltungsakt nach deutschem Recht

Wichtig ist, dass ein Schiedsspruch rechtswirksam ist, dies gilt auch für den rechtsfehlerhaften Schiedsspruch. Nur der nichtige Schiedsspruch ist rechtsunwirksam. Wann ist ein Schiedsspruch unwirksam? Fünf Gründe sind gewohnheitsrechtlich anerkannt (Art. 35 Model Rules):

Unwirksamkeitsgründe

- Überschreitung der Befugnisse seitens des Gerichts,
- Bestechung eines Mitglieds des Schiedsgerichts,
- der Schiedsspruch stellt die Gründe für den Spruch nicht dar,
- der Schiedsspruch weicht von einer Verfahrensregel schwerwiegend ab oder
- die Verpflichtung zum compromis selber ist nichtig.

Nur wenn eine dieser Voraussetzungen erfüllt ist, darf der Spruch nicht befolgt werden. Ansonsten kann die obsiegende Partei die unterliegende mit den völkerrechtlich anerkannten Mitteln der Retorsion und der Repressalie zur Befolgung des Schiedsspruchs zwingen bzw. auf die Nichtbefolgung antworten.

Fraglich ist überdies, welche Instanz über die Unwirksamkeit des Schiedsspruchs befinden kann. Zum einen könnte dies wieder ein Schiedsgericht sein, zum anderen könnte auch der IGH oder ein anderes internationales Gericht mit der Frage befasst werden. In der Praxis ist die Lösung häufig im compromis vorgesehen.

entscheidungsberechtigte Instanz

Der IGH oder ein anderes internationales Gericht würde in einem solchen Fall nicht über die Streitigkeit als solche entscheiden, sondern ausschließlich darüber, ob sich das Schiedsgericht an den compromis, also einen völkerrechtlichen Vertrag, gehalten hat.

4.3 Internationale Gerichte

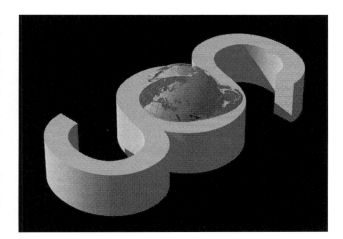

Internationale Gerichte (Reinald Fenke)

Neben der internationalen Schiedsgerichtsbarkeit bestehen auch noch internationale Gerichte. Der bekannteste dürfte der oben bereits mehrfach erwähnte Internationale Gerichtshof (IGH) mit Sitz in Den Haag (NL) sein. Er ist der Nachfolger des 1920 aufgrund von Art. 14 Völkerbundsatzung installierten „Ständigen Internationalen Gerichtshofs" (StIGH), der 1946 aufgelöst wurde. Beide Gerichte haben eine eigene Entscheidungssammlung, die „ICJ-Reports" für den IGH und die „PCIJ-Series" für den StIGH. Die Urteile beider Spruchkörper sind unter ▶ www.icj-cij.org abrufbar.

IGH

Die bestehenden internationalen Gerichte wurden aufgrund völkerrechtlicher Verträge errichtet. Ihre Anrufung kann freiwillig oder obligatorisch erfolgen, siehe beispielsweise Art. 36 IGH-St. Dies ist ein Ergebnis der Staatensouveränität, wonach von den Staaten nicht verlangt werden kann, dass diese ohne ihre vorherige Zustimmung einer gerichtlichen Entscheidung unterliegen. Prüfungstechnisch ist mithin im Rahmen der Zulässigkeit der Klage immer die Zuständigkeit des Gerichts zu untersuchen. Alle internationalen Gerichte haben eine Geschäfts- und Verfahrensordnung, in denen der nähere Gang des Verfahrens bei Streitfällen beschrieben ist. Die dauerhaft eingerichteten Spruchkörper bestehen auch dann, wenn gerade keine Streitigkeit vor ihnen anhängig ist.

Zuständigkeit der Gerichte ist immer zu prüfen.

Welche Unterschiede bestehen zwischen der Schiedsgerichtsbarkeit und der institutionalisierten Gerichtsbarkeit? Oben wurde bereits einer genannt. Gerichte bestehen im Gegensatz zu Schiedsgerichten immer, unabhängig davon,

Unterschied zwischen Schiedsgerichtsbarkeit und institutionalisierter Gerichtsbarkeit

ob ein Streitfall vor ihnen anhängig ist oder nicht (zur Ausnahme der ad-hoc Tribunale zu Jugoslawien und Ruanda (► Abschn. 4.3.3)). Ferner können die Streitparteien bei der Schiedsgerichtsbarkeit Einfluss nehmen auf die Anzahl der Richter und diese selber auswählen. Die Schiedsrichter üben ihre Tätigkeit häufig nur nebenamtlich aus, im Gegensatz dazu sind die Richter internationaler Gerichte hauptamtlich tätig. Schiedsgerichtsverfahren sind überdies häufig nicht öffentlich und die Ergebnisse werden nicht öffentlich zugänglich gemacht, damit die beteiligten Parteien besser in der Öffentlichkeit „ihr Gesicht wahren" können, was in einigen Konstellationen einen Vorteil gegenüber dem traditionellen Gerichtsverfahren darstellen kann.

4.3.1 Der Internationale Gerichtshof

Der IGH ist laut Art. 9 I SVN ein Hauptorgan der Vereinten Nationen. Seine Aufgabe ist die Rechtsprechung, Art. 92 SVN.

> **Art. 92 SVN – Hauptrechtsprechungsorgan**
> Der Internationale Gerichtshof ist das Hauptrechtsprechungsorgan der Vereinten Nationen. Er nimmt seine Aufgaben nach Maßgabe des beigefügten Statuts wahr, das auf dem Statut des Ständigen Internationalen Gerichtshofs beruht und Bestandteil dieser Charta ist.

Vertragsparteien

Alle Mitglieder der Vereinten Nationen sind nach Art. 93 SVN automatisch Vertragsparteien des Internationalen Gerichtshofs. Nichtmitglieder können Vertragsparteien des IGH-St werden, wenn sie die von der Generalversammlung festgesetzten Bedingungen erfüllen, Art. 93 II SVN. Das IGH-Statut regelt die Aufgaben und den Aufbau des IGH.

4.3.1.1 Struktur des IGH

15 unabhängige Richter

Der IGH besteht aus 15 Richtern, wobei ein Staat nicht mehr als einen Richter entsenden darf (Art. 3 IGH-St). Die Richter sind laut Art. 2 IGH-St unabhängig und werden ohne Rücksicht auf ihre Staatsangehörigkeit unter Personen von hohem sittlichem Ansehen ausgewählt, die in ihrem Staat die Qualifikation für höchste richterliche Ämter erfüllen oder Völkerrechtsgelehrte von anerkanntem Ruf sind. Die Unabhängigkeit wird zum einen durch die Gewährung diplomatischer Vorrechte und Immunitäten (Art. 19 IGH-St) gewährleistet und zum anderen dadurch, dass sie praktisch

4.3 · Internationale Gerichte

unabsetzbar sind, Art. 18 IGH-St. Nur ein einstimmiger Beschluss der übrigen Richter kann einem Richter das Amt entziehen.

Die Art. 4 ff. IGH-St regeln die Richterwahl. Die Amtsdauer der gewählten Richter beträgt neun Jahre, eine Wiederwahl ist zulässig, Art. 13 IGH-St. Durch ein kompliziertes Verfahren ist es gesichert, dass alle drei Jahre ein Drittel der Richter neu gewählt wird.

Richterwahl

Neben den ständigen Richtern gibt es bei streitigen Verfahren auch noch Richter ad hoc, wenn ein Richter Staatsangehöriger einer Partei ist oder wenn die Streitparteien mit keinem Richter ihrer Staatsangehörigkeit im Gremium vertreten sind, Art. 31 II, III IGH-St. In diesen Fällen kann die jeweils nicht vertretene Partei einen Richter bestellen, der dann auch über die Streitigkeit mit entscheidet. Die ad hoc-Richter sind nicht genauso unabhängig und neutral in der Streitsache wie die übrigen Richter, dennoch überwiegt die Anzahl der unabhängigen Richter derart, dass die ad hoc-Richter keinen bestimmenden Einfluss auf das Urteil nehmen können. Die Akzeptanz des Urteils bei der unterliegenden Partei wird durch das Vorhandensein eines „eigenen" Richters in der Abstimmung und bei der Urteilsfindung gestärkt.

Richter ad hoc

Normalerweise tagt der IGH nach Art. 25 I IGH-St in Vollsitzungen, er ist beschlussfähig wenn mindestens neun Richter anwesend sind (Art. 25 III IGH-St). Eine Kammerbildung ist unter den in den Art. 26 und 29 IGH-St vorgesehenen Voraussetzungen möglich.

beschlussfähig

4.3.1.2 Verfahrensvoraussetzungen

Die Zuständigkeit des IGH bezieht sich auf zwei Bereiche, die streitige Gerichtsbarkeit (Art. 34 ff. IGH-St) und die Gutachtenerstellung (Art. 65 ff. IGH-St). Im Folgenden werden nur die Zulässigkeitsvoraussetzungen einer Klage in der streitigen Gerichtsbarkeit näher erläutert.

Vor dem IGH, und den meisten internationalen Gerichten, gelten zwei Prozessrechtsgrundsätze. Zum einen gilt der Untersuchungsgrundsatz. Danach ist der IGH von Amts wegen verpflichtet, den Sachverhalt aufzuklären. Dies steht nicht ausdrücklich in dem Statut, es ergibt sich jedoch aus der Vorschrift des Art. 53 II IGH-St, da danach das Gericht auch bei Nichterscheinen oder Nichtäußern einer Partei verpflichtet ist, den Sachverhalt aufzuklären. Zum anderen gilt der Verfügungsgrundsatz, wonach der Streitgegenstand zumindest teilweise zur Verfügung (und damit in der Hand) der Parteien steht. Eine einseitige Klagerücknahme führt gemäß Art. 89 I 1 VerfahrensordnungIGH zur Einstellung des Verfahrens, wenn

Prozessrechtsgrundsätze: Untersuchungsgrundsatz, Verfügungsgrundsatz

Zuständigkeit

die Partei zu diesem Zeitpunkt noch keine Prozesshandlung vorgenommen hat.

Die Frage der Zuständigkeit ist im Völkerrecht von besonderer Bedeutung, da eine Verpflichtung der Staaten aufgrund des Konsensprinzips und der Staatensouveränität, ihre Streitigkeiten auf gerichtlichem Wege zu lösen, nicht besteht.

> **Art. 36 IGH-St – Zuständigkeit**
> (1) Die Zuständigkeit des Gerichtshofs erstreckt sich auf alle ihm von den Parteien unterbreiteten Rechtssachen sowie auf alle in der Charta der Vereinten Nationen oder in geltenden Verträgen besonders vorgesehenen Angelegenheiten.
> (2) Die Vertragsstaaten dieses Statuts können jederzeit erklären, daß sie die Zuständigkeit des Gerichtshofs von Rechts wegen und ohne besondere Übereinkunft gegenüber jedem anderen Staat, der dieselbe Verpflichtung übernimmt, für alle Rechtsstreitigkeiten über folgende Gegenstände als obligatorisch anerkennen:
> a) die Auslegung eines Vertrages;
> b) jede Frage des Völkerrechts; [...]
> (3) Die oben bezeichnete Erklärung kann vorbehaltlos oder vorbehaltlich einer entsprechenden Verpflichtung mehrerer oder einzelner Staaten oder für einen bestimmten Zeitabschnitt abgegeben werden.[...]

3 Arten der Zuständigkeitsbegründung

Nach dieser Vorschrift gibt es drei Arten, die Zuständigkeit des IGH zu begründen. Zuerst ist die Möglichkeit einer ad-hoc-Anerkennung des Gerichtshofes durch die Streitparteien gegeben (Art. 36 I IGH-St). Überdies können in Verträgen, welche die Vertragsparteien abgeschlossen haben, Zuständigkeitsklauseln enthalten sein, Art. 36 I 2. Fall IGH-St (Fall „LaGrand" ▶ Abschn. 1.7: Fakultativ-Protokoll über die Beilegung von Streitigkeiten). Letztlich kann eine Erklärung zur Erfüllung der „Fakultativ-Klausel" des Art. 36 II IGH-St gegeben werden. Deutschland hat 2008 eine entsprechende Erklärung abgegeben BGBl. 2008 II, 713).

Connally-Vorbehalt
Deutschland hat seine Erklärung mit einem entsprechenden Vorbehalt versehen.

Die Fakultativ-Klausel gilt jedoch nur, wenn der Streitgegner dieselbe Verpflichtung übernommen hat. Dies ist eine Ausprägung des Prinzips der Gegenseitigkeit. Das besondere Problem der Fakultativ-Klausel ist Absatz 3 des Art. 36 IGH-St. Danach kann ein Staat die Erklärung mit einem Vorbehalt (s. Art. 19 ff. WVK) versehen. Ein solcher Vorbehalt kann die Zuständigkeit des IGH beispielsweise ausschließen, wenn vitale Interessen eines Staates berührt sind oder innere Angele-

4.3 · Internationale Gerichte

genheiten des Staates berührt werden (sog. Connally-Vorbehalt). Wichtig ist, dass nach dem Prinzip der Gegenseitigkeit der Staat, der keinen Vorbehalt erklärt, sich gegenüber dem Staat, der einen erklärt hat, auf diesen Vorbehalt berufen und folglich auch die Zuständigkeit des IGH ausschließen kann (IGH, Interhandel, ICJ Rep. 1959, 6/23). Dies gilt auch dann, wenn ein Staat die Erklärung nach Art. 36 II IGH-St „vorbehaltlos" abgegeben hat.

Fraglich ist auch, wer darüber entscheidet, wann eine „innere Angelegenheit" vorliegt. Wenn der den Vorbehalt erklärende Staat sich das Recht zur Bestimmung für sich vorbehält (wie die USA im „Connally-Vorbehalt"), liegt ein sog. „doppelter Vorbehalt" vor, dessen Rechtsgültigkeit aus Gründen des rechtsmissbräuchlichen Verhaltens bezweifelt werden kann. Hinsichtlich „vitaler Interessen" ist zu bemerken, dass der IGH solche nicht per se anerkennt, sondern der Ansicht ist, dass Streitigkeiten, die Sicherheitsfragen eines Staates betreffen, nicht ohne weiteres von der Jurisdiktion des IGH ausgeschlossen werden können (IGH, Nicaragua I, ICJ Rep. 1984, 392, 433 ff.). Eine Unterwerfungserklärung kann auch zurückgenommen werden.

Doppelte Vorbehalte
Deutschland hat von der Zuständigkeit des IGH ausgenommen: Streitigkeiten über den Einsatz deutscher Streitkräfte im Ausland, Nutzung deutschen Hoheitsgebiets für militärische Zwecke.

Die Zuständigkeit des IGH kann sich auch aus dem allgemeinen Rechtsgrundsatz der „rügelosen Einlassung" (forum prorogatum) ergeben. Wenn sich der Beklagte ohne die Rüge der fehlenden Zuständigkeit einlässt, gilt dies als Zustimmung zur Zuständigkeit des Gerichtshofes.

forum prorogatum

Parteifähigkeit, Art. 34 I IGH-St: Gemäß Art. 34 I IGH-St können nur Staaten vor dem Gerichtshof als Parteien auftreten. Im Umkehrschluss ergibt sich aus dem Merkmal „Staat", dass Individuen und internationale Organisationen nicht als Parteien auftreten können. Nur die Mitgliedstaaten einer internationalen Organisation sind parteifähig. Indirekt kann auf diesem Wege auch die Rechtmäßigkeit bestimmter Akte internationaler Organisationen überprüft werden, wenn ein Staat gegen einen anderen, der Mitglied einer internationalen Organisation ist und einen ihrer Rechtsakte ausgeführt hat, wegen der Rechtswidrigkeit der betreffenden Handlung vor dem IGH klagt. Die Staatseigenschaft eines Gebildes wird anhand der Drei-Elementen-Lehre geprüft.

Staaten sind parteifähig.

Allerdings reicht es nicht aus, ein Staat zu sein, um vor dem IGH als Partei auftreten zu können. Zusätzlich muss der klagende Staat auch ein Mitgliedstaat der Vereinten Nationen sein oder die von der Generalversammlung für Nichtmitgliedstaaten aufgestellten Anforderungen erfüllen, Art. 93 SVN, 35 IGH-St. Aber auch hier gilt: keine Regel ohne Ausnahme. Im Rahmen der obligatorischen Streitschlichtung aufgrund einer besonderen Vereinbarung reicht es aus, wenn Streitpar-

Mitgliedsstaat der Vereinten Nationen

teien Staaten im Sinne des Völkerrechts sind. Das in der Genozidentscheidung des IGH auftauchende Problem „Jugoslawien" wurde oben schon näher erläutert (▶ Abschn. 2.6.2).

Die Voraussetzungen des diplomatischen Schutzes (▶ Abschn. 3.4.8.5) werden im Merkmal „Staat" untersucht. Entscheidend ist, ob das Individuum oder das Unternehmen, wofür diplomatischer Schutz ausgeübt werden soll, Staatsangehöriger/-zugehöriger im völkerrechtlichen Sinne ist (IGH, Nottebohm, ICJ.-Rep. 1955, 4/17). Auch die Frage der Rechtswegerschöpfung (local-remedies-rule) ist eine Frage der Zulässigkeit (IGH, Belgien/Kongo, ICJ-Rep. 2002, para. 40).

Fragen des Völkerrechts

Streitgegenstand, Art. 36 II, 38 IGH-St: Der zulässige Streitgegenstand ist in den Art. 36 II, 38 IGH-St näher beschrieben. Danach kann der Gerichtshof nur über Fragen des Völkerrechts und somit aus den völkerrechtlichen Rechtsquellen stammende Rechtssätze urteilen. Fragen nationalen Rechts darf er nicht beurteilen. Ein solcher Streitgegenstand würde die Klage, eventuell auch nur teilweise, ungültig machen.

Der Gerichtshof kann überdies noch gemäß Art. 38 II IGH-St „ex aequo et bono" (nach Billigkeit) entscheiden, dabei ist er gerade nicht mehr an die Rechtsquellen gebunden und kann ein gerechtes Ergebnis finden. Bisher erging jedoch noch kein Urteil des IGH explizit auf der Basis dieser Vorschrift.

Schriftform

Form (Art. 40 IGH-St) und allgemeines Rechtsschutzbedürfnis: Die Klage ist schriftlich unter Bezeichnung der Parteien und des Streitgegenstandes an die Kanzlei des Gerichtshofes zu richten. Da die Amtssprachen des IGH laut Art. 39 I 1 IGH-St nur Englisch und Französisch sind, ist die Klage in einer dieser Sprachen einzureichen. Ansonsten ist sie unzulässig.

allgemeines Rechtsschutzbedürfnis

Das allgemeine Rechtsschutzbedürfnis entfällt, wenn ein internationales Gericht über den gleichen Streitgegenstand schon einmal rechtskräftig entschieden hat oder die klagende Partei rechtmäßigerweise auf ihr Klagerecht verzichtet hat.

Eine Frist ist mangels einer besonderen Bestimmung nicht einzuhalten, da die Urteile des IGH im Allgemeinen fristungebundene Feststellungsurteile sind.

Schema: Zulässigkeitsvoraussetzungen einer Klage vor dem IGH

A. Zulässigkeit der Klage

I. Zuständigkeit des IGH, Art. 36 IGH-St

II. Parteifähigkeit, Art. 34 IGH-St

▬ nur Staaten: Drei-Elementen-Lehre

Hier sind auch die Voraussetzungen des diplomatischen Schutzes zu prüfen.

> III. Streitgegenstand, Art. 36 IGH-St
> — jede Frage des Völkerrechts, kein innerstaatliches Recht
> IV. Form
> 1. Schriftlich, Art. 40 IGH-St
> 2. Sprache: Englisch oder Französisch, Art. 39 IGH-St
> V. Allgemeines Rechtsschutzbedürfnis
> **B. Begründetheit**
> Feststellung eines Völkerrechtsverstoßes, im Einzelfall zu untersuchen.
> **C. Wirkung des Urteils**
> — verbindlich, reines Feststellungsurteil
> — hinsichtlich Verträgen auch Gestaltungsurteile
> **D. Wirkung der einstweiligen Anordnung**
> — verbindlich

4.3.1.3 Wirkung von Urteilen

Die Urteile des IGH sind hauptsächlich Feststellungsurteile, in denen festgestellt wird, ob ein Rechtsverstoß vorliegt oder nicht. Das Gericht kann jedoch auch Leistungsurteile erlassen, in denen eine Partei zur Leistung, etwa von Schadenersatz (Art. 36 II lit. d IGH-St), an die andere Partei verurteilt wird. Aber auch diese Urteile sind ihrem Wesen nach Feststellungsurteile, weil der IGH nur feststellen kann, dass eine Leistung geschuldet wird; die Leistung selber kann der IGH nicht gewähren. Gestaltungsurteile, das sind Urteile deren Wirkung in der Veränderung einer Rechtslage besteht, stehen dem IGH hinsichtlich der Rechtsquelle Völkergewohnheitsrecht nicht zu, da er das Recht anzuwenden hat und dieses nicht verändern kann. Verträge demgegenüber kann er für nichtig erklären, aber die Gestaltungswirkung ist auf die Streitparteien beschränkt, eine universelle Wirkung besteht nicht.

Feststellungsurteile

Die Urteile des Gerichtshofes gelten laut Art. 59 IGH-St nur zwischen den Parteien (inter partes), sie haben keine Dritt- oder Allgemeinwirkung. Die Mitgliedstaaten der Vereinten Nationen sind verpflichtet, den Urteilen Folge zu leisten, Art. 94 I SVN. Das Urteil ist jedoch nicht vollstreckbar, eine Ausnahme besteht nur bei einem Beschluss des Sicherheitsrats der VN nach Art. 94 II SVN. Zu einem solchen Beschluss ist es bisher in der Praxis des IGH noch nicht gekommen. Der obsiegende Staat kann zur Durchsetzung seines Anspruchs auf die Mittel der Repressalie und der Retorsion zurückgreifen.

inter-partes-Wirkung

Rechtsmittel gegen das Urteil des Gerichtshofes sind nicht vorgesehen. Sie erlangen also formelle und materielle Rechtskraft ab Verkündung. Formelle Rechtskraft bedeutet, dass die

formelle / materielle Rechtskraft

beteiligten Parteien nicht mehr gegen die Entscheidung vorgehen können. Materielle Rechtskraft heißt, dass die Rechtslage zwischen den Parteien so ist, wie sie das Gericht festgestellt hat. Wenn das Urteil des IGH beispielsweise besagt, der Staat A habe durch sein Verhalten das Völkerrecht verletzt, dann kann Staat A hinsichtlich dieses Streitgegenstandes nicht mehr das Gegenteil behaupten. Der Streitgegenstand wird durch die Parteien und deren Anträge festgelegt und ist der streitige Lebenssachverhalt, also das, worüber die Parteien tatsächlich streiten.

Die Richter können dem Urteil nach Art. 57 IGH-St Sondervoten anfügen. Eine „separate opinion" liegt vor, wenn der Richter mit dem Ergebnis übereinstimmt, aber die Begründung der Richtermehrheit nicht für ausreichend erachtet. Darüber hinaus gibt es auch noch die Möglichkeit einer „dissenting opinion", wenn ein Richter mit dem Ergebnis des Urteils aus Gründen, die er dann in seiner Meinung darlegt, nicht einverstanden ist. Die Richter machen davon sehr extensiv Gebrauch, was in nicht geringem Maß zum nicht gerade geringen Umfang der Urteile beiträgt. Im deutschen Recht gibt es eine entsprechende Möglichkeit nur bei Urteilen des Bundesverfassungsgerichts, § 30 II BVerfGG.

4.3.1.4 Vorsorgliche Maßnahmen, Art. 41 IGH-St

einstweiliger Rechtsschutz

Art. 41 IGH-St gibt dem Gerichtshof die Möglichkeit, vorsorgliche Maßnahmen zu erlassen. Unter „vorsorgliche Maßnahmen" ist der einstweilige Rechtsschutz zu verstehen, wie er auch vor nationalen Gerichten besteht, vgl. §§ 80 V, 123 VwGO, § 32 BVerfGG.

prima facie

Umstritten ist, inwieweit der IGH zur Entscheidung der Hauptsache zuständig sein muss. Was geschieht, wenn er offensichtlich unzuständig ist? Ist es erforderlich, dass eine hinreichende Wahrscheinlichkeit für seine Zuständigkeit gegeben ist? Die Beantwortung dieser Frage ist für den Prüfungsumfang des Gerichts von entscheidender Bedeutung. Der IGH geht in seiner Rechtsprechungspraxis davon aus, dass die Zuständigkeit „prima facie" (auf den ersten Blick) vorzuliegen hat (IGH, Genozid, ICJ Rep. 1993, 3/14 ff.), die Unzuständigkeit darf also nicht offensichtlich („manifest") sein (IGH, Kongo / Ruanda, ICJ-Rep. 2002, para. 91). Das ist der Fall, wenn der Gerichtshof davon überzeugt ist, dass eine Rechtsverletzung vorliegen kann („plausible").

Mithin besteht eine Verbindung zwischen der Zulässigkeit des einstweiligen Rechtsschutzes und dessen Begründetheit (IGH, Timor-Leste/Australia, 2014, para. 22 ff.).

Bindungswirkung

Auch vorsorgliche Maßnahmen entfalten eine Bindungswirkung (IGH, LaGrand, ICJ-Rep. 2001, para. 92 ff.), wie sich

4.3 · Internationale Gerichte

Art. 41 IGH-St im Wege der teleologischen Auslegung entnehmen lässt.

Die beiden verbindlichen englischen und französischen Texte lauten:

- La Cour a le pouvoir **d'indiquer**, si elle estime que les circonstances l'exigent, quelles mesures conservatoires du droit de chacun **doivent** être prises à titre provisoire.
 En attendant l'arrêt définitif, **l'indication** de ces mesures est immédiatement notifiée aux parties et au Conseil de sécurité.
- The Court shall have the power **to indicate**, if it considers that circumstances so require, any provisional measures which **ought** to be taken to preserve the respective rights of either party.
 Pending the final decision, notice of the measures **suggested** shall forthwith be given to the parties and to the Security Council.
- Der Gerichtshof ist befugt, wenn er es nach den Umständen für erforderlich hält, diejenigen vorsorglichen Maßnahmen zu **bezeichnen**, die zur Sicherung der Rechte der Parteien getroffen werden **müssen**.
 Vorbehaltlich der endgültigen Entscheidung werden **diese** Maßnahmen den Parteien und dem Sicherheitsrat umgehend angezeigt. [Der deutsche Text ist nicht verbindlich, die Hervorhebungen sind vom Verf. bzw. vom IGH.]

ein gutes Beispiel für mehrere Sprachfassungen

Frz.: indikative Textfassung

Engl.: nicht so indikative Textfassung

Das Gericht hat dann festgestellt, dass der englische und französische Wortlaut nicht vollkommen übereinstimmen. Zur Lösung des Problems rekurriert es dann auf den in Art. 33 IV WVK niedergelegten gewohnheitsrechtlichen Auslegungsgrundsatz.

> **Art. 33 IV WVK – Bedeutungsunterschiede authentischer Texte**
> [...] Wenn ein Vergleich der authentischen Texte einen Bedeutungsunterschied aufdeckt, der durch die Anwendung der Art. 31 und 32 nicht ausgeräumt werden kann, [wird] diejenige Bedeutung zugrunde gelegt, die unter Berücksichtigung von Ziel und Zweck des Vertrags die Wortlaute am besten miteinander in Einklang bringt.

Ziel und Zweck des Statuts sei es, den Gerichtshof mit den notwendigen Mitteln zur Aufgabenerfüllung auszustatten. Grundlegende Aufgabe des IGH sei die Streitbeilegung mittels

teleologische Auslegung

bindender Urteile, wie es sich aus Art. 59 IGH-St ergibt. Die Kompetenz zum Erlass vorsorglicher Maßnahmen müsse auch die Verbindlichkeit dieser Maßnahmen umfassen, wenn dies unter den gegebenen Umständen des Einzelfalles notwendig ist, um die Rechte der Streitparteien zu sichern und die Schaffung von Präjudizien zu verhindern. Entgegenstehendes ergebe sich auch nicht aus Art. 94 SVN, der davon spricht, dass die „Entscheidungen" des IGH zu befolgen sind. „Entscheidungen" können sowohl Urteile als auch vorsorgliche Maßnahmen sein.

Bei Nichtbefolgen einer vorsorglichen Maßnahme greift demgegenüber Art. 94 II SVN nicht ein, da die Vorschrift ausdrücklich nur für Urteile gilt. Eine Vollstreckung durch einen Sicherheitsratsbeschluss ist somit nicht möglich. Ob andere Sanktionsmaßnahmen anwendbar sind, ist sehr fraglich, da die Rechtslage vom Gerichtshof in einem einstweiligen Verfahren nur vorläufig und nicht endgültig festgestellt wird. Die Durchsetzung eines nicht endgültigen Ergebnisses, das häufig auch noch sehr schnell zu treffen ist und deswegen fehlerhaft sein kann, mit Zwangsmitteln ist nicht möglich.

Soweit zum Internationalen Gerichtshof. Trotz der zum Teil immensen Verfahrensdauer von mehreren Jahren lässt sich die Tendenz feststellen, dass der IGH ein immer anerkannteres Institut der Streitschlichtung wird, da ihm immer mehr Fälle übergeben werden. Durch seine sehr ausgewogenen Urteile ist die Akzeptanz des IGH und seiner Rechtsprechung in der Staatengemeinschaft sehr gestiegen.

4.3.2 Internationaler Seegerichtshof

seerechtliche Streitigkeit erforderlich

Nach dem IGH soll noch kurz der Internationale Seegerichtshof erläutert werden. Wie der IGH ist er ein internationales Gericht und hat seinen Sitz laut Art. 1 II ISGH-St in Hamburg. Der Seegerichtshof wurde mit dem Inkrafttreten des SRÜ (▶ Abschn. 3.1) geschaffen. Für die Zuständigkeit des ISGH ist nach Art. 287 SRÜ erforderlich, dass eine seerechtliche Streitigkeit vorliegt und die Parteien den ISGH zur Streitschlichtung gewählt haben. Sie können ihre Klage auch vor dem IGH oder vor einem Schiedsgericht entscheiden lassen. Deutschland hat den ISGH als vorrangiges Streitschlichtungsorgan in Seerechtsfragen gewählt. Verpflichtend ist die Zuständigkeit des ISGH nur für Meeresbodenstreitigkeiten, Art. 287 II SRÜ. Insoweit besteht kein Wahlrecht der Vertragsparteien des SRÜ.

Auswahl der Richter

Das Statut des ISGH ist als Anlage VI dem SRÜ angefügt. Der Seegerichtshof besteht aus 21 Mitgliedern (Art. 2 I ISGH-St), deren Eignung sich nur dahingehend von einem IGH-Richter unterscheidet, dass sie anerkannte Fachleute auf dem

Gebiet des Seerechts sind. Interessant ist die geographische Verteilung der Richter. Laut Art. 3 II ISGH-St muss jede von der Generalversammlung der Vereinten Nationen festgelegte geographische Gruppe durch mindestens drei Richter vertreten sein. Geographische Gruppen sind beispielsweise Westeuropa, Osteuropa und Asien. Die Kammer für Meeresbodenstreitigkeiten besteht aus 11 Richtern, die aus der Mitte des ISGH gewählt werden, Art. 14, 35 ISGH-St. Dem ISGH wurden bis heute noch nicht sehr viele Streitsachen unterbreitet.

4.3.3 Internationaler Strafgerichtshof

Am 1.7.2002 trat das (Römische) Statut über einen internationalen Strafgerichtshof (BGBl. 2000 II. 1394) nach der Hinterlegung der 60. Ratifizierungsurkunde gemäß Art. 126 I IStGH-St in Kraft. Einige einflussreiche Staaten (z. B. die USA) haben die Ratifizierung noch nicht vorgenommen, da sie befürchten, dass ihre eigenen Staatsangehörigen, die sich im militärischen Auslandseinsatz befinden, vor dem Strafgerichtshof angeklagt werden könnten. Für die Ratifizierung der Bundesrepublik war eine Änderung von Art. 16 GG erforderlich. Art. 16 GG a. F. untersagte eine Auslieferung von Deutschen an das Ausland, was das Statut des Strafgerichtshofes ausdrücklich vorsieht. Das Statut wird im Anschluss an den Überblick über die Entwicklung des völkerrechtlichen Strafrechts näher erläutert.

Nürnberg und Tokio: Historisch gesehen ist die Idee strafrechtlicher, völkerrechtlicher Verantwortung von Individuen vergleichsweise neu. Wie oben bereits gesagt, richtete sich das Völkerrecht ursprünglich nur an Staaten und nicht an Individuen, was in dem Rechtsinstitut der Staatenverantwortlichkeit zum Ausdruck kommt (▶ Abschn. 4.5). Wichtig: Die beiden Institute der strafrechtlichen Verantwortung von Individuen und der Verantwortlichkeit von Staaten sind strikt getrennt zu sehen und bedingen sich nicht gegenseitig!

Der berühmteste völkerrechtliche Strafprozess fand wohl 1945/46 in Nürnberg vor einem ad hoc-Gericht statt, in dem einige Größen des Dritten Reiches von den Siegermächten des Zweiten Weltkriegs angeklagt und zum Teil verurteilt wurden. Die Straftatbestände waren: Kriegsverbrechen, Verbrechen gegen die Menschlichkeit und Verbrechen gegen den Frieden. Wo waren diese völkerrechtlichen Straftatbestände verankert? Genau dies war das große rechtsdogmatische Problem. Ein geschriebener Katalog von strafrechtlichen Normen, die für Individuen verbindlich waren, existierte nicht. Ferner gilt im Strafrecht der Satz „nullum crimem sine lege" (kein Verbre-

Nürnberg

chen ohne Gesetz). Eine Rückwirkung strafrechtlicher Normen ist nicht zulässig. Die Straftatbestände wurden erst nach Ende des Zweiten Weltkriegs im Statut verfasst, die Taten aber während des Krieges begangen. Was nun? Man versuchte es mit einer völkergewohnheitsrechtlichen Geltung. Dies ließ sich auch noch einigermaßen begründen.

Strafmaß Das nächste Problem war das Strafmaß. Der einschlägige strafrechtliche Grundsatz war nulla poena sine lege, keine Strafe ohne Gesetz. Es gab mangels geschriebener Tatbestände auch keine geschriebenen Rechtsfolgen für die Tat. Zur Lösung wurden rechtsvergleichend die Rechtsfolgen angewandt, die in den rechtsstaatlich verfassten Nationen für schwere und schwerste Strafen gegeben waren.

Im Ergebnis waren die Grundlagen für die Verurteilung der Kriegsverbrecher im Jahre 1946 zweifelhaft, angesichts der Schwere der begangenen Taten konnte man das individuelle Verhalten jedoch auch nicht ungesühnt lassen. Trotz der fragwürdigen rechtsdogmatischen Herleitung der einzelnen Tatbestände und Strafmaße, waren die in Nürnberg gefällten Urteile vertretbar und nachvollziehbar. Die Kritik an ihnen hielt sich in Grenzen und hat sich weitgehend gelegt.

Tokio Etwas später fand in Tokio ein vergleichbarer Prozess gegen die japanischen Kriegsverbrecher statt, der die Nürnberger Prinzipien aufgriff und verstärkte. Dennoch blieben die beiden Tribunale für eine lange Zeit das einzige Ergebnis eines völkerrechtlichen Durchgriffs auf die für staatliches Handeln verantwortlichen Individuen.

Jugoslawien und Ruanda: Diese Situation änderte sich erst mit den Ereignissen im ehemaligen Jugoslawien und Ruanda und der Schaffung von ad hoc-Tribunalen. Beide Tribunale wurden aufgrund einer Resolution des Sicherheitsrates, der sich auf Kapitel VII SVN stützte (Für Jugoslawien: SC Res 808 [1993]), als Nebenorgan der VN (Art. 7 II, 29 SVN) eingerichtet. Problematisch an der Vorgehensweise ist, dass nach Art. 39 SVN, der Grundnorm des VII. Kapitels, der Sicherheitsrat nur tätig werden kann, um den Weltfrieden und die internationale Sicherheit zu wahren oder wiederherzustellen. Die Einrichtung eines internationalen Strafgerichts kann dieses Ziel bestenfalls mittelbar erreichen. Ein Tribunal vermag über pönalisierte Verstöße gegen (humanitäres) Völkerrecht zu entscheiden. Dadurch entsteht eine Abschreckungswirkung bei potentiellen Tätern, wodurch wiederum der Ausbruch neuer Feindseligkeiten in einer Region verhindert werden kann, so dass die Errichtung eines Strafgerichtes geeignet ist, zur Sicherung des Weltfriedens beizutragen. Die Kompetenz des Sicherheitsrates zur Einrichtung der Tribunale war folglich gegeben (siehe: ICTY, Tadic, ILM 1996, 35).

4.3 · Internationale Gerichte

Fraglich war überdies, ob die Einrichtung eines Gerichts zu den möglichen Maßnahmen des Art. 41 SVN gehört, die der Sicherheitsrat ergreifen kann. Maßnahmen müssen Zwangswirkung haben und dürfen nicht von vornherein als sinnlos erscheinen. Die Zwangswirkung liegt in der Entziehung der nationalen Strafgewalt über Personen. Als Ergebnis des Territorial- und des Personalprinzips hat der Heimatstaat der betreffenden Person die Strafgewalt über sie. Allerdings gibt es auch noch das Weltrechtsprinzip, wonach einige Straftaten unabhängig vom Personal- und Territorialitätsprinzip von Staaten überall auf der Welt abgeurteilt werden dürfen (z. B. § 6 StGB). Hiernach wird jedoch immer noch von Staaten die Strafgewalt ausgeübt, was bei Tätigwerden des Tribunals nicht mehr der Fall ist.

Gericht als Maßnahme im Sinne des Art. 41 SVN

Überdies ist der Beitrag des Gerichts zur Friedenssicherung gegeben, so dass die Maßnahme nicht von vornherein als aussichtslos erscheint. Die Errichtung eines Gerichts steht folglich in Einklang mit einer – zugegebenermaßen – weiten Auslegung des Art. 41 SVN.

Der Sicherheitsrat hat den Tribunalen in späteren Beschlüssen (Jugoslawien: SCRes. 827 [1993]) jeweils ein Statut gegeben. Dort sind die Straftatbestände in den Art. 2 bis 5 aufgezählt:

- Schwerwiegender Verstoß gegen die Genfer Konventionen von 1949,
- Verletzung von völkergewohnheitsrechtlichen Regeln des Kriegsrechts,
- Völkermord und
- Verbrechen gegen die Menschlichkeit.

Die festgesetzte Rechtsfolge war Freiheitsstrafe (höchstens lebenslang), nicht wie noch in Nürnberg die Todesstrafe. Die Strafzumessung fand nach dem jeweiligen Landesrecht statt. Die Strafvollstreckung findet in einem Mitgliedstaat der VN statt.

Das Kompetenzverhältnis zwischen dem nationalen Strafrichter und dem Tribunal wurde nach Art. 25 SVN bestimmt. Danach haben die Beschlüsse des Sicherheitsrates bindende Wirkung. Alle Mitglieder der Vereinten Nationen müssen sie befolgen. Die Tribunale waren ein Nebenorgan des Sicherheitsrates, eingerichtet zur Erfüllung seiner Aufgaben, so dass ihm und seinen Beschlüssen die gleiche rechtliche Wirkung zukommt. Der nationale Strafrichter durfte einen Fall nicht weiterverfolgen, wenn ein Tribunal seine Zuständigkeit erklärt hatte. Andererseits kann der deutsche Strafrichter nach § 6 StGB auch im Ausland gegen Ausländer begangene Taten ahnden, wenn die Zuständigkeitserklärung nicht abgegeben wurde. Eine Informationspflicht seitens des deutschen Ge-

Auflösung der Tribunale

richts bestand. Gegen die Urteile der Tribunale war eine Berufung möglich. Das Jugoslawien Tribunal fällte z. B. bis zu seiner Auflösung Ende 2010 ca. 140 Urteile. Der Sicherheitsrat hat mit S/RES/1966 (2010) einen Nachfolgemechanismus eingesetzt, um die Arbeit der Tribunale auslaufen zu lassen.

Strafrechtliche Sondergerichte: Neben den Tribunalen haben die VN in den letzten Jahren vermehrt durch völkerrechtliche Übereinkünfte mit den betroffenen Staaten strafrechtliche Sondergerichte geschaffen. Berühmtestes Beispiel ist wohl der Special Court for Sierra Leone (SCSL). Im Gegensatz zu den Tribunalen kann das SCSL, welches aufgrund eines Vertrages der VN mit der Regierung von Sierra Leone im Jahre 2003 geschaffen wurde, um die im Bürgerkrieg seit 1996 begangenen Verbrechen zu ahnden, nicht nur aufgrund von Völkerstrafrecht sondern auch nach inländischem Recht die begangenen Taten ahnden. Im Unterschied zu den klassischen völkerrechtlichen Straftribunalen ist es ein hybrides (gemischtes) Gericht, welchem nicht nur internationale sondern auch Richter aus Sierra Leone angehören, wobei die internationalen Richter die Mehrheit haben. Berühmtester angeklagter ist der ehemalige Präsident von Liberia, Charles Taylor. Das SCSL hat dessen Immunität unter Berufung auf die Belgien/Kongo-Entscheidung des IGH (▶ Abschn. 4.3.4) abgelehnt, da man ein internationales Strafgericht im Sinne des Urteils sei.

Ebenfalls 2003 haben die VN mit Kambodscha eine Vereinbarung über die Einsetzung eines hybriden Straftribunals für die Verfolgung der von 1975 bis 1979 von den Roten Khmer begangenen Straftaten geschaffen. 2007 wurde aufgrund der SC-Res. 1757 v 30.5.2007 (welche eine Vereinbarung der VN mit dem Libanon inkorporiert) ein Sondertribunal für den Libanon errichtet, um die Täter des Bombenattentats auf den ehemaligen libanesischen Ministerpräsidenten Rafik Hariri strafrechtlich zur Verantwortung zu ziehen.

Ständiger Strafgerichtshof: Das völkerrechtliche ad-hoc Strafrechtssystem wurde durch die Schaffung eines dauerhaft bestehenden Strafgerichtshofs abgelöst und verfestigt. Das Statut wurde 1998 in Rom unterzeichnet und wird deswegen häufig auch „Römisches Statut" genannt. Inzwischen haben 114 Staaten das Statut ratifiziert. Das Gericht hat 18 Richter, die Anfang 2003 erstmals gewählt wurden. Der ICC (International Criminal Court) hat gemäß Art. 3 I ICC-Statut (ICC-St) seinen Sitz ebenfalls in Den Haag und übt laut Art. 5 ICC-St über folgende Verbrechen seine Gerichtsbarkeit aus:

- Verbrechen des Völkermordes (konkretisiert in Art. 6 ICC-St),
- Verbrechen gegen die Menschlichkeit (konkretisiert in Art. 7 ICC-St),

4.3 · Internationale Gerichte

- Kriegsverbrechen (konkretisiert in Art. 8 ICC-St) und
- das Verbrechen der Aggression. Dieser Straftatbestand soll durch die Einführung eines Art. 8bis ICC-St definiert werden, welcher sich an die Aggressionsdefinition der GV anlehnt (▶ Abschn. 2.6.4). Art. 5 II ICC-St. tritt dann außer Kraft.

Straftaten vor dem ICC

Die aufgezählten Straftaten verjähren nicht, Art. 29 ICC-St.
Nach Art. 1 ICC-St der IStGH ergänzt der IStGH die innerstaatliche Strafgerichtsbarkeit. Dies hat Auswirkungen auf einen gleichzeitig, in derselben Sache stattfindenden nationalen Strafprozess.

Die Aggressionsdefinition der GV richtet sich an Staaten, das ICC-St an Individuen.

Dessen Fortführung oder die Überstellung des Angeklagten an den IStGH entscheidet sich danach, ob der Gerichtshof ein Überstellungsgesuch nach Art. 91 ICC-St vorgebracht hat. Dann ist der betreffende Staat verpflichtet, die gesuchte Person zu überstellen. Die Nationalität der Person ist nicht entscheidend, laut dem Statut hat ein Staat auch seine eigenen Staatsangehörigen auszuliefern. Fraglich ist dennoch, ob das Verfahren vor dem IStGH Vorrang hat vor dem nationalen Strafverfahren. Laut Art. 17 ICC-St ist eine Sache vor dem IStGH nicht zulässig, wenn

komplementäre Gerichtsbarkeit

- in der gleichen Sache von einem Staat bereits Ermittlungen oder Strafverfolgungen durchgeführt werden oder
- der betreffende Staat bereits entschieden hat, die betreffende Person nicht strafrechtlich zu verfolgen [...].

Ausnahmen hiervon gelten jeweils, wenn der Staat die im Statut niedergelegten Verbrechen nicht ernsthaft verfolgen will. Im Ergebnis besteht das Recht zu einer zwangsweisen Überstellung also nicht, wenn bereits ein ordnungsgemäßes nationales Strafverfahren eingeleitet wurde.

Ausnahmen

Die Zuständigkeit ist in der Sicherheitsratsresolution 1422 noch einmal beschränkt worden. Die Resolution ist auf Betreiben der USA für an Einsätzen der Vereinten Nationen teilnehmenden Personen von Nichtvertragsstaaten des IStGH (wie die USA) nicht gegeben. Die Ausnahme ist auf (immer wieder verlängerbare) 12 Monate begrenzt und stützt sich auf Art. 16 ICC-St.

Ferner besteht die Gerichtsbarkeit des Gerichtshofes gemäß Art. 11 ICC-St nur für Straftaten, die nach dem Inkrafttreten des Statuts begangen wurden, beziehungsweise, wenn ein Staat erst später Vertragspartei geworden ist, erst ab Beitritt dieses Staates zum Statut. Somit kann sich die strafrechtliche Verantwortlichkeit des Einzelnen auch erst für Straftaten nach Inkrafttreten des Statuts ergeben, Art. 24 ICC-St.

keine rückwirkende Anwendung Straftaten müssen nach Inkrafttreten des Statuts für den betreffenden Staat begangen worden sein

Rechtsgrundsätze

Strafmündigkeit

Das belgische Gesetz bildete die Grundlage in dem Urteil Belgien/Kongo des IGH.

Überdies kann der ICC nur dann laut Art. 12 ICC-St tätig werden, wenn entweder der Staat des Tatortes oder der Heimatstaat des Täters Mitgliedstaat des ICC ist.

Der IStGH ist an die üblichen Rechtsgrundsätze des Strafverfahrens wie „ne bis in idem" (Art. 20; Verbot der Doppelbestrafung), „nullum crimen sine lege" (Art. 22; kein Verbrechen ohne Gesetz) und „nulla poena sine lege" (Art. 23; keine Strafe ohne Gesetz) gebunden.

Vergleichbar dem innerstaatlichen Strafverfahren ist die strafrechtliche Verantwortlichkeit vor dem IStGH individuell ausgestaltet. Die Strafmündigkeit liegt ab dem Alter von 18 Jahren bei der Tatbegehung vor, Art. 25 f. ICC-St. Jugendstrafnormen existieren nicht, was insofern problematisch ist, da in einigen Streitkräften auch jüngere Personen Dienst tun. Aufgrund der individuellen Verantwortlichkeit ist neben dem Erfüllen des objektiven Tatbestandes auch das Vorliegen subjektiver Elemente notwendig. Bestraft werden kann nur, wer die Straftaten mit Vorsatz und Wissen begeht (Art. 30 ICC-St), wobei Vorsatz in Absatz 2 der Vorschrift im Gegensatz zum deutschen Strafrecht legal definiert ist. Gründe für den Ausschluss der Verantwortlichkeit enthalten die Art. 31 ff. ICC-St, wobei dort nicht eindeutig zwischen Rechtfertigungs- und Schuldausschließungsgründen getrennt wird.

Die Bundesrepublik hat mit Wirkung vom 1.7.2002 aufgrund der Bedeutung der oben aufgezählten internationalen Verbrechen ein „Völkerstrafgesetzbuch" (BGBl. 2002 I, 2254) erlassen, welches Spezialregelungen gegenüber dem normalen Strafverfahren enthält. Der Anwendungsbereich bestimmt sich nach dem Weltrechtsprinzip, d. h. es gilt für alle relevanten Taten, die irgendwo auf der Welt begangen werden. Ein Bezug der Tat, des Täters oder des Opfers zu Deutschland ist nicht erforderlich. Ein ähnliches Gesetz existiert in Belgien seit 1993, allerdings ist nach belgischem Recht für die Strafverfolgung (nicht die Strafbarkeit!) erforderlich, dass sich der Verdächtige in Belgien befindet.

Die Pönalisierung verschiedener Handlungen durch das Statut und das Völkerstrafgesetzbuch verbessern den Schutz von Personen in (nicht-)internationalen Konflikten deutlich. Zu Fragen bleibt, ob der sich momentan sehr auf Afrika konzentrierende IStGH zukünftig zu einem wahrem „Weltgericht" erstarken kann.

4.3.4 Verantwortlichkeit ehemaliger Staatsoberhäupter vor nationalen Gerichten

Ehemalige Staatsoberhäupter vor Gericht (Reinald Fenke)

Die strafrechtliche Verantwortlichkeit ehemaliger Staatsoberhäupter vor nationalen Gerichten anderer Staaten ist völkerrechtlich problematisch. Kann der ehemalige Präsident Chiles, Pinochet, wegen der in Chile begangenen Verbrechen vor spanischen Strafgerichten verurteilt werden? Staatsoberhäupter nehmen an der Staatenimmunität ihres Heimatstaates teil. Die Immunität ist eine originäre und keine abgeleitete. Folglich genießen Staatsoberhäupter auch nach Ablauf ihrer Amtszeit Immunität für ihre Hoheitsakte (acta iure imperii).

Für Privatakte (acta iure gestionis) gilt dies nur während ihrer Amtszeit. Hier ist eine rückwirkende Bestrafung möglich. Wann eine Maßnahme als Hoheitsakt zu qualifizieren ist, richtet sich nach dem nationalen Recht des jeweiligen Gerichtsstaates (lex fori), da keine völkerrechtlichen Grundsätze bestehen. In Deutschland richtet sich die Qualifizierung nach der Natur der staatlichen Handlung. Entscheidend ist, ob das ausländische Staatsoberhaupt in Ausübung der ihm zustehenden Hoheitsgewalt oder als Privatperson gehandelt hat (BVerfGE 16, 61 f.; 27, 33 ff.). Die Aufhebung einer bestehenden Immunität ist nur aus zwei Gründen möglich. Zum einen, wenn der

Immunität von Staatsoberhäuptern

Aufhebung einer bestehenden Immunität

Heimatstaat des betreffenden Staatsoberhaupts zustimmt, zum anderen, wenn der Staat aufhört zu bestehen. Daneben ist eine Anklage vor dem IStGH und vor dem nationalen Gericht des Täters möglich.

Auslieferung des deutschen Kaisers

Nach dem Ende des 1. Weltkrieges verlangten die Siegermächte von den Niederlanden eine Auslieferung des deutschen Kaisers, um ihn völkerrechtlich als Kriegsverbrecher zur Verantwortung zu ziehen. Die Niederlande wiesen das Ansinnen zurück, da eine Auslieferung für Hoheitsakte niemals verlangt werden könne. Das „Schreiten zum Kriege" sei eine staatliche Handlung, die oben beschriebenen Ausnahmen lägen nicht vor.

eingeschränkte Immunität bei grob völkerrechtswidrigen Akten

Mit der oben bereits dargestellten Stärkung der völkerrechtlichen Verantwortlichkeit von Individuen hat sich nach verbreiteter Ansicht auch der Immunitätsschutz von Staatsoberhäuptern verringert. Begründet wird dies damit, dass die Begehung oder Anordnung internationaler Verbrechen kein amtliches Handeln im Sinne des Immunitätsrechts sein kann. Grob völkerrechtswidrige Akte können danach keine Geltung beanspruchen und scheiden als Zurechnungsgrund staatlichen Handelns aus (so das House of Lords im Pinochet-Fall).

Als erster Regierungsführer wurde der Ministerpräsident Ruandas, Jean Kambanda, 1998 wegen Verbrechen gegen die Menschlichkeit und Völkermord von dem Tribunal in Arusha (Tansania) verurteilt.

Bei Folgen dieser Argumentation liegt bei Vorliegen internationaler Verbrechen, das sind beispielsweise die in dem Statut des ICC enthaltenen Tatbestände, keine Immunität mehr vor (siehe Art. 27 ICC-St). Insgesamt führt die Entwicklung zu einer besseren Rechtsdurchsetzung. Bei den einschlägigen Delikten kann folglich die strafrechtliche Verantwortlichkeit von Staatsoberhäuptern nicht nur von eher zufällig eingesetzten Tribunalen, deren Wirkungsbereich überdies regional beschränkt ist, durchgeführt werden, sondern allgemein. Für eine einheitliche Anwendung des humanitären Völkerrechts ist dies sehr zu begrüßen.

Allerdings gilt das eben festgestellte nach der Rechtsprechung des IGH (IGH, Belgien/Kongo, ICJ-Rep. 2002) nur für internationale Strafgerichte. Im nationalen Strafprozess genießt eine an der Staatenimmunität teilhabende Person (Staatsoberhaupt, Ministerpräsident, Außenminister etc.) weiterhin für während der Amtszeit begangene, auch schwerste Straftaten eine umfassende Immunität. Entgegenstehendes Völkergewohnheitsrecht hat sich nach Ansicht des IGH bis jetzt noch nicht gebildet. Begründet wird die Immunität damit, dass die genannten Personengruppen zur Herstellung des Rechtsfriedens ungehindert ihrer Tätigkeit nachgehen können. Überdies könnten sich die Staaten ansonsten gegenseitig mit Haftbefehlen überhäufen, was eine Durchführung der Amtstätigkeit gänzlich unmöglich machen würde. Laut dem IGH (Belgien/

Kongo, para. 61) liegt die Immunität nur in vier Konstellationen nicht vor:
- Bei Strafverfolgung im Heimatstaat,
- bei Verzicht auf die Immunität durch den Heimatstaat,
- nach Beendigung der Amtszeit für Taten, die vor oder nach der Amtszeit begangen wurden (weiterhin nicht für während der Amtszeit begangene Taten),
- bei Strafverfolgung durch internationale Gerichte, dies gilt auch für Amtsinhaber.

Allerdings gehört zur Immunität des Amtsinhabers nicht, dass eine nationale Untersuchungsbehörde an der Durchführung eines Untersuchungsverfahrens gehindert wäre (Belgien/Kongo, para. 60). Nur die Einleitung eines Hauptverfahrens ist untersagt.

4.3.5 Allgemeines zur Auslieferung

Oben wurde schon die Auslieferung von Staatsoberhäuptern kurz behandelt. Wie ist die allgemeine Rechtslage bei Auslieferungsbegehren anderer Staaten? Besteht eine völkerrechtliche Verpflichtung zur Auslieferung? Bisher bestand eine Auslieferungspflicht nur bei Vorliegen eines bi- oder multilateralen Vertrages oder nach entstandenem Völkergewohnheitsrecht, etwa wenn Staat A immer schon an Staat B ausgeliefert hat. Das ist in der Praxis sehr selten der Fall.

In der weit überwiegenden Zahl der Auslieferungsverträge finden sich folgende Klauseln:

Auslieferungsklauseln

- Gegenseitigkeit: Eine Auslieferung ist nur möglich, wenn der andere Staat auch ausliefert.
- Beiderseitige Strafbarkeit: Das Vergehen muss in beiden Staaten strafbar sein („double criminality rule").
- Ausnahme für politische Delikte (EuAlÜbk ▶ Abschn. 6.2): Das Merkmal politisch wird dabei als „gegen die herrschende staatliche Ordnung gerichtet" definiert, wobei subjektiv auf die überwiegende Motivation des Täters abzustellen ist. Politische Straftaten im Sinne des Auslieferungsrechts sind z. B. Landesverrat und Terrorismus.

Für terroristische und andere schwere völkerrechtliche Straftaten scheint sich eine Änderung der dargestellten Rechtslage zu entwickeln. In neueren Übereinkünften wird davon ausgegangen, dass Terroristen oder andere Schwerstverbrecher auszuliefern seien, gleich wie das Recht des zur Auslieferung

Terrorismus

verpflichteten Staates ausgestaltet ist. Beispielsweise sieht das IStGH-St eine allgemeine Überstellungspflicht von Angeklagten an den Gerichtshof vor.

Die Bundesrepublik war deswegen bei der Ratifizierung des Statuts verpflichtet, Art. 16 II GG zu ändern, der die Auslieferung Deutscher verbat. Eine ähnliche Klausel enthielten schon die Statuten der Tribunale für Jugoslawien und Ruanda. Näheres zur Auslieferung unten im Fall „Pinochet" (▶ Abschn. 6.2)

regionale Übereinkommen

Wie so häufig hat sich auch im Bereich der Auslieferung innerhalb Europas regional geltendes Sonderrecht entwickelt. Das „Übereinkommen über die Auslieferung zwischen den Mitgliedstaaten der Europäischen Union" vom 27.9.1996 (BGBl. 1998 II, 2253) enthält spezielle Auslieferungsvorschriften, die die im „Europäischen Auslieferungsübereinkommen" v. 13.12.1957 (BGBl. 1964 II, 1369) enthaltenen Vorschriften ergänzt. Das Übereinkommen wurde am 1. Januar 2004 durch den Rahmenbeschluss des Rates vom 13. Juni 2002 über den Europäischen Haftbefehl und die Übergabeverfahren zwischen den Mitgliedstaaten (ABl. 2002 L 190) ersetzt, doch wird es gelegentlich noch angewandt, wenn der Europäische Haftbefehl nicht in Frage kommt Im Rahmen der Europäischen Union wurde neben dem Rechtsinstitut der Auslieferung noch die Möglichkeit geschaffen, dass in einem anderen Mitgliedstaat, als dem, in dem eine Person strafrechtlich verurteilt wurde, das Urteil vollstreckt werden kann (Übereinkommen zwischen den Mitgliedstaaten der Europäischen Gemeinschaft über die Vollstreckung ausländischer strafrechtlicher Verurteilungen v. 13.11.1991, BGBl. 1997 II, 1350). Die deutsche Ratifizierung fand nur unter der Abgabe zahlreicher Erklärungen und Vorbehalten zu den einschlägigen Vorschriften statt.

4.4 Durchsetzungsmechanismen des Völkerrechts

Die verschiedenen Mechanismen zur Durchsetzung des Völkerrechts sind Retorsion, Repressalie und Gewaltanwendung.

4.4.1 Retorsion

Die Retorsion ist das schwächste Mittel zur Durchsetzung des Völkerrechts. Sie ist ein völkerrechtsgemäßes Verhalten, welches eingesetzt wird, um berechtigten Ansprüchen Nachdruck zu verleihen. Zu den einsetzbaren Mitteln gehören beispielsweise der Abbruch von Wirtschaftsbeziehungen mangels einer vertraglichen Verpflichtung, da ein allgemeines Recht auf Handel nicht besteht (▶ Abschn. 3.4.1) oder der Abbruch diplomatischer Beziehungen mit einem anderen Staat. Die Retorsion ist somit als „unfreundlicher Akt" zu qualifizieren. Falls die eingesetzte Maßnahme völkerrechtswidrig ist, liegt eine Retorsion nicht mehr vor.

4.4.2 Repressalie

Die Repressalie ist im Gegensatz zur Retorsion eine völkerrechtswidrige Maßnahme, die als Reaktion auf ein völkerrechtswidriges Verhalten eines anderen Staates eingesetzt wird. Der das Völkerrecht verletzende Staat soll durch diese Maßnahmen gezwungen werden, sich wieder völkerrechtsgemäß zu verhalten. Prüfungstechnisch ist sie ein Rechtfertigungsgrund.

Repressalien sind nicht einschränkungslos zulässig. Zum einen muss ihnen eine Warnung vorausgehen, damit der rechtsbrechende Staat schon auf anderem Wege dem Völkerrechtsverstoß abhelfen kann. Die Voraussetzung entfällt, wenn sie keine Aussicht auf Erfolg verspricht oder der Erfolg der angestrebten Repressalie dadurch gefährdet würde. Beispiel: Beschlagnahme eines Schiffs in eigenen Hoheitsgewässern, das ansonsten fliehen könnte.

Warnung

Zum anderen muss die getroffene Maßnahme auch verhältnismäßig sein. Hier sind die gleichen Grundsätze wie im deutschen Recht anzuwenden, das heißt die getroffenen Maßnahme muss zur Zweckerreichung geeignet, erforderlich (= das mildeste Mittel) und angemessen (= Zweck – Mittel Relation) sein. Je stärker die Völkerrechtsbeeinträchtigung, desto stärker darf die Repressalie sein. Die Repressalie ist einzustellen, wenn ihr Zweck erreicht ist, da sie ansonsten unverhältnismäßig würde. Sie darf nicht gegen das Gewaltverbot verstoßen und keine Menschenrechte beeinträchtigen, da ansonsten der Grundsatz des mildesten Mittels nicht mehr gewahrt würde.

Verhältnismäßigkeit

Die Repressalie ist unzulässig, wenn es sich um ein self-contained regime handelt. In diesen geschlossenen Systemen können auch nur die ausschließlich in ihnen erlaubten Streitbeilegungsmechanismen benutzt werden. Im Rahmen des Seerechts dürfen beispielsweise nur die in Art. 287 SRÜ vorgesehenen Mittel benutzt werden.

self-contained regime

Ferner dürfen an der Streitigkeit nicht beteiligte Dritte nicht vorsätzlich und direkt durch die Repressalie beeinträchtigt werden. Mittelbare Auswirkungen auf Dritte sind erlaubt, wenn sie nicht dazu führen, dass in dem dritten Staat ein Notstand eintritt, der Menschenleben bedroht.

keine direkten Auswirkungen auf Dritte

Das Überschreiten der Repressaliengrenzen durch den zur Repressalie berechtigten Staat stellt seinerseits einen Völkerrechtsverstoß dar, gegen den eine Repressalie ergriffen werden kann.

> **Schema: Repressalie**
> **I. Völkerrechtverstoß, der nicht den Einsatz militärischer Gewalt darstellt**
> **II. Rechtfertigung**
> 1. Kapitel VII – Nichtmilitärische Sanktionsmaßnahme
>   a) Feststellung einer Gefahrensituation, Art. 39 SVN
>   aa) Verfahren: Ordnungsgemäße Feststellung des Sicherheitsrates, Art. 24 ff. SVN
>   bb) Vorliegen der materiellen Voraussetzungen
>   Friedensbedrohung,
>   Friedensbruch,
>   Angriffshandlung
>   b) Nichtmilitärische Sanktionsmaßnahme, Art. 41 SVN
>   aa) Beschluss des Sicherheitsrates, Art. 24 ff. SVN
>   bb) Gewaltlose Maßnahme
>   – Aufzählung in Art. 41 S. 2 SVN ist nicht abschließend
>   cc) Verhältnismäßigkeit
> 2. Völkergewohnheitsrechtliche Repressalie
>   a) Zulässigkeit der Repressalie
>   – kein „self-contained-regime"
>   – kein Verstoß gegen das Gewaltverbot
>   – keine unmittelbare Beeinträchtigung dritter Staaten
>   b) Warnung
>   außer: Warnung hat keine Aussicht auf Erfolg
>   Warnung gefährdet den Erfolg der Repressalie
>   c) Verhältnismäßigkeit der getroffenen Maßnahme

4.4.3 Gewaltanwendung

Notwehr im deutschen Strafrecht: § 32 StGB

Gegen eine die Schwelle zum bewaffneten Angriff überschreitende Gewaltanwendung darf der betroffene Staat selbst mit Gewalt antworten, das ist das Rechtsinstitut der Notwehr. Notwehr ist die Antwort auf einen gegenwärtigen und rechtswidrigen bewaffneten Angriff durch einen anderen Staat (vgl. im dt. Strafrecht: § 32 StGB). Das Notwehrrecht ist völkergewohnheitsrechtlich gewährleistet, für die Vereinten Nationen ist es in Art. 51 SVN niedergelegt. Es ist nur als Antwort auf einen bewaffneten Angriff zulässig (IGH, Nicaragua II, ICJ-Rep. 1986, 14/103).

4.4 · Durchsetzungsmechanismen des Völkerrechts

Ansonsten ist aus Gründen der Verhältnismäßigkeit, dessen Grundsätze auch hier anzuwenden sind, die Repressalie als geeignete Antwort auf den Verstoß zu wählen. Die unverhältnismäßige Notwehr ist rechtswidrig. Das Recht auf Notwehr steht allen Völkerrechtssubjekten zu, also auch den Völkern, deren Recht auf Selbstbestimmung durch einen bewaffneten Angriff beeinträchtigt wird oder denen der Genozid (Völkermord) droht. Die präventive, einem Angriff vorbeugende Selbstverteidigung wird an anderer Stelle (▶ Abschn. 2.6.4) näher beschrieben.

Neben der Notwehr ist auch die Nothilfe erlaubt. Nothilfe ist die dem Verteidiger eines bewaffneten Angriffs geleistete Unterstützung. Sie ist in all den Fällen erlaubt, in denen auch die Notwehr erlaubt wäre bzw. ist. Sie kann selbstverständlich auch kollektiv durch mehrere Staaten geleistet werden.

Verhältnismäßigkeit

4.4.4 Humanitäre Intervention

Zu den umstrittensten Fragen des modernen Völkerrechts gehört die Zulässigkeit der humanitären Intervention. Die humanitäre Intervention ist das Eingreifen eines Staates oder der Staatengemeinschaft gegen einen Staat gegen dessen Willen zum Schutz von Menschenrechten. Hierunter könnte zum Beispiel das militärische Eingreifen der NATO-Mitgliedstaaten im Frühjahr 1999 in Jugoslawien gezählt werden. Als militärische Maßnahme unterfällt das Eingreifen dem Gewaltverbot des Art. 2 Ziff. 4 SVN. Die Kosovo-Albaner konnten sich mangels umfassender Völkerrechtssubjektivität, insbesondere hatten sie damals keinen eigenen Staat, nicht auf einen anerkannten völkerrechtlichen Rechtfertigungsgrund berufen. Eine mögliche Verletzung des Selbstbestimmungsrechts durch die ehemalige Bundesrepublik Jugoslawien konnte den Militäreinsatz nicht rechtfertigen, da gemäß Art. 51 SVN und dem gewohnheitsrechtlichen Selbstverteidigungsrecht nur „Staaten" geholfen werden darf. Nach der traditionellen Ansicht wird das Gewaltverbot allumfassend verstanden, da ansonsten einer der Grundpfeiler des internationalen Systems, die territoriale Unversehrtheit von Staaten, ernsthaft gefährdet wäre. Die Beschränkung auf Staaten wird von der modernen Völkerrechtslehre zunehmend hinterfragt. Das neuere Völkerrecht kennt – wenn auch stark begrenzt – das Völkerrechtssubjekt „Mensch", und zwar auch als Individuum (▶ Abschn. 2.3.3). Die klassische Lehre kann dieses Völkerrechtssubjekt nicht effektiv vor Rechtsbeeinträchtigungen schützen, da es ihm die Berufung auf Rechtfertigungsgründe versagt. Zur Herstellung einer einheitlichen Rechtslage erscheint die Anerkennung eines völkerrechtlichen Rechts auf Verteidigung, durch erweiterte Anwendung des gewohnheitsrechtlichen Selbstverteidigungsrechts (nicht nur auf „Staaten", sondern auf „Völkerrechtssubjekte") sei es über das Konstrukt der Selbstverteidigung, sei es über das Rechtsinstitut der Nothilfe, geboten (vgl. Doehring, Völkerrecht, § 20 V).

4.5 Verantwortlichkeit für völkerrechtswidriges Handeln

Deliktsrecht

Jedes Völkerrechtssubjekt ist für das von ihm begangene völkerrechtswidrige Verhalten verantwortlich. Dieser Grundsatz wird häufig als „völkerrechtliches Deliktsrecht" bezeichnet und ist von der strafrechtlichen Verantwortlichkeit der handelnden Personen strikt zu unterscheiden (▶ Abschn. 4.3.3). Entsteht bei einem rechtswidrigen Handeln ein Schaden, ist dieser kraft Gewohnheitsrechts vom Verletzer in Form einer angemessenen Wiedergutmachung zu ersetzen (IGH, Korfu-Kanal, ICJ-Rep. 1949, 4/24).

In einigen wenigen, vertraglich geregelten Fällen, besteht auch eine Gefährdungshaftung für rechtmäßiges Handeln, z. B. Art. VII Weltraum V. Außerhalb des Vertragsrechts ist eine Haftung für gefährliches Verhalten nicht gegeben. Einen Sonderfall regelt Art. 60 WVK, wonach bei Vertragsverletzungen das dort geregelte System Anwendung findet und nicht das im Folgenden dargestellte.

Draft Articles on State Responsibility

Die gewohnheitsrechtlichen Regeln wurden von der „International Law Commission" in einem zusammenhängenden Regelwerk kodifiziert („Draft Articles on State Responsibility", vom 26.7.2001, A/CN.4/L.602/ rev. 1), das den aktuellen Stand wiedergeben und zum Teil erweitern soll. Da die „Draft Articles" noch keine verbindlichen Rechtssätze darstellen, soll im Folgenden nur das unabhängig von den „Draft Articles" geltende Gewohnheitsrecht erläutert werden. Die Lektüre des Entwurfs wird allerdings empfohlen und die ILC-Regeln kodifizieren weitgehend das bestehende Gewohnheitsrecht.

Die Voraussetzungen für das Entstehen der Verantwortlichkeit sind:

Deliktsfähigkeit: Deliktsfähigkeit ist die völkerrechtliche Fähigkeit, ein Delikt begehen zu können. Sie liegt bei allen Völkerrechtssubjekten vor, die im eigenen Namen handeln können.

aktive / passive Deliktsfähigkeit

Die Deliktsfähigkeit ist in die aktive und passive Deliktsfähigkeit zu unterteilen. Aktive Deliktsfähigkeit ist die Fähigkeit, ein Delikt begehen zu können. Passive Deliktsfähigkeit bedeutet, dass der Verletzte die Verletzung völkerrechtlich geltend machen kann. Das ist bei Individuen häufig nicht der Fall, weil deren Rechte nach dem Prinzip des diplomatischen Schutzes von ihrem Heimatstaat wahrgenommen werden.

Völkerrechtsverletzung und Handlung: Danach ist die Verletzung einer Norm des Völkerrechts erforderlich. Hierzu gehören alle Rechtssätze, gleich aus welcher Quelle sie stammen. Ferner kann die jeweilige Vorschrift durch aktives Tun oder passives Unterlassen verletzt werden.

Tun / Unterlassen

Zurechnung eines Verhaltens an den Staat: Eine Verantwortung des betreffenden Staates besteht für jedes völkerrechtswidrige Verhalten, welches ihm zugerechnet werden kann. Ein Staat handelt aber nicht selber, sondern durch Organe. Das Verhalten welcher Organe kann ihm dann zugerechnet werden? Ist Staat A für das Verhalten einer privaten, pazifistischen Organisation verantwortlich, die auf dem Gebiet des Nachbarstaates B eine Militäreinrichtung zerstört?

Eine Verantwortung des Staates besteht für das Handeln seiner staatlichen Organe, ferner auch für Privatpersonen, die in seinem Auftrag handeln. Ob eine Person ein Organ des Staates ist oder ob eine Person im Auftrag des Staates handelt (den „Beliehenen" des deutschen Rechts entsprechend), richtet sich nach dem jeweiligen innerstaatlichen Recht des betreffenden Staates. Zu den Organen des Staates gehören alle staatlichen Stellen, also Exekutive, Judikative und Legislative, nicht nur die eigentlichen Staatsorgane. Bei der Beleihung ist es nach Art. 4 der „Draft Articles" ausreichend, wenn die Person faktisch im Auftrag des Staates handelt, ein ausdrücklicher Auftrag ist demnach nicht erforderlich. Zur Bestimmung ist der engere Maßstab der „effektiven Kontrolle" heranzuziehen, der weitere der „generellen Kontrolle" wird vom IGH abgelehnt (IGH, Genocide, 2007, para. 385 ff.). Hier treten dann Abgrenzungsprobleme zum eigentlichen Handeln Privater auf, das von der Konvention und dem geltenden Völkergewohnheitsrecht nicht erfasst wird. Etwas anderes gilt nur, wenn die Privaten eine Revolutionsgruppe darstellen, welche die Macht im Staate übernimmt. Ab dann werden sie im Einklang mit dem Rechtsinstitut des de-facto Regimes als Organ des faktischen Regimes angesehen.

Weiterhin kann sich ein Staat das Verhalten Privater zu Eigen machen und dadurch die Zurechnung begründen (IGH, Tehran Hostages, ICJ-Rep. 1980, 3/30, Art. 11 Draft Articles). Faktische Kontrolle oder die Leitung einer Personengruppe durch den Staat ist ebenfalls ausreichen, Art. 8 Draft Articles. Schwierig ist die Abgrenzung, bei im staatlichen Auftrag handelnden privaten Sicherheits- oder Militärunternehmen. Zurechenbar dürfte nach den dargestellten Grundsätzen nur das Verhalten dieser Unternehmen sein, welches im konkreten

Einzelfall unter der effektiven Kontrolle des Staates stattfand, eine generelle Zurechnung aus dem Vertragsverhältnis Staat – Unternehmen dürfte nicht möglich sein. Ansonsten geschieht eine Zurechnung des Verhaltens Privater an den Staat auch dann nicht, wenn dieser die Gruppe in irgendeiner Weise gebilligt oder gar gefördert hat. Wichtig ist: auch kompetenzüberschreitendes Verhalten von Organen wird zugerechnet (Art. 7 Draft Articles). Nach der Evidenzlehre ist dies nur bei für den verletzten Staat offensichtlichen Kompetenzverstößen nicht der Fall.

Im Beispielsfall wird die Zerstörung der Militäranlage dem Staat A also auch dann nicht zugerechnet, wenn er die Pazifisten bei ihrem Vorhaben unterstützte.

Anderes gilt, wenn den Staat eine Verhinderungspflicht trifft. In diesem Fall erfolgt die Zurechnung über das Rechtsinstitut des Unterlassens, welches in der Konvention nicht erwähnt wurde, da sie nur bei aktivem Tun anwendbar ist. Allerdings liegt auch dann keine Verantwortlichkeit für das Handeln Privater vor, sondern nur eine Verantwortlichkeit für das Nichteinschreiten der relevanten Staatsorgane, denen die Einhaltung bestimmter völkerrechtlicher Pflichten obliegen hätte. Zu diesen völkerrechtlichen Pflichten gehört beispielsweise der Grundsatz der guten Nachbarschaft, der es verbietet, dass vom Staat A ausgehend Militäreinrichtungen in B zerstört werden. Der für die Zurechnung heranzuziehende Maßstab ist die „gehörige Sorgfalt" (due diligence), wonach ein Staat nach seiner Kenntnis bevorstehende Völkerrechtsverletzungen Privater zu unterbinden hat. Falls A also das Unterfangen der Pazifisten fördert und unterstützt, trifft ihn gleichzeitig eine Verhinderungspflicht. Der gleiche Grundsatz gilt z. B. im Diplomatenrecht, in dem der Empfangsstaat auch verpflichtet ist, die Botschaften der anderen Staaten zu schützen. Falls ihm eine drohende Beeinträchtigung unbekannt ist, kann er natürlich auch nicht einschreiten. Wann eine Beeinträchtigung als bekannt anzusehen ist, richtet sich wiederum nach der „gehörigen Sorgfalt". Diskutiert wird, ob sich aus der „due diligence" eine Haftung des Staates für äußerst gefährliche Aktivitäten herleiten lässt und somit die strikte Ablehnung einer Gefährdungshaftung noch zeitgemäß erscheint.

Verschulden

Ein Verschulden ist nur erforderlich, wenn die verletzte Vorschrift dies voraussetzt. Ansonsten ist die subjektive Vorwerfbarkeit nicht zu prüfen.

Die dargestellten Grundsätze gelten ebenso für internationale Organisationen.

Rechtfertigungsgründe: Bei Vorliegen einer zurechenbaren Verletzung des Völkerrechts, ist weiter zu prüfen, ob diese

4.5 · Verantwortlichkeit für völkerrechtswidriges Handeln

gerechtfertigt sein kann. Rechtfertigungsgründe können auf Vertrag oder Gewohnheitsrecht beruhen. Gewohnheitsrechtliche Rechtfertigungsgründe sind:
- die (nicht erzwungene) Zustimmung („volenti non fit iniuria") oder nachträgliche Genehmigung,
- höhere Gewalt (force majeure), d. h. unvorhersehbare Ereignisse außerhalb der Beeinflussungsmacht des Staates,
- Repressalie und Selbstverteidigung, Notstand, Nothilfe.

Rechtsfolge: Bei Nichtvorliegen eines Rechtfertigungsgrundes ist als Rechtsfolge die Pflicht des Verletzers zur Naturalrestitution (Wiederherstellung der tatsächlichen Lage) oder zum Schadenersatz gegeben. Seit dem Corfu Channel-Urteil des IGH ist anerkannt, dass der Verletzer den entstandenen materiellen Schaden, der adäquat kausal auf seiner Verletzung beruht, ersetzen muss (ICJ-Rep. 1949, 4/23 ff., 244 ff.). Zum Schaden gehört auch der entgangene Gewinn, die Geldsumme ist zu verzinsen.

Die Ähnlichkeit mit dem deutschen Schadensersatzrecht ist offensichtlich.

Immaterielle Schäden sind durch eine Genugtuung („Satisfaktion") wieder gut zu machen. Unter Genugtuung ist z. B. die formelle Entschuldigung oder eine gerichtliche Feststellung zu verstehen. Bei einem Mitverschulden wird die Schadenssumme um den Grad des Verschuldens reduziert. Mehrere Verursacher haften als Gesamtschuldner.

Die Geltendmachung des Anspruchs ist von dem verletzten Staat vorzunehmen. Strittig und vom Völkergewohnheitsrecht noch nicht abschließend beurteilt ist, ob bei Verletzung von erga omnes-Normen jeder Staat als verletzt im Rechtssinne anzusehen ist. Dies ist gerade bei schwerwiegenden Verstößen gegen jus cogens-Regeln wie Völkermord von Relevanz. Die konsequente Anwendung der erga omnes-Doktrin würde dafür sprechen, eine diesbezügliche Staatenpraxis ist jedoch bislang nicht erkennbar, der ILC-Entwurf geht in die Richtung der Annahme der neuen Doktrin.

Schema: Völkerrechtliches Delikt
I. Deliktsfähigkeit
jedes Völkerrechtssubjekt, was in eigenem Namen handeln kann
  1. Aktive Deliktsfähigkeit
     Fähigkeit, ein Delikt begehen zu können
  2. Passive Deliktsfähigkeit
     Fähigkeit, Opfer eines Delikts geworden zu sein

> II. Völkerrechtsverletzung
> III. Handlung oder Unterlassung
> IV. Zurechnung der Verletzung an das verletzende Völkerrechtssubjekt
> 1. Handeln von Organen des Staates
> 2. Privatpersonen im staatlichen Auftrag
> 3. Privatpersonen, insoweit den Staat eine Verhinderungspflicht trifft Haftung für Unterlassen
> V. Rechtfertigung
> 1. Zustimmung
> 2. Force majeure (höhere Gewalt)
> 3. Repressalie
> 4. Selbstverteidigung, Notstand, Nothilfe
> VI. Rechtsfolge
> Restitutionsanspruch: Wiederherstellung der vor der Verletzung bestehenden Lage
> 1. Naturalrestitution
> 2. Schadenersatz
>   entgangener Gewinn (Geldsumme ist zu verzinsen)
> 3. Immaterieller Schaden: Genugtuung (Entschuldigung u. ä.)

4.6 Fall: Beeinträchtigung von grenzüberschreitenden Ressourcen

Zur Verdeutlichung soll das eben Gesagte anhand eines Falles näher erläutert werden.

Der Oberliegerstaat T plant einen großen Staudamm an dem Fluss F zu errichten. Die F fließt in ihrem weiteren Verlauf noch durch die Staaten X und Y, deren hauptsächliche Frischwasserversorgungsquelle sie darstellt. X und Y sind als wasserarme Staaten auf das Wasser der F angewiesen. Während des ca. dreijährigen Auffüllens des Staudammes würde die F erheblich weniger Wasser in die Staaten X und Y transportieren. Durch den Betrieb des Dammes würden sowohl die Wasserqualität aufgrund verschiedener, von T verursachter Umstände, als auch das Ökosystem des Flusses selbst erhebliche Einbußen erleiden. All diese Umstände sind T bekannt, die dennoch zur Sicherung der eigenen Energieversorgung den Staudamm unbedingt bauen möchte. Am Bau des Staudammes möchten sich große Unternehmen beteiligen, insbesondere das Unternehmen U aus dem Staat S zeigt ein großes Interesse und hat von T bereits den Zuschlag erhalten. In T selbst

4.6 · Fall: Beeinträchtigung von grenzüberschreitenden Ressourcen

sind keine Unternehmen beheimatet, die das Projekt ausführen könnten. Wegen der politischen und finanziellen Unwägbarkeiten in T möchte U von seinem Heimatstaat S eine Exportgarantie in Höhe von € 250 Millionen erhalten. Ohne die Exportgarantie würde U sich an dem Projekt nicht beteiligen. Sowohl S als auch U sind die Auswirkungen des Staudammes bekannt.

Die Regierung von S beauftragt den Rechtsberater R mit der Erstellung eines Gutachtens. In dem Gutachten sollen die Problemkreise, ob die Errichtung des Staudammes gegen das geltende Völkerrecht verstößt und ob S bei der Vergabe der Risikogarantie völkerrechtlich haftbar gemacht werden könnte, erörtert werden.

Wie sich aus der Fragestellung ergibt, soll das Gutachten zwei zu trennende Probleme analysieren. Dies sollte auch aufbautechnisch deutlich gemacht werden.

Fragestellung genau beachten

A. Verstoß des Staudammprojektes gegen geltendes Völkerrecht

Das Staudammprojekt könnte gegen geltendes Völkerrecht verstoßen, wenn durch den Bau des Dammes die territoriale Integrität der Unterliegerstaaten in unverhältnismäßigerweise verletzt würde. Wie oben bereits dargelegt wurde (▶ Abschn. 3.2.1) ist das Prinzip der absoluten territorialen Souveränität (Harmon-Doktrin) aus nachbarrechtlichen Grundsätzen eingeschränkt. Danach ist es verboten, das eigene Territorium so zu nutzen, dass der Umwelt anderer Staaten schwere und nachhaltige Schäden zugefügt werden. Dieses Verbot wirkt auch schon bei als sicher erscheinenden, erst künftig eintretenden Schäden (Präventivwirkung). Laut Sachverhalt sind einige Umweltschäden als sicher anzusehen, insoweit liegt also ein Verstoß gegen das Verbot seitens T vor. Ferner ist das Eintreten dieser Schäden T auch positiv bekannt. Die Schäden treten in den Staaten X und Y ein, so dass das notwendige grenzüberschreitende Element auch gegeben ist. Letztlich muss auch noch eine Kausalität zwischen dem Verhalten von T und den eintretenden Schäden vorliegen. Die Umweltbeeinträchtigungen treten nur wegen des Staudammes auf, so dass an der Kausalität zwischen Handlung und Schaden vernünftigerweise nicht gezweifelt werden kann.

Aus dem Vorstehenden ergibt sich, dass das von T unternommene Staudammprojekt gegen geltendes Völkerrecht verstößt.

B. Völkerrechtliche Haftung von S bei Vergabe einer Exportgarantie

Fraglich ist nunmehr, ob S ein völkerrechtliches Delikt bei der Vergabe der Exportgarantie begehen würde. Dann müssten die Voraussetzungen eines völkerrechtlichen Delikts erfüllt sein.

I. Deliktsfähigkeit

An der aktiven Deliktsfähigkeit von S als voll verantwortlichem und unabhängig handelndem Völkerrechtssubjekt bestehen keine Zweifel.

II. Völkerrechtsverletzung und Handlung

Beihilfe

Danach muss die Verletzung einer Norm des Völkerrechts gegeben sein. Wie oben dargelegt, verletzt T durch den Bau das völkerrechtliche Umweltrecht. Allerdings baut S den Damm gerade nicht. Fraglich ist, ob S eine Handlung vorgeworfen werden kann, die zur Völkerrechtsverletzung beiträgt. Hier könnte das Rechtsinstitut der Beihilfe (oder Unterstützungshandlung) anwendbar sein. S würde eine Exportgarantie vergeben, ohne die sich U nicht an dem Projekt beteiligen würde. Die Beihilfe ist gewohnheitsrechtlich und durch den „ILC Draft" (Art. 16) als eigene Völkerrechtsverletzung anerkannt. Jedoch muss die gewährte Beihilfe eine gewisse Intensität erreichen. Nicht alle Unterstützungshandlungen stellen ein Delikt dar. Durch die Unterstützung muss es T deutlich erleichtert werden, den Völkerrechtsverstoß zu begehen, was der unterstützende Staat S auch wissen muss. Daneben muss er Kenntnis von der Völkerrechtswidrigkeit der Haupthandlung haben. Nicht entscheidend ist, ob andere Staaten bei Nichtgewährung der Unterstützung eine solche erteilt hätten. Laut Sachverhalt hat S Kenntnis von den Auswirkungen des Staudammprojektes und somit auch von dessen Rechtswidrigkeit. Ohne fremde Hilfe scheint es T nicht möglich zu sein, das Projekt zu vollenden, ansonsten hätten sie wohl zur Stärkung der einheimischen Wirtschaft alle Aufträge an in T ansässige Unternehmen vergeben. Folglich wäre die Vergabe der Exportgarantie eine Förderung des Staudammprojektes und eine Beihilfehandlung läge vor. Die Gewährung der Garantie würde ein aktives Tun darstellen, so dass auch die Voraussetzung der „Handlung" erfüllt wäre.

Zurechnung eines Verhaltens an den Staat: Nunmehr ist zu untersuchen, ob die eigentliche Förderung des Projektes durch U der S zugerechnet werden kann. Normalerweise kann einem Staat nur das Handeln seiner Organe zugerechnet werden. Die U als privates Unternehmen erfüllt die Eigenschaft eines Staatsorganes von S gerade nicht. Allerdings haftet der Staat auch für Privatpersonen, wenn diese in seinem (faktischen) Auftrag handeln. Vorliegend hat S die U gerade nicht beauftragt, das Staudammprojekt in irgendeiner Weise zu unterstützen. Eine Zurechnung über die „Organeigenschaft" scheidet folglich aus.

Unterlassen

Die Zurechnung könnte sich allerdings über das Rechtsinstitut des Unterlassens ergeben. Dann müsste S eine völkerrechtliche Pflicht zur Verhinderung der Vergabe der Exportgarantie treffen. Die die Vergabe bewilligenden Beamten würden als Staatsorgane angesehen, deren Verhalten S zurechenbar ist. Der für die Zurechnung heranzuziehende Maßstab ist die „gehörige Sorgfalt" (due diligence), wonach ein Staat nach seiner Kenntnis bevorstehende Völkerrechtsverletzungen Privater zu unterbinden hat. Vorliegend könnte die einschlägige Pflicht die Pflicht zu völkerrechtsgemäßem Verhalten sein. Wie oben bereits geprüft wurde, würde S sich bei Genehmigung der Garantie völkerrechtswidrig verhalten, da die Garantie als Beihilfe zu einem völkerrechtswidrigen Verhalten Ts gewertet werden muss. S hat von alldem auch Kenntnis. Demzufolge trifft S eine Verhinderungspflicht zur Vergabe der Exportgarantie und eine Zurechnung durch Unterlassen wäre gegeben.

III. Rechtfertigungsgründe
Fraglich ist, ob das Verhalten von S gerechtfertigt ist. Vorliegend greifen für S jedoch keine Rechtfertigungsgründe ein.

Immer untersuchen: Rechtfertigungsgründe

IV. Rechtsfolge
Als Rechtsfolge ist die Pflicht des Verletzers zur Naturalrestitution (Wiederherstellung der tatsächliche Lage) oder zum Schadenersatz gegeben (zu den Grundsätzen ▶ Abschn. 4.5). S und T müssten als Verursacher des haftungsbegründenden Verhaltens X und Y ordnungsgemäß in voller Höhe für den bei Bau des Staudammes entstehenden Schaden entschädigen, da eine Naturalrestitution nicht in Betracht kommt und ein Mitverschulden seitens X und Y nach der gegebenen Sachlage nicht vorliegt.

4.7 Wiederholungsfragen

1. Welche diplomatischen Mittel der Streitbeilegung gibt es? Lösung ▶ Abschn. 4.1
2. Wo hat der IGH seinen Sitz? Lösung ▶ Abschn. 4.2
3. Nennen Sie die Verfahrensvoraussetzungen vor dem IGH! Lösung ▶ Abschn. 4.3.1.2
4. Welche Wirkung haben seine vorsorglichen Maßnahmen? Lösung ▶ Abschn. 4.3.1.4
5. Über welche Straftatbestände urteilen die Tribunale für Jugoslawien und Ruanda? Lösung ▶ Abschn. 4.3.3
6. Ist die Immunität für Staatsoberhäupter inzwischen eingeschränkt? Lösung ▶ Abschn. 4.3.4
7. Unter welchen Voraussetzungen darf man eine Person an einen anderen Staat ausliefern? Lösung ▶ Abschn. 4.3.5
8. Was ist eine Retorsion? Lösung ▶ Abschn. 4.4.1
9. Was ist eine Repressalie? Lösung ▶ Abschn. 4.4.2
10. Darf man bei einer Repressalie Gewalt anwenden? Lösung ▶ Abschn. 4.4.2

11. Ist die humanitäre Intervention zulässig? Lösung ▶ Abschn. 4.4.4
12. Was ist das völkerrechtliche Delikt? Lösung ▶ Abschn. 4.5
13. Welche Voraussetzungen hat es? Lösung ▶ Abschn. 4.5
14. Wann ist der Maßstab der gehörigen Sorgfalt heranzuziehen? Lösung ▶ Abschn. 4.5

Verhältnis Völkerrecht – nationales Recht

5.1	Monismus – 232
5.2	Dualismus – 232
5.3	Gemäßigter Monismus/Dualismus – 233
5.4	Unmittelbar anwendbare Vorschriften (self executing norms) – 233
5.5	Völkerrecht und innerstaatliches Recht – 234
5.5.1	Transformation – 235
5.5.2	Adoption – 235
5.6	Innerstaatliche Umsetzung des Völkerrechts in der Bundesrepublik – 235
5.6.1	Internationales Vertragsrecht – 236
5.6.2	Gewohnheitsrecht und allgemeine Rechtsgrundsätze – 239
5.6.3	Der Beitritt zu Internationalen Organisationen – 241
5.6.4	Verbot des Angriffskrieges – 245
5.6.5	Auslandseinsätze der Bundeswehr im Rahmen von kollektiven Sicherheitssystemen – 247
5.6.6	Kompetenzfragen – 248
5.7	Wiederholungsfragen – 251

Das Verhältnis von Völkerrecht zu nationalem Recht ist ein sehr dogmatisches Thema. Wie oben bereits festgestellt wurde, gilt das Völkerrecht hauptsächlich zwischen den Staaten. Diese müssen es dann in ihre jeweilige Rechtsordnung übernehmen. Zur Umsetzung werden seit alters her zwei Ansichten vertreten, Monismus und Dualismus, welche im Folgenden erläutert werden.

5.1 Monismus

Monismus: eine Rechtsordnung

Nach der Lehre vom Monismus sind Völkerrecht und innerstaatliches Recht als eine zusammenhängende Rechtsordnung anzusehen. Was Unrecht ist in der einen (z. B. Folter), muss auch Unrecht in der anderen Ordnung sein. Nun ergibt sich jedoch das Problem, was passiert, wenn die oben beschriebene Konsequenz des Gleichlaufs nicht eingehalten wird. Als Beispiel sei angeführt, dass ein Staat innerstaatlich die Folter nicht verbietet.

Monismus mit Primat des staatlichen Rechts

In diesen Fällen teilen sich die Vertreter der monistischen Idee in zwei Lager, zum einen wird ein Monismus mit Primat des staatlichen Rechts vertreten. Das innerstaatliche Recht würde dann bestimmen, ob eine Völkerrechtsregel, hier das Folterverbot, gilt. Als Konsequenz hieraus folgt, dass jedes Völkerrechtssubjekt als Rechtsunterworfene des Völkerrechts selbst entscheiden kann, ob eine Rechtsnorm gilt. Das kann nicht sein. Aus diesem Grunde wird die Meinung in der Rechtslehre heute nicht mehr vertreten.

Monismus mit Primat des Völkerrechts

Das zweite Lager vertritt die Auffassung des Monismus mit Primat des Völkerrechts. Die Rechtsordnungen der Völkerrechtssubjekte sind danach im Völkerrecht verankert, das Völkerrecht ist somit den Rechtsordnungen der Subjekte übergeordnet. Für unser Beispiel bedeutet dies, dass der betreffende Staat sich völkerrechtswidrig verhalten würde und seine innerstaatliche Rechtsnorm, die das Foltern erlaubt, nichtig ist.

5.2 Dualismus

Dualismus: zwei Rechtsordnungen

Die Vertreter des Dualismus sehen das oben Ausgeführte insoweit anders, als sie davon ausgehen, dass das Völkerrecht keine Entscheidung darüber trifft, wie es von dem jeweiligen Rechtssubjekt in seiner Rechtsordnung umzusetzen ist. Dieses kann souverän darüber entscheiden. Bei einer Nichtumsetzung des Folterverbotes würde sich der betreffende Staat auf der einen Seite völkerrechtswidrig verhalten und wäre den anderen Völkerrechtssubjekten gegenüber haftbar, die innerstaatliche

Rechtsnorm wären auf der anderen Seite allerdings weiterhin uneingeschränkt gültig. Der Dualismus ist die heute vorherrschende Theorie in Literatur und Praxis.

5.3 Gemäßigter Monismus/Dualismus

Die beiden dargestellten Theorien werden heute nicht mehr in ihrer „reinen" Form vertreten. Der gemäßigte Monismus (zum Beispiel bei Verdross/Simma §§ 71 ff.) sieht nicht mehr die Nichtigkeit der entgegenstehenden innerstaatlichen Rechtsnorm bei dessen Völkerrechtswidrigkeit vor. Vielmehr bleibt sie solange in Kraft, bis die völkerrechtliche Regel (z. B. Folterverbot) innerstaatlich nach dem dafür vorgesehenen Verfahren umgesetzt worden ist. Dasselbe gilt auch für den gemäßigten Dualismus, da die Staaten verpflichtet seien, die innerstaatliche Rechtsordnung völkerrechtsgemäß auszugestalten (d. h.: Aufnahme eines Folterverbotes), und somit entgegenstehendes innerstaatliches Recht nur vorübergehend gelten könne. Wie man sieht ist der Streit heute weitgehend nur noch akademischer Natur, er wird jedoch wegen seiner grundsätzlichen Bedeutung in mündlichen Prüfungen noch immer gerne gefragt.

5.4 Unmittelbar anwendbare Vorschriften (self executing norms)

Allerdings ist das Völkerrecht nicht an dem oben beschriebenen Punkt des gemäßigten Monismus/Dualismus stehen geblieben. Einige Normen von völkerrechtlichen Verträgen oder das von Internationalen Organisationen geschaffenen Sekundärrecht bedürfen keiner Übernahme in die jeweilige nationalstaatliche Rechtsordnung. Sie sind in diesen unmittelbar anwendbar oder, auf Englisch, self-executing. Diese völkerrechtlichen Vorschriften bilden dann unmittelbar die Basis für nationale Gerichts- oder Verwaltungsentscheidungen. Ein gutes Beispiel hierfür sind die Verordnungen der Europäischen Union, die gemäß Art. 288 II 2 AEUV „unmittelbar in jedem Mitgliedstaat gelten", ein Umsetzungs- oder Transformationsakt ist demnach nicht erforderlich. Entgegenstehendes nationales Recht findet dann im Konfliktfalle keine Beachtung; es gilt schlechthin nicht. Anwendung findet nur die unmittelbar anwendbare Norm.

Voraussetzungen für die unmittelbare Anwendbarkeit sind, dass

- die Norm zu ihrer Durchführung und Wirksamkeit keines innerstaatlichen Vollzugsakts mehr bedarf,

- sie klar und ausreichend bestimmt ist und
- sich aus ihr konkrete Rechtsfolgen ableiten lassen.

objektive und subjektive Wirkung
In Deutschland kann man häufig nur klagen, wenn ein dem Kläger zustehendes Recht verletzt wurde, s. § 42 II VwGO. Aus diesem Grund ist die Unterscheidung sehr wichtig.

Zwei wichtige Grundsätze sind allerdings noch zu beachten. Zum einen gibt es die objektive und die subjektive Wirkung der unmittelbaren Anwendung. Letztere wird richtigerweise auch als „unmittelbare Wirkung" bezeichnet. „Objektive Wirkung" bedeutet, dass die in Rede stehende Norm als Teil des innerstaatlichen objektiven Rechts, also der Gesamtheit der Rechtsnormen, zu betrachten ist. Eine „subjektive Wirkung" liegt demgegenüber vor, wenn der Einzelne durch die völkerrechtliche Norm ein ihm zustehendes Recht erhält, welches er gerichtlich durchsetzen kann (so auch BVerfGE 46, 342/362 f.).

Zum anderen ist zu beachten, dass im Zweifel nicht der gesamte Vertrag, sondern nur einzelne Bestimmungen eines Vertrages unmittelbar anwendbar sind. Es ist also immer auf die in Rede stehende Vertragsnorm abzustellen. Im Zweifel ist eine Bestimmung als „non self-executing" anzusehen.

Eine neuere Entwicklung ist, dass auch Vorschriften des Völkergewohnheitsrechts in bestimmten Fällen eine unmittelbare Wirkung zukommen kann. Anerkannt ist dies für die fundamentalen, zu den zwingenden Normen im Sinne des Art. 53 WVK gehörenden Menschenrechte, die geeignet sind, Individuen unmittelbar zu verpflichten bzw. zu berechtigen. Folglich ist nach dem Völkerrecht ein Verbrechen gegen die Menschlichkeit innerstaatlich unmittelbar verboten, so dass jeder andere Staat den Täter eines solchen Verbrechens bestrafen kann. Die berühmtesten Beispiele für Kriegsverbrechen sind der Nürnberger Gerichtshof und der Internationale Strafgerichtshof. Die fundamentalen Menschenrechte müssen dann denknotwendigerweise auch Vorrang vor der jeweils anwendbaren Verfassung genießen.

Ferner ist in diesem Zusammenhang noch zu beachten, dass es jedem Staat frei steht, eine Völkerrechtsregel, die nicht self-executing ist, innerstaatlich als unmittelbar anwendbar anzusehen und ihr eine solche Rechtswirkung zukommen zu lassen, d. h. es steht in seinem Ermessen, ob er eine solche Norm schaffen will oder nicht.

5.5 Völkerrecht und innerstaatliches Recht

Nach den Ausführungen zum Verhältnis von Völkerrecht und innerstaatlichem Recht bleibt noch die Frage offen, wie Völkerrecht in den innerstaatlichen Rechtskreis gelangt, wenn es nicht gerade unmittelbar anwendbar ist. Auch hierzu werden wieder mehrere Ansätze vertreten, die kurz aufgezeigt werden sollen.

5.5.1 Transformation

Nach der klassischen dualistischen Theorie kann Völkerrecht durch Transformation Teil des innerstaatlichen Rechtes werden. Transformation bedeutet, dass der Gesetzgeber eine nationale Norm mit völkerrechtlichem Inhalt schafft. Beispiel: Das Parlament erlässt ein Gesetz mit dem Inhalt der Genozidkonvention. Auf der innerstaatlichen als auch auf der völkerrechtlichen Ebene existieren danach zwei gleichlautende Rechtstexte.

5.5.2 Adoption

Demgegenüber geschieht die Übernahme nach der Adoptionslehre dergestalt, dass Völkerrecht aufgrund einer generellen innerstaatlichen Norm ohne Änderung innerstaatlich anwendbar ist. Diese Theorie wird den aufmerksamen Leser an den Monismus erinnern. Das ist auch genau richtig. Staaten, die der monistischen Tradition verhaftet sind, folgen dieser Ansicht. Einen Unterfall der Adoptionslehre stellt die Vollzugslehre dar, nach der durch einen innerstaatlichen Vollzugsbefehl im jeweiligen Fall der Vollzug des Völkerrechts im innerstaatlichen Bereich freigegeben wird (näheres bei Schweitzer, StaatsR III, Rn. 423).

In der Bundesrepublik hat sich das BVerfG sowohl für völkerrechtliche Verträge als auch für Völkergewohnheitsrecht der Vollzugslehre angeschlossen. Nach seiner Rechtsprechung folgt aus Art. 59 II GG und Art. 25 GG ein innerstaatlicher, „verfassungsrechtlicher Vollzugs- und Rechtsanwendungsbefehl" (BVerfGE 46, 342/363). Die genannten Grundgesetzartikel werden im Folgenden noch näher erläutert.

Vollzugslehre

Nicht unproblematisch sind Parallelabkommen. Parallelabkommen sind Abkommen, die eine bereits bestehende innerstaatliche Rechtslage beinhalten. Müssen diese Abkommen dann auch in nationales Recht übernommen werden? Diese streitige Frage wird wohl bejaht werden müssen, weil der völkerrechtliche Vertrag zur Beibehaltung der bestehenden Rechtslage verpflichtet und – völkerrechtlich – dem innerstaatlichen Gesetzgeber die Befugnis nimmt, das innerstaatliche Recht zu ändern.

Parallelabkommen

5.6 Innerstaatliche Umsetzung des Völkerrechts in der Bundesrepublik

Die Umsetzung der völkerrechtlichen Verträge und der anderen Rechtsquellen des Völkerrechts in das GG ist in mehreren

Vorschriften einer Regelung zugeführt worden. Die Öffnungsklauseln bestimmen dabei nicht nur die Wirksamkeit sondern auch den Rang internationalen Rechts in der deutschen Rechtsordnung und lösen Normkollisionen.

5.6.1 Internationales Vertragsrecht

Die Kupplung des GG zum internationalen Vertragsrecht ist die Vorschrift des Art. 59 II 1 GG.

> **Art. 59 GG – Völkerrechtliche Befugnisse**
> (1) Der Bundespräsident vertritt den Bund völkerrechtlich. Er schließt im Namen des Bundes die Verträge mit auswärtigen Staaten. Er beglaubigt und empfängt die Gesandten.
> (2) Verträge, welche die politischen Beziehungen des Bundes regeln oder sich auf Gegenstände der Bundesgesetzgebung beziehen, bedürfen der Zustimmung oder der Mitwirkung der jeweils für die Bundesgesetzgebung zuständigen Körperschaften in der Form eines Bundesgesetzes. [...]

Vollzugskompetenz

Art. 59 II 1 GG beantwortet zum einen die Frage, wie völkerrechtliche Verträge für die Bundesrepublik innerstaatlich wirksam werden und beinhaltet die Vollzugskompetenz. Zum anderen definiert sie auch den Rang des Völkervertragsrechts in der deutschen Rechtsordnung (einfacher Bundesgesetzesrang). Sehen wir uns den Tatbestand der Norm genauer an.

Wie schon in der Einführung dargestellt wurde, wendet man eine Norm, egal ob Vertrags- oder Gesetzesnorm, mit der Methode der Subsumtion auf einen Lebenssachverhalt an. Hierzu ein Beispiel.

Beispiel
Nach langem Zögern hat sich die Bundesregierung 1994 unter Federführung des Kanzlers zum Entschluss durchgerungen, dass die Bundesrepublik dem SRÜ beitreten soll. Kanzler und Außenminister reisen zur Unterzeichnungszeremonie nach New York. Nach der Rückkehr berichtet ein unerfahrener Regierungssprecher in Bonn von der Unterzeichnung. Auf Nachfrage eines Journalisten behauptet er, das Abkommen sei unpolitisch und bereits mit der Unterzeichnung für die Bundesrepublik wirksam. Stimmt das?

Mehr zum SRÜ ▶ Abschn. 3.1

Zu prüfen ist, ob das Grundgesetz uns eine Antwort auf die Fallfrage gibt. In der Abfolge der Subsumtionsschritte stellt sich nun

5.6 · Innerstaatliche Umsetzung des Völkerrechts in der Bundesrepublik

die Frage, ob Art. 59 GG auf diesen Sachverhalt passen könnte. Absatz 2 könnte einschlägig sein.
Seine Tatbestandsmerkmale sind:
- Verträge
- zur Regelung politischer Beziehungen des Bundes (Alt. 1) oder
- die Gegenstände der Bundesgesetzgebung betreffen (Alt. 2).

„Verträge" meint völkerrechtliche Verträge, „zur Regelung" ist fast eine Tautologie, denn Verträge regeln in den allermeisten Fällen etwas. Verträge, die nur klarstellender, deklaratorischer Natur sind, sind selten.

Verträge

Der Begriff „politische Beziehungen des Bundes" ist schon schwerer zu interpretieren. Das Bundesverfassungsgericht (BVerfG), gemäß Art. 93 GG zuständig für verfassungsrechtliche Streitigkeiten, hat zur Auslegung des Begriffs wie folgt Stellung bezogen: „Politische Beziehungen sind solche, die wesentlich und unmittelbar den Bestand des Staates oder dessen Stellung und Gewicht innerhalb der Staatengemeinschaft oder die Ordnung der Staatengemeinschaft betreffen" (BVerfGE 1, 372/382).
Damit nennt das BVerfG mit dem Wort „oder" alternativ drei Fälle, in denen politische Beziehungen betroffen sind.

politische Beziehungen des Bundes

Das SRÜ ist ein umfassendes Regelungswerk (▶ Abschn. 3.5). Der Bestand der Bundesrepublik (1. Möglichkeit) ist durch den Vertrag nicht betroffen, wohl auch nicht die Stellung der Bundesrepublik in der Staatengemeinschaft (2. Möglichkeit), sicher aber die Ordnung der Staatengemeinschaft (3. Möglichkeit). Das Übereinkommen ist ein wichtiger Baustein der völkerrechtlichen Ordnung. Damit liegt ein politischer Vertrag gemäß Art. 59 II 1 1. Alt. GG vor. Unpolitisch ist das Abkommen also nicht, insoweit irrt der Sprecher. Damit ist die Fallfrage aber noch nicht beantwortet. Es steht noch offen, ob das Abkommen bereits mit der Unterzeichnung für die Bundesrepublik wirksam und in das innerstaatliche Recht übernommen worden ist.

Die Antwort auf diese Frage gibt die Rechtsfolge. Diese ist: „bedürfen der Zustimmung oder der Mitwirkung der jeweils für die Bundesgesetzgebung zuständigen Körperschaften in der Form eines Bundesgesetzes." Satz 2 des Art. 59 II GG ist hier nicht beachtlich. Für die Bundesgesetzgebung sind die Bundesorgane (Bundestag und Bundesrat) zuständig. Diese müssen dem SRÜ nach dem vom GG vorgeschriebenen Verfahren zustimmen (Art. 76 ff. GG). Dies muss in der Form eines Gesetzes erfolgen, eine Rechtsverordnung reicht nicht aus. Bei verfassungsändernden Verträgen muss Art. 79 GG gewahrt werden.

Rechtsfolge

Gesetzgebung

Dieser Vorgang der parlamentarischen Zustimmung wird in den Medien oft als „Ratifikation" bezeichnet. Diese Bezeichnung ist unrichtig.

völkerrechtliche Ratifikation	Die Ratifikation ist die völkerrechtlich verbindliche Erklärung des vertretungsberechtigten Organs, den Vertrag als bindend anzusehen. In Deutschland geschieht dies durch die Ausfertigung des Zustimmungsgesetzes durch den Bundespräsidenten. Die Ausfertigung des Gesetzes ist die schriftliche Bestätigung durch den Bundespräsidenten, dass das Parlament dem Vertrag korrekt zugestimmt hat, dass also das Verfahren dem GG entsprach und dass der Inhalt des Vertrages nicht gegen das GG verstößt. Somit steht als Ergebnis der Subsumtion fest, dass der Sprecher sich auch hier geirrt hat. Bevor das Übereinkommen in das innerstaatliche Recht einbezogen und dort wirksam wird, muss es die Legislative (gesetzgebende Gewalt) passieren.
Gegenstände der Bundesgesetzgebung	Die in Art. 59 II 1 GG noch genannten „Gegenstände der Bundesgesetzgebung" greifen ein, wenn im konkreten Fall ein Vollzugsakt unter Mitwirkung der gesetzgebenden Körperschaft erforderlich ist (BVerfGE 1, 372/388). Das sind vor allem Verträge, die in Rechte des Bürgers eingreifen, indem sie sie begründen oder ändern. Hierzu zählen z. B. Verträge, die den verfassungsrechtlich gewährten Grundrechtsstandard verkürzen.
restriktiv auslegen	Art. 59 II GG stellt eine restriktiv auszulegende Ausnahmevorschrift dar, da sie die normale Gewaltenteilung im Bereich der Auswärtigen Gewalt, einer Domäne der Regierung, mit dem Erfordernis der Zustimmung des Parlamentes, der Legislative, durchbricht. Die Norm gilt deswegen nicht für einseitige völkerrechtliche Akte wie den Vorbehalt, auch wenn durch die Einlegung des Vorbehalts der ursprüngliche Vertragsinhalt verändert wird (str.).
Vertretungsbefugnis des Bundespräsidenten	Absatz 1 des Art. 59 GG legt die Vertretungsbefugnis des Bundespräsidenten in völkerrechtlichen Angelegenheiten fest. In der Praxis wird allerdings oft so verfahren, dass der Kanzler oder ein/eine Minister/in für die Bundesrepublik einen völkerrechtlichen Vertrag schließt. Rechtlich wird diese Verfahrensweise, die vom GG abweicht, mit einer stillschweigenden Vertretungsermächtigung durch den Bundespräsidenten begründet. Die Ratifikation bleibt aber immer dem Bundespräsidenten vorbehalten.
	Ein innerstaatlich wirksamer Vertrag kann von den nationalen Gerichten ausgelegt werden. Dies ist jedoch wegen des Grundsatzes der Völkerrechtsfreundlichkeit des Grundgesetzes nach völkerrechtlichen Grundsätzen vorzunehmen, nicht nach nationalen. Daraus ergibt sich auch, dass der für die Auslegung entscheidende Vertragstext der völkerrechtlich maßgebliche Text ist.
Auslegung durch deutsche Gerichte	Umstritten ist, ob vor dem Hintergrund der Völkerrechtsfreundlichkeit der deutsche Gesetzgeber spätere innerstaatliche

Gesetze, die im Widerspruch zu dem übernommenen Vertrag stehen, erlassen darf (sog. „treaty override"). Völkerrechtliche Verträge haben nach der Rechtsprechung des BVerfG den Rang einfacher Bundesgesetze und können folglich durch spätere Bundesgesetze verdrängt werden („lex posterior-Grundsatz"), auch wenn dann ein Auseinanderfallen der nationalen und der internationalen Rechtslage droht (BVerfG, 2 BvL 1/12). Eine Einschränkung der Änderungsmöglichkeiten kann sich nur bei zwingenden, der Disposition des Gesetzgebers entzogenen Regelungen, wozu insbesondere die Menschenrechte gehören, ergeben (BVerfGE 111, 307, 329).

5.6.2 Gewohnheitsrecht und allgemeine Rechtsgrundsätze

Wie bei Art. 59 GG geht das Grundgesetz in Art. 25 GG davon aus, dass Völkerrecht nur dann zu innerstaatlicher Wirksamkeit gelangt, wenn ein zusätzlicher innerstaatlicher Rechtsakt dies anordnet (BVerfGE 73, 375). Anders formuliert: Um aus dem Rechtskreis des Völkerrechts in das innerstaatliche Recht hineinwirken zu können, benötigt das Völkerrecht einen Umsetzungsakt.

Umsetzungsakt

Im Gegensatz zum internationalen Vertragsrecht werden die anderen Völkerrechtsquellen Gewohnheitsrecht und allgemeine Rechtsgrundsätze niemals nach Art. 59 II 1 GG an das Grundgesetz „angeschlossen". Völkergewohnheitsrecht und die allgemeinen Rechtsgrundsätze kommen über den Art. 25 in das GG und somit in das staatliche Recht. Der Sinn von Art. 25 GG ist es, staatliche Stellen als Träger öffentlicher Gewalt zur Befolgung von völkerrechtlichen Normen zu veranlassen.

Art. 59 II GG ist lex specialis zu Art. 25 GG.

> **Art. 25 GG – Geltung des Völkerrechts**
> Die allgemeinen Regeln des Völkerrechts sind Bestandteil des Bundesrechtes. Sie gehen den Gesetzen vor und erzeugen Rechte und Pflichten unmittelbar für die Bewohner des Bundesgebietes.

„Die allgemeinen Regeln des Völkerrechts", der Tatbestand des Art. 25 GG, sind das Völkergewohnheitsrecht und die allgemeinen Rechtsgrundsätze (BVerfGE 31, 145/177), also diejenigen völkerrechtlichen Normen, die unabhängig von vertraglicher Zustimmung gelten. Die Vorschrift korrespondiert mit Art. 100 II GG, wonach das BVerfG prüft, ob eine Regel des Völkerrechts Bestandteil des Bundesrechts ist. „Allgemein" sind die Regeln, wenn sie von der überwiegenden Mehrheit der Staaten, nicht notwendig von der Bundesrepublik selbst, anerkannt werden (BVerfGE 15, 25/34). Sie „sind Bestandteil des Bundesrechts"; das ist die Rechtsfolge.

Art. 25 GG betrifft
- Völkergewohnheitsrecht
- Allgemeine Rechtsgrundsätze

Ein Beispiel für einen gewohnheitsrechtlichen Rechtssatz ist das internationale Verbot der Anwendung von Gewalt gegen andere Staaten. Dieses Verbot bindet die Bundesrepublik Deutschland nach Art. 25 GG. Die Vorschrift bezieht sich immer auf den aktuellen Stand des Völkergewohnheitsrechts, d. h. mit der Zeit ist es wandelbar. Allerdings umfasst Art. 25 GG nach der Ansicht des Verfassungsgerichtes nicht partikulares und bilaterales Völkergewohnheitsrecht, da der Wortlaut nur von „allgemeinen Regeln" des Völkerrechts spricht (BVerfGE 96, 68/86). Diese Sichtweise ist nicht ganz unproblematisch, da das Gericht gleichzeitig auch eine analoge Anwendung der Vorschrift auf partikulares Völkergewohnheitsrecht ablehnt. Somit würde partikulares Völkergewohnheitsrecht mangels Vollzugsnorm nicht in die deutsche Rechtsordnung übernommen.

Ein allgemeiner Rechtsgrundsatz (dazu: BVerfGE 23, 288/316) ergibt sich, wenn in den sog. „Kulturnationen" gleichartige Basisgrundsätze des Rechts existieren. Der Grundsatz von „Treu und Glauben" (bona fides) etwa ist ein Beispiel für einen Rechtssatz, der den Rechtsordnungen der allermeisten Staaten zugrunde liegt. Der „Bona-fides"-Grundsatz besagt, dass man sich allgemein innerhalb eines Rechtsverhältnisses gutwillig zu verhalten hat und seine Rechte nicht in grob rücksichtsloser Weise nutzen darf.

allgemeiner Rechtsgrundsatz

Auch „pacta sunt servanda" stellt eine solche Regel dar.

Die Rechtsfolge ist in Art. 25 S. 2 GG niedergelegt. Zum einen gehen die allgemeinen Regeln des Völkerrechts den Gesetzen vor, d. h., in der Rangfolge der innerstaatlichen Rechtsquellen stehen sie zwischen GG und den Gesetzen. Nur für Normen des zwingenden Völkerrechts („ius cogens") könnte ein über der Verfassung stehender Rang argumentiert werden, da der Verfassungsgeber selbst über sie nicht verfügen und ihre Geltung beeinflussen kann, was allerdings sehr umstritten ist.

konstitutive oder deklaratorische Wirkung

Zum anderen erzeugen sie unmittelbar Rechte und Pflichten für die Bewohner des Bundesgebietes. Die Bedeutung dieses zweiten Halbsatzes der Rechtsfolge ist umstritten. Was meint „unmittelbare Erzeugung von Rechten und Pflichten" genau? Fraglich ist, ob dadurch ein Adressatenwechsel stattfindet, wo-

5.6 · Innerstaatliche Umsetzung des Völkerrechts in der Bundesrepublik

nach die in der Regel nur die Staaten verpflichtenden Normen des Völkerrechts plötzlich auch Individuen verpflichten sollen (sog. konstitutive Wirkung der Vorschrift). Das BVerfG hat diese Ansicht abgelehnt (BVerfGE 46, 342/363). Danach besagt die Norm nur, dass den allgemeinen Regeln des Völkerrechts die gleichen Rechtswirkungen zukommen wie sonstigem innerstaatlichen Recht. Falls völkerrechtliche Rechtssätze auch Wirkungen für Individuen haben, ist dies auch innerstaatlich der Fall, ansonsten nicht. Dies ist die sogenannte deklaratorische Wirkung der Vorschrift. Die Ansicht des Verfassungsgerichts wird durch Art. 100 II GG gestützt, da ein Streit über die Verleihung subjektiver Rechte nur dann vorliegen kann, wenn Art. 25 GG nicht automatisch solche Rechte verleiht.

Wer entscheidet in einem Verfahren darüber, ob die Voraussetzungen des Art. 25 GG vorliegen? Nach Art. 100 II GG muss das jeweils für die Streitentscheidung zuständige Gericht diese Frage dem Bundesverfassungsgericht vorlegen, das ist die Richtervorlage. „Zweifel" im Sinne der Vorschrift sind gegeben, wenn in Rechtsprechung und Literatur die streitentscheidende völkerrechtliche Norm nicht eindeutig eine Regel des Völkerrechts darstellt oder sie nicht eindeutig dem Einzelnen subjektive Rechte verleiht.

Richtervorlage

Überdies müssen die „Zweifel" entscheidungserheblich sein (BVerfGE 75, 1/12). Falls das Untergericht die Vorlage verweigert, liegt eine Verletzung von Art. 101 I 2 GG, des Rechtes auf den gesetzlichen Richter, vor. Art. 101 I 2 GG ist verletzt, wenn die fehlerhafte Auslegung einfachen Rechts durch das jeweilige Fachgericht schlechthin unvertretbar ist (BVerfGE 96, 68/77).

Recht auf den gesetzlichen Richter

Die Vorlagepflicht des Art. 100 II GG ist verletzt, wenn bezüglich des Bestehens oder der Reichweite einer allgemeinen Regel des Völkerrechts objektiv ernstzunehmende Zweifel vorliegen (BVerfGE 96, 68/77). Dies ergibt sich aus dem Telos der Vorschrift, der eine einheitliche Anwendung der allgemeinen Regeln durch die Gerichte innerhalb des Bundesgebietes sicherstellen soll.

5.6.3 Der Beitritt zu Internationalen Organisationen

Das GG enthält mit dem Art. 24 I GG eine Bestimmung, nach der die Bundesrepublik Hoheitsrechte, d. h. Rechte der Staatsgewalt, auf internationale Einrichtungen übertragen kann. Diese Rechtsübertragung kann nur durch einen völkerrechtlichen Vertrag erfolgen. Art. 24 I GG ist also im Verhältnis zu Art. 59 II 1 GG eine Norm mit einem engeren Anwendungsbereich. Art. 59 II GG ist die allgemeinere Norm, die nur so

Art. 24 GG ist lex specialis zu Art. 59 II GG.

weit zur Anwendung kommt, wie Art. 24 I GG nicht spezieller einen Sachverhalt regelt.

> **Art. 24 I GG – Zwischenstaatliche Einrichtungen**
> Der Bund kann durch Gesetz Hoheitsrechte auf zwischenstaatliche Einrichtungen übertragen.

Nach Art. 59 II 1 GG benötigen nur politisch bedeutsame Verträge mit anderen Staaten oder solche, die Gegenstände der Gesetzgebung des Bundes berühren, ein Bundesgesetz. Ein internationaler Vertrag aber, der deutsche Hoheitsrechte überträgt, braucht nach Art. 24 I GG immer ein Bundesgesetz zu seiner Wirksamkeit.

Verträge mit anderen Staaten benötigen grundsätzlich kein Bundesgesetz, außer
- sie sind politischer Natur (Art. 59 II 1 1. Alt. GG) oder
- sie berühren Gesetzgebungskompetenzen des Bundes (Art. 59 II 1 2. Alt. GG), oder
- übertragen Hoheitsrechte (Art. 24 I GG) oder
- im Fall des EUV/AEUV (Art. 23 GG, dann in Bundestag und Bundesrat jeweils Zweidrittelmehrheiten)

Art. 24 I GG regelt mithin einen speziellen Abschnitt aus Art. 59 II 1 GG. Bisherige Anwendungsfälle des Art. 24 I GG waren z. B. alle drei Verträge zu den damaligen Europäischen Gemeinschaften. Art. 24 I GG bestimmte die Notwendigkeit eines Bundesgesetzes, damit dem Vertragsschluss auch in der Bundesrepublik innerstaatliche Wirkung zukommt.

NATO

Kein Anwendungsfall des Art. 24 I GG ist der Nordatlantikvertrag (Grundlage der NATO), weil dort nur ansatzweise Hoheitsrechte übertragen wurden. Für den Nordatlantikvertrag war trotzdem ein Bundesgesetz notwendig, denn dort war, weil es sich um einen politischen Vertrag handelt, Art. 59 II 1 GG einschlägig. Das BVerfG und ein Teil der wissenschaftlichen Literatur haben das allerdings anders gesehen. In seinem Urteil zum Nachrüstungsbeschluss der NATO (sog. NATO-Doppelbeschluss) konstatierte das BVerfG, dass die Bundesrepublik an die NATO Hoheitsrechte im Sinne des Art. 24 I GG übertragen habe. Dem Argument, mit dem NATO-Vertrag seien kaum echte Hoheitsrechte übertragen worden, sondern die Mitgliedstaaten hätten die Entscheidungsmacht über den Einsatz ihrer Streitkräfte unter der Ägide der NATO behalten, setzte das BVerfG entgegen, Art. 24 I GG setze nicht voraus, dass die Hoheitsrechtsübertragung unwiderruflich sei (BVerfGE 68, 1/93).

Problem der Übertragung der Befehlsgewalt

Verfassungsrechtlich sehr problematisch ist der im NATO-Vertrag vorgesehene Übergang der operativen Führung der deutschen Streitkräfte auf den Obersten Alliierten Befehlshaber Europa (SACEUR). Fraglich ist, ob Art. 24 GG verlangt, dass für die Übertragung der Befehlsgewalt ein Bundesgesetz erforderlich ist. Nach der Meinung der wohl h.M. ist ein Bundesgesetz nicht erforderlich, da die Übertragung der Befehlsgewalt jederzeit wieder zurückgenommen werden kann. Eine Übertragung von Hoheitsrechten im Sinne des Art. 24 GG fände folglich nicht statt. Die entgegenstehende Ansicht stellt auf das Zustimmungsgesetz zum NATO-Vertrag ab, welches ein erforderliches Bundesgesetz darstelle.

Nun aber zu den anderen Absätzen des Art. 24 GG. Wegen des Maastrichter Unionsvertrages (EUV) bestand 1992 die Notwendigkeit, das GG zu ändern und Kompatibilität mit dem EUV herzustellen. Von dieser Änderung ist auch Art. 24 GG betroffen.

> **Art. 24 Ia GG – Zwischenstaatliche Einrichtungen**
> Soweit die Länder für die Ausübung der staatlichen Befugnisse und die Erfüllung der staatlichen Aufgaben zuständig sind, können sie mit Zustimmung der Bundesregierung Hoheitsrechte auf grenznachbarliche Einrichtungen übertragen.

Gesetzgebungskompetenz der Bundesländer

Die Gesetzgebungskompetenzen der Bundesländer sind wegen des Kompetenzsystems des GG (Art. 30 und 70 ff.) und durch die weitgehende Ausschöpfung der Bundeskompetenzen nicht sehr umfangreich. Beispiele für Regelungsbereiche, die den Ländern verblieben sind, sind das behördliche Verwaltungsverfahren, das Polizeirecht, das Rundfunkrecht, die Kulturhoheit (Bildungswesen, Kunst), das Gemeinderecht und Teile des Beamtenrechts.

Der Art. 24 Ia GG ermöglicht den Bundesländern, eine grenzüberschreitende Zusammenarbeit aufzubauen.

> **Art. 24 II GG – Zwischenstaatliche Einrichtungen**
> Der Bund kann sich zur Wahrung des Weltfriedens einem System gegenseitiger kollektiver Sicherheit einordnen; er wird hierbei in die Beschränkung seiner Hoheitsrechte einwilligen, die eine friedliche und dauerhafte Ordnung in Europa und zwischen den Völkern der Welt herbeiführen und sichern.

System kollektiver Sicherheit

Absatz 2 des Art. 24 GG ermächtigt die Bundesrepublik zum Beitritt zu einem System kollektiver Sicherheit. Solche Systeme sind Organisationen, in denen die Mitglieder sich verpflichten, sich gegenseitig nicht militärisch anzugreifen und den anderen Mitgliedern bei einem militärischen Angriff Dritter beizustehen.

Anders gesagt richtet sich ein System kollektiver Sicherheit immer „nach innen", der Aggressor kommt aus ihm heraus. Ein Beispiel für ein System kollektiver Sicherheit sind die Vereinten Nationen, insbesondere das Kapitel VII. Ob auch die NATO dazugehört, war lange Zeit fraglich, weil sie sich bis Anfang der 90er-Jahre ausschließlich gegen den früheren Warschauer Pakt richtete, also ein nach außen gerichtetes Verteidigungsbündnis war. Das BVerfG hat inzwischen aufgrund einer extensiven Auslegung der Bestimmung die NATO unter den Begriff des „Systems gegenseitiger kollektiver Sicherheit" gefasst (BVerfGE 90, 286/347 ff.).

Die Einordnung der Bundesrepublik in ein System kollektiver Sicherheit nach Art. 24 II GG erfordert einen völkerrechtlichen Vertrag. Wegen der Materie eines solchen Vertrages benötigt er zu seiner Wirksamkeit notwendigerweise ein Bundesgesetz. Eine Einordnung in ein kollektives Sicherheitssystem ist ein politischer Vertrag nach Art. 59 II 1 GG. Dagegen bringt der Beitritt zu einem kollektiven Sicherheitssystem nicht notwendig die Übertragung von Hoheitsrechten (Art. 24 I GG) mit sich.

Der letzte Absatz des Art. 24 GG, Abs. 3, betrifft den Beitritt der Bundesrepublik zu internationalen Schiedsvereinbarungen, worunter in extensiver Auslegung nicht nur Schiedsgerichte sondern auch Gerichte verstanden werden. Erforderlich ist, dass die Spruchkörper über zwischenstaatliche Angelegenheiten entscheiden.

Rang

Wichtig ist der Rang des nach Art. 24 GG in innerstaatliches Recht übernommenen Völkerrechts. Hier ist zwischen den Absätzen 1 und 2 der Vorschrift zu unterscheiden. Absatz 1 lässt eine Übertragung von Hoheitsrechten auf zwischenstaatliche Einrichtungen zu. Wenn nun Organe dieser Einrichtung ihrerseits Hoheitsakte erlassen, sind die nationalen Organe verpflichtet, ihnen Folge zu leisten. Somit verdrängen diese Akte als späteres Recht entgegenstehendes einfaches nationales Recht (BVerfGE 31, 145/174), stehen aber auf der gleichen Stufe mit ihnen. Folglich können diese Akte durch späteres nationales Recht wieder geändert werden. Bei den „Systemen kollektiver Sicherheit" des Absatz 2 ist dies anders, hier haben die Akte einen zwischen Gesetz und Verfassung stehenden Rang. Sie können folglich durch späteres Gesetz nicht geändert werden.

5.6.4 Verbot des Angriffskrieges

Zu beachten ist auch noch das Verbot des Angriffskrieges nach Art. 26 GG.

> **Art. 26 I GG – Wahrung des Friedens**
> Handlungen, die geeignet sind und in der Absicht vorgenommen werden, das friedliche Zusammenleben der Völker zu stören, insbesondere die Führung eines Angriffskrieges vorzubereiten, sind verfassungswidrig. Sie sind unter Strafe zu stellen.

§§ 80, 80a, 220a StGB sind die einschlägigen Strafrechtsnormen.

Sinn und Zweck des Art. 26 I GG ist die Friedenssicherung. Von deutschem Gebiet soll kein Krieg mehr ausgehen. Handlungen sind geeignet, das friedliche Zusammenleben der Völker zu stören, wenn sie gegen das völker(gewohnheits)rechtliche Gewaltverbot oder andere Vorschriften des ius cogens verstoßen. Frieden ist die Abwesenheit militärischer, nicht unbedingt staatlich beherrschter Gewalt. Deutsche Söldner im Ausland werden kraft Personalhoheit auch von der Verbotsvorschrift erfasst. Unter „Völker" sind nicht die in einem Staat lebenden Völker zu verstehen, sondern Staaten.

Friedenssicherung

Der Angriff auf ein Volk impliziert den Angriff auf einen Staat, da alle Völker in einem solchen Herrschaftsverband organisiert sind. Bürgerkriege innerhalb eines Staates werden wegen des Schutzgutes des Art. 26 I GG, Störungen des Weltfriedens zu verhindern, auch erfasst. „Geeignet zu stören" sind militärische Handlungen dann, wenn sie zur Erreichung völkerrechtswidriger Ziele über das zur Selbstverteidigung der Bundesrepublik notwendige Maß (s. Art. 51 SVN) hinausgehen. Zur Selbstverteidigung der Bundesrepublik zählen auch die im Rahmen von Bündnisverträgen (NATO, WEU) übernommen Verpflichtungen. Jedoch reichen rein objektive Merkmale zur Erfüllung des Tatbestandes nicht, vielmehr müssen die Handlungen in der „Absicht" vorgenommen werden, das friedliche Zusammenleben zu stören, d. h. den handelnden Personen kommt es gerade darauf an, den Erfolg, die Störung des friedlichen Zusammenlebens, zu erreichen. Staatliche Handlungen, die gegen Art. 26 I 1 GG verstoßen sind nichtig, gegen Private kann unmittelbar aufgrund der jeweiligen polizeilichen Generalklausel vorgegangen werden.

Nach §§ 134, 138, 826 BGB sind gegen Art. 26 I 1 GG verstoßende privatrechtliche Verträge nichtig.

Die letzte in diesem Abschnitt zu besprechende Vorschrift des Grundgesetzes ist Art. 87a II GG. Diese versteckte Norm regelt die Aufstellung und den Einsatz der Bundeswehr.

> **Art. 87 a II GG – Streitkräfte**
> Außer zur Verteidigung dürfen die Streitkräfte nur eingesetzt werden, soweit dieses Grundgesetz es ausdrücklich zuläßt.

Einsatz außerhalb des Bundesgebiets

Fraglich war lange Zeit, ob Bundeswehrsoldaten auch außerhalb des Bundesgebietes eingesetzt werden dürfen. Eine diesbezügliche generelle Erlaubnisnorm fehlt im Grundgesetz, so dass Art. 87a II GG einem Einsatz entgegenstehen könnte.

Hiergegen spricht jedoch eine systematische und historische Auslegung des GG. Systematisch steht Art. 87a II GG im Kapitel über die Kompetenzverteilung zwischen Bund und Ländern im Bereich der Exekutive, die Vorschrift ist also „nach innen" gerichtet. Ferner soll die Armee nach innen nur ausnahmsweise tätig werden können, da normalerweise, wie sich aus Art. 35 II, III GG ergibt, hierfür die Polizei zuständig ist. Die Schaffung eines Regel-Ausnahme-Verhältnisses („soweit dieses GG nichts anderes vorsieht") hierfür ist folglich sinnvoll. Drittens müsste Art. 87a II GG bei Art. 26 GG systematisch zu finden sein, wenn er „nach außen" gerichtet wäre. Historisch wurde Art. 87a II GG in der Diskussion um die Notstandsverfassung und den Einsatz der Bundeswehr gegen die eigenen Landsleute in die Verfassung eingefügt. Diese Argumente sprechen dafür, dass Art. 87a II GG nur den Einsatz der Streitkräfte „nach innen" an eine ausdrückliche verfassungsrechtliche Zustimmung knüpft. Das Auseinanderfallen der Regelungssysteme für den Einsatz „nach innen" und „nach außen" wird durchaus kritisiert, da Außeneinsätze dann eventuell leichter vorzunehmen seien als Inneneinsätze (vgl. BVerwG 127, 1/11).

Einsatz

„Einsatz" ist jede hoheitliche Verwendung von Soldaten als bewaffnete Vollzugsorgane, die Armee muss folglich als vollziehende Gewalt in einem Eingriffszusammenhang tätig werden (BVerfGE 132, 1, 19). Wenn sie nicht bewaffnet sind, liegt das Merkmal des „Einsatzes" nicht vor. Der Begriff der „Verteidigung" ist weit auszulegen. Er umfasst nicht nur Angriffe auf das Bundesgebiet, sondern auch auf Bündnispartner der Bundesrepublik. Aus der Wortbedeutung „Verteidigung" ergibt sich nur, dass die Aggression von einem fremden Staat ausgehen muss. Inwieweit eine „Vorwärtsverteidigung" damit zu vereinbaren ist, bleibt abzuwarten.

5.6.5 Auslandseinsätze der Bundeswehr im Rahmen von kollektiven Sicherheitssystemen

Die Zulässigkeit eines Auslandseinsatzes der Bundeswehr ist nach unterschiedlichen Regeln zu beurteilen. Im Rahmen eines Einsatzes in einem System kollektiver Sicherheit wird Art. 87a II GG von Art. 24 II GG überlagert (BVerfGE 90, 286/355 ff.). Zu einem System kollektiver Sicherheit gehören die VN, die NATO und ehedem die WEU (BVerfGE 90, 286/347 ff.). Blauhelmmissionen, Zwangsmaßnahmen der Vereinten Nationen nach Kapitel VII SVN und wohl auch Nothilfemaßnahmen nach Art. 51 SVN sind demnach von Art. 24 II GG umfasst.

Art. 24 II GG

Allerdings hat das BVerfG die Zulässigkeit des Einsatzes deutscher Soldaten im Ausland von einer Zustimmung des Bundestages nach Art. 42 II GG abhängig gemacht. Dieser (wehrverfassungsrechtliche) Parlamentsvorbehalt ist etwas Besonderes, da normalerweise Maßnahmen im Bereich der „auswärtigen Gewalt" im alleinigen Zuständigkeitsbereich der Regierung als Exekutive liegen. Begründet wird der Vorbehalt mit einer systematischen Gesamtschau der Art. 45a, 45b, 87a I 2, 115a I GG (BVerfGE 90, 286/381 ff.) und die deutsche Verfassungstradition seit 1918 (BVerfG, 2 BvE 6/11, Rn. 67). Voraussetzung ist der „Einsatz bewaffneter Streitkräfte".

Zustimmung des Bundestags

Ein „Einsatz" ist gegeben, wenn deutsche Soldaten in bewaffnete Unternehmungen eingebunden sind, dafür ist nicht entscheidend, ob es bereits zu Kampfhandlungen gekommen ist. Voraussetzung ist allerdings die „qualifizierte Erwartung", dass deutsche Soldaten in bewaffnete Auseinandersetzungen einbezogen werden, die bloße Möglichkeit reicht für den Parlamentsvorbehalt nicht aus (BVerfGE 121, 135/164). Die qualifizierte Erwartung ist dabei an zwei Indikatoren zu messen. Zum einen ist es erforderlich, dass hinreichende tatsächliche Anhaltspunkte dafür vorliegen, dass ein Einsatz in die Anwendung von Waffengewalt münden kann. Zum anderen muss die Einbeziehung unmittelbar zu erwarten sein, eine besondere (häufig: zeitliche) Nähe ist erforderlich (BVerfGE 121, 135, 167 f.). Der Parlamentsvorbehalt greift jedoch bei „Gefahr im Verzug" nicht ein, hier kann die Exekutive vorläufig über den Einsatz der Bundeswehr beschließen. Das Parlament ist jedoch unverzüglich mit dem Einsatz zu befassen.

Der wehrverfassungsrechtliche Vorbehalt, das Erfordernis parlamentarischer Mitwirkung, gilt nicht nur für bewaffnete Außeneinsätze deutscher Soldaten innerhalb von Systemen gegenseitiger kollektiver Sicherheit, sondern auch allgemein für den Einsatz bewaffneter Streitkräfte unabhängig von dessen materiell-rechtlicher Grundlage (BVerfG, 2 BvE 6/11, Rn. 69). Jeder einseitige Auslandseinsatz bewaffneter deutscher Streitkräfte bedarf der vorherigen parlamentarischen Zustimmung. Die Bundesregierung darf bei Gefahr im Verzug vorläufig und ausnahmsweise alleine einen Auslandseinsatz beschließen, muss dann jedoch den Bundestag umgehend mit der Angelegenheit befassen und die Streitkräfte auf Verlangen des BTag auch zurückrufen (BVerfG, 2 BvE 6/11, Rn. 83). Hiervon ist nur eine Ausnahme zu machen, wenn der Einsatz bereits beendet ist, da dann einem parlamentarischem Beschluss keine Rechtswirkung mehr zukäme (BVerfG, 2 BvE 6/11, Rn. 99). Jedoch ist die BReg. Verpflichtet, den BTag unverzüglich und qualifiziert, d. h. die maßgeblichen Grundlagen der Einsatzentscheidung und den Verlauf und das Ergebnis des Einsatzes, über den Einsatz zu unterrichten (BVerfG, 2 BvE 6/11, Rn. 102 f.).

Einsatz muss völkerrechtlich zulässig sein.

Wichtig ist, dass bei jedem Einsatz der Streitkräfte, sei es nach Art. 87a II GG oder nach Art. 24 II GG, dieser völkerrechtlich zulässig sein muss. Ansonsten ist er nach deutschem Verfassungsrecht nicht rechtmäßig. Dies ist beispielsweise problematisch bei den Einsätzen der Bundeswehr zur Rettung von Staatsangehörigen aus Albanien im März 1997 und im Kosovo 1999.

stand-by agreement

Im Herbst 2000 hat die Bundesregierung mit den Vereinten Nationen ein stand-by agreement geschlossen, in dem die Beziehungen zwischen den Vereinten Nationen und der Bundesrepublik näher ausgestaltet werden. Das Abkommen ist ein Verwaltungsabkommen nach Art. 59 II 2 GG, geschlossen zwischen dem Bundesverteidigungsminister als zuständigem Ressortminister und dem Generalsekretär für die VN.

5.6.6 Kompetenzfragen

Darzustellen ist noch, wie die Verbands- und Organkompetenz zum Tätigwerden auf völkerrechtlicher Ebene in der Bundesrepublik verteilt ist. Dies ist wichtig, weil Deutschland föderal aufgebaut ist und nach Art. 30 GG, der allgemeinen Kompetenzverteilungsnorm zwischen dem Bund und den Ländern, ist die „Ausübung aller staatlichen Aufgaben Sache der Länder, soweit das Grundgesetz keine andere Regelung trifft".

auswärtigen Gewalt

Im Bereich der auswärtigen Gewalt trifft das Grundgesetz jedoch andere Regelungen. Als „auswärtige Gewalt" wird die Gesamtheit der die Außenbeziehungen eines Staates regelnden nationalen Rechtsvorschriften bezeichnet, wozu auch die vorgelagerten Vorschriften über die Willensbildung gehören. Einschlägig sind hier neben den oben bereits erwähnten Vorschriften die Art. 32, 73 Nr. 1 und 59 GG, die den Art. 30 GG als Spezialnormen verdrängen. Die früher vertretene Ansicht, dass Akte der auswärtigen Gewalt gerichtlich nicht überprüfbar seien, überzeugt wegen Art. 20 III GG und der Grundrechtsbindung aller staatlichen Gewalt nicht mehr. Der Exekutive kommt nur noch eine Einschätzungsprärogative zu, die gerichtlich überprüfbar ist.

Zu unterscheiden ist zwischen der Verbandskompetenz und der Organkompetenz. Die Verbandskompetenz regelt die Frage, welche Instanz auf dem fraglichen Gebiet tätig werden darf; die Organkompetenz, welches Organ der betreffenden Instanz zum Handeln befugt ist.

Verbands- und Organkompetenz

5.6.6.1 Verbandskompetenz

Die Verbandskompetenz ist in den Art. 32 GG und 59 GG geregelt und wiederum in Vertragsabschluss- und Transformationskompetenz zu unterteilen. Art. 32 GG regelt die Vertragsabschlusskompetenz für den Bund, während die Art. 59 I 1, II GG die Transformationskompetenz beinhalten. Diese verwirrende Ausgestaltung ist ein Ergebnis des Föderalismus.

> **Art. 32 GG – Beziehungen zu anderen Staaten**
> (1) Die Pflege der Beziehungen zu auswärtigen Staaten ist Sache des Bundes.
> (2) Vor dem Abschluss eines Vertrages, der die besonderen Verhältnisse eines Landes berührt, ist das Land rechtzeitig zu hören.
> (3) Soweit die Länder für die Gesetzgebung zuständig sind, können sie mit Zustimmung der Bundesregierung mit auswärtigen Staaten Verträge schließen.

Unter „Pflege der Beziehungen zu auswärtigen Staaten" fällt die nach außen gerichtete staatliche Tätigkeit, die die völkerrechtlichen Beziehungen der Bundesrepublik gestaltet. Hierzu gehört unter anderem auch der Abschluss völkerrechtlicher Verträge. Rechtstechnisch ist Art. 32 I GG eine spezialgesetzliche Regelung zu Art. 30 GG für den Bereich der auswärtigen Gewalt. Dazu gehören nicht Verträge des Bundes mit Körperschaften eines anderen Staates, die keine Völkerrechtssubjekte sind („Kehler-Hafen Urteil" des BVerfGE 2, 347/368 ff.) und, aufgrund der Entstehungsgeschichte der Vorschrift, Verträge mit dem Heiligen Stuhl.

Pflege der Beziehungen zu auswärtigen Staaten

Interessant ist die Vorschrift des Art. 32 III GG. Sie besagt, dass die Länder mit anderen Staaten völkerrechtliche Verträge abschließen können, wenn sie für die Gesetzgebung

Kompetenzen der Länder

zuständig seien. In diesen Fällen haben also die Länder die Vertragsschließungskompetenz. Dies bezieht sich nur auf die ausschließliche Zuständigkeit der Länder, also z. B. Kultusfragen. Was nicht in diesen Bereich fällt, regelt u. a. Art. 73 GG, wobei dessen Nr. 1 besondere Aufmerksamkeit verdient. Die „auswärtigen Angelegenheiten" des Art. 73 Nr. 1 GG sind die Beziehungen der Bundesrepublik zu anderen Völkerrechtssubjekten (BVerfGE 33, 52/60 für das Völkerrechtssubjekt „Staat"), allerdings regelt die Vorschrift nur den auswärtigen Verkehr im engeren Sinne, also das Diplomaten- und Konsularwesen.

Die von den Ländern geschlossenen Verträge bedürfen der Zustimmung durch den Bund, damit der Abschluss von Bundesinteressen zuwiderlaufenden Verträgen verhindert und ein einheitliches Auftreten des Bundes nach außen gesichert werden kann. Zu den Verträgen im Sinne des Art. 32 III GG gehören auch Verwaltungsabkommen.

ausschließliche Kompetenz?

Umstritten ist zwischen den Ländern und dem Bund, inwieweit die Vertragsschließungskompetenz als solche im Verhältnis zum Bund eine ausschließliche ist. Der Streit geht also um die Rechtsnatur des Art. 32 III GG, ist er eine ausschließliche oder konkurrierende Kompetenz?

Vorwiegend wird von den südlichen Bundesländern, die sich für eine Stärkung des föderalen Systems einsetzen, vertreten, dass Art. 32 III GG eine ausschließliche Kompetenz für die Länder darstellt. Wäre dies der Fall, bestünde eine Vertragsschlusskompetenz für den Bund in diesen Bereichen nicht. Begründet wird diese Ansicht mit dem in Art. 32 III GG enthaltenen Verweis auf die Gesetzgebungskompetenz der Länder. Ein Verweis auf die Verteilung der Zuständigkeiten zwischen dem Bund und den Ländern fehle gerade.

Diese Ansicht ist allerdings nicht vollends überzeugend. Der Wortlaut der Vorschrift spricht davon, dass die Länder die Verträge abschließen „können". Eine ausschließliche Befugnis zum Abschluss völkerrechtlicher Verträge kann dem nicht entnommen werden. Viel spricht somit für eine konkurrierende Kompetenz zwischen dem Bund und den Ländern. In Praxi bedeutet dies, dass bei einem Vertragsabschluss in einer den Ländern zugewiesenen Sachmaterie durch den Bund diese nicht mehr zur Regelung befähigt wären. Im Hinblick auf den föderalen Grundgedanken des GG eine schwer verdauliche Vorstellung. Aus diesem Grund muss das Vertragsschlussrecht des Bundes eingeschränkt werden. Erforderlich ist eine vor Vertragsabschluss stattfindende Anhörung der Länder durch den Bund und die Transformation des völkerrechtlichen Vertrages in Landesrecht muss dann auch den Ländern vorbehalten bleiben. In diesem Sinne steht auch das Lindauer Abkommen (vom 14.11.1957), welches eine unverbindliche politische

Absprache zwischen dem Bund und den Ländern darstellt und die Gedanken der Bundes- und Landestreue konkretisiert.

Wegen der Klausurrelevanz der eben besprochenen Problematik: Falls der Bund einen Vertrag in einer nach Art. 32 III GG den Ländern zustehenden Sachmaterie nach vorheriger Anhörung des betreffenden Landes abschließt, enthält das nach Art. 59 II 1 GG erforderliche Gesetz nur die Ermächtigung an den Bundespräsidenten zum Vertragsabschluss, die Transformation/Adoption selbst vollzieht sich nach dem einschlägigen Landesrecht. Unglücklich ist diese Situation dahingehend, dass der Bund ein Land nicht zur Transformation zwingen kann, so dass die Gefahr des Auseinanderfallens von innerstaatlicher und völkerrechtlicher Rechtslage besteht. Allerdings ist das Land nach dem Grundsatz der Bundestreue verpflichtet, eine Transformation vorzunehmen. Nach überwiegender Ansicht in der Literatur könnte der Bund bei beharrlicher Weigerung im Wege der Ersatzvornahme nach Art. 37 GG mit Zustimmung des Bundesrates ein entsprechendes Transformationsgesetz erlassen.

5.6.6.2 Organkompetenz

Die Organkompetenz ist in Art. 59 I GG niedergelegt. Nach Satz 1 vertritt der Bundespräsident den Bund völkerrechtlich. Dies ist in einem umfassenden Sinne gemeint, so dass die in den Sätzen 2 und 3 der Vorschrift genannten Tätigkeiten (Vertragsabschluss, Beglaubigung und Empfang von Gesandten) nur Beispiele für die Tätigkeit des Bundespräsidenten sind. Die Praxis ist allerdings anders (diametral entgegengesetzt). Dort wird häufig die Bundesregierung und nicht der Bundespräsident tätig. Nach der Aufgabenverteilungsnorm des Art. 59 I GG ist dieses Verhalten erklärungsbedürftig. Am überzeugendsten dürfte die Annahme einer stillschweigenden Delegation der Abschlussrechte vom Bundespräsidenten auf die Bundesregierung sein (so auch BVerfGE 68, 1/82 f).

5.7 Wiederholungsfragen

1. Was ist der Unterschied zwischen Monismus und Dualismus? Lösung ▶ Abschn. 5.2
2. Wann ist eine Vorschrift unmittelbar anwendbar? Lösung ▶ Abschn. 5.4
3. Was versteht man unter Transformation, Adoption und Vollzug? Lösung ▶ Abschn. 5.5
4. Welche Theorie gilt auf der Bundesebene in Deutschland? Lösung ▶ Abschn. 5.5.2
5. Welche Voraussetzungen hat Art. 59 GG? Lösung ▶ Abschn. 5.6.1

6. Was sind „politische Verträge"? Lösung ▶ Abschn. 5.6.1
7. Ratifiziert der Bundestag? Lösung ▶ Abschn. 5.6.2
8. Welche völkerrechtlichen Vorschriften sind von Art. 25 GG erfasst? Lösung ▶ Abschn. 5.6.2
9. Wie kann die Bundesrepublik einer internationalen Organisation beitreten? Lösung ▶ Abschn. 5.6.3
10. Was ist ein kollektives Sicherheitssystem? ▶ Lösung ▶ Abschn. 5.6.3
11. Warum ist der Angriffskrieg in Art. 26 GG verboten? Lösung ▶ Abschn. 5.6.4
12. Darf die Bundeswehr im Ausland eingesetzt werden? Lösung ▶ Abschn. 5.6.5
13. Beschreiben Sie den Unterschied zwischen Verbands- und Organkompetenz! Lösung ▶ Abschn. 5.6.6
14. War es das jetzt?

Klausurfälle

6.1 Tipps für Klausuren und Hausarbeiten – 254
6.1.1 Die Situation in der Klausur – 254
6.1.2 Die Hausarbeit – 257

6.2 Fall: „Präsident Pinochet" – 258

6.1 Tipps für Klausuren und Hausarbeiten

Bereits in der Einführung wurden die wichtigsten Schritte zur erfolgreichen Fallbearbeitung dargestellt. In einer Klausur oder Hausarbeit kommen aber noch weitere Schwierigkeiten auf die Bearbeiter zu. Dabei ist vor allem darauf zu achten, dass man die treffenden Antworten ordentlich und schnell zu Papier bringt.

Treffende Antworten: Um eine erfreuliche Note zu erlangen, ist es erforderlich, seinen juristischen Sachverstand in geeigneter Weise umzusetzen. Auch enzyklopädisches Wissen garantiert keinen Erfolg, honoriert wird vielmehr die Transferleistung.

Die Bewertung der Leistung liegt einzig und allein beim Korrektor. Infolgedessen sollte man das zu Papier bringen, was der Korrektor vermutlich positiv bewerten wird – nicht mehr und nicht weniger. Positiv bewerten wird er nur das juristische Wissen, das aufgrund des vorgegebenen Falles verlangt ist, nicht aber ungefragtes Lehrbuchwissen.

Ordentliche Form: Der Korrektor wird immer – zumindest unterbewusst – von der äußeren Form beeinflusst: Dem sollte ausreichend Rechnung getragen werden.

Tempo: Zumindest in Klausuren herrscht erheblicher Zeitdruck. Damit ist präzises, aber auch schnelles Arbeiten gefordert. Jeder wird im Laufe der Zeit seine eigenen Methoden entwickeln. Die folgenden Hinweise sind als erste Orientierung gedacht.

6.1.1 Die Situation in der Klausur

Erfassen des Sachverhalts: Der Schlüssel zur guten Klausur ist die wirkliche Durchdringung des Sachverhalts, die nur durch mehrfaches, analytisches Lesen möglich ist. Gehen Sie grundsätzlich davon aus, dass alle Sachverhaltsangaben wichtig sind, auch wenn sie auf den ersten Blick unbedeutend erscheinen.

Schon beim ersten Lesen sollte man sich eine Skizze über die rechtlichen Beziehungen der Personen untereinander anfertigen. Eine grafische Darstellung ist nützlich, sobald mehrere Personen beteiligt sind. Die Namen der Personen kürzt man mit ihrem Anfangsbuchstaben ab. Die rechtlichen Beziehungen werden durch die einschlägigen Vorschriften symbolisiert. Im Sachverhalt angegebene Daten kann man in einer Zeittafel auflisten.

Bearbeitervermerk

Nun kann zur Lösung des Falles geschritten werden. Dabei ist dem Bearbeitervermerk größte Aufmerksamkeit zu schenken. Beantworten Sie wirklich nur das, was gefragt ist. Sehr

6.1 · Tipps für Klausuren und Hausarbeiten

häufig gibt der Bearbeitervermerk Hilfestellungen, indem die einzelnen Fragen schon eine Grobgliederung vorzeichnen. Deshalb sollte bei der Beantwortung auch nicht von der Reihenfolge der Fragen abgewichen werden, es sei denn, es besteht offensichtlich kein Zusammenhang zwischen den Fragen.

Lösungsskizze: Vor der Reinschrift der Lösung ist eine sogenannte Lösungsskizze anzufertigen. Darin wird die im Bearbeitervermerk enthaltene Aufgabe stichpunktartig durchgelöst. In der Lösungsskizze wird dabei immer mit den (streit-) entscheidenden Normen begonnen, deren Auffinden manchmal problematisch sein kann.

Es folgt die Subsumtion, auf die bei der Lösung größter Wert zu legen ist. Zu prüfen ist dabei, ob alle gesetzlichen Voraussetzungen der zu prüfenden Norm im Sachverhalt gegeben sind. Nur wenn alle Voraussetzungen tatsächlich erfüllt sind, können Sie die Rechtsfolge bejahen.

Subsumtion

Das Hin- und Hergeblätter in einem völkerrechtlichen Vertrag ist zeitintensiv; schnelles Arbeiten ist daher ein Schlüssel zum Erfolg. Ein gewisser Zeitdruck für die Falllösung ist von den Prüfungserstellern beabsichtigt. Die Zeit ist so bemessen, dass sie gerade reicht, um die gestellten Fragen zu beantworten. Auch aus diesem Grund sind überflüssige Ausführungen zu vermeiden.

Markieren Sie sich die wichtigsten Artikel der Textausgabe durch Registeretiketten und versehen Sie die in der konkreten Klausur immer wieder benötigten Stellen eventuell mit Klebezetteln.

Kontrolllesen: Bevor Sie sich daran machen die Niederschrift zu Papier zu bringen, sollten Sie nach allen Vorüberlegungen und mit der Lösungsskizze im Kopf noch einmal den Sachverhalt durchlesen. Denn nach der juristischen Durchdringung des Falles wird so manches klarer oder es zeigt sich, dass vermeintliche Nebensächlichkeiten doch eine tiefere Bedeutung haben. Möglich ist auch, dass Sie Probleme übersehen haben. Das jetzige Durchlesen sollte der Kontrolle dienen, ob Sie jede Sachverhaltsinformation in Ihrer Lösungsskizze untergebracht haben.

Denken Sie daran, dass der Klausurersteller den Sachverhalt so konstruiert und formuliert hat, dass alle Angaben im Sachverhalt in der Falllösung von Bedeutung sind („Echoprinzip").

Gliederung: Hat man den Fall gedanklich gelöst, kann die Gliederung erstellt werden, die das Fundament einer guten Arbeit ist. Alles, was später aufs Papier gebracht wird, kann nur so gut sein, wie die Gliederung es vorgibt. Die Gliederung ist zwingende Voraussetzung für ein strukturiertes Vorgehen, welches in „Jura" unerlässlich ist.

In der Regel ergibt sich der grobe Aufbau der Gliederung aus den im Bearbeitervermerk gestellten Fragen. Aus den zu prüfenden Vorschriften ergeben sich dann die Feinheiten der Gliederung. Welche Form der Untergliederung man wählt, bleibt dem Bearbeiter selbst überlassen; üblich ist: A, I, 1 a) aa). Wichtig ist, dass man die Form konsequent beibehält.

Niederschrift: Nach einem Drittel der Arbeitszeit sollen Lösungsskizze und Gliederung stehen, dann empfiehlt es sich, mit der Niederschrift zu beginnen. Nehmen Sie sich diese Zeiteinteilung vor. Abstriche in Richtung auf einen späteren „Schreibstart" stellen sich meistens von ganz alleine ein. Zu vermeiden ist jedenfalls das Ärgernis, die Klausur vorzüglich gelöst und durchdacht zu haben, aber dann nur die Hälfte hinschreiben zu können.

Wenn Sie an irgendeinem Problem nicht weiterkommen, das nicht unabdingbar für die Gesamtlösung ist, schieben Sie es lieber auf. Wenn Sie die Niederschrift des Restes beendet und noch Zeit übrig haben, können Sie sich noch immer näher damit befassen. Der Zeitdruck sollte auch bei der Ausführlichkeit der Niederschrift im Hinterkopf bleiben. Natürlich muss der Subsumtionsvorgang wiedergegeben werden, aber das darf nicht dazu führen, jede Selbstverständlichkeit auszubreiten. Wenn der Sachverhalt die Tatsache mitteilt, dass die Vereinten Nationen für ein Eingreifen zuständig waren, sind die Zuständigkeitsvorschriften nicht mehr zu prüfen. Zu untersuchen bleibt jedoch, ob das Eingreifen auch rechtmäßig ist. Das „Echoprinzip" schlägt sich insoweit wieder bei der Benotung nieder – nur die sachgemäße Gewichtung in der Klausurlösung führt zum Bestehen bzw. zu guten Noten. Darüber hinaus führt eine falsche Schwerpunktbildung unweigerlich zu neuen Zeitproblemen.

Von Vorbemerkungen, welcher Art sie auch seien mögen, ist prinzipiell abzusehen. Aufbau und System einer Arbeit müssen aus sich heraus verständlich sein. Vorbemerkungen sind meistens ein Zeichen dafür, dass der Verfasser die Arbeit ungenügend strukturiert hat.

Zeichnen Sie Ihre Klausur durch die Verwendung der gebotenen juristischen Terminologie aus und vermeiden Sie alle laienhaften Ausdrücke. Formulieren Sie knapp und präzise.

Unerlässlich ist der Gutachtenstil. Das heißt: es darf nie das Ergebnis vorweggenommen, sondern es muss im Konjunktiv darauf hingeführt werden. Andererseits sollte bei Selbstverständlichkeiten die Subsumtion auf ein Minimum reduziert werden.

Alle Behauptungen, Zwischen- und Endergebnisse sollten mit betreffenden Artikelzitaten versehen werden. Die beste Argumentation hilft nichts, wenn sie „in der Luft hängt". Au-

ßerdem geben Sie dem Korrektor die Gelegenheit, hinter Ihre so untermauerten Ergebnisse ein Häkchen machen zu können.
Formalien: Bemühen Sie sich um eine leserliche Schrift. Die Bedeutung der äußeren Form bei Klausuren wird häufig unterschätzt, doch kann man ihren Stellenwert gar nicht hoch genug ansetzen. Denn ein Korrektor, der mitunter Hunderte von Klausuren zu bewerten hat, wird zumindest unbewusst von der Form beeinflusst.

Achten Sie stets auf Übersichtlichkeit der Falllösung und stellen Sie Gliederungspunkte deutlich als Überschriften heraus. So merkt auch der Korrektor, dass die Linie stimmt und dass die Schlüsselbegriffe vorhanden sind.

Geizen Sie nicht mit Absätzen – der Korrektor will nicht 10 oder 20 Seiten Fließtext lesen. Beschreiben Sie das Papier nur einseitig und lassen Sie ein Drittel Rand. So können Sie auf der Rückseite noch Zusätze anfügen.

Nummerieren Sie die Seiten, damit der Korrektor auch beim Auseinanderfallen der Klausur die Reihenfolge nachvollziehen kann. Um letzteres zu vermeiden, ist es sinnvoll, die Klausur mit einem Schnellhefter zusammenzuklammern.

6.1.2 Die Hausarbeit

Normalerweise stehen für eine Hausarbeit vier bis acht Wochen zur Verfügung. Das erscheint anfänglich als großzügiger Zeitrahmen, endet jedoch oft in einer der berühmten Fünf-vor-zwölf-Aktionen. Stellen Sie sich selbst einen realistischen Zeitplan auf.

Der große Unterschied zur Klausur ist, dass bei der Hausarbeit der Zeitdruck nicht in diesem Maße auf dem Bearbeiter lastet. Dem müssen Sie in der Weise Rechnung tragen, dass Sie umso sorgfältiger bei der Ausarbeitung vorgehen.

Literatur – der Unterschied zur Klausur

Es genügt nicht die nackte – wenn auch richtige – Lösung des Falles; gefordert sind Quellennachweise. Das bedeutet zum einen, dass auch relativ eindeutige juristische Bewertungen mit Verweisen auf Lehrbücher (z. B. Doehring, Völkerrecht), Kommentare (z. B. von Simma zur SVN) oder Zeitschriften (z. B. Zeitschrift für ausländisches öffentliches Recht und Völkerrecht – ZaöRV) untermauert werden. Zum anderen wird man aber auf Probleme stoßen, die ohne Literaturstudium überhaupt nicht lösbar sind. Diese Rechtsprobleme sind dann auch meistens umstritten. Nicht sinnvoll ist es, nach dem ersten Lesen der Angabe gleich in die Bibliothek zu stürzen, um Berge von Entscheidungen und Aufsätzen zu kopieren, die entweder gar nichts mit dem Thema zu tun haben oder letztendlich gar nicht gelesen werden.

Versuchen Sie sich zuerst nur mit dem Gesetz und eventuell mit einem Standardkommentar. Zu diesem Zeitpunkt werden häufig die besten Ideen entwickelt. Prüfen Sie stets, ob eine Literaturstelle den zu lösenden Fall betrifft. Zitieren Sie nicht „blind", sondern prüfen Sie alle angegeben Zitate. Auch von „heißen" Ideen der Kommilitonen sollten Sie sich nicht verrückt machen lassen. Setzen Sie auf sich selbst!

Formalien: Hausarbeiten sind auf dem Computer anzufertigen. Textverarbeitungssysteme ermöglichen eine ansprechende Textformatierung, Seitenaufteilung, Fehlerkorrekturen und vieles mehr.

Jeder Hausarbeit ist das Deckblatt, die Gliederung und das Literaturverzeichnis voranzustellen. Das Deckblatt enthält Namen, Vornamen und Anschrift des Verfassers. Es folgt das Semester, die Bezeichnung der Übung, der Name des Dozenten etc.

Nach dem Deckblatt kommt die Gliederung. Sie sollte keine ausformulierten Sätze, aber aussagekräftige Überschriften enthalten. Der Korrektor sollte schon aus der Gliederung die Lösung in groben Zügen entnehmen können. Am rechten Rand sind die Seitenzahlen der einzelnen Gliederungspunkte anzugeben.

Auf die Gliederung folgt das Literaturverzeichnis. Es muss alle Quellen enthalten. Lehrbücher und Kommentare müssen mit Autor, Titel, Auflage, Erscheinungsort und -datum zitiert werden. Bei Loseblattkommentaren werden die Auflage und das Erscheinungsjahr nicht zitiert. Beispiel: „Grabitz/Hilf/Nettesheim: Kommentar zum EUV/EGV, Loseblatt, München".

Im eigentlichen Gutachten werden die dargelegten Auffassungen mit Fußnoten, die auf die Literaturquellen verweisen, belegt. Gerade bei Kommentaren arbeiten häufig mehrere Autoren mit, so dass auch deren Name auftauchen muss. Beispiel: Simma-Vedder, Art. 110 SVN, Rdnr. 3.

Die fertiggestellte Hausarbeit sollte in einem Schnellhefter oder spiralgeheftet abgegeben werden.

6.2 Fall: „Präsident Pinochet"

Sachverhalt: Der chilenische Staatsbürger und ehemalige Präsident der Republik P reist am 24.08.2000 in die Bundesrepublik ein, um sich ärztlich behandeln zu lassen. Am 24.10.2000 beantragt der spanische Richter G die vorläufige Auslieferungshaft Ps bei den deutschen Behörden, worauf dieser am 26.10.2000 festgenommen wurde. Am 6.1.2001 beantragte die spanische Regierung die Auslieferung Ps an Spanien.

P wird vorgeworfen während seiner Amtszeit als Staatsoberhaupt schwerste Verstöße gegen die Menschenrechte verantwortet zu

6.2 · Fall: „Präsident Pinochet"

haben. Insbesondere wird ihm vorgeworfen, dass er Chilenen und einige Spanier aus politischen Gründen systematisch foltern ließ und bestimmte politische Gruppen verfolgte und Angehörige dieser Gruppen verschwinden bzw. umbringen ließ. P bestreitet den Sachverhalt im Einzelnen nicht und beruft sich auf seine Immunität als ehemaliges Staatsoberhaupt, das eine Auslieferung für während der Amtszeit begangene Taten an Spanien verbiete. Ferner habe Chile seine Immunität niemals aufgehoben.
Muss der deutsche Richter dem Auslieferungsersuchen entsprechen?
Es ist davon auszugehen, dass zwischen Deutschland und Spanien außer dem im Rahmen des Europarates ausgehandelten Europäischen Auslieferungsübereinkommen (▶ Abschn. 4.3.5) keine speziellen Auslieferungsverträge bestehen. Insbesondere ist das europäische „Übereinkommen über die Auslieferung zwischen den Mitgliedstaaten der Europäischen Union" noch nicht in Kraft getreten.
Dafür ist erforderlich, dass der Auslieferungsantrag zulässig und begründet ist.

A. Zulässigkeit
Dann müsste das Auslieferungsersuchen zulässig sein.

I. Deutsche Gerichtsbarkeit, § 20 GVG
Fraglich ist, ob die deutsche Gerichtsbarkeit gegeben ist. Nach § 20 I GVG erstreckt sich diese nicht auf Repräsentanten anderer Staaten und deren Begleitung, die sich auf amtliche Einladung der Bundesrepublik im Geltungsbereich des GVG aufhalten. Das ist bei P nicht der Fall.
Jedoch könnte die Vorschrift des § 20 II GVG einschlägig sein. Danach erstreckt sich die deutsche Gerichtsbarkeit nicht auf Personen, die aufgrund völkerrechtlicher Rechtsvorschriften von der Gerichtsbarkeit befreit sind. Dies könnte bei P aufgrund dessen völkerrechtlicher Immunität als ehemaliges Staatsoberhaupt gegeben sein. Wie oben bereits beschrieben wurde (▶ Abschn. 4.3.4) ist nach einer Ansicht die ursprünglich allumfassende Immunität von Staatsoberhäuptern für acta iure imperii (Hoheitsakte) bei einigen Straftaten nicht mehr gegeben.
Bei Begehung oder Anordnung internationaler Verbrechen kann kein amtliches Handeln im Sinne des Immunitätsrechts vorliegen. Begründet wird dies damit, dass grob völkerrechtswidrige Akte keine Geltung beanspruchen dürfen und als Zurechnungsgrund staatlichen Handelns ausscheiden. Ferner könnten ansonsten u. a. die Art. 4 I und V Folterkonvention niemals effektiv angewandt werden. Somit ist bei Vorliegen internationaler Verbrechen keine Immunität mehr gegeben. Zu den anerkannten internationalen Verbrechen gehören systematische Folter und

Immunität
Hier ist eine implizite Prüfung des Völkerrechts im Rahmen der Zulässigkeit erforderlich.

das Verschwindenlassen von Personen aus politischen Gründen, siehe auch Art. 5, 9 Allgemeine Erklärung der Menschenrechte. Das Vorliegen dieser Fakten wird von P nicht bestritten, so dass seine Immunität bei Anwendung dieser Grundsätze nicht mehr bestehen würde.

Etwas anderes ergibt sich aus der Rechtsprechung des IGH in der Rechtssache Belgien/Kongo (► Abschn. 4.3.4). Danach ist ein nationales Gericht an die Immunität eines Staatsoberhauptes für während der Amtszeit begangene Taten gebunden, außer der Heimatstaat des Betroffenen würde auf die Immunität verzichten. Das ist hier nicht der Fall. Bei Folgen dieser Ansicht wäre das Auslieferungsersuchen unzulässig und die übrigen Voraussetzungen im Rahmen eines Hilfsgutachtens zu prüfen.

In einer Klausur wären beide Ansichten gut zu vertreten. Hier wird der Ansicht der Literatur gefolgt und angenommen, dass die Immunität von P nicht mehr besteht.

II. Weitere Zulässigkeitsfragen

Weitere Probleme tauchen im Bereich der Zulässigkeit nicht auf, mithin ist der Antrag auf Auslieferung zulässig.

B. Begründetheit

Nunmehr ist zu prüfen, ob der Antrag begründet ist. Die Begründetheit liegt vor, wenn die Bundesrepublik verpflichtet ist, den P an Spanien auszuliefern.

I. Europäisches Auslieferungsübereinkommen (EuAlÜbk)

Eine Verpflichtung zur Auslieferung könnte sich aus dem EuAlÜbk ergeben. Dann müssten dessen Voraussetzungen gegeben sein.

1. Ermächtigungsgrundlage, Art. 1 EuAlÜbk

Die Ermächtigungsgrundlage für die Auslieferung ist Art. 1 EuAlÜbk, der eine Auslieferungspflicht statuiert, wenn die dort näher beschriebenen Erfordernisse erfüllt sind.

2. Verfolgung von den Justizbehörden des ersuchenden Staates wegen einer strafbaren Handlung

Der P wird von den Justizbehörden Spaniens wegen verschiedener strafbarer Handlungen gesucht, so dass dies Merkmal vorliegend erfüllt ist.

3. Summarische Tatverdachtsprüfung

Trotz Nichtvorkommens im Wortlaut der Konvention wird überwiegend das Erfordernis einer summarischen Tatverdachtsprüfung aus dem Sinn und Zweck der Konvention hergeleitet. Summarische Tatverdachtsprüfung bedeutet, dass der das Ersuchen bearbeitende deutsche Strafrichter untersuchen muss, ob der ersuchende Staat, hier also Spanien, seinen Anspruch auf Auslieferung missbräuchlich geltend macht oder zu befürchten steht, dass der Beschuldigte im ersuchenden Staat einem Verfahren ausgesetzt wäre, das den völkerrechtlich zu beachtenden fremdenrechtlichen Mindeststandard nicht wahrt. Beide Voraussetzungen liegen nicht vor, da dem Sachverhalt hierzu keine Anhaltspunkte zu entnehmen sind. Somit spricht eine summarische Tatverdachtsprüfung nicht gegen den Auslieferungsantrag.

4. Auslieferungsfähige Straftaten, Art. 2 EuAlÜbk

Zu den auslieferungsfähigen Straftaten gehören laut Art. 2 I EuAlÜbk Handlungen, die sowohl nach dem Recht des ersuchenden als auch nach dem des ersuchten Staates mit Freiheitsstrafe oder einer Maßregel der Besserung und Sicherung bedroht sind. Dieses „Prinzip der beiderseitigen Strafbarkeit" ist zum Schutz des jeweiligen „ordre public" gedacht.

Prinzip der gegenseitigen Strafbarkeit

Die Strafbarkeit von P nach deutschem Strafrecht könnte sich aus dem Personalitätsprinzip oder aus dem Weltrechtsprinzip ergeben, da alle Straftaten außerhalb des Gebietes der BRD begangen wurden. Nach dem Personalitätsprinzip hat ein Staat die Hoheitsgewalt über seine im In- und Ausland lebenden Staatsangehörigen, siehe § 7 StGB. Keine Person des vorliegenden Sachverhaltes ist Deutsche, so dass sich eine Strafbarkeit des P nach dem Personalitätsprinzip nicht ergibt.

Personalitätsprinzip

Diese könnte sich aber aus dem Weltrechtsprinzip ergeben (§ 6 StGB). Danach kann die Verletzung bestimmter, besonders wichtiger Rechtsgüter von jedem Staat verfolgt werden, ohne dass er einen näheren Bezug zur Tat haben muss. Zu den vom Weltrechtsprinzip umfassten Taten gehören Folter, Geiselnahme und Völkermord. Das Verbringen von Personen an andere Orte erfüllt noch nicht den Tatbestand des Völkermordes. Somit scheidet dieser Anklagepunkt als auslieferungsfähige Straftat aus und P kann nur wegen des systematischen Folterns ausgeliefert werden.

Weltrechtsprinzip

Die Strafbarkeit in Spanien ergibt sich aus dem Personalitätsprinzip, da einige der Opfer Spanier waren. Ferner ist davon auszugehen, dass auch in Spanien das Weltrechtsprinzip gilt und eine Strafbarkeit des P sich auch aus diesem Gesichtspunkt ergibt.

Einige Taten des P sind somit sowohl in Deutschland als auch in Spanien strafbar, folglich liegen auslieferungsfähige Straftaten im Sinne des Art. 2 EuAlÜbk vor.

5. Auslieferungshindernisse

Zu untersuchen ist nunmehr ob der Auslieferung Hindernisse im Weg stehen.

a. Rechtfertigungsgrund für die Straftat oder Vorliegen einer schweren Krankheit

Nach deutscher Ansicht schließt das Vorliegen eines Rechtsfertigungsgrundes für die Straftat nach der Sachverhaltsdarstellung des ersuchenden Staates oder eine schwere Krankheit des Beschuldigten die Auslieferung aus, weil in diesen Fällen nach deutschem Strafrecht eine Bestrafung nicht stattfinden könne und die Gegenseitigkeit des Art. 2 EuAlÜbk dann nicht mehr vorläge. Diese Einschränkung ergibt sich aus dem Sinn und Zweck der Vorschrift. Beide Gesichtspunkte liegen nach dem gegebenen Sachverhalt hier nicht vor.

b. Politische Straftaten, Art. 3 EuAlÜbk

Eine weitere Einschränkung der Auslieferungspflicht ergibt sich aus Art. 3 EuAlÜbk. Danach wird eine Auslieferung bei politischen Straftaten nicht gewährt. Die Bestimmung des Begriffs „politische Straftaten" liegt in der Kompetenz des ersuchten Staates, hier also der Bundesrepublik. Für Staaten, die das 1. Zusatzprotokoll zum EuAlÜbk ratifiziert haben, gehören einige Straftaten nicht zu den politischen Taten. Nach Art. 1 lit. a) des 1. ZP sind Verbrechen gegen die Menschlichkeit, wie sie in der Völkermordkonvention bezeichnet sind, nicht als politische Straftaten anzusehen. Die Bundesrepublik hat das Zusatzprotokoll allerdings bis heute nicht ratifiziert, so dass es für sie nicht anwendbar ist. Fraglich ist somit, ob die hier in Rede stehenden Delikte unter den Begriff der „politischen Straftat" im Sinne des Art. 3 EuAlÜbk zu subsumieren sind. Dies wird wohl im Hinblick auf den Sinn und Zweck des Abkommens in Verbindung mit einer dynamischen Interpretation zu verneinen sein (zu den Auslegungsmaximen des Art. 31 WVK ▶ Abschn. 2.2.2.6). Besondere Berücksichtigung verdient hierbei der Gedanke, dass ansonsten der Tendenz der völkerrechtlichen Kriminalisierung von Verbrechen gegen die Menschlichkeit zuwider gehandelt würde, was nicht im Sinne eines Auslieferungsabkommens sein kann. (An diesem Punkt kann auch gut eine andere Ansicht vertreten werden).

Folglich liegt der Einschränkungstatbestand des Art. 3 EuAlÜbk nicht vor. Auslieferungshindernisse bestehen also nicht.

6. Ergebnis

Die Bundesrepublik ist verpflichtet, den P an Spanien auszuliefern. So wird der zuständige Auslieferungsrichter auch entscheiden, da der Antrag auf Auslieferung zulässig und begründet ist.

Serviceteil

Internetadressen – 264

Glossar – 265

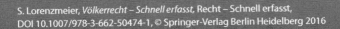

S. Lorenzmeier, *Völkerrecht – Schnell erfasst,* Recht – Schnell erfasst,
DOI 10.1007/978-3-662-50474-1, © Springer-Verlag Berlin Heidelberg 2016

Internetadressen

- **Internationale Organisationen**

Ernährungs- und Landwirtschaftsorganisation der Vereinten Nationen	► www.fao.org
Internationale Arbeitsorganisation	► www.ilo.org
Internationale Atomenergieorganisation	► www.iaea.org
Internationale Meeresbodenbehörde	► www.isa.org.jm
Internationale Seeschifffahrtsorganisation	► www.imo.org
Internationale Zivilluftfahrtorganisation	► www.icao.int
Internationaler Währungsfond	► www.imf.org
Internationales Komitee vom Roten Kreuz	► www.icrc.org
Internationales Zentrum zur Beilegung von Investitionsstreitigkeiten	► www.worldbank.org/icsid
Multilaterale Investitionsgarantieagentur	► www.miga.org
NATO	► www.nato.int
Vereinte Nationen	► www.un.org
Weltbank	► www.worldbank.org
Weltgesundheitsorganisation	► www.who.org
Weltorganisation für geistiges Eigentum	► www.wipo.int
Welthandelsorganisation	► www.wto.org

- **Internationale Gerichtshöfe**

Europäischer Gerichtshof	► www.curia.europa.eu
Europäischer Gerichtshof für Menschenrechte	► www.echr.coe.int
Internationaler Gerichtshof	► www.icj-cij.org
Internationaler Seegerichtshof	► www.itlos.org
Internationaler Strafgerichtshof	► www.un.org/law/icc

Die hier aufgeführten Adressen wurden am 01. Dezember 2015 mit unterschiedlichen Systemkonfigurationen überprüft. Für den weiteren Betrieb und die Inhalte der Angebote Dritter können wir naturgemäß keine Gewähr übernehmen. Das Abrufen der Internetangebote erfolgt auf eigene Gefahr.

Glossar

Abkommen Völkerrechtliche Verträge zwischen Völkerrechtssubjekten.

acta iure imperii Hoheitsakte eines Völkerrechtssubjekts, die der Staatenimmunität unterfallen.

acta iure gestions Gewöhnliche Rechtsakte eines Völkerrechtssubjekts, die nicht der Staatenimmunität unterfallen.

Act-of-state-doctrine Angelsächsische Doktrin; wurde diskutiert im Rahmen der Anerkennung von Hoheitsakten fremder Staaten wie z. B. Konfiskationen; sie besagt eine sich aus dem Territorialitätsprinzip ergebende Nichtüberprüfungspflicht einheimischer Gerichte gegenüber fremden Hoheitsakten; die Doktrin ist nicht zu einem völkerrechtlichen Rechtssatz erstarkt.

Aggression Im Völkerrecht häufig mit militärischer Gewalt verbunden, siehe auch die Aggressionsdefinition der Vereinten Nationen.

Allgemeine Erklärung der Menschenrechte Erster grundlegender Menschenrechtskatalog für Individualpersonen.

Allgemeines Zoll- und Handelsabkommen Deutscher Name des GATT (General Agreement on Tariffs and Trade).

Allgemeine Rechtsgrundsätze Rechtsquelle, ein rechtlicher Grundsatz wird zum allgemeinen R. durch gleichförmige Geltung in mehreren Staaten.

Anerkennung Einseitiges Rechtsgeschäft, bei Staaten nur deklaratorische Wirkung, bei Internationalen Organisationen konstitutive Wirkung.

Anfechtung Angreifen eines Vertrages, möglich, wenn Mängel gegeben sind.

Anschlusszone Konzept des Seerechts, Zone in der noch einige Hoheitsrechte des Küstenstaates gelten.

Auslegung Wichtige Tätigkeit des Juristen, für Verträge in den Art. 31 ff. WVK kodifiziert.

Auslieferung Überstellung eines Straftäters an einen anderen Staat.

Ausschließliche Wirtschaftszone Auch ein seerechtliches Konzept, der Küstenstaat hat das Recht zur wirtschaftlichen Nutzung der See in einer Zone bis 200 sm.

Asyl Aufenthaltsrecht für politisch Verfolgte.

bellum iustum Lehre vom gerechten Krieg, heute nicht mehr anerkanntes völkerrechtliches Konzept.

Bewegliche Vertragsgrenzen Grundsatz bei der Nachfolge in völkerrechtliche Verträge.

Blauhelme Friedenssichernde Soldaten einer internationalen Truppe, gestützt auf Kapitel „VI ½" SVN.

Blockade Abriegelung der Küste eines Feindstaates durch die eigene Flotte.

bona fides Auslegung eines Vertrages nach Treu und Glauben, allgemeiner Rechtsgrundsatz; siehe Art. 31 WVK.

Bürgerkrieg Wird rechtlich als bewaffneter nicht internationaler Konflikt bezeichnet.

Bundespräsident Dt. Staatsorgan, zuständig für die Ratifikation völkerrechtlicher Verträge.

Bundesstaat Ein Gesamtstaat besteht aus mehreren, rechtlich selbständige Gliedstaaten.

Calvo-Doktrin Ausländer sollen gleich einem Inländer behandelt werden, auch wenn letzteren völkerrechtliche Mindestrechte nicht zugestanden werden. Ist nicht geltendes Recht geworden, vielmehr gilt die Lehre vom völkerrechtlichen Mindeststandard, der Ausländern in einem Staat zuzugestehen ist. Calvo war argentinischer Diplomat und Jurist.

Chicagoer Abkommen Regelung des internationalen Zivilluftverkehrs.

Clean slate rule Ein Neustaat ist nicht an die völkerrechtlichen Verpflichtungen des Altstaates gebunden.

Consensus Häufig in Internationalen Organisationen durchgeführte Beschlussfassung ohne förmliche Abstimmung, Beschluss ist gefasst, wenn kein ausdrücklicher Widerspruch erhoben wird; im Rahmen der OSZE auch consensus minus 1-Abstimmungen.

Consuetudo Übereinstimmende völkerrechtliche Praxis, objektives Element des Völkergewohnheitsrechtes.

Contracting-out Änderung multilateraler Verträge, häufig auch „inverse Abkommen" genannt.

Courtoisie Sittlichkeitsregeln, die keine verbindlichen Rechtssätze darstellen, wie z. B. fremde Schiffe auf Hoher See zu grüßen.

de-facto-Regime Regierung (häufig Aufständische), die auf einem Teil des Staatsgebietes die effektive Staatsgewalt innehat. Inhaber partieller Völkerrechtsfähigkeit.

Delikt, völkerrechtliches Rechtsgrundsatz zur Ahndung völkerrechtswidrigen Verhaltens.

Desuetudo Nichtanwendung von Völkergewohnheitsrecht wegen lange nicht ausgeübter Praxis.

Diplomatie Zwischenstaatlicher Meinungsaustausch, geregelt durch WÜD.

Diplomatischer Schutz Der Schutz des Heimatstaates für seine Staatsangehörigen.

Dismembration Auflösung eines Staates in mehrere Staaten.

Dogmatik Wissenschaftliche Lehre von der juristischen Materie.

Doppelstaatler Personen mit mehr als einer Staatsangehörigkeit.

Drei-Elementen-Lehre Lehre zur Bestimmung eines Staates. Danach besteht ein Staat aus den drei Elementen Staatsgebiet, Staatsvolk und (effektiver) Staatsgewalt.

Dualismus Theorie zum Verhältnis Völkerrecht – nationales Recht. Hiernach sind die beiden Rechtsordnungen unabhängig voneinander. Wird heute fast ausschließlich nur noch als gemäßigter Dualismus vertreten, s. auch Monismus.

EU Europäische Union, bis 1993 Europäische Wirtschaftsgemeinschaft, danach bis 2009 Europäische Gemeinschaft.

Ehre Steht auch Staaten zu.

Enteignung Hoheitliche Entziehung von Eigentum. Ist völkerrechtlich bei Fremden nur unter Erfüllung gewisser Voraussetzungen rechtmäßig, s. a. Hull-Formel.

erga omnes Für alle Völkerrechtssubjekte geltende Regeln, Verpflichtung kann auch von einem nicht verletzten Subjekt geltend gemacht werden (str.).

failed state Staat auf dessen Staatsgebiet keine effektive Staatsgewalt mehr besteht, siehe Somalia.

Festlandsockel Fortsetzung des Landes unter Wasser.

Flüchtling Person, die aufgrund der politischen Situation ihr Land verließ, beantragt häufig Asyl in einem Gaststaat.

Fremdenrecht Recht der Ausländer in einem Staat. Nach der Mindeststandardlehre stehen ihnen eigene, von den Rechten der Inländer, unabhängige Rechte zu.

GATT Internationales Zoll- und Handelsabkommen, mitgliederstärkstes Handelsabkommen der Welt (s. a. Allgemeines Zoll- und Handelsabkommen).

Genozid Völkermord, verboten nach der Völkermordkonvention.

Generalversammlung Organ der Vereinten Nationen, Art. 9 ff. SVN.

Gewaltverbot Weltweit geltendes Verbot, Konflikte mit militärischer Gewalt beizulegen. Niedergelegt in Art. 2 Ziff. 4 SVN und Bestandteil des ius cogens und des erga omnes.

Gewohnheitsrecht Rechtsquelle des Völkerrechts. Setzt sich aus den Elementen übereinstimmende Praxis (consuetudo) und Rechtsüberzeugung (opinio iuris) zusammen. Ist regional beschränkt oder universell, weltweit möglich.

Gute Dienste Diplomatisches Mittel zur Streitbeilegung.

Heiliger Stuhl Völkerrechtssubjekt.

Hohe See Gemeinsame Erbe der Menschheit, unterliegt keiner staatlichen Herrschaftsgewalt.

Hoheitsrechte Alle dem Staat in Ausübung seiner Staatsgewalt zustehenden Befugnisse.

Hull-Formel Bestimmung der Rechtmäßigkeit von Enteignungen. Entschädigungszahlungen müssen

Glossar

danach dem vollen Wert des entzogenen Eigentums entsprechen, effektiv sein und ohne zeitliche Verzögerungen geschehen. Hull war amerikanischer Außenminister.

Humanitäre Intervention Rechtfertigungsgrund für eine Verletzung des Gewaltverbots oder des Interventionsverbotes aus humanitären Gründen. Anerkennung ist sehr umstritten.

ICSID Forum zur Beilegung von Investitionsstreitigkeiten.

Implied-powers Lehre, wonach einer internationalen Organisation implizite, nicht ausdrücklich in Gründungsvertrag erwähnte Kompetenzen übertragen wurden, die eine begrenzte Völkerrechtsfähigkeit bewirken.

Immunität Hoheitsakte von Völkerrechtssubjekten sind von anderen Völkerrechtssubjekten nicht überprüfbar, Ausdruck des lateinischen Rechtsgrundsatzes „Par in pares non habet imperium"; bei schwersten Menschenrechtsverletzungen gilt der Grundsatz nur noch eingeschränkt.

Internationale Organisation Zusammenschluss mehrerer Völkerrechtssubjekte zur Erreichung eines gemeinsamen Zweckes, gekorenes Völkerrechtssubjekt.

Internationaler Gerichtshof Gericht der Vereinten Nationen, Sitz in Den Haag.

Internationales Privatrecht Nationale Regelungen, die festlegen, welches nationale Recht bei grenzüberschreitenden privatrechtlichen Sachverhalten anzuwenden ist.

International Law Commission (ILC) Von den Vereinten Nationen eingesetzte Kommission führender Völkerrechtler, die die Entwicklung des Völkerrechts durch Kodifizierung vorantreiben sollen.

Interpretationserklärung Erklärung zur Klarstellung einzelner Bestimmungen eines völkerrechtlichen Vertrages.

Interventionsverbot Recht eines Völkerrechtssubjekts, dass niemand in seine innere Angelegenheiten eingreift, siehe auch Art. 2 Ziff. 7 SVN.

ius ad bellum Recht zum Kriege, unter der allumfassenden Geltung des Gewaltverbotes besteht es nicht mehr.

ius cogens Zwingendes, nicht abdingbares Recht, siehe Art. 53 S. 2 WVK.

ius in bello Das im Krieg geltende Recht, soll einen humanitären Mindeststandard schaffen.

Jurisdiktion Sachbereiche, in denen ein Staat Hoheitsakte setzen darf.

Juristische Personen Gebilde, denen durch die Rechtsordnung Rechtspersönlichkeit verliehen wird.

Kollektive Sicherheit Wird gewährleistet durch internationale Verträge, in denen sich die Mitglieder gegenseitig zu Beistand im Falle eines Angriffs durch einen anderen Staat verpflichten.

Kombattanten Teilnehmer an kriegerischen Handlungen.

Kondominium Gemeinsame Ausübung der territorialen Souveränität durch zwei Staaten.

Konflikt Moderner Ausdruck für „Krieg", kann sowohl international als auch nichtinternational sein.

Konsul Person, die (hauptsächlich) die Handels- und Wirtschaftsinteressen des Entsendestaates im Gaststaat wahrnimmt.

Kontinuität Fortbestehen, kann bei revolutionären Umwälzungen innerhalb eines Staates oder Auflösung eines Staates problematisch sein.

Luftrecht Rechtliche Regelungen für den Luftverkehr, endet beim „Weltraum".

Malteserorden Historisches Völkerrechtssubjekt.

Menschenrechte Den Menschen zustehende Individualrechte.

Minderheit Zusammenschluss von Menschen mit eigenen Rechten, Art. 27 IpbürgR.

Monismus Völkerrecht und nationales Recht sind eine Rechtsordnung, Gegensatz zum Dualismus, wird heute fast ausschließlich nur noch in seiner eingeschränkten Form vertreten.

Neutrale Staaten Staaten, die sich nicht an Gewalthandlungen anderer Staaten beteiligen.

occupatio bellica Kriegerische Besetzung fremder Staatsgebiete.

opinio iuris Rechtsüberzeugung; subjektives Element des Völkergewohnheitsrechtes.

persistent objector Der „Immerwidersprechende" ist an betreffendes Völkergewohnheitsrecht nicht gebunden.

Präambel Einleitung eines völkerrechtlichen Vertrages.

Ratifikation Zustimmung und Ausfertigung einer Urkunde durch ein zuständiges Organ darüber, wirksam an einen Rechtsakt gebunden zu sein, s. a. Bundespräsident.

Rechtsgrundsatz, allgemeiner Subsidiäre Völkerrechtsquelle mit lückenschließender Funktion.

Rechtsquelle Ursprung rechtlich verbindlicher Normen, im Völkerrecht gibt es drei: Verträge, Gewohnheitsrecht und allgemeine Rechtsgrundsätze. Dies wird auch Rechsquellentrias genannt.

Rechtsnachfolge Auch Sukzession genannt, bestimmt welche Rechte von einem Nachfolger übernommen werden müssen.

Rechtsverwahrung Erklärung, die verhindern soll, dass andere Staaten aus der Tatsache des Vertragsschlusses in dem Vertrag selbst nicht enthaltene Rechtsfolgen herleiten.

Repressalie Völkerrechtswidrige Maßnahme, die als Reaktion auf das völkerrechtswidrige Verhalten eines anderen Staates eingesetzt wird.

Resolution der Generalversammlung Beschlüsse eines Hauptorgans der Vereinten Nationen, sind nicht bindend und stellen kein Recht dar, anders bei Sicherheitsrat.

Resolution des Sicherheitsrates Beschlüsse des Sicherheitsrates sind nach Art. 25 SVN bindend und von allen Mitgliedern der Vereinten Nationen auszuführen.

Retorsion Völkerrechtsgemäßes Mittel zur Rechtsdurchsetzung.

Robuste Friedenssicherung Bei einem Friedenseinsatz dürfen die ausländischen Truppen sich auch aktiv verteidigen.

Schiedsgericht Streitbeilegungsstelle.

Seerecht Regelt die Rechtsverhältnisse auf den Meeren.

Selbstbestimmungsrecht Lange umstrittenes Recht, was den Völkern (und nicht den Staaten) zusteht; inhaltlich ein Recht zur eigenverantwortlichen Ausübung eigener Angelegenheiten.

Sezession Abspaltung eines Gebietsteils von einem Staat, um ein eigenes Völkerrechtssubjekt zu werden, geht häufig nicht gewaltfrei ab, siehe „Jugoslawien".

Sicherheitsrat Organ der vereinten Nationen mit der Aufgabe der Wahrung des Weltfriedens.

soft law Beschlüsse internationaler Organe oder von Staaten, die keinen Rechtsquellencharakter im Sinne des Art. 38 IGH-St haben. Hierzu zählen u. a. die Beschlüsse der Generalversammlung der Vereinten Nationen. „Soft law" kann zur Auslegung der bestehenden Rechtsquellen herangezogen werden.

Souveränität Ein Staat muss sich keinem anderen Staat etwas sagen lassen. Wird häufig in innere und äußere Souveränität unterteilt. Die volle Souveränität wird durch das Völkerrecht in immer mehr Bereichen beschränkt.

Staat Geborenes Völkerrechtssubjekt, besteht aus drei Elementen Staatsgebiet, Staatsvolk und Staatsgewalt.

Staatenverantwortlichkeit Verantwortlichkeit für völkerrechtswidriges Handeln, beinhaltet eine Verpflichtung zur Wiedergutmachung.

Strafrecht Regelt die persönliche Verantwortung von Menschen für ihr Tun.

Streitbeilegung Sollte friedlich durch (Schieds) Gerichtsverfahren erfolgen.

Sukzession Staatennachfolge bei Untergang des Staates.

Tatbestand Teil einer Norm, der den Lebenssachverhalt umreißt, der Voraussetzung für die Anwendung der Norm ist.

Territoriale Integrität Unversehrtheit des Territoriums eines Staates vor Eingriffen anderer Staaten.

TRIPS Völkerrechtliche Regelung der handelsbezogenen Aspekte des geistigen Eigentums.

Glossar

Umweltrecht Völkerrechtliche Regelungen zum Schutz der Umwelt; steckt häufig noch „in den Kinderschuhen".

Unmittelbare Anwendbarkeit Eine völkerrechtliche Norm gilt ohne Umsetzung im nationalen Recht.

uti possidetis Schutz der bestehenden Staatsgrenzen, das Völkerrecht ist insoweit „starr".

Vereinte Nationen Weltumspannende internationale Organisation.

Vermittlung Diplomatisches Mittel zur Streitbeilegung.

Vertragsrecht Auf völkerrechtliche Verträge anwendbares Recht.

Völkerrecht Recht zwischen den Völkerrechtssubjekten.

Völkerrechtssubjekt Träger von (völkerrechtlichen) Rechten und Pflichten.

Vorbehalt Schränkt einzelne Vorschriften eines völkerrechtlichen Vertrages ein, s. Art. 19 ff. WVK.

Wasserrecht Regelungen zur Verteilung von Hoheitsrechten an Wasserläufen und -vorkommen.

Weltraum Rechtliche Regelungen für den Bereich außerhalb des Luftraumes.

Wirtschaftsrecht Der Freihandel ist der Auslöser der Globalisierung.

WTO Rahmenorganisation von GATT, GATS und TRIPS.

Zession Gebietswechsel zwischen zwei Staaten.

Zustimmungsgesetz Gesetz mit dem der Bundestag die Zustimmung zu einem völkerrechtlichen Vertrag gibt und ihn damit innerstaatlich zur Anwendung bringt.

Zuständigkeit Bei internationalen Gerichten häufig zu untersuchen.

Printed in Poland
by Amazon Fulfillment
Poland Sp. z o.o., Wrocław